公路工程标准规范理解与应用丛书

公路桥梁设计规范答疑汇编

中交公路规划设计院有限公司标准规范研究室　编著

人民交通出版社

内 容 提 要

本书汇集了《公路桥涵设计通用规范》(JTG D60—2004)、《公路钢筋混凝土及预应力混凝土桥涵设计规范》(JTG D62—2004)、《公路圬工桥涵设计规范》(JTG D61—2005)的答疑，是标准规范研究室近年来对来自全国各地读者就上述三规范提问的回复。全书共分三篇，以“规范条文”、“问题”、“回答”的形式编写，对各相关设计、咨询单位或个人在使用设计规范过程中遇到的疑问给予详细地解答，并对规范进行了勘误。

本书可供公路桥涵设计、咨询技术人员以及相关院校师生学习参考。

阅读说明：

①本书各篇正文中所涉及的规范除具体指明外，其余均指各篇篇名相应的规范。

②引自规范条文及条文说明以楷体字示出，读者提问及规范编写组回复意见以宋体字示出。

③引自规范的图、表、公式号未变。本书读者提问及规范编写组回复意见所涉图、表、公式号均按篇进行排序。

图书在版编目(CIP)数据

公路桥梁设计规范答疑汇编 / 中交公路规划设计院有限公司标准规范研究室编著. —北京：人民交通出版社，2009.6

ISBN 978-7-114-07783-8

Ⅰ. 公… Ⅱ. 中… Ⅲ. 公路桥-桥涵工程-设计规范-中国 Ⅳ. U448.142.5-65

中国版本图书馆 CIP 数据核字（2009）第 089063 号

书　　名：公路桥梁设计规范答疑汇编

著 作 者：中交公路规划设计院有限公司标准规范研究室

责任编辑：刘　涛

出版发行：人民交通出版社股份有限公司

地　　址：(100011)北京市朝阳区安定门外外馆斜街3号

网　　址：http://www.ccpress.com.cn

销售电话：(010)59757973

总 经 销：人民交通出版社股份有限公司发行部

经　　销：各地新华书店

印　　刷：北京市密东印刷有限公司

开　　本：720×960　1/16

印　　张：26.75

字　　数：339千

版　　次：2009年6月　第1版

印　　次：2015年1月　第3次印刷

书　　号：ISBN 978-7-114-07783-8

定　　价：59.00元

目 录

第一篇 《公路桥涵设计通用规范》(JTG D60—2004)

第二篇 《公路钢筋混凝土及预应力混凝土桥涵设计规范》(JTG D62—2004)

第一篇

公路桥涵设计通用规范

(JTG D60—2004)

1　总　　则

1.0.3

规范条文

本规范适用于新建和改建各级公路桥涵的结构设计。

问题

问题来源:上海市

规范第 1.0.3 条是否完全适用于所有的改建工程,如何与现行的相关加固规范协调使用?

工程实例:某工程为危桥加固,原设计荷载为汽车—15 级,是否需要按新规范重新进行加固设计,设计荷载是否需要调整?

回答

改建工程一般是指一批现成桥涵,由于公路等级或荷载等级的提高需要进行改建,而危桥加固一般是指个别桥梁由于年久失修已不适用于原荷载通行而需加固。如果沿线所有桥涵都要加固,那就是改建,应按新荷载等级的要求重新进行设计计算。

1.0.9

规范条文

按持久状况承载能力极限状态设计时，公路桥涵结构的设计安全等级，应根据结构破坏可能产生的后果的严重程度划分为三个设计等级，并不低于表 1.0.9 的规定。

公路桥涵结构的设计安全等级　　表 1.0.9

设计安全等级	桥涵结构
一级	特大桥、重要大桥
二级	大桥、中桥、重要小桥
三级	小桥、涵洞

注：本表所列特大、大、中桥等系按本规范表 1.0.11 中的单孔跨径确定，对多跨不等跨桥梁，以其中最大跨径为准；本表冠以“重要”的大桥和小桥，系指高速公路和一级公路上、国防公路上及城市附近交通繁忙公路上的桥梁。

对于有特殊要求的公路桥涵结构，其设计安全等级可根据具体情况研究确定。

同一桥涵结构构件的安全等级宜与整体结构相同，有特殊要求时可作部分调整，但调整后的级差不得超过一级。

问题

问题来源：上海市

表 1.0.9 中说明特大桥的设计安全等级为一级。

工程实例：桥梁跨径 6×30m＋200m＋6×30m，是否主桥 200m 和引桥 6×30m 的设计安全等级均为一级，重要性系数均取 1.1？

回答

第 1.0.9 条关于设计安全等级采用的问题，提问中例举了 6×30m＋

200m＋6×30m，其中 200m 为主桥，6×30m 为引桥。通行的荷载标准是一样的。按表 1.0.11，跨径 200m 属于特大桥，跨径 30m 属于中桥，如果暂不考虑结构重要性系数 γ_0，显然，跨径 200m 桥梁的安全度比跨径 30m 桥梁的安全度低，需要采用 $\gamma_0=1.1$ 加以调整；30m 中桥采用 $\gamma_0=1.0$ 就可以了，如果业主要求采用 $\gamma_0=1.1$ 也是可以的，就是将引桥的安全度更提高一些。规范中说"对多跨不等跨桥梁，以其中最大跨径为准"，是指将主桥和引桥分别单独考虑。

3 设 计 要 求

3.3 桥 涵 净 空

3.3.1

规范条文

桥涵净空应符合图3.3.1公路建筑限界规定及本条其他各款规定。

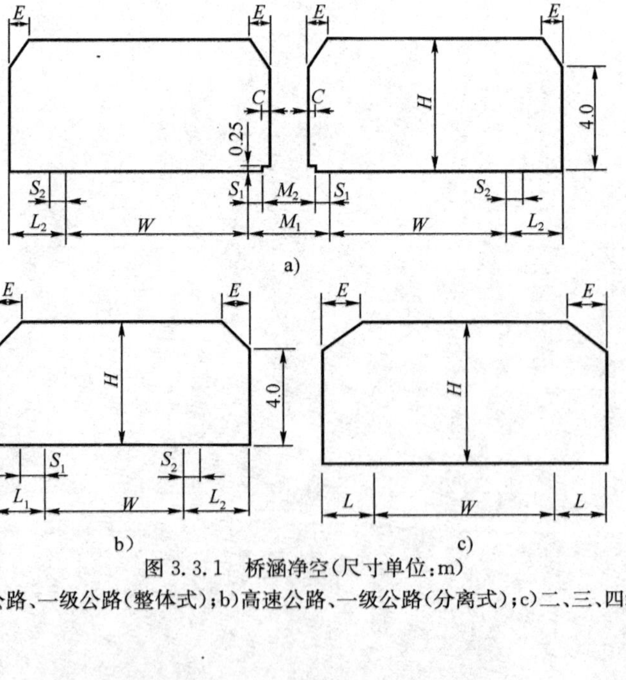

图3.3.1 桥涵净空(尺寸单位:m)

a)高速公路、一级公路(整体式);b)高速公路、一级公路(分离式);c)二、三、四级公路

注:①当桥梁设置人行道时,桥涵净空应包括该部分的宽度;

②人行道、自行车道与行车道分开设置时,其净高不应小于2.50m。

图中:W——行车道宽度(m),为车道数乘以车道宽度,并计入所设置的加(减)速车道、紧急停车道、爬坡车道、慢车道或错车道的宽度,车道宽度规定见表3.3.1-1。

C——当设计速度大于100km/h时为0.50m;当设计速度等于或小于100km/h时为0.25m。

S_1——行车道左侧路缘带宽度(m),见表3.3.1-2。

S_2——行车道右侧路缘带宽度(m),应为0.50m。

M_1——中间带宽度(m),由两条左侧路缘带和中央分隔带组成,见表3.3.1-2。

M_2——中央分隔带宽度(m),见表3.3.1-2。

E——桥涵净空顶角宽度(m),当$L \leqslant 1$m时,$E=L$;当$L>1$m时,$E=1$m。

H——净空高度(m),高速公路和一、二级公路上的桥梁应为5.00m,三、四级公路上的桥梁应为4.50m。

L_2——桥涵右侧路肩宽度(m),见表3.3.1-3,当受地形条件及其他特殊情况限制时,可采用最小值。高速公路和一级公路上桥梁应在右侧路肩内设右侧路缘带,其宽度为0.50m。设计速度为120km/h的四车道高速公路上桥梁,宜采用3.50m的右侧路肩;六车道、八车道高速公路上桥梁,宜采用3.00m的右侧路肩。高速公路、一级公路上桥梁的右侧路肩宽度小于2.50m且桥长超过500m时,宜设置紧急停车带,紧急停车带宽度包括路肩在内为3.50m,有效长度不应小于30m,间距不宜大于500m。

L_1——桥梁左侧路肩宽度(m),见表3.3.1-4。八车道及八车道以上高速公路上的桥梁宜设置左路肩,其宽度应为2.50m。左侧路肩宽度内含左侧路缘带宽度。

L——侧向宽度。高速公路、一级公路上桥梁的侧向宽度为路肩宽度(L_1、L_2);二、三、四级公路上桥梁的侧向宽度为其相应的路肩宽度减去0.25m。

车道宽度　　表3.3.1-1

设计速度(km/h)	120	100	80	60	40	30	20
车道宽度(m)	3.75	3.75	3.75	3.50	3.50	3.25	3.00(单车道为3.50m)

注:高速公路上的八车道桥梁,当设置左侧路肩时,内侧车道宽度可采用3.50m。

中间带宽度　　表3.3.1-2

设计速度(km/h)		120	100	80	60
中央分隔带宽度(m)	一般值	3.00	2.00	2.00	2.00
	最小值	2.00	2.00	1.00	1.00
左侧路缘带宽度(m)	一般值	0.75	0.75	0.50	0.50
	最小值	0.75	0.50	0.50	0.50
中间带宽度(m)	一般值	4.50	3.50	3.00	3.00
	最小值	3.50	3.00	2.00	2.00

注:"一般值"为正常情况下的采用值;"最小值"为条件受限制时可采用的值。

右侧路肩宽度 表 3.3.1-3

公路等级		高速公路、一级公路				二、三、四级公路				
设计速度(km/h)		120	100	80	60	80	60	40	30	20
右侧路肩宽度(m)	一般值	3.00 或 3.50	3.00	2.50	2.50	1.50	0.75	—	—	—
	最小值	3.00	2.50	1.50	1.50	0.75	0.25	—	—	—

注:“一般值”为正常情况下的采用值;“最小值”为条件受限制时可采用的值。

分离式断面高速公路、一级公路左侧路肩宽度 表 3.3.1-4

设计速度(km/h)	120	100	80	60
左侧路肩宽度(m)	1.25	1.00	0.75	0.75

1.各级公路应选用的设计速度见表3.3.1-5。确定桥涵净宽时,其所依据的设计速度应沿用各级公路选用的设计速度。

各级公路设计速度 表 3.3.1-5

公路等级	高速公路			一级公路			二级公路		三级公路		四级公路
设计速度(km/h)	120	100	80	100	80	60	80	60	40	30	20

2.高速公路、一级公路上的特殊大桥为整体式上部结构时,其中央分隔带和路肩的宽度可根据具体情况适当减小,但减小后的宽度不应小于表 3.3.1-2 和表 3.3.1-3 规定的“最小值”。

3.高速公路、一级公路上的桥梁宜设计为上、下行两座分离的独立桥梁。

4.高速公路上的桥梁应设检修道,不宜设人行道。一、二、三、四级公路上桥梁的桥上人行道和自行车道的设置,应根据需要而定,并应与前后路线布置协调。人行道、自行车道与行车道之间,应设分隔设施。一个自行车道的宽度为 1.0m;当单独设置自行车道时,不宜小于两个自行车道的宽度。人行道的宽度宜为 0.75m 或 1.0m;大于 1.0m 时,按 0.5m 的级差增加。当设路缘石时,路缘石高度可取用 0.25~0.35m。

漫水桥和过水路面可不设人行道。

5. 通行拖拉机或兽力车为主的慢行道，其宽度应根据当地行驶拖拉机或兽力车车型及交通量而定；当沿桥梁一侧设置时，不应小于双向行驶要求的宽度。

6. 高速公路、一级公路上的桥梁必须设置护栏。二、三、四级公路上特大、大、中桥应设护栏或栏杆和安全带，小桥和涵洞可仅设缘石或栏杆。不设人行道的漫水桥和过水路面应设标杆或护栏。

3.3.1　条文说明

本条对桥涵净空的建筑限界作出了规定，作如下几点说明：

1. 本条净空限界取自《公路工程技术标准》(JTG B01)的公路建筑限界。把公路上的行车道、路缘带、硬路肩、中间带等按不同公路等级和设计速度分别引入桥涵净空内，这样，可以使桥涵与公路更好地衔接，公路上的车辆可维持原速通过桥涵。车辆在公路上无障碍地行驶，尤其在高速公路和一级公路上，这是现代交通的最基本的要求。

2. 原规范按不同地形(平原、微丘、重丘、山岭)分别规定不同的桥宽，由于地形是可以改造的，设计时不便于掌握。本规范改用按设计速度确定桥宽，这样更符合实际需要，因为快速行车比慢速行车更需要保持较大的间隙和桥宽。本规范的桥梁净高仍沿用原规范的规定。

3. 本条表 3.3.1-2、表 3.3.1-3、表 3.3.1-4 列出了中央分隔带、中间带和路缘带的宽度，桥涵设计在选择上述各项宽度及其一般值和最小值时，应首先考虑与桥涵相连的公路路段的路基宽度，保持桥面净宽与路肩同宽。

4. 特殊大桥是指技术特别复杂或建设条件特别复杂的桥梁。

规范条文　《公路工程技术标准》第 3.0.5 条

路肩宽度应符合表 3.0.5-1 规定。

路肩宽度　　表 3.0.5-1

设计速度(km/h)		高速公路、一级公路				二、三、四级公路				
		120	100	80	60	80	60	40	30	20
右侧硬路肩宽度(m)	一般值	3.00或3.50	3.00	2.50	2.50	1.50	0.75	—	—	—
	最小值	3.00	2.50	1.50	1.50	0.75	0.25			
土路肩宽度(m)	一般值	0.75	0.75	0.75	0.50	0.75	0.75	0.75	0.50	0.25(双车道) 0.50(单车道)
	最小值	0.75	0.75	0.75	0.50	0.5	0.5			

注:①"一般值"为正常情况下的采用值;"最小值"为条件受限制时可采用的值;

②设计速度为 120km/h 的四车道高速公路,采用 3.50m 的右侧硬路肩;六车道、八车道高速公路,采用 3.00m 的右侧硬路肩。

规范条文 《公路工程技术标准》第 2.0.7 条

各级公路建筑限界应符合图 2.0.7 的规定。

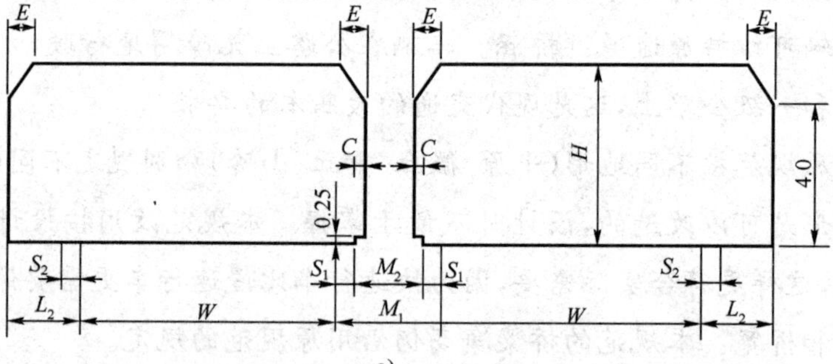

a)

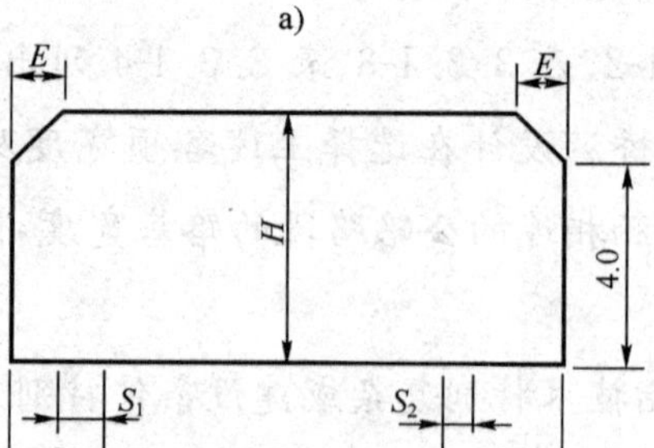

b)

图 2.0.7

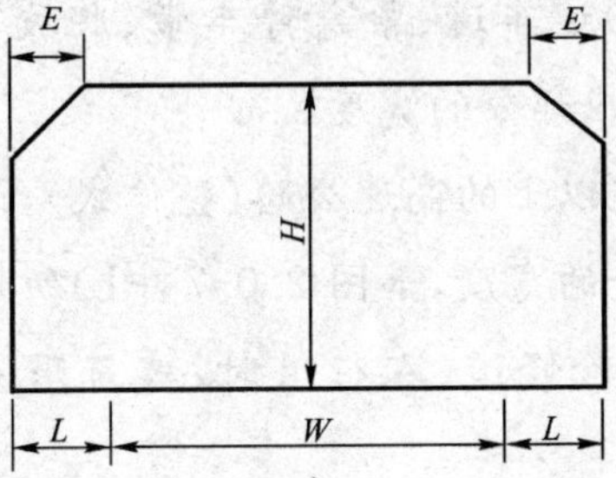

c)

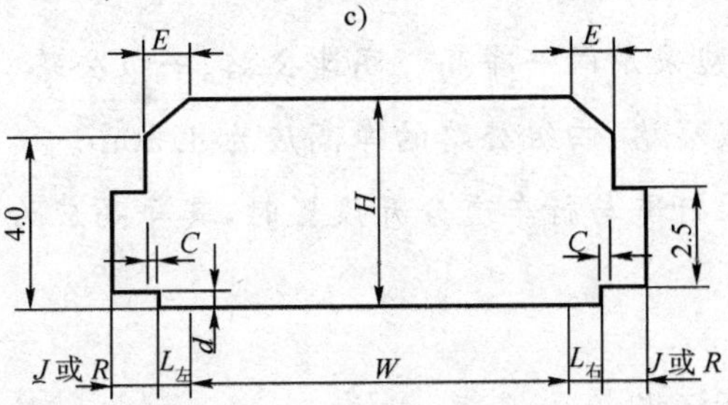

d)

图 2.0.7　公路建筑限界(尺寸单位:m)

a)高速公路、一级公路(整体式);b)高速公路、一级公路(分离式);c)二、三、四级公路;d)隧道

图中:W——行车道宽度;

L_1——左侧硬路肩宽度;

L_2——右侧硬路肩宽度;

S_1——左侧路缘带宽度;

S_2——右侧路缘带宽度;

L——侧向宽度:

高速公路、一级公路的侧向宽度为硬路肩宽度(L_1 或 L_2);

二、三、四级公路的侧向宽度为路肩宽度减去 0.25m;

隧道内侧向宽度($L_{左}$ 或 $L_{右}$)应符合本标准 7.0.3 隧道最小侧向宽度的规定;

C——当设计速度大于 100km/h 时为 0.5m,等于或小于 100km/h 时为 0.25m;

M_1——中间带宽度;

M_2——中央分隔带宽度;

J——隧道内检修道宽度;

R——隧道内人行道宽度;

d——隧道内检修道或人行道高度;

E——建筑限界顶角宽度:

当 $L \leqslant 1\text{m}$ 时,$E=L$;

当 $L > 1\text{m}$ 时,$E=1\text{m}$;

H——净空高度。

1. 当设置有加(减)速车道、紧急停车带、爬坡车道、慢车道、错车道时,建筑限界应包括相应部分的宽度。

2. 八车道及八车道以上的高速公路(整体式),设置左侧硬路肩时,建筑限界应包括相应部分的宽度,如图 2.0.7 中b)所示。

3. 桥梁、隧道设置检修道、人行道时,建筑限界应包括相应部分的宽度。

4. 一条公路应采用同一净高。高速公路、一级公路、二级公路的净高应为 5.00m;三级公路、四级公路的净高应为 4.50m。

5. 检修道、人行道与行车道分开设置时,其净高应为 2.50m。

问题 1

问题来源:浙江省

在条文说明中的第 3.3.1 中的第 3 款:"应首先考虑与桥涵相连的公路路段的路基宽度,保持桥面净宽与路肩同宽。"主要疑惑是:路肩指的是硬路肩还是土路肩?

这关系到我们设计的多条二级公路的桥梁建设标准,我们设计的二级公路断面全宽为 12m,其中行车道宽度为 2×3.75m,硬路肩宽度两侧各 1.5m,土路肩每侧 0.75m。我们对规范的理解为桥面宽度可为 11.5m,即桥面与路面同宽,桥面净宽为 10.5m,两侧各 0.5m 防撞护栏;亦可为 12m,即路基与桥梁同宽,桥面净宽考虑为 11m,再加上每侧 0.5m 防撞护栏。不知我们对规范理解是否有出入?

回答 1

规范第 3.3.1 条的原则是,将公路建筑限界全部引入桥梁,这样,可以避免过去为了节省桥梁造价而收缩桥宽所造成的桥路连接处"瓶颈"现象,尤其对设计速度较高的高等级公路,将大大地影响车辆的实际行驶速度。目前,在执行规范的这条规定时,一般采用所谓的"内齐"和"外齐"两种情况。就你来函提到的二级公路而言,“内齐”就是将公路的行车道和两侧硬路肩引入,外加两侧各0.5m的防护栏杆,总宽度为:2×3.75+2×1.5+2×0.5=11.5(m);“外齐”就是将公路的行车道、两侧硬路肩和土路肩一并引入桥梁,但在两侧土路肩外边缘内各0.5m用来设置防护栏杆,总宽度为:2×3.75+2×1.5+2×0.75=12(m)。上述两种情况与你来函的理解是相同的,但目前以“内齐”占多,全国空心板通用图设计就是按“内齐”选用的。

问题2

问题来源:浙江省

规范第3.3.1条对于二、三、四级公路桥梁净宽规定为:$2L+W$,其中L为路肩宽度减去0.25cm。

对于四级公路双车道路基,标准宽度为(0.25+6+0.25)m,根据规定,$L=0$,那么四级公路双车道的桥梁净宽应为6m,但规范第68页条文解释第3.3.1条中第3款“桥涵设计在选择上述……,应首先考虑与桥涵相连的公路路段的路基宽度,保持桥面净宽与‘路肩’同宽。”

问题就在这里,如果加引号的两字是“路肩”就解释不通了,桥面和路肩是不对应的;如果为“路基”,那第8页中的桥梁宽度就应该为6.5m,而不是算出来的6m。

宽度的问题怎么理解?

回答2

规范第3.3.1条条文说明第3款中最后一句话“……,保持桥面净宽与路肩同宽”。其中“路肩”有误,应改为“路基”。

同是这一款的说明中,说“本条表3.3.1-2、表3.3.1-3、表3.3.1-4列出了中央分隔带、中间带和路缘带的宽度,桥涵设计在选择上述各项宽度及其一般值和最小值时,应首先考虑与桥涵相连的公路路段的路基宽度，……”。上面各表均为设计速度在60km/h及以上的规定，也即涉及二级公路、一级公路和高速公路，因为车速较高，希望桥涵与相接的公路路段有较顺畅的接头。四级公路设计时速只有20km，无需考虑“桥面净宽与路基同宽”的要求。

问题3

问题来源：新疆维吾尔自治区

针对公路桥面净空的问题，《公路桥涵设计通用规范》(JTG D60—2004)及《公路路线设计规范》(JTG D20—2006)中对不同公路等级都有所规定。在具体执行中对于桥面净宽的理解存在分歧。

1.公路建筑界限规定的是强令性指标，不允许突破。即按公路等级、行车速度规定的路基宽度作为桥面净宽，按桥梁安全设施(防撞护栏、人行道等部分)加宽桥面。

(1)对高速公路、一级公路，其路肩(土路肩＋硬路肩)宽，车辆在高速行驶时，两侧都有一定安全距离，一般来讲，对于此类桥梁，桥梁全宽与路基同宽大家都较为同意。

(2)对于二、三、四级公路，规范按车速规定了路基宽度，如表1-1。

路基宽度 表1-1

公路等级			右侧土路肩(m)	右侧硬路肩(m)	行车道(m)	路基宽(m)
二	80km/h	一般	0.75	1.50	2×3.75	12.0
	80km/h	最小	0.50	0.75	2×3.75	10.0
	60km/h	一般	0.75	0.75	2×3.50	10.0
	60km/h	最小	0.50	0.25	2×3.50	8.50
三	40km/h	一般	0.75		2×3.50	8.50
	30km/h		0.50		2×3.25	7.50
四	20km/h	双车道	0.25		2×3.00	6.50
	20km/h	单车道	0.50		1×3.50	4.50

(3)按规范要求，桥梁的侧向路肩宽度减去 0.25m 作为桥梁净宽，那么在满足净宽的要求，桥梁宽度在设底宽 0.5m 钢筋混凝土墙式护栏的情况下，对于二、三、四级公路桥面宽度，如表 1-2 所示。

桥 面 宽 度　　表 1-2

公路等级		墙式护栏(m)	右侧土路肩−0.25(m)	右侧硬路肩(m)	行车道(m)	桥梁宽(m)
二	80km/h	0.50	0.50	1.50	2×3.75	12.50
	80km/h	0.50	0.25	0.75	2×3.75	10.50
	60km/h	0.50	0.50	0.75	2×3.50	10.50
	60km/h	0.50	0.25	0.25	2×3.50	9.00
三	40km/h	0.50	0.50	—	2×3.50	9.00
	30km/h	0.50	0.25	—	2×3.25	8.00
四	20km/h	0.50	0.00	—	2×3.00	7.00
	20km/h	0.50	0.25	—	1×3.50	5.00

由此可以看出：

①按规范，桥梁宽度比同等路基加宽 0.50m，是否正确？

②由表 1-1，对于路基宽度≥8.50m 的桥梁，我们认为：桥梁设置 0.50m 宽的护栏后，主行车道右侧仍能保留至少 0.25m 的侧向宽度，桥梁可以不加宽，这种做法是否可行？

对于路基宽度<8.50m 的桥梁，我们认为：桥梁宽度要至少保证主行车道右侧保留 0.25m 的侧向宽度，之后桥梁按要求进行加宽，这种做法是否正确？

③目前，新疆存在大量农村道路，桥梁基本参照三、四级公路标准设计，桥梁宽度是否按上述要求办理？

2. 按《公路桥涵设计通用规范》(JTG D60—2004)条文说明第 3.3 条"……桥涵设计在选择各项桥宽及其一般值和最小值时，应首先考虑与桥涵相连的公路路段的路基宽度，保持桥面净宽与路肩同宽。"但是，由于公路等级的不同，路肩也包括硬路肩和土路肩两种。桥面净宽是否应与硬路肩保持一致？还是应同土路肩相一致？这样就存在加宽与不加宽的问题。

回答 3

(1)桥梁宽度的设置，从你的来函看，除了侧向路肩宽度减去 0.25m 外，基本就是沿用了路基宽度，只是在此基础上再加底宽 0.50m 的钢筋混凝土墙式护栏的尺寸。这样的设想是没有根据的。

(2)为了节省建桥费用，不是把路基全宽均引入桥面，路基中的"土路肩"就没有引入。这从《公路桥涵设计通用规范》(JTG D60—2004)表 3.3.1-3 与《公路工程技术标准》(JTG B01—2003)表 3.0.5-1 对比就可看出，表 3.3.1-3 中右侧路肩宽度的数值是路基中的硬路肩宽度，对于设计速度为 40km/h 及以下的三、四级公路甚至连硬路肩也没有引入(表中以"—"表示)。

(3)《公路桥涵设计通用规范》(JTG D60—2004)第 3.3.1 条说明第 3 款"本条表 3.3.1-2、表 3.3.1-3、表 3.3.1-4 列出了中央分隔带、中间带和路缘带的宽度，桥涵设计在选择上述各项宽度及其一般值和最小值时，应首先考虑与桥涵相连的公路路段的路基宽度，保持桥面净宽与路基(不含土路肩)同宽"。这个说明是在符合《公路桥涵设计通用规范》(JTG D60—2004)规定的前提下提出的，这个前提是桥涵的宽度在任何情况下(见上述有关表)都不计入土路肩宽度，而且也只有设计速度在 60km/h 及以上时才能"保持桥面净宽与路基(不含土路肩)同宽"，因为设计速度在 60km/h 以下者，上述有关表中没有给出数值。

(4)按照《公路桥涵设计通用规范》(JTG D60—2004)的规定，桥面净宽举例说明如下：

①二级公路设计速度 60km/h，双车道时车道宽度(表 3.3.1-1)为 $W=2\times3.5=7.0(\mathrm{m})$；右侧路肩宽(一般值计)(表 3.3.1-3)为 $L_{右}=$

0.75m;左侧路肩宽度(表3.3.1-4)为$L_{左}$=0.75m。按第3.3.1条规定,二、三、四级公路上桥梁侧向宽度要减去0.25m,则桥面净宽度为:$W+(L_{右}-0.25)+(L_{左}-0.25)=7.0+0.5+0.5=8.0(m)$。

②三级公路设计速度为40km/h,双车道桥面净宽为:$2\times3.5+0+0=7.0(m)$。

问题4

问题来源:贵州省

《公路工程技术标准》(JTG B01—2003)的2.0.7条规定,二、三、四级公路的侧向宽度为路肩宽度减去0.25m。我们理解,二、三、四级公路桥面净宽应为行车道宽度加上两侧的侧向宽度。"标准"中所指的路肩宽度应包括硬路肩和土路肩,则二、三、四级公路的桥面净宽即为路基宽度减去0.50m。如8.50m的路基宽,桥面净宽为8m;12m的路基宽,桥面净宽为11.50m。

但在《公路桥涵设计通用规范》(JTG D60—2004)(以下简称《通用规范》)第3.3.1条中,表中仅列出硬路肩宽度,而未列出土路肩宽度,按《通用规范》理解,二、三、四级公路桥面净宽为行车道宽度加上两侧硬路肩宽度之和减0.50m,且设计速度为40km/h、30km/h、20km/h的公路没有硬路肩,桥面宽度如何选取,《通用规范》不清楚。

从上可看出,《公路工程技术标准》(JTG B01—2003)和《通用规范》在桥面净宽的规定上说法不一致,以谁为准,请研究回复为盼。

回答4

(1)公路路基可以设硬路肩和土路肩,但为了节省桥梁造价,桥面上没有把路基中的土路肩引入。

(2)设计速度为40km/h及以下的公路没有设置硬路肩,对桥梁而言,桥面只有行车道宽度。

3.3.2

规范条文

桥下净空应根据计算水位(设计水位计入壅水、浪高等)或最高流冰水位加安全高度确定。

当河流有形成流冰阻塞的危险或有漂浮物通过时,应按实际调查的数据,在计算水位的基础上,结合当地具体情况酌留一定富余量,作为确定桥下净空的依据。对于有淤积的河流,桥下净空应适当增加。

在不通航或无流放木筏河流上及通航河流的不通航桥孔内,桥下净空不应小于表 3.3.2 的规定。

非通航河流桥下最小净空　　表 3.3.2

桥梁的部位		高出计算水位(m)	高出最高流冰面(m)
梁底	洪水期无大漂流物	0.50	0.75
	洪水期有大漂流物	1.50	—
	有泥石流	1.00	—
支承垫石顶面		0.25	0.50
拱脚		0.25	0.25

无铰拱的拱脚允许被设计洪水淹没,但不宜超过拱圈高度的 2/3,且拱顶底面至计算水位的净高不得小于 1.0m。

在不通航和无流筏的水库区域内,梁底面或拱顶底面离开水面的高度不应小于计算浪高的 0.75 倍加上 0.25m。

问题

问题来源:天津市

规范第 3.3.2 条中规定:“在不通航和无流筏的水库区域内,梁底面或拱顶底面离开水面的高度不应小于计算浪高的 0.75 倍加上 0.25m。”

问题如下：

(1)以上条款中的 0.25m 指的是在浪高的 0.75 倍上加的一个安全值，还是指高于支承垫石顶面高度 0.25m?

(2)在水库区域内的通航桥的不通航孔，以上条款是否适用?

(3)此处的水面是指计算水位还是最高洪水位?

(4)最终梁底净空是否需要满足第 3.3.2 条中的所有条款? 即是否需满足该条最后一段所要求的并同时满足表 3.3.2 的要求?

回答

规范第 3.3.2 条关于水库区桥下净空的规定，与一般天然河道有所不同。

(1)条款中的 0.25m 是指在浪高 0.75 倍的基础上再加一个安全值。

(2)该条款也适用于水库区域内通航桥梁的不通航孔。

(3)该条款中所说的水面是指水库的最高水位。

(4)对水库区桥下净空的要求，比天然河道略有放宽，可不再按表 3.3.2的规定执行。

3.3.6

规范条文

电信线、电力线、电缆、管道等的设置不得侵入公路桥涵净空限界，不得妨害桥涵交通安全，并不得损害桥涵的构造和设施。

严禁天然气输送管道、输油管道利用公路桥梁跨越河流。天然气输送管道离开特大、大、中桥的安全距离不应小于 100m，离开小桥的安全距离不应小于 50m。

高压线跨河塔架的轴线与桥梁的最小间距，不得小于一倍塔高。高压线与公路桥涵的交叉应符合现行《公路路线设计规范》(JTG D20—2006)的规定。

规范条文 《公路工程技术标准》第 8.6.5 条

严禁天然气输送管道、输油管道利用公路桥梁跨越河流。

问题 1

问题来源:海南省

就城市桥梁上敷设燃气管的问题向专家咨询:

国务院第 198 号令《城市道路管理条例》第四章路政管理第二十七条(五)款对 0.4MPa 以上的高压燃气管道给予了明确的限制,不允许此类燃气管道随桥敷设,反过来也说明 0.4MPa 以下的城市中低压燃气管道在条件许可的情况下可以随桥敷设。

《城镇燃气设计规范》(GB 50028—93)(2002 年版)第 5.3.9 条规定如下:

燃气管道通过河流时,可采用穿越河底或采用管桥跨越的形式,当条件许可也可利用道路桥梁跨越河流,并应符合下列要求:

(1)利用道路桥梁跨越河流的燃气管道,其管道的输送压力不应大于 0.4MPa。

(2)当燃气管道随桥梁敷设或采用管桥跨越河流时,必须采取安全防护措施。

(3)燃气管道随桥梁敷设,宜采取如下安全防护措施:

①敷设于桥梁上的燃气管道应采用加厚的无缝钢管或焊接钢管,尽量减少焊缝,对焊缝进行 100% 无损探伤。

②跨越通航河流的燃气管道管底高程,应符合通航净空的要求,管架外侧应设置护桩。

③在确定管道位置时,应与随桥敷设的其他可燃的管道保持一定

间距。

④管道应设置必要的补偿和减振措施。

⑤过河架空的燃气管道向下弯曲时,向下弯曲部分与水平管夹角宜采用45°形式。

⑥对管道应做较高等级的防腐保护。

对于采用阴极保护的埋地钢管与随桥管道之间应设置绝缘装置。

《公路桥涵设计通用规范》(JTG D60—2004)第3.3.6条规定:“严禁天然气输送管道、输油管道利用公路桥梁跨越河流。”一般认为:“天然气输送管道”与“城市燃气管道”是有区别的,前者一般是指由天然气产地向城市输送的高压长输管道,其压力往往很高。而“城市燃气管道”敷设在城市,其压力较低。

根据以上相关规范,我们认为在城市桥梁上按《城镇燃气设计规范》(GB 50028—93)(2002年版)第5.3.9条的要求敷设输送压力不大于0.4MPa的燃气管道,与《公路桥涵设计通用规范》(JTG D60—2004)第3.3.6条之规定是不矛盾的,是符合第3.3.6条规定的。

以上意见不知是否正确?

回答1

《公路桥涵设计通用规范》(JTG D60—2004)关于“严禁天然气输送管道……利用公路桥梁跨越河流”的规定,是历届规范沿袭下来的,已使用、执行数十年。公路桥梁管理单位在执行过程中并未反映有不同意见。

城市道路桥梁由市政管理部门负责管理,你的问题属于他们管辖范围,应与他们协商办理。有《城市道路管理条例》和《城镇燃气设计规范》为依据,只要你们的过桥燃气管道保证符合后者的要求,就有足够的理由。

问题 2

问题来源:海南省

海南民益燃气工程技术有限公司向我单位提出在海文高速公路桂林洋立交桥上架设燃气管道申请。该公司根据《城镇燃气设计规范》(GB 50028—93)(2002 年版)第 5.3.9 条规定:“燃气管道当条件许可也可利用道路桥梁跨越河流”及国务院颁布的《城市道路管理条例》规定:“只限制 0.4MPa 以上的燃气管道不能架设在桥上,小于 0.4MPa 的则可以架桥通过”。该公司的管道输送设计压力为 0.3MPa,符合要求,特要求允许该公司燃气管道从立交桥上架设通过。而我单位有关人员经过研究,认为应该依据原交通部发布的《公路桥涵设计通用规范》(GTG D60—2004)第 3.3.6 条规定:“严禁天然气输送管道、输油管道利用公路桥梁跨越河流”而执行。而该公司认为规范中的“天然气输送管道”与“城市燃气管道”是有区别的,且这条规定与 2001 年 6 月建设部协调会议达成的共识是有矛盾的(见《城镇燃气设计规范》(GB 50028—93)(2002 年版)第 5.3.9 条)。

以上疑问,请专家指教。

回答 2

就高速公路立交桥上铺设燃气管的问题回复如下:

我院负责修订的《公路桥涵设计通用规范》(JTG D60—2004)有关天然气管道利用公路桥梁跨越河流的规定,是历届此类规范的规定,是经征求意见、送审会议讨论,并报部核批的。该规范已在全国公路桥涵设计中应用,我们无权改变。至于实际工程桂林洋立交桥是按《城市道路管理条例》或按《公路桥涵设计通用规范》(JTG D60—2004)执行,因为不了解具体情况,我们难以发表意见。

问题 3

问题来源:上海市

(1)规范第 3.3.6 条规定天然气管道不是顺桥过。是所有的天然气管道不得过,还是对直径和压力有限制?在城市桥梁及城市郊区公路桥梁的设计中,此条经常不能满足。

(2)煤气管道是否等同于天然气条文取用?管道与桥梁的交叉如何考虑?高压线的定义是多少电压?

回答 3

(1)规范规定"严禁天然气输送管道利用公路桥梁跨越河流"是指所有的天然气管道,要求天然气管道离桥梁一定安全距离自立支架过河,这是可以做到的。

(2)煤气管道过河与天然气管道同等对待。管道极少与桥梁交叉铺设(吊管道沿河流铺设);如果遇旱桥管道可埋入地下通过。规范中规定的高压线是指实地架设的高压线,既然称为高压线,其电压一定很高,至于多少电压,请咨询电力部门。电力部门对高压线与建筑物的距离也有他们自己的规定。

问题 4

问题来源:山东省

我厂管辖的"孤罗东"输油管线管道规格为 $\phi528\times8$mm,材质为 16Mn,挂管长度 682m,敷设在黄河大桥下的横梁上,输送孤岛油田的高黏原油。该管线利用 1986 年建成的垦利黄河斜拉桥挂管跨越黄河,于 1987 年投产,现已运行 20 年。根据原交通部《公路桥涵设计通用规范》(JTG D60—2004)第 3.3.6 条要求,"严禁天然气输送管道、输油管道利用公路桥梁跨越河流。"为了保证大桥的运行安全,我们认为应该将输油管道移出黄河大桥，但由于3.3.6条不是强制性条文，且在标准发布之前输油管道已经挂上了，现移出的费用高达近1 500万元。计划部门要求我们核实立项依据。请问，根据我国目前的要求，我们的输油管道是否该移出黄河大桥?

回答4

关于油、气管跨越河流问题，1985年8月1日开始实施的《公路桥涵设计通用规范》(JTJ 021—85)第1.4.5条就有规定:“油、气管道跨越河流时，管道与桥梁间的最小距离:大桥不应小于100m，中桥不应小于50m。油管距小桥涵不应小于10m，天然气管道距小桥涵不应小于20m”。《公路工程技术标准》(JTG B01—2003)第8.6.5条和《公路桥涵设计通用规范》(JTG D60—2004)第3.3.6条进一步明确规定:“严禁天然气输送管道、输油管道利用公路桥涵跨越河流。”说明你们1986年利用黄河大桥敷设输油管线过河就已违反当时规范的规定。至于现在如何处理，还是由你厂与当地主管行政部门、业务部门进行协商，恰当地解决。

3.5 构造要求

3.5.8

规范条文

安装板式橡胶支座时，应保证其上下表面与梁底面及墩台支承垫石顶面平整密贴、传力均匀，不得有脱空的橡胶支座。

当板式橡胶支座设置于大于某一规定坡度上时，应在支座表面与梁底之间采取措施,使支座上、下传力面保持水平。

弯、坡、斜、宽桥梁宜选用圆形板式橡胶支座。公路桥涵不宜使用带球冠的板式橡胶支座或坡形的板式橡胶支座。

墩台构造应满足更换支座的要求。

规范条文　《公路钢筋混凝土及预应力混凝土桥涵设计规范》第9.7.5条

当桥梁纵坡不大于1%时,板式橡胶支座可直接设于墩帽上;当桥梁纵坡大于1%时,应在梁底采取措施,使支座保持水平。当板桥桥面横坡不大于2%时,板式橡胶支座可直接设于墩帽顶面横坡上,当板桥桥面横坡大于2%时,应采取措施予以调整。

问题

问题来源:上海市

(1)规范第3.5.8条中纵坡大于1%的桥梁非常普遍,对于空心板等大规模工厂化制作的上部结构,梁底水平如何操作(每根梁的纵坡可能都不同)?

(2)规范第3.5.8条中"某一规定坡度"具体数值是多少?

对于纵、横坡较大的空心板桥,如果不能使用球冠支座,梁底只能做垫块,空心板预制比较困难,景观较差,如何处理?

回答

(1)按《公路钢筋混凝土及预应力混凝土桥涵设计规范》(JTG D62—2004)第9.7.5条规定,采用板式橡胶支座时,当桥梁纵坡大于1%时,应在梁底采取措施,使支座保持水平。这样的措施很容易做到,可以在梁端底面垫以锲形垫块(钢垫块焊于梁底预埋的钢板上),也可以将梁端底部预制成锲形块,这样都可使支座保持水平。每根梁的纵坡应该是大致相同的，当有少量差异时，桥面铺装可加以调整。

(2)规范中的“某一规定坡度”只是一个指示性的描述，具体坡度为多少，在《公路钢筋混凝土及预应力混凝土桥涵设计规范》(JTG D62—2004)中有规定。球冠支座使用效果很差，希望不要采用，但规范用词采用“不宜”。

3.6 桥面铺装、排水和防水层

3.6.4

规范条文

水泥混凝土桥面铺装面层(不含整平层和垫层)的厚度不宜小于80mm，混凝土强度等级不应低于C40。

水泥混凝土桥面铺装层内应配置钢筋网。钢筋直径不应小于8mm，间距不宜大于100mm。

水泥混凝土桥面铺装尚应符合《公路水泥混凝土路面设计规范》(JTG D40—2004)的有关规定。

规范条文 《公路钢筋混凝土及预应力混凝土桥涵设计规范》第9.2.9条

装配式板当采用铰接时，铰的上口宽度应满足施工时使用插入式振捣器的需要，铰槽的深度宜为预制板高的2/3。预制板内应预埋钢筋伸入铰内。铰接板顶面应铺设现浇混凝土层，其厚度不宜小于80mm。

规范条文　《公路钢筋混凝土及预应力混凝土桥涵设计规范》第9.3.17条

组合梁中，在与预制梁结合处的现浇混凝土层的厚度不宜小于150mm。预制梁顶面应做成凹凸不小于6mm的粗糙面。

问题1

问题来源：上海市

规范第3.6.4条规定水泥混凝土桥面铺装面层(不含整平层和垫层)的厚度不宜小于80mm，混凝土强度等级不应低于C40。

……

条文中，关于"不含整平层和垫层"的含义，如采用沥青混凝土桥面，有两种不同的理解，一是沥青混凝土下的混凝土铺装，只算是"整平层和垫层"，可不按第3.6.4条的厚度及强度要求；二是沥青混凝土下的混凝土铺装，不是整平层和垫层，是桥面铺装(根据条文解释，似这样理解也是符合精神的)，应符合第3.6.4条的厚度及强度要求。

何种理解为是，请教专家！

回答1

《公路桥涵设计通用规范》(JTG D60—2004)第3.6.4条规定的是水泥混凝土桥面铺装的面层，其厚度不宜小于80mm，混凝土强度等级不应低于C40，也就是说这一层是直接承受车轮作用的。对于沥青混凝土铺装层，如果在其下面现浇一层混凝土平整层，可以不按第3.6.4条规定的厚度和强度的要求；但如作为组合梁或组合板的一部分，即这一层现浇层参与主梁、板共同受力，则混凝土层的厚度，对组合梁和组合板要分别符合《公路钢筋混凝土及预应力混凝土桥涵设计规范》(JTG D62—2004)第9.3.17条和第9.2.9条的要求。现浇层的混凝土强度等级也要与主梁、板相协调。

问题 2

问题来源:新疆维吾尔自治区

《公路桥涵设计通用规范》(JTG D60—2004)中第 3.6.4 条关于桥面铺装厚度,我们的理解:现在公路桥涵桥面铺装都是沥青层+防水层+水泥混凝土的结构,按规范要求,沥青层不宜小于 50mm,水泥混凝土层厚不小于 80mm,混凝土强度等级不低于 C40,内设钢筋网。

但是有人认为:桥面铺装厚度不小于 80mm,是针对不设沥青层厚度的情况,若设有沥青层,混凝土厚度可相应减小。是否可以这样理解?若可以,那么沥青层下设混凝土厚多少为宜?

回答 2

规范第 3.6.4 条关于水泥混凝土铺装层的最小厚度的规定是对单层铺装而言的。但目前桥面铺装大多是先铺一层混凝土整平层,在其上再铺一层沥青混凝土层。至于混凝土整平层该用多厚,各地凭经验确定,一般为 70~100mm。有的利用其中部分厚度与梁组合共同受力,这样,该层混凝土强度等级就要与梁的混凝土相协调,并在两者结合面采取措施,以抵抗梁受弯后引起的水平剪力。

3.7 养护及其他附属设施

3.7.2

规范条文

跨越河流或海湾的特大、大、中桥宜设置水尺或标志,较高墩台宜设围栏、扶梯等。

问题 1

问题来源:广西壮族自治区

我院近日受理一起民事案件,现就有关规范的适用和解释问题特此函请。

案情介绍:两原告之子(约 14 周岁)于某日爬上某大桥西桥头桥墩第 6 根桥柱后踩空摔下河床致死。现两原告向法院提起诉讼,要求大桥的设计单位、施工单位、管理单位(同为所有人)承担连带责任。

问题所在:

(1)某大桥于 1988 年 9 月至 1989 年 2 月完成初步设计和施工设计,并于 1992 年 10 月建成通车。现承办法官通过互联网无法查实《公路桥涵设计通用规范》(JTJ 021—85)及《公路桥涵设计通用规范》(JTJ 021—89)的有关内容(原因可能为均已失效),故请求协助提供。

(2)本案的关键:在较高墩(台)设置围栏或警示标志的义务应当属于设计单位还是管理单位?

如为设计单位的责任,则当时的规范对何为“较高墩(台)”有无具体的参照指数?

回答 1

关于《公路桥涵设计通用规范》(JTJ 021—85)中第 1.8.2 条:“较高墩(台)还应设围栏、扶梯等”。

答复:按照《公路桥涵设计通用规范》(JTJ 021—85)条文说明,该条主要考虑养护工作的方便和需要,并提出“对于特大桥,大、中桥,设计时应考虑必要的养护工作条件,如检查通道、扶梯等,以保证养护工作人员的正常工作条件和安全”。

《公路桥涵设计通用规范》(JTJ 021—89)修订时维持了 JTJ 021—85 该条文的表述。

其他：

(1)按照《公路桥涵设计通用规范》(JTJ 021—85)的颁布通知，该规范的解释工作由原交通部公路规划设计院负责。

(2)按照《公路桥涵设计通用规范》(JTJ 021—89)的颁布通知，该规范的解释工作由原交通部公路管理司负责。

(3)由于上述两本规范均已经废止，但按照该规范建设的桥梁工程仍然存在，其在社会生活中的法律地位如何界定？是否需要政府原批准部门提出意见？公路管理部门是否也应提出意见？法律为既往不咎，按照过去法规，建设并经验收的工程，各参加单位不再承担按照规范执行之新责任。

问题 2

问题来源：重庆市

《公路桥涵设计通用规范》(JTG D60—2004)第 3.7.2 条“跨越河流或海湾的特大、大、中桥宜设置水尺或标志，较高墩台宜设围栏、扶梯等”。请问：

(1)本条中“较高墩台”中的“较高”二字有没有一个明确的幅度或范围，即“多高”才算“较高”？

(2)本条中“较高墩台宜设围栏、扶梯等”中，设置围栏、扶梯的目的是什么？是为了方便桥墩台的养护还是其他目的？

回答 2

(1)新编《公路桥涵设计通用规范》(JTG D60—2004)第 3.7.2 条关于“较高墩台宜设围栏、扶梯等”只是一个指示性的规定，规范用词采用“宜”字。“较高墩台”没有明确的标准，由设计者或业主自行确定。

(2)在墩台上设围栏或扶梯主要考虑方便维修、养护人员工作，并为之提供安全预防措施。如有其他可行的安全预防措施能满足维修、养护工作的使用要求，也可设计、审查后采用。

4 作 用

4.1 作用分类、代表值和作用效应组合

4.1.1

规范条文

公路桥涵设计采用的作用分为永久作用、可变作用和偶然作用三类，规定于表4.1.1。

作 用 分 类 表4.1.1

编 号	作 用 分 类	作 用 名 称
1	永久作用	结构重力(包括结构附加重力)
2		预加力
3		土的重力
4		土侧压力
5		混凝土收缩及徐变作用
6		水的浮力
7		基础变位作用
8	可变作用	汽车荷载
9		汽车冲击力
10		汽车离心力
11		汽车引起的土侧压力

续上表

编　号	作用分类	作用名称
12	可变作用	人群荷载
13		汽车制动力
14		风荷载
15		流水压力
16		冰压力
17		温度(均匀温度和梯度温度)作用
18		支座摩阻力
19	偶然作用	地震作用
20		船舶或漂流物的撞击作用
21		汽车撞击作用

4.1.3

规范条文

作用的代表值按下列规定取用:

1.永久作用的标准值,对结构重力(包括结构附加重力),可按结构构件的设计尺寸与材料的重力密度计算确定。

2.可变作用的标准值应按本规范有关章节中的规定采用。

可变作用频遇值为可变作用标准值乘以频遇值系数 ψ_1。可变作用准永久值为可变作用标准值乘以准永久值系数 ψ_2。

3.偶然作用应根据调查、试验资料,结合工程经验确定其标准值。

问题

问题来源:广东省

《公路桥涵设计通用规范》(JTG D60—2004)中有一处定义含糊的地方不明白,请专家指教:

在规范中已明确将温度作用分为均匀温度和梯度温度两类(在规范

说明中也予以强调，见规范第 74 页第三段第一行)，但在定义正常使用极限状态短期和长期效应组合系数时，只明确给出了温度梯度作用系数 $\psi=0.8$，将均匀温度的作用系数省略到其他作用 $\psi=1.0$ 里面去了。尽管是个很小的语句上的省略，但却带来了很大的问题，因为我们常将温度梯度和均匀温度看成温度场作用，很多人喜欢将它们放在一起输入，在计算程序中将单元截面予以一个均匀温度再加上温度梯度，这样查看结果时它们都被赋予了一样的作用系数。我们单位用的是 Midas 计算程序，几乎所有的同事都喜欢做这样的处理，这样原来均匀温度应该是 1.0 却被赋予了 0.8 予以计算。我打电话问了我在其他单位的同学，很多人也都未注意。我也是在严格按照 Midas 的要求，将均匀温度和梯度温度分开输入，然后在查看结果时使用自动生成荷载组合这一选项，发现了均匀温度效应和梯度温度效应被赋予了不同的作用系数(一个是 1.0，一个是 0.8)，当时我以为是程序错了，后来我仔细对照规范，才发现了这个语句上的省略。

所以，我认为既然规范已区分了均匀温度和梯度温度，且赋予了它们不同的作用系数，所以在给予作用系数时应将它们同时明确标出，不要将均匀温度作用系数 $\psi=1.0$ 省略到其他作用这句话中让读者自己体会出来。

望编委考虑这一问题，并让各设计单位同仁知道这一情况。

回答

新编通用规范在公路桥涵进行正常使用极限状态设计时，对作用短期效应组合和长期效应组合中的温度梯度作用的频遇值系数和准永久值系数作出 $\psi_1=\psi_2=0.8$ 的规定，规范在用词上并无“语句上省略”之误，因为在正常使用极限状态设计中的抗裂、裂缝宽度和挠度验算根本用不上均匀温度作用，所以你们也无需将其输入。

4.1.4

规范条文

作用的设计值规定为作用的标准值乘以相应的作用分项系数。

问题

问题来源:北京市

规范第 4.1.4 条:"作用的设计值规定为作用的标准值乘以相应的作用分项系数"。相应的分项系数在规范中没有明确。规范中只给出作用效应的分项系数。

回答

作用的分项系数与作用效应的分项系数是一样的。前者是将作用(标准值)乘以作用分项系数得到作用设计值,再以作用设计值求得结构效应,此为设计值效应或效应设计值。后者为先以作用(标准值)求出结构效应,此为标准值效应或效应标准值,再乘以效应的分项系数即得效应设计值。

4.1.6

规范条文

公路桥涵结构按承载能力极限状态设计时,应采用以下两种作用效应组合:

1. 基本组合。永久作用的设计值效应与可变作用设计值效应相组合，其效应组合表达式为：

$$\gamma_0 S_{ud}=\gamma_0(\sum_{i=1}^{m}\gamma_{Gi}S_{Gik}+\gamma_{Q1}S_{Q1k}+\psi_c\sum_{j=2}^{n}\gamma_{Qj}S_{Qjk}) \quad (4.1.6\text{-}1)$$

或

$$\gamma_0 S_{ud}=\gamma_0(\sum_{i=1}^{m}S_{Gid}+S_{Q1d}+\psi_c\sum_{j=2}^{n}S_{Qjd}) \quad (4.1.6\text{-}2)$$

式中：S_{ud}——承载能力极限状态下作用基本组合的效应组合设计值；

γ_0——结构重要性系数，按本规范表1.0.9规定的结构设计安全等级采用，对应于设计安全等级一级、二级和三级分别取1.1、1.0和0.9；

γ_{Gi}——第 i 个永久作用效应的分项系数，应按表4.1.6的规定采用；

S_{Gik}、S_{Gid}——第 i 个永久作用效应的标准值和设计值；

γ_{Q1}——汽车荷载效应（含汽车冲击力、离心力）的分项系数，取 $\gamma_{Q1}=1.4$。当某个可变作用在效应组合中其值超过汽车荷载效应时，则该作用取代汽车荷载，其分项系数应采用汽车荷载的分项系数；对专为承受某作用而设置的结构或装置，设计时该作用的分项系数取与汽车荷载同值；计算人行道板和人行道栏杆的局部荷载，其分项系数也与汽车荷载取同值；

S_{Q1k}、S_{Q1d}——汽车荷载效应（含汽车冲击力、离心力）的标准值和设计值；

γ_{Qj}——在作用效应组合中除汽车荷载效应（含汽车冲击力、离心力）、风荷载外的其他第 j 个可变作用效应的分项系数，取 $\gamma_{Qj}=1.4$，但风荷载的分项系数取 $\gamma_{Qj}=1.1$；

S_{Qjk}、S_{Qjd}——在作用效应组合中除汽车荷载效应（含汽车冲击力、离心力）外的其他第 j 个可变作用效应的标准值和设计值；

ψ_c——在作用效应组合中除汽车荷载效应（含汽车冲击力、离心力)外的其他可变作用效应的组合系数,当永久作用与汽车荷载和人群荷载(或其他一种可变作用)组合时,人群荷载(或其他一种可变作用)的组合系数取 $\psi_c=0.80$;当除汽车荷载(含汽车冲击力、离心力)外尚有两种其他可变作用参与组合时,其组合系数取 $\psi_c=0.70$;尚有三种可变作用参与组合时,其组合系数取 $\psi_c=0.60$;尚有四种及多于四种的可变作用参与组合时,取 $\psi_c=0.50$。

永久作用效应的分项系数 表 4.1.6

<table>
<tr><th rowspan="2">编号</th><th rowspan="2" colspan="2">作 用 类 别</th><th colspan="2">永久作用效应分项系数</th></tr>
<tr><th>对结构的承载能力不利时</th><th>对结构的承载能力有利时</th></tr>
<tr><td rowspan="2">1</td><td colspan="2">混凝土和圬工结构重力(包括结构附加重力)</td><td>1.2</td><td rowspan="2">1.0</td></tr>
<tr><td colspan="2">钢结构重力(包括结构附加重力)</td><td>1.1 或 1.2</td></tr>
<tr><td>2</td><td colspan="2">预加力</td><td>1.2</td><td>1.0</td></tr>
<tr><td>3</td><td colspan="2">土的重力</td><td>1.2</td><td>1.0</td></tr>
<tr><td>4</td><td colspan="2">混凝土的收缩及徐变作用</td><td>1.0</td><td>1.0</td></tr>
<tr><td>5</td><td colspan="2">土侧压力</td><td>1.4</td><td>1.0</td></tr>
<tr><td>6</td><td colspan="2">水的浮力</td><td>1.0</td><td>1.0</td></tr>
<tr><td rowspan="2">7</td><td rowspan="2">基础变位作用</td><td>混凝土和圬工结构</td><td>0.5</td><td>0.5</td></tr>
<tr><td>钢结构</td><td>1.0</td><td>1.0</td></tr>
</table>

注:本表编号 1 中,当钢桥采用钢桥面板时,永久作用效应分项系数取 1.1;当采用混凝土桥面板时,取 1.2。

设计弯桥时,当离心力与制动力同时参与组合时,制动力标准值或设计值按 70%取用。

2. 偶然组合。永久作用标准值效应与可变作用某种代表值效应、一种偶然作用标准值效应相组合。偶然作用的效应分项系数取1.0；与偶然作用同时出现的可变作用，可根据观测资料和工程经验取用适当的代表值。地震作用标准值及其表达式按现行《公路工程抗震设计规范》规定采用。

4.1.7

规范条文

公路桥涵结构按正常使用极限状态设计时，应根据不同的设计要求，采用以下两种效应组合：

1. 作用短期效应组合。永久作用标准值效应与可变作用频遇值效应相组合，其效应组合表达式为：

$$S_{sd}=\sum_{i=1}^{m}S_{Gik}+\sum_{j=1}^{n}\psi_{1j}S_{Qjk} \qquad (4.1.7\text{-}1)$$

式中：S_{sd}——作用短期效应组合设计值；

ψ_{1j}——第 j 个可变作用效应的频遇值系数，汽车荷载(不计冲击力)$\psi_1=0.7$，人群荷载 $\psi_1=1.0$，风荷载 $\psi_1=0.75$，温度梯度作用 $\psi_1=0.8$，其他作用 $\psi_1=1.0$；

$\psi_{1j}S_{Qjk}$——第 j 个可变作用效应的频遇值。

2. 作用长期效应组合。永久作用标准值效应与可变作用准永久值效应相组合，其效应组合表达式为：

$$S_{ld}=\sum_{i=1}^{m}S_{Gik}+\sum_{j=1}^{n}\psi_{2j}S_{Qjk} \qquad (4.1.7\text{-}2)$$

式中：S_{ld}——作用长期效应组合设计值；

ψ_{2j}——第 j 个可变作用效应的准永久值系数，汽车荷载(不计冲击力)$\psi_2=0.4$，人群荷载 $\psi_2=0.4$，风荷载 $\psi_2=0.75$，温度梯

度作用 $\psi_2=0.8$，其他作用 $\psi_2=1.0$；

$\psi_{2j}S_{Qjk}$——第 j 个可变作用效应的准永久值。

问题 1

问题来源：北京市

关于沉降指标组合的考虑：

(1)承载力极限状态。分项系数为 0.50(JTG D60—2004 第 4.1.6 条)

(2)正常使用极限状态。

①短期效应：频遇值 $\psi_1=1.00$(JTG D60—2004 第 4.1.7 条)。

②长期效应：准永久值 $\psi_2=1.00$(JTG D60—2004 第 4.1.7 条)，准永久值 $\psi_2=0$(JTG D62—2004 第 6.3.1 条注(1))。

(3)持久状况应力指标。分项系数为 1.00。

上述几种状态下取值如何正确理解？长期效应应取多少？持久状况应力指标是否要折减？

回答 1

基础沉降计算所采用的作用(或荷载)应按《公路桥涵地基与基础设计规范》(JTJ 024—85)的规定。其第 3.3.4 条规定，“墩台基础的总沉降量，可按结构重力及土重采用(单向)分层总和法计算”。但仅用“结构自重和土重”来计算基础沉降并不合理，也有一些单位提出意见。《公路桥涵地基与基础设计规范》(JTG D63—2007)规定，“计算基础沉降时，传至基础底面的作用效应应按正常使用极限状态下作用长期效应组合采用。”“该组合仅为直接施加结构上的永久作用标准值(不包括混凝土收缩及徐变作用、基础变位作用)和可变作用准永久值(仅指汽车荷载和人群荷载)引起的效应。”这里所说的永久作用见《公路桥涵设计通用规范》(JTG D60—2004)表 4.1.1 作用分类；可变作用准永久值见上述规范第 4.1.7 条，即取准永久值系数：汽车荷载 $\psi_2=0.4$；人群荷载 $\psi_2=0.4$。

问题 2

问题来源：上海市

(1)第 4.1.6 条风荷载分项系数问题：该条把汽车荷载视为主导的可变作用，规定其分项系数为 1.4，同时规定“当某个可变作用在效应组合中其值超过汽车荷载效应时，则该作用取代汽车荷载，其分项系数应采用汽车荷载的分项系数；对专为承受某作用而设置的结构或装置，设计时该作用的分项系数取值与汽车荷载同值……”，并规定风荷载的分项系数取 1.1，其余可变作用分项系数取 1.4。从条文说明来看，对钢桥风构这类专为承受风荷载而设置的构件，计算时风荷载分项系数取 1.4；而当风荷载参与其他荷载组合时，分项系数只能取 1.1。问题是，对特大斜拉桥主塔这样的构件，风荷载是起主导作用的可变作用，并要与其他的可变作用组合，但主塔又并非是“专为承受风荷载而设置”的构件，此时风荷载分项系数是取 1.1 还是 1.4？这两个值相差较大，对计算有很大的影响，希望予以明确。

(2)第 4.1.6 条第 2 款，“与偶然荷截同时出现的可变作用，……取用适当的代表值”，是否是地震荷载和活载等需要组合或者是由设计人员自行考虑？因为本条为强制性条文，并且考虑活载与否对结构设计有一定的影响。

(3)第 4.1.6 条表 4.1.6 永久作用的分项系数，根据验算位置及效应有利或不利，分别取用不同分项系数，设计比较烦琐，是否有适当的简化方法？

回答 2

(1)对特大斜拉桥主塔，如风荷载起了主导作用，该荷载要单独列出，在应用公式（4.1.6-1）时，其中 $\gamma_{Q1}=1.4$，S_{QiK} 为风荷载效应。同时，γ_{Qj} 为其他可变荷载的分项系数，$\gamma_{Qj}=1.4$，S_{QiK} 为其他可变荷载效应，在这些荷载效应组合（不包括风荷载）前面要乘以小于 1.0 的组合系数 ψ_0。

（2）桥梁进行抗震设计时（只作承载能力极限状态设计）按《公路工程抗震设计规范》（JTJ 004—89）的规定，地震作用只与恒载组合，不与其他可变作用组合。但偶然作用还包括船舶或漂流物撞击作用和汽车撞击作用，这些偶然作用有可能与其他可变作用（或荷载）组合，由于是偶然出现的作用，与其组合的可变作用（或荷载）不能按常规的情况考虑，因而规范提出根据观测和工程经验取用适当的代表值，如频遇值、准永久值或者还有其他值。

（3）在桥梁结构设计中，当永久荷载产生的效应与可变作用效应同号（方向相同）时，永久作用效应的增大对结构承载是不利的，分项系数应取大于 1.0 的值，但当上述可变与永久作用效应异号（方向相反）时，永久作用的增大反而对结构承载有利，此时的永久作用分项系数不能取大于 1.0，否则，结构可靠度将降低。

? 问题 3

问题来源：陕西省

规范第 4.1.6 条规定：……γ_{Q1}——汽车荷载效应的分项系数，……当某个可变作用在效应组合中其值超过汽车荷载效应时，则该作用取代汽车荷载，其分项系数应采用汽车荷载的分项系数……。

作为水电设计院，设计水电站对外公路上的桥梁时，由于运送水电站主变压器的需要，需要验算特种平板挂车荷载（特挂—300t），而在桥梁整个使用期间这种特挂荷载只经过几次（频率很小），但特挂荷载在桥梁结构验算时起控制作用，其荷载效应大于汽车荷载效应。请问在这种情况下，是否同样适用于规范第 4.1.6 条的规定，即：荷载组合时，特挂荷载的分项系数取代汽车荷载分项系数，取 $\gamma_{Q1}=1.4$?

回答 3

《公路桥涵设计通用规范》(JTG D60—2004)并无特挂—300t及其组合的规定，所以不能套用该规范包括汽车荷载在内组合的规定。由于特挂在桥上出现的概率很小，以它为主的荷载组合及按承载能力极限状态设计时所采用的荷载分项系数均要重新考虑。至于如何考虑，下面提供计算上部结构时用的参考意见，请你们研究确定。

桥上只能通过一辆特挂，慢速行驶，不计冲击作用，荷载分项系数采用1.1；其他可变作用一般可不考虑同时在桥上出现；参与组合的永久作用可仅计入结构重力(包括结构附加重力)，其分项系数当重力对结构承载不利时取1.2，当重力对结构承载有利时取1.0；当上部结构为预应力混凝土连续梁等超静定结构时，尚应计入预加力，其分项系数及组合形式按《公路钢筋混凝土及预应力混凝土桥涵设计规范》(JTG D62—2004)第5.1.5条办理。

问题 4

问题来源：北京市

规范第4.1.6条第1款：S_{Gid}——永久作用效应的设计值，但基本组合定义中叫“永久作用的设计值效应”，请问有区别吗？

回答 4

“永久作用效应的设计值”与“永久作用的设计值效应”是一样的。

问题 5

问题来源：江苏省

规范第 4.1.7 条，短期组合中包括收缩徐变吗？

回答 5

第 4.1.7 条的作用短期效应组合包括混凝土收缩和徐变作用。

问题 6

问题来源：陕西省

规范第 4.1.7 条规定：公路桥涵结构按正常使用极限状态设计时，……ψ_{1j}——第 j 个可变作用效应的频遇值系数……。在该条款中，依然没有特挂—300t 等挂车荷载的频遇值系数，请问挂车作用效应的频遇值系数一般情况下该如何取值？

回答 6

特挂—300t 通过公路，过去是作为大件运输，需经主管部门同意，必要时需预先加固桥梁。这样重的车辆不能作为桥梁设计的通用荷载，否则，将大大地增加桥梁的造价。规范规定的可变荷载频遇值系数是经荷载实地测试并经随机过程分析得到的，既然规范未把特挂—300t 用于桥梁设计，我们也无法告诉你其频遇值系数该采用多少。

问题 7

问题来源：北京市

规范第 4.1.7 条第 1 款："作用短期效应组合……"是否可理解为：可变作用采用频遇值，算出其效应后再乘以效应的频遇值系数？

回答 7

只有可变作用才有其频遇值，即将作用标准值施加于结构上产生作用标准值效应，再乘以相应的频遇值系数得到作用频遇值。

问题 8

问题来源:北京市

规范第 4.1.3 条与第 4.1.7 条中作用与其效应的频遇值系数是同一个值吗?

回答 8

作用的频遇值系数与作用效应的频遇值系数是同一个值。

4.1.8

规范条文

结构构件当需进行弹性阶段截面应力计算时,除特别指明外,各作用效应的分项系数及组合系数应取为 1.0,各项应力限值应按各设计规范规定采用。

问题

问题来源:上海市

规范第 4.1.8 条的“弹性阶段截面应力计算”是什么意思?

回答

第 4.1.8 条的“弹性阶段截面应力计算”,是指按弹性阶段计算截面应力,如《公路钢筋混凝土及预应力混凝土桥涵设计规范》(JTG D62—2004)第 7 章 7.1 节(见第二篇相关章节)。公路桥梁设计,按以往的惯例,结构构件需要同时进行塑性阶段的承载力(强度)和弹性阶段的应力计算。

4.3 可变作用

4.3.1

规范条文

公路桥涵设计时,汽车荷载的计算图式、荷载等级及其标准值、加载方法和纵横向折减等应符合下列规定:

1. 汽车荷载分为公路—I级和公路—II级两个等级。

2. 汽车荷载由车道荷载和车辆荷载组成。车道荷载由均布荷载和集中荷载组成。桥梁结构的整体计算采用车道荷载;桥梁结构的局部加载,涵洞、桥台和挡土墙土压力等的计算采用车辆荷载。车辆荷载与车道荷载的作用不得叠加。

3. 各级公路桥涵设计的汽车荷载等级应符合表4.3.1-1的规定。

各级公路桥涵的汽车荷载等级　　表4.3.1-1

公路等级	高速公路	一级公路	二级公路	三级公路	四级公路
汽车荷载等级	公路—I级	公路—I级	公路—II级	公路—II级	公路—II级

二级公路为干线公路且重型车辆多时,其桥涵的设计可采用公路—I级汽车荷载。

四级公路上重型车辆少时,其桥涵设计所采用的公路—II级车道荷载的效应可乘以0.8的折减系数,车辆荷载的效应可乘以0.7的折减系数。

4. 车道荷载的计算图式见图4.3.1-1。

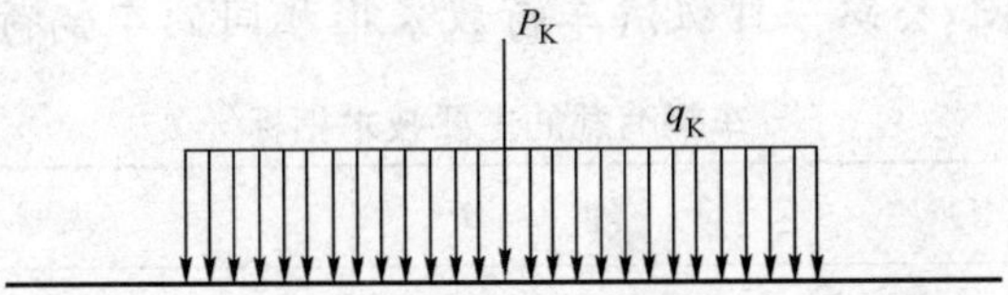

图 4.3.1-1　车道荷载

1)公路—I级车道荷载的均布荷载标准值为 q_K=10.5kN/m;集中荷载标准值按以下规定选取:桥梁计算跨径小于或等于 5m 时,P_K=180kN;桥梁计算跨径等于或大于 50m 时,P_K=360kN;桥梁计算跨径在 5～50m 之间时,P_K 值采用直线内插求得。计算剪力效应时,上述集中荷载标准值 P_K 应乘以 1.2 的系数。

2)公路—II级车道荷载的均布荷载标准值 q_K 和集中荷载标准值 P_K 按公路—I级车道荷载的 0.75 倍采用。

3)车道荷载的均布荷载标准值应满布于使结构产生最不利效应的同号影响线上;集中荷载标准值只作用于相应影响线中一个最大影响线峰值处。

5.车辆荷载的立面、平面尺寸见图4.3.1-2,主要技术指标规定于表4.3.1-2。

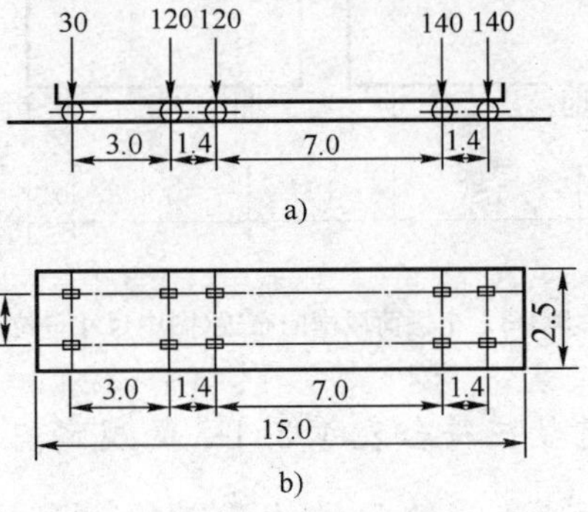

图 4.3.1-2　车辆荷载的立面、平面尺寸(图中尺寸单位为 m,荷载单位为 kN)

a)立面布置;b)平面尺寸

公路—I级和公路—II级汽车荷载采用相同的车辆荷载标准值。

车辆荷载的主要技术指标　　表 4.3.1-2

项　目	单　位	技术指标
车辆重力标准值	kN	550
前轴重力标准值	kN	30
中轴重力标准值	kN	2×120
后轴重力标准值	kN	2×140
轴距	m	3+1.4+7+1.4
轮距	m	1.8
前轮着地宽度及长度	m	0.3×0.2
中、后轮着地宽度及长度	m	0.6×0.2
车辆外形尺寸(长×宽)	m	15×2.5

6. 车道荷载横向分布系数应按设计车道数如图 4.3.1-3 布置车辆荷载进行计算。

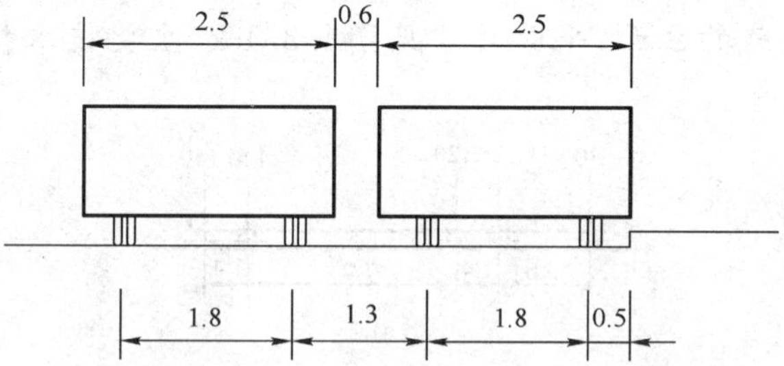

图 4.3.1-3　车辆荷载横向布置(图中尺寸单位为 m)

7. 桥涵设计车道数应符合表 4.3.1-3 的规定。多车道桥梁上的汽车荷载应考虑多车道折减。当桥涵设计车道数等于或大于 2 时，由汽车荷载产生的效应应按表 4.3.1-4 规定的多车道折减系数进行折减，但折减后的效应不得小于两设计车道的荷载效应。

桥涵设计车道数　　表 4.3.1-3

桥面宽度 W(m)		桥涵设计车道数
车辆单向行驶时	车辆双向行驶时	
$W<7.0$		1
$7.0\leqslant W<10.5$	$6.0\leqslant W<14.0$	2
$10.5\leqslant W<14.0$		3
$14.0\leqslant W<17.5$	$14.0\leqslant W<21.0$	4
$17.5\leqslant W<21.0$		5
$21.0\leqslant W<24.5$	$21.0\leqslant W<28.0$	6
$24.5\leqslant W<28.0$		7
$28.0\leqslant W<31.5$	$28.0\leqslant W<35.0$	8

横向折减系数　　表 4.3.1-4

横向布置设计车道数(条)	2	3	4	5	6	7	8
横向折减系数	1.00	0.78	0.67	0.60	0.55	0.52	0.50

8. 大跨径桥梁上的汽车荷载应考虑纵向折减。

当桥梁计算跨径大于 150m 时，应按表4.3.1-5规定的纵向折减系数进行折减。当为多跨连续结构时，整个结构应按最大的计算跨径考虑汽车荷载效应的纵向折减。

纵向折减系数　　表 4.3.1-5

计算跨径 L_0(m)	纵向折减系数	计算跨径 L_0(m)	纵向折减系数
$150<L_0<400$	0.97	$800\leqslant L_0<1\,000$	0.94
$400\leqslant L_0<600$	0.96	$L_0\geqslant 1\,000$	0.93
$600\leqslant L_0<800$	0.95		

? 问题 1

问题来源：江苏省

规范第 4.3.1 条，对不同跨径组合，P_K 如何取值？

回答 1

(1)对于多跨不同跨的简支梁桥,因为各种跨径可以分别设计,P_K 也可以各跨计算跨径按规范规定分别取值。

(2)对于多跨不等跨连续梁桥,由于汽车荷载作用于跨间任何一点,对各跨均有影响,为便于电算程序的编制和计算,P_K 应以较大跨径按规范规定取值。

问题 2

问题来源:上海市

关于规范第 4.3.1 条,不等跨连续梁 P_K 如何取值?

回答 2

对不等跨连续梁桥,P_K 应取较大跨径的 P_K。

问题 3

问题来源:吉林省

"计算板式橡胶支座的剪切变形时应计及汽车制动力。"

即:制动力=$(q_K \times L_0 + P_K \times 1.2) \times 10\%$,对吗?

回答 3

计算板式橡胶支座剪切变形时应考虑汽车制动力,但计算汽车制动力时,车道荷载中的 P_K 不乘以 1.2 系数,只有计算主梁的剪力(或反力)时 P_K 才乘以 1.2 系数。

问题 4

问题来源:吉林省

规范第4.3.1条规定,对于桥跨结构,当计算由车道荷载引起的主梁的剪力时，其中集中荷载标准值 P_K 应乘以 1.2 的系数，这里的剪力也包括反力在内。这样，由上部结构传至墩台的力就加大了。

(1)由车道荷载产生的基础底面的剪力 V_q 及轴力 N_q 均考虑了1.2 P_K，这样理解对吗？

(2)是不是进一步加大了基底弯矩 $M=M_g+M_q=M_g+N_q e_0+V_q h$？

(3)是不是进一步影响了基底竖向力偏心距 $e=M/N$？

其中：$N=N_g+N_q$(未考虑风载等其他水平作用参与组合)。

回答 4

桥梁上作用着车道荷载 q_K 和 $1.2P_K$，计算桥梁反力，用这个反力来设计下部结构所有需要计算的部分，这里当然也包括由这个反力(实际上是作用于墩台的竖直力)可能引起的弯矩和基底反应力等。

问题 5

问题来源：吉林省

规范第 4.3.1 条，剪力效应是否包括以下内容：

(1)条文说明所指下部结构计算：墩台、基础内力(轴向力、弯矩及剪力)。

(2)制动力引起的支座剪力(如：计算板式橡胶支座的剪切变形时计及的制动力，在有些算例中并未计及，我认为应计及)。

回答 5

(1)规范第 4.3.1 条规定，对于桥跨结构，当计算由车道荷载引起的主梁的剪力时，其中集中荷载标准值 P_K 应乘以 1.2 的系数，这里的剪力也包括反力在内。这样，由上部结构传至墩台的力就加大了。

(2)计算板式橡胶支座的剪切变形时应计及汽车制动力。

问题 6

问题来源：陕西省

《公路桥涵设计通用规范》(JTG D60—2004)采用可靠度理论、分项系数法，规定车辆荷载分为公路—I级和公路—II级，相当于旧规范的汽车—超20级和汽车—20级。

按照水利部统一安排，我院正在主编制定《灌溉与排水渠系建筑物设计规范》，内容包括渠道上的渡槽、倒虹吸管、水闸、涵洞、桥梁等建筑物设计。其中桥梁大致分为渠道与公路交叉的公路桥和乡村道路桥两类，公路桥和经济发达地区的村级道路桥应执行《公路桥涵设计通用规范》(JTG D60—2004)。但经济欠发达地区近期只通行原汽—15级或汽—10级车辆的村级道路桥，仅通行农用车、拖拉机、小四轮(手扶)拖拉机的田间道路桥以及通行畜力车和大型牲畜的牧道桥，设计则有困难。若执行原交通部已经废止的公路旧规范，显然不合适，执行公路设计新规范最为方便，又苦于没有该等级的车辆荷载。因此，诚恳希望贵院提供以下帮助：

(1)推导适用乡村道路桥设计的车道荷载和车辆荷载。如果能采用公路—I级或公路—II级荷载乘某个折减系数的方式表达，则更便于执行公路设计规范。

(2)提供贵院调查的农用汽车、小四轮、手扶和通用大型拖拉机、畜力车及大型牲畜(如骆驼、马、牛)的外形尺寸和轴重、轮重等资料。

回答 6

因为以下内容涉及贵院主编的规范，所以还得由贵院认真研究，最后定夺。

我院在主持进行“公路桥梁可靠性研究”时就已明确，有关车辆荷载研究仅适用于等级公路上的桥梁，并且着重于目前普遍用于设计的汽车—超20级和汽车—20级，所以在实地测定时截取的样本将汽车的运行状态分为密集运行状态和一般运行状态两种，前者比拟于原规范的汽车—超20级；后者比拟于原规范汽车—20级(见《公路工程结构可靠度设计统一标准》(GB/T 50283—1999)第4.3.2条条文说明)。但是，按原规范规定四级公路上的桥梁是采用汽车—10级进行设计的。我们采取的措施是，在经统计分析确定了公路—I级(密集运行状态)和公路—II级(一般运行状态)的标准值以后，再通过各种结构和各种跨径对比于汽车—10级的计算，并考虑适当提高汽车—10级的标准值。贵院主编规范所涉桥涵属于哪级公路并无明确规定，只是说“渠道与公路交叉的公路桥和乡村道路桥”。其中乡村道路桥很明确指的是等外公路，但与渠道交叉的公路有可能是四级公路，也可能是更高等级公路。所以用来函中所说的“公路桥和经济发达地区的村级道路桥应执行《公路桥涵设计通用规范》(JTG D60—2004)。经济欠发达地区近期只通行原汽—15级或汽—10级车辆的村级道路……”不但不现实，而且前后也有矛盾。根据来函所述的情况，我们想可以按以下三种情况来处理：

(1)对于可能遇到四级公路以上的较高等级公路上的桥涵，设计采用的汽车荷载可完全按《公路桥涵设计通用规范》(JTG D60—2004)的规定办理。

(2)可能遇到较多的四级公路上的桥涵，也可按上述规范第24页第9行的规定，汽车荷载采用：车道荷载采用公路—II级的80%，车辆荷载的效应可乘以0.7的折减系数。

(3)对于乡村道路上的桥涵，过去不曾对其荷载进行调查研究，难以确定其车辆荷载标准值。因此，建议采用原《公路桥涵设计通用规范》(JTJ 021—89)中汽车—10级标准，但不宜将其车队图式搬进规范中，而将其转化为现行规范公路—I级的百分数表达。可以通过对不同跨径的简支梁的计算，找出公路—I级车道荷载与汽车—10级车队最大跨中弯矩的关系，这样的关系对各种跨径可能是不同的，最后取其平均值。将原规范汽车—10级作为乡村道路桥涵的设计荷载可能偏大，贵院也可以通过专家评议适当降低原汽车—10级与公路—I级车道荷载弯矩效应的平均比值。上述对简支梁的计算是很简单的，只要将两种按规范规定的汽车荷载图式加到跨中弯矩影响线上用手算也可很快得到弯矩标准值。乡村道路上的桥梁绝大部分是简支梁桥，其他结构可不作为计算比较的对象。至于车辆荷载，因为是单车行驶在桥梁上，且用于局部加载，两种荷载的比较更注重于轴重的比较，即使用于桥台和挡土墙土压力计算，在破坏棱体内一般也只是车轮加载。因此，贵院可根据新规范的车辆荷载与原规范汽车—10级车队中的加重车（后轴载100kN）甚至标准车（后轴载70kN）进行比较（新规范车辆荷载后轴载140kN且后两轴轴距只有1.4m，可能与汽车—10级车队中的标准车比较更合适一些），得出两者的适当比值。田间道路的桥梁一般跨径很小，通行机动车的次数也很少，不能再另立设计活荷载标准，可归属于乡村道路桥。

乡村道路和田间道路上行驶的各种交通车辆的外形尺寸和轴重、轮重资料无法提供，因为我们没有进行这方面的调查。

? 问题7

问题来源：湖北省

目前我们正在编制一套盖梁计算程序，现就有关车道荷载的问题请教专家。

规范第4.3.1条规定，在计算剪力效应时，车道荷载中的集中荷载标准值 P_K 应乘以1.2的系数。对于这个条款，程序编制中有两种处理方式：

(1)汽车荷载通过上部构造的支点作用在盖梁上，支点反力可考虑为

"剪力效应",因此在计算支点反力时就考虑集中荷载标准值 P_K 乘以 1.2 的系数,再来计算盖梁活载内力。也就是说,盖梁的弯矩、剪力和轴力计算均考虑了这个系数。

另外,条文说明中进行了这样的解释:"当计算剪力效应时,集中荷载标准值 P_K 应在原定值的基础上提高 1.2 倍,其主要用于验算下部结构或上部结构腹板的",盖梁属于下部构造范畴,也支持这种理解方式。

(2)只在计算盖梁剪力时考虑集中荷载标准值 P_K 乘以 1.2 的系数,计算盖梁弯矩与轴力时不考虑这个系数。我们在编制上部构造相关程序时是这样处理的。

由于两种处理方式计算出的盖梁弯矩有较大差异,并直接影响盖梁的配筋结果。究竟采用哪种计算方法,请教专家。

回答 7

我们在模拟制定车道荷载时,在固定均布荷载 $q_K=10.5\text{kN/m}$ 的情况下,通过对各种不同跨径的各种结构计算其各种效应,谋求计算的荷载效应与经现场实测、统计分析所得荷载的计算效应大致等值,这就需在已定的 q_K 值的基础上,再加上集中荷载 P_K 参与计算。对于不同结构和不同的跨径,就要施加很多 P_K 值才能达到上述的目的,但在规范上不可能将很多 P_K 值列上。现规范提供的 P_K 值是在对各种结构分析合并后的数值。其中,在剪力效应(包括连续梁中间支点反力)上需要提高 1.2 倍。所以,这个措施是针对桥梁在(q_K+P_K)作用时而言的,也即对计算上部结构支点反力而言的。至于传到盖梁上该是什么就是什么。

问题 8

问题来源:广东省

弯桥的离心力计算:对于一联多墩桥梁结构,且有几个墩为墩梁固结，按照规范，离心力为车辆荷载与离心系数 C 的乘积。问题：

（1）在计算通过梁、墩横向刚度分配到各墩的离心力时，每辆车辆荷载产生的离心力（为集中力）沿纵桥向是按各车轮轴重的离心力（多个离心力）依据各轴间距加载计算，还是此辆车总轴重产生的离心力（一个离心力）加载计算？

（2）一联纵向可加多辆车，是否纵向的每辆车都要考虑计算各墩的由离心力产生的水平力？

回答 8

关于离心力计算。桥面上布置车队，现行通用规范第 4.3.1 条规定的 q_K 和 P_K，其中，P_K 值按一联桥梁中的跨径取值，并转化为与 q_K 一样均匀分布于一联桥面上，然后计算由一个桥墩承受的竖向力，再乘以离心力系数 C，此即为作用于该桥墩的离心力。无需考虑墩横向刚度分配。当为多车道桥梁时，多车道上的汽车荷载应乘以上述规范表 4.3.1-4 中横向折减系数。离心力对桥墩台的影响，有多种计算方法，上面的方法较为简便。

？问题 9

问题来源：北京市

在作箱梁桥的空间有限元分析时，对于车道荷载（包括均布荷载和集中荷载）进行空间布置时，一个车道荷载横桥向的分布宽度取多少，怎样布置？

回答 9

《公路桥涵设计通用规范》（JTG D60—2004）规定的车道荷载只适用于纵向整体内力分析，每个车道均作用有车道荷载，一个车道荷载的 q_K

和 P_K 均可分布在一个车道宽度内。其他有关事宜请见规范规定。

问题 10

问题来源：湖北省

在使用《公路桥涵设计通用规范》(JTG D60—2004)时发现，某工程中的车辆荷载(200t 平板车，具体见图 1-1 所示)超出该规范第 4.3.1 条中的车辆荷载。不知在计算活荷载内力时可否用该规范第4.3.1条中第4 款的规定；如果不能，该如何处理？

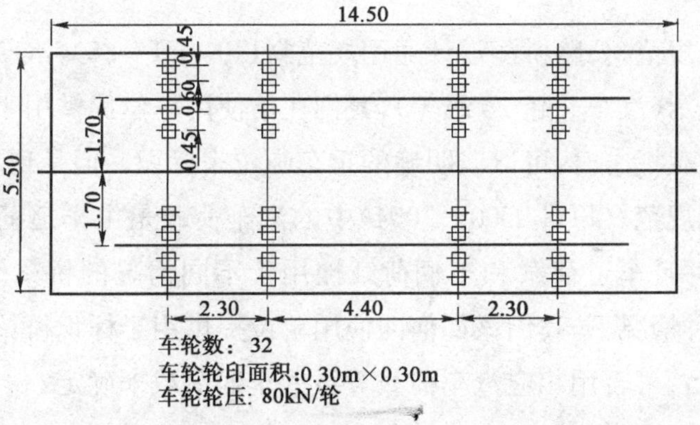

图 1-1　(尺寸单位：m)

回答 10

来函所示车辆荷载计 2 560kN，已大大超出《公路桥涵设计通用规范》(JTG D60—2004)规定的荷载标准，桥梁结构内力计算不能用该规范给定的荷载指标。如何办？只能按上述超重荷载的要求进行结构力素分析，根据分析结果再确定构件尺寸或采用加固措施。如需要，可请有资质单位核算。

问题 11

问题来源：湖北省

规范第 4.3.1 条中集中荷载 P_K 取值，当结构为不等跨连续梁时，是按各跨不同跨径取不同值还是按最大跨径取值？

回答 11

作为车道荷载一部分的 P_K，当桥梁为不等跨连续梁时，按不同跨径各自取值，但为方便起见，也可偏安全地按较大跨径取一个值。

问题 12

问题来源：北京市

按照原规范《公路桥涵设计通用规范》(JTJ 021—85)，汽车荷载是以汽车车队表示(汽车—超 20 级等)，我们在给使用单位提供用于标识桥梁承载力的限载标志时，可以以明确的重车吨位来标识。但是现在《公路桥涵设计通用规范》(JTG D60—2004)中的汽车荷载是由车道荷载和车辆荷载组成，并且车道荷载和车辆荷载被用于不同情况的桥梁结构设计。那么，在此种情况下，我们该如何向使用单位提供用于标识桥梁承载力的限载标志呢？可否用相应汽车荷载等级的车辆荷载来确定？

回答 12

目前，各地公路交通管理部门欲对桥梁采取限载措施，就是在桥头竖立一块标志牌，牌面标明限重吨位，如限重 20t、限重 30t 等。但这样的标志是不科学的。因为它不能确切地反映该桥设计所采用的载重标准，没有反映载重车辆类型，对于跨径较大的桥梁，也没有反映车辆间距。所以，这样的限重标志只是一个极其粗糙的措施。

规范中规定的汽车荷载计算图式，不论是汽车车队标准还是车道荷载标准，都是模拟荷载，仅供设计使用，它的基础就是通过大量的公路交通的实地测试，经可靠性统计分析，取得汽车荷载标准值，然后通过对不同跨径的不同结构(简支梁、连续梁、连续刚构等)的计算，获得新、老规范汽车荷载的对比资料，新规范的公路—I级车道荷载比老规范的汽车—超20级略小，公路—II级车道荷载比汽车—20级也略小（见《公路工程结构可靠度设计统一标准》(GB/T 50283—1999)）。标志的限重仍可采用原规范的汽车荷载标准。

问题13

问题来源：河北省

贵院编制的《公路桥涵设计通用规范》(JTG D60—2004)中，汽车荷载等级采用了公路—I级和公路—II级以及公路—II级折减（相当于公路—II级车道荷载的效应乘以0.8的折减系数，车辆荷载的效应乘以0.7的折减系数）。

目前，我单位设计了几十座桥梁，三个汽车荷载等级都采用了，建设单位及监理均要求在桥头设置荷载警示牌，以保证桥梁的安全使用。经我院研究并征求相关兄弟单位的意见，未能得到统一意见。因此，请贵院明确：三个汽车荷载等级的荷载警示牌应该怎么标注？是控制总重还是轴载？

回答13

《公路桥涵设计通用规范》(JTG D60—2004)中公路—I级车道荷载所产生的效应，大约相当于原规范《公路桥涵设计通用规范》(JTJ 021—89)以车队表示的汽车—超20级所产生的效应；公路—II级车道荷载大约相当于原规范汽车—20级；用于四级公路桥涵设计的车道荷载大约相当于原规范汽车—10级效应的1.5倍。至于桥头警示牌如何标示，因为设计单位最了解每座桥梁承载力的实际情况，我们无法给予回答。

桥头荷载警示牌过去是用于危桥或早期设计、荷载等级较低的桥梁，一般标示为“限载××吨”，这也许是必要的，但绝大多数功能良好的桥梁并不设桥头荷载警示牌。如今，在公路上行驶的超载、超限车辆明显增多，这给桥梁的安全性带来威胁，如果能彻底排除这些车辆上桥，则桥梁的安全可得到保证。

公路限载应按全国治超领导小组办公室有关规定办理。

4.3.2

规范条文

汽车荷载冲击力应按下列规定计算：

1. 钢桥、钢筋混凝土及预应力混凝土桥、圬工拱桥等上部构造和钢支座、板式橡胶支座、盆式橡胶支座及钢筋混凝土柱式墩台，应计算汽车的冲击作用。

2. 填料厚度（包括路面厚度）等于或大于 0.5m 的拱桥、涵洞以及重力式墩台不计冲击力。

3. 支座的冲击力，按相应的桥梁取用。

4. 汽车荷载的冲击力标准值为汽车荷载标准值乘以冲击系数 μ。

5. 冲击系数 μ 可按下式计算：

当 $f<1.5\text{Hz}$ 时，$\mu=0.05$

当 $1.5\text{Hz}\leqslant f\leqslant 14\text{Hz}$ 时，$\mu=0.1767\ln f-0.0157$ (4.3.2)

当 $f>14\text{Hz}$ 时，$\mu=0.45$

式中：f——结构基频(Hz)。

6. 汽车荷载的局部加载及在 T 梁、箱梁悬臂板上的冲击系数采用 1.3。

4.3.2 条文说明

1. 简支梁桥：

$$f_1=\frac{\pi}{2l^2}\sqrt{\frac{EI_c}{m_c}} \tag{4-3}$$

$$m_c = G/g \qquad (4\text{-}4)$$

式中：l——结构的计算跨径(m)；

E——结构材料的弹性模量(N/m^2)；

I_c——结构跨中截面的截面惯矩(m^4)；

m_c——结构跨中处的单位长度质量(kg/m)，当换算为重力计算时，其单位应为 $N \cdot s^2/m^2$；

G——结构跨中处延米结构重力(N/m)；

g——重力加速度，g=9.81m/s^2。

问题 1

问题来源：上海市

(1)规范第 4.3.2 条第 6 款，汽车荷载的局部加载的冲击系数采用 1.3(应为 0.3?)。第 6 款所说的"局部加载"的具体含义是什么？横梁活载效应计算是否属于"局部加载"？

(2)第 4.3.2 条计算汽车荷载冲击系数的条文说明中给出连续梁基频的计算公式，公式中 l 为计算跨径，该计算跨径为边跨的跨径，还是最大跨的跨径？不同跨的冲击系数是否应该分别考虑？

(3)第 4.3.2 条的结构基频计算中，桥面铺装(水泥混凝土和沥青混凝土)是否要计入？地道结构的基频如何计算？连续梁桥的 l 如何取值(按单跨跨径、总跨径还是加载长度)？变截面结构的截面特性如何取值？

(4)第 4.3.2 条中关于结构基频的计算：对连续梁桥，条文说明中给出了分别用于计算正弯矩效应和负弯矩效应的基频简化计算公式。当采用有限元程序来计算结构自振频率时，应指明计算正负弯矩效应时所分别对应的振型特征，比如计算正弯矩效应时，结构基频 f 是采用对称振型的第一阶频率，还是反对称振型的第一阶频率？对此，条文说明应予以详细说明，并给出相应的理论依据。

(5)第 4.3.2 条附注：当按条文说明式(4-3)计算简支梁的频率时，m_c

是否考虑桥面铺装的重量?

回答 1

(1)冲击系数应为 0.3,1.3 系笔误。规范中所说的“局部加载”是指汽车在桥梁上局部区域加载,横梁设计就需局部加载。

(2)在主桥上汽车荷载引起的冲击系数,不论是等跨还是不等跨,是简支梁还是连续梁,都应采用同一数值;引桥上也应如此。非局部荷载的冲击系数应采用最大值,即计算结构基频时采用较小跨径。计算桥梁基频(自振频率)不应考虑桥面铺装。

(3)变截面梁计算基频时,可取跨中截面的惯距 I_c。

(4)地道结构的基频计算要视具体情况而定,请提供具体情况一起讨论。

(5)计算基频公式中的 m_c 时,不考虑铺装层自重。这在以上(2)中已作答复。

问题 2

根据第 4.3.2 条,一个基频,对应一个冲击系数,计算冲击系数,只提到结构基频(一个结构只有一个基频),而且条文说明中强调“只要桥梁的基频相同,在同样的汽车荷载下,就能得到基本相同的冲击系数。”但后面的条文说明中,对于连续梁的正负弯矩区给出两个冲击系数,没有解释原因,公式中也没有解释对于不等跨连续梁 l 值如何取值(比如不等跨等刚度连续梁)。通过一些文献,我们发现连续梁正负弯矩应该采用不同的频率,但不知道哪些文献应该是规范认可权威的。如果规范认为计算正负弯矩区应该采用不同的频率(不单是基频,规范中只提到基频),那么规范应解释啊,或麻烦提供一些规范认为可以参考的文献。

回答 2

计算汽车冲击系数所选用的基频,是在条文说明中提供的。条文说明并非规范,只提供参考之用。你如有更精确可靠的资料,尽管应用。条文说明中有关连续梁负弯矩基频公式中的 l 采用桥墩临近的跨径;当跨径不等时,采用较小的跨径。

4.3.5

规范条文

人群荷载标准值应按下列规定采用:

1. 当桥梁计算跨径小于或等于 50m 时,人群荷载标准值为 3.0 kN/m^2;当桥梁计算跨径等于或大于 150m 时,人群荷载标准值为 2.5kN/m^2;当桥梁计算跨径在 50～150m 之间时,可由线性内插得到人群荷载标准值。对跨径不等的连续结构,以最大计算跨径为准。

城镇郊区行人密集地区的公路桥梁,人群荷载标准值取上述规定值的 1.15 倍。

专用人行桥梁,人群荷载标准值为 3.5kN/m^2。

2. 人群荷载在横向应布置在人行道的净宽度内,在纵向施加于使结构产生最不利荷载效应的区段内。

3. 人行道板(局部构件)可以一块板为单元,按标准值 4.0kN/m^2 的均布荷载计算。

4. 计算人行道栏杆时,作用在栏杆立柱顶上的水平推力标准值取 0.75kN/m;作用在栏杆扶手上的竖向力标准值取 1.0kN/m。

问题

问题来源:上海市

(1)规范第 4.3.5 条未涉及非机动车荷载的选取原则,如何与人群荷载结合作用?

(2)对跨径不等的连续结构,以最大计算跨径为准。按照此原则,若桥梁跨径为(50+150+50)m,人群荷载取值仅为2.5kN/m²,是否偏小?

回答

非机动车一般是自行车,无需给出自行车荷载标准值,当在人行道上行驶自行车,用人群荷载进行桥梁设计是足够安全的。人群荷载调查统计表明,人行道越长按每平方米统计的人群荷载越低,而且对城镇郊区行人密集的公路桥梁,人群荷载标准值尚可提高1.15倍。因此,规范确定的人群荷载标准值是安全的,另外规范还规定人行道板按4.0kN/m²的均布荷载进行计算也是安全的。至于城市桥梁,如果认为公路桥梁取值偏小,可用城市桥梁标准。

4.3.6

规范条文

汽车荷载制动力可按下列规定计算和分配:

1.汽车荷载制动力按同向行驶的汽车荷载(不计冲击力)计算,并应按本规范表4.3.1-5的规定,以使桥梁墩台产生最不利纵向力的加载长度进行纵向折减。

一个设计车道上由汽车荷载产生的制动力标准值按本规范第4.3.1条规定的车道荷载标准值在加载长度上计算的总重力的10%计算,但公路—I级汽车荷载的制动力标准值不得小于165kN;公路—II级汽车荷载的制动力标准值不得小于90kN。同向行驶双车道的汽车荷载制动力标准值为一个设计车道制动力标准值的两倍;同向行驶三车道为一个设计车道的2.34倍;同向行驶四车道为一个设计车道的2.68倍。

2.制动力的着力点在桥面以上1.2m处,计算墩台时,可移至支座铰中心或支座底座面上。计算刚构桥、拱桥时，制动力的着力点可移至桥面上，但不计因此而产生的竖向力和力矩。

3. 设有板式橡胶支座的简支梁、连续桥面简支梁或连续梁排架式柔性墩台，应根据支座与墩台的抗推刚度的刚度集成情况分配和传递制动力。

设有板式橡胶支座的简支梁刚性墩台，按单跨两端的板式橡胶支座的抗推刚度分配制动力。

4. 设有固定支座、活动支座(滚动或摆动支座、聚四氟乙烯板支座)的刚性墩台传递的制动力，按表 4. 3. 6 的规定采用。每个活动支座传递的制动力，其值不应大于其摩阻力，当大于摩阻力时，按摩阻力计算。

刚性墩台各种支座传递的制动力　　表 4. 3. 6

<table>
<tr><th colspan="2">桥梁墩台及支座类型</th><th>应计的制动力</th><th>符号说明</th></tr>
<tr><td rowspan="3">简支梁桥台</td><td>固定支座</td><td>T_1</td><td rowspan="10">T_1——加载长度为计算跨径时的制动力；
T_2——加载长度为相邻两跨计算跨径之和时的制动力；
T_3——加载长度为一联长度的制动力</td></tr>
<tr><td>聚四氟乙烯板支座</td><td>$0.30T_1$</td></tr>
<tr><td>滚动(或摆动)支座</td><td>$0.25T_1$</td></tr>
<tr><td rowspan="4">简支梁桥墩</td><td>两个固定支座</td><td>T_2</td></tr>
<tr><td>一个固定支座，一个活动支座</td><td>注</td></tr>
<tr><td>两个聚四氟乙烯板支座</td><td>$0.30T_2$</td></tr>
<tr><td>两个滚动(或摆动)支座</td><td>$0.25T_2$</td></tr>
<tr><td rowspan="3">连续梁桥墩</td><td>固定支座</td><td>T_3</td></tr>
<tr><td>聚四氟乙烯板支座</td><td>$0.30T_3$</td></tr>
<tr><td>滚动(或摆动)支座</td><td>$0.25T_3$</td></tr>
</table>

注：固定支座按 T_4 计算，活动支座按 $0.30T_5$(聚四氟乙烯板支座)计算或 $0.25T_5$(滚动或摆动支座)计算，T_4 和 T_5 分别为与固定支座或活动支座相应的单跨跨径的制动力，桥墩承受的制动力为上述固定支座与活动支座传递的制动力之和。

规范条文　4. 3. 1

(见 P44)

问题

问题来源:江苏省

规范第 4.3.1 条第 4 款 1)中规定,车道荷载中集中荷载 P_K 在计算剪力效应时要乘 1.2;第 4.3.6 条汽车荷载制动力计算时集中荷载 P_K 要不要乘 1.2(因为汽车荷载制动力对桥梁支座、墩台等是剪力效应)?

回答

计算汽车制动力时,车道荷载中的 P_K 不乘 1.2。

4.3.7

规范条文

风荷载标准值可按下列规定计算:

1. 横桥向风荷载假定水平地垂直作用于桥梁各部分迎风面积的形心上,其标准值可按下式计算:

$$F_{wh} = k_0 k_1 k_3 W_d A_{wh} \quad (4.3.7\text{-}1)$$

$$W_d = \frac{\gamma V_d^2}{2g} \quad (4.3.7\text{-}2)$$

$$W_0 = \frac{\gamma V_{10}^2}{2g} \quad (4.3.7\text{-}3)$$

$$V_d = k_2 k_5 V_{10} \quad (4.3.7\text{-}4)$$

$$\gamma = 0.012\,017 e^{-0.0001Z} \quad (4.3.7\text{-}5)$$

式中:F_{wh}——横桥向风荷载标准值(kN);

W_0——基本风压(kN/m^2),全国各主要气象台站 10 年、50 年、100

年一遇的基本风压可按附表A的有关数据经实地核实后采用；

W_d——设计基准风压(kN/m^2)；

A_{wh}——横向迎风面积(m^2)，按桥跨结构各部分的实际尺寸计算；

V_{10}——桥梁所在地区的设计基本风速(m/s)，系按平坦空旷地面，离地面10m高，重现期为100年10min平均最大风速计算确定；当桥梁所在地区缺乏风速观测资料时，V_{10}可按附录A"全国基本风速图及全国各气象台站基本风速和基本风压值"的有关数据并经实地调查核实后采用；

V_d——高度Z处的设计基准风速(m/s)；

Z——距地面或水面的高度(m)；

γ——空气重力密度(kN/m^3)；

k_0——设计风速重现期换算系数，对于单孔跨径指标为特大桥和大桥的桥梁，$k_0=1.0$；对其他桥梁，$k_0=0.90$；对施工架设期桥梁，$k_0=0.75$；当桥梁位于台风多发地区时，可根据实际情况适度提高k_0值；

k_3——地形、地理条件系数，按表4.3.7-1取用；

k_5——阵风风速系数，对A、B类地表，$k_5=1.38$；对C、D类地表；$k_5=1.70$。A、B、C、D地表类别对应的地表状况见表4.3.7-2；

k_2——考虑地面粗糙度类别和梯度风的风速高度变化修正系数，可按表4.3.7-3取用；位于山间盆地、谷地或峡谷、山口等特殊场合的桥梁上、下部结构的风速高度变化修正系数k_2按B类地表类别取值；

k_1——风载阻力系数，见表4.3.7-4～表4.3.7-6；

g——重力加速度，$g=9.81m/s^2$。

地形、地理条件系数k_3　　表4.3.7-1

地形、地理条件	地形、地理条件系数k_3
一般地区	1.00
山间盆地、谷地	0.75～0.85
峡谷口、山口	1.20～1.40

地表分类 表 4.3.7-2

地表粗糙度类别	地表状况
A	海面、海岸、开阔水面
B	田野、乡村、丛林及低层建筑物稀少地区
C	树木及低层建筑物等密集地区、中高层建筑物稀少地区、平缓的丘陵地
D	中高层建筑物密集地区、起伏较大的丘陵地

风速高度变化修正系数k_2 表 4.3.7-3

离地面或水面高度(m)	地表类别			
	A	B	C	D
5	1.08	1.00	0.86	0.79
10	1.17	1.00	0.86	0.79
15	1.23	1.07	0.86	0.79
20	1.28	1.12	0.92	0.79
30	1.34	1.19	1.00	0.85
40	1.39	1.25	1.06	0.85
50	1.42	1.29	1.12	0.91
60	1.46	1.33	1.16	0.96
70	1.48	1.36	1.20	1.01
80	1.51	1.40	1.24	1.05
90	1.53	1.42	1.27	1.09
100	1.55	1.45	1.30	1.13
150	1.62	1.54	1.42	1.27
200	1.73	1.62	1.52	1.39
250	1.75	1.67	1.59	1.48
300	1.77	1.72	1.66	1.57
350	1.77	1.77	1.71	1.64
400	1.77	1.77	1.77	1.71
≥450	1.77	1.77	1.77	1.77

桁架的风载阻力系数 k_1　　表 4.3.7-4

实面积比	矩形与 H 形截面构件	圆柱形构件(D 为圆柱直径)	
		$D\sqrt{W_0}<5.8$	$D\sqrt{W_0}\geqslant5.8$
0.1	1.9	1.2	0.7
0.2	1.8	1.2	0.8
0.3	1.7	1.2	0.8
0.4	1.7	1.1	0.8
0.5	1.6	1.1	0.8

注:①实面积比=桁架净面积/桁架轮廓面积;

②表中圆柱直径 D 以 m 计,基本风压以 kN/m^2 计。

桁架遮挡系数 η　　表 4.3.7-5

间距比	实面积比				
	0.1	0.2	0.3	0.4	0.5
≤1	1.0	0.90	0.80	0.60	0.45
2	1.0	0.90	0.80	0.65	0.50
3	1.0	0.95	0.80	0.70	0.55
4	1.0	0.95	0.80	0.70	0.60
5	1.0	0.95	0.85	0.75	0.65
6	1.0	0.95	0.90	0.80	0.70

注:间距比=两桁架中心距/迎风桁架高度。

桥墩或桥塔的阻力系数 k_1　　表 4.3.7-6

断面形状	$\frac{t}{b}$	桥墩或桥塔的高宽比						
		1	2	4	6	10	20	40
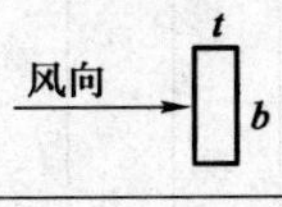	≤1/4	1.3	1.4	1.5	1.6	1.7	1.9	2.1
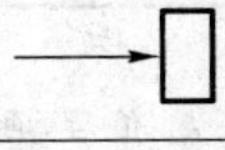	1/3 1/2	1.3	1.4	1.5	1.6	1.6	2.0	2.2
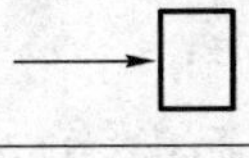	2/3	1.3	1.4	1.5	1.6	1.8	2.0	2.2
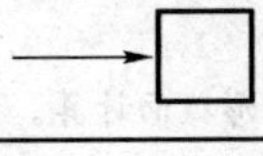	1	1.2	1.3	1.4	1.5	1.6	1.8	2.0

续上表

断面形状	$\frac{t}{b}$	桥墩或桥塔的高宽比						
		1	2	4	6	10	20	40
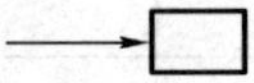	3/2	1.0	1.1	1.2	1.3	1.4	1.5	1.7
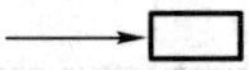	2	0.8	0.9	1.0	1.1	1.2	1.3	1.4
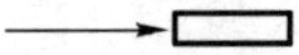	3	0.8	0.8	0.8	0.9	0.9	1.0	1.2
	≥4	0.8	0.8	0.8	0.8	0.8	0.9	1.1
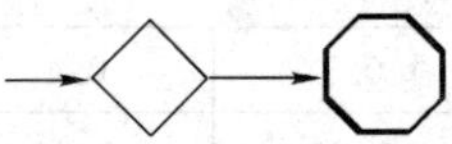		1.0	1.1	1.1	1.2	1.2	1.3	1.4
12 边形 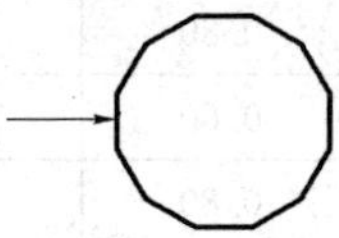		0.7	0.8	0.9	0.9	1.0	1.1	1.3
光滑表面圆形且 $D\sqrt{W_0}\geqslant 5.8$ 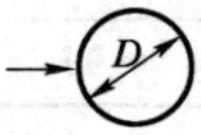		0.5	0.5	0.5	0.5	0.5	0.6	0.6
1. 光滑表面圆形且 $D\sqrt{W_0}<5.8$； 2. 粗糙表面或有凸起的圆形 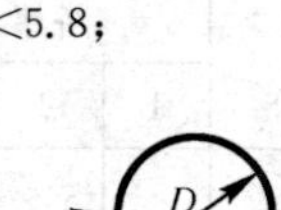		0.7	0.7	0.8	0.8	0.9	1.0	1.2

注：①上部结构架设后，应按高度比为 40 计算 k_1 值；

②对于带有圆弧角的矩形桥墩，其风载阻力系数应从表中查得 k_1 值后，再乘以折减系数 $(1-1.5\frac{r}{b})$ 或 0.5，取其二者之较大值，在此 r 为圆弧角的半径；

③对于沿桥墩高度有锥度变化的情形，k_1 值应按桥墩高度分段计算，每段的 t 及 b 取各该段的平均值，高度比则应以桥墩总高度对每段的平均宽度之比计之；

④对于带三角尖端的桥墩，其 k_1 值应按包括该桥墩处边缘的矩形截面计算。

风载阻力系数应按下列规定确定：

1)普通实腹桥梁上部结构的风载阻力系数可按下式计算：

$$k_1=\begin{cases}2.1-0.1\left(\dfrac{B}{H}\right) & 1\leqslant\dfrac{B}{H}<8\\[2ex] 1.3 & 8\leqslant\dfrac{B}{H}\end{cases}\tag{4.3.7-6}$$

式中：B——桥梁宽度(m)；

H——梁高(m)。

2)桁架桥上部结构的风载阻力系数 k_1 规定见表4.3.7-4。上部结构为两片或两片以上桁架时，所有迎风桁架的风载阻力系数均取 ηk_1，η 为遮挡系数，按表4.3.7-5采用；桥面系构造的风载阻力系数，取 $k_1=1.3$。

3)桥墩或桥塔的风载阻力系数 k_1 可依据桥墩或桥塔的断面形状、尺寸比及高宽比值的不同由表4.3.7-6查得。表中没有包括的断面，其 k_1 值宜由风洞试验确定。

2.桥梁顺桥向可不计桥面系及上承式梁所受的风荷载，下承式桁架顺桥向风荷载标准值按其横桥向风压的40%乘以桁架迎风面积计算。

桥墩上的顺桥向风荷载标准值可按横桥向风压的70%乘以桥墩迎风面积计算。

悬索桥、斜拉桥桥塔上的顺桥向风荷载标准值可按横桥向风压乘以迎风面积计算。

桥台可不计算纵、横向风荷载。

上部构造传至墩台的顺桥向风荷载，其在支座的着力点及墩台上的分配，可根据上部构造的支座条件，按本规范第4.3.6条汽车制动力的规定处理。

3.对风敏感且可能以风荷载控制设计的桥梁，应考虑桥梁在风荷载作用下的静力和动力失稳，必要时应通过风洞试验验证，同时可采取适当的风致振动控制措施。

? 问题

问题来源：上海市

规范第4.3.7条中阵风系数和现行《公路桥梁抗风设计规范》(JTG/T D60-01—2004)不一致处该如何取值？风纵、横向是否叠加，还是考虑以某个角度吹？

回答

作用在桥梁上的风荷载，其纵、横向的效应分别计算，对桥梁构件也分别验算，不叠加。原规范的风荷载未考虑阵风系数，新规范考虑了阵风系数。风荷载标准值已比原规范有较大提高，宜采用新规范的规定。

4.3.8

规范条文

作用在桥墩上的流水压力标准值可按下式计算：

$$F_w = KA\frac{\gamma V^2}{2g} \tag{4.3.8}$$

式中：F_w——流水压力标准值(kN)；

γ——水的重力密度(kN/m³)；

V——设计流速(m/s)；

A——桥墩阻水面积(m²)，计算至一般冲刷线处；

g——重力加速度，$g=9.81\text{m/s}^2$；

K——桥墩形状系数，见表4.3.8。

桥墩形状系数　　表4.3.8

桥墩形状	K	桥墩形状	K
方形桥墩	1.5	尖端形桥墩	0.7
矩形桥墩(长边与水流平行)	1.3	圆端形桥墩	0.6
圆形桥墩	0.8		

流水压力合力的着力点，假定在设计水位线以下 0.3 倍水深处。

问题

问题来源：上海市

规范第 4.3.8 条未详细说明作用在桥墩上波浪力的作用标准值。

回答

公路桥梁一般在内河架桥，内河上波浪力不大，可以不考虑，所以公路桥梁设计规范向来不列波浪力规定。近年来在海湾地区修建桥梁增多，波浪力不可忽视。如果需要，请参阅原交通部部颁标准《海港水文规范》(JTJ 213—98)有关规定。

4.3.9

规范条文

对具有竖向前棱的桥墩，冰压力可按下述规定取用：

1. 冰对桩或墩产生的冰压力标准值可按下式计算：

$$F_i = m C_t b t R_{ik} \tag{4.3.9-1}$$

式中：F_i——冰压力标准值(kN)；

m——桩或墩迎冰面形状系数，可按表4.3.9-1取用；

C_t——冰温系数，可按表 4.3.9-2 取用；

b——桩或墩迎冰面投影宽度(m)；

t——计算冰厚(m)，可取实际调查的最大冰厚；

R_{ik}——冰的抗压强度标准值(kN/m²)，可取当地水温 0℃时的冰抗压强度；当缺乏实测资料时，对海冰可取 R_{ik} = 750kN/m²；对河冰，流冰开始时 R_{ik} = 750kN/m²，最高流冰水位时可取 R_{ik} = 450kN/m²。

桩或墩迎冰面形状系数 m 表 4.3.9-1

迎冰面形状 / 系数	平面	圆孤形	尖角形的迎冰面角度				
			45°	60°	75°	90°	120°
m	1.00	0.90	0.54	0.59	0.64	0.69	0.77

冰温系数 C_t 表 4.3.9-2

冰温(℃)	0	−10 及以下
C_t	1.0	2.0

注:①表列冰温系数可直线内插;

②对海冰,冰温取结冰期最低冰温;对河冰,取解冻期最低冰温。

当冰块流向桥轴线的角度 $\varphi\leqslant80°$时,桥墩竖向边缘的冰荷载应乘以 $\sin\varphi$ 予以折减。

冰压力合力作用在计算结冰水位以下 0.3 倍冰厚处。

2. 当流冰范围内桥墩有倾斜表面时,冰压力应分解为水平分力和竖向分力。

水平分力 $F_{xi}=m_0C_tR_{bk}t^2\tan\beta$ (4.3.9-2)

竖向分力 $F_{zi}=F_{xi}/\tan\beta$ (4.3.9-3)

式中:F_{xi}——冰压力的水平分力(kN);

F_{zi}——冰压力的垂直分力(kN);

β——桥墩倾斜的棱边与水平线的夹角(°);

R_{bk}——冰的抗弯强度标准值(kN/m²),取 $R_{bk}=0.7R_{ik}$;

m_0——系数,$m_0=0.2b/t$,但不小于 1.0。

3. 建筑物受冰作用的部位宜采用实体结构。对于具有强烈流冰的河流中的桥墩、柱,其迎冰面宜做成圆孤形、多边形或尖角,并做成 3∶1～10∶1(竖∶横)的斜度,在受冰作用的部位宜缩小其迎冰面投影宽度。

对流水期的设计高水位以上 0.5m 到设计低水位以下 1.0m 的部位宜采取抗冻性混凝土或花岗岩镶面或包钢板等防护措施。同时,对建筑物附近的冰体采取适宜的使冰体减小对结构物作用力的措施。

第 4.3.9 条综述

关于本条公式(4.3.9-2),俄罗斯冰荷载规程中水平冰压力 F_{xi} 和竖向冰压力 F_{zi} 计算公式与公式(4.3.9-2)、公式(4.3.9-3)类似,但水平冰压力 F_{xi} 计算公式中无 $\tan\beta$ 项。

本条公式(4.3.9-2)、公式(4.3.9-3),引自前苏联 1984 年《公路、铁路、城市道路桥涵设计规范》。俄罗斯规程可能有修改。

经研究,公式(4.3.9-2)内 $\tan\beta$ 不应有。正确的公式应为:

水平分力　$$F_{xi}=m_0C_tR_{bk}t^2 \qquad (4.3.9\text{-}2)$$

竖向分力　$$F_{zi}=F_{xi}/\tan\beta \qquad (4.3.9\text{-}3)$$

β 为桥墩倾斜的棱边与水平线的夹角(°),β 应取小于 90°的夹角。例如桥墩倾斜的棱边为 10∶1(竖∶横)时,$\beta=84.3°$,$\tan\beta=10$。

4.3.10

规范条文

计算温度作用时的材料线膨胀系数及作用标准值可按下列规定取用:

1. 桥梁结构当要考虑温度作用时,应根据当地具体情况、结构物使用的材料和施工条件等因素计算由温度作用引起的结构效应。各种结构的线膨胀系数规定见表 4.3.10-1。

线膨胀系数　　表 4.3.10-1

结构种类	线膨胀系数(以摄氏度计)	结构种类	线膨胀系数(以摄氏度计)
钢结构	0.000 012	混凝土预制块砌体	0.000 009
混凝土和钢筋混凝土及预应力混凝土结构	0.000 010	石砌体	0.000 008

2.计算桥梁结构因均匀温度作用引起外加变形或约束变形时,应从受到约束时的结构温度开始,考虑最高和最低有效温度的作用效应。如缺乏实际调查资料,公路混凝土结构和钢结构的最高和最低有效温度标准值可按表4.3.10-2取用。

公路桥梁结构的有效温度标准值(℃) 表4.3.10-2

气温分区	钢桥面板钢桥		混凝土桥面板钢桥		混凝土、石桥	
	最高	最低	最高	最低	最高	最低
严寒地区	46	−43	39	−32	34	−23
寒冷地区	46	−21	39	−15	34	−10
温热地区	46	−9(−3)	39	−6(−1)	34	−3(0)

注:①全国气温分区见附录B;

②表中括弧内数值适用于昆明、南宁、广州、福州地区。

3.计算桥梁结构由于梯度温度引起的效应时,可采用图4.3.10所示的竖向温度梯度曲线,其桥面板表面的最高温度T_1规定见表4.3.10-3。对混凝土结构,当梁高H小于400mm时,图中$A=H-100$(mm);梁高H等于或大于400mm时,$A=300$mm。对带混凝土桥面板的钢结构,$A=300$mm,图4.3.10中的t为混凝土桥面板的厚度(mm)。

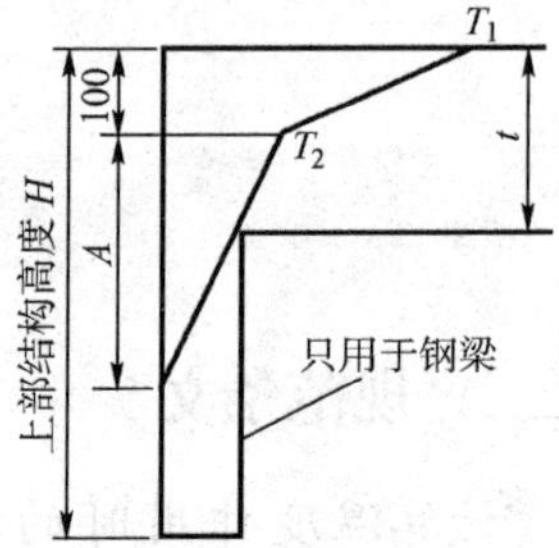

图4.3.10 竖向梯度温度

(尺寸单位:mm)

混凝土上部结构和带混凝土桥面板的钢结构的竖向日照反温差为正温差乘以−0.5。

竖向日照正温差计算的温度基数 表4.3.10-3

结构类型	T_1(℃)	T_2(℃)
混凝土铺装	25	6.7
50mm沥青混凝土铺装层	20	6.7
100mm沥青混凝土铺装层	14	5.5

4.计算圬工拱圈考虑徐变影响引起的温差作用效应时,计算的温差效应应乘以0.7的折减系数。

规范条文 《公路桥涵钢结构及木结构设计规范》第 1.5.21 条

联合梁内钢梁与混凝土桥面板间的计算温差，一般采用 10～15℃，在有可能发生更显著的温差的情况下则另作考虑。此项温差假定沿钢梁截面的全部高度内不变。

计算混凝土收缩时，应考虑徐变的影响。无可靠技术资料作依据时，对整体浇筑的钢筋混凝土桥面板，可按相应温度降低 15～20℃考虑；对分段浇筑的钢筋混凝土桥面板，可按相应温度降低 10～15℃考虑；预制的钢筋混凝土桥面板不考虑混凝土收缩影响。

问题 1

问题来源：广东省

规范中温度荷载为均匀温度和梯度温度荷载，是作为可变荷载(《公路桥涵设计通用规范》(JTG D60—2004)表 4.1.1)。

(1)均匀温度和梯度温度是作为一种可变荷载吗？在承载能力、正常作用内力组合计算时，是否将均匀温度和梯度温度荷载同时考虑，取二者产生的温度内力相加，然后与其他荷载组合？或是分开考虑参与荷载组合？

(2)《公路桥涵设计通用规范》(JTG D60—2004)表 4.3.10-3 竖向日照正温差计算的温度基数值，是指上部结构沿高度方向相对桥跨合龙时温度的升高值吗？

回答 1

关于温度作用，温度不宜称为“荷载”，而应称为“作用”。请见规范第 4.1.1 条说明。两种温度作用均由温差引起。什么叫均匀温度作用和梯度温度作用，请看上述规范第 4.3.10 条条文说明就会明白，这里不再赘述。

规范表 4.3.10-3 竖向日照正温差计算的温度基数是指桥梁受到太阳辐射在梁上沿高度方向形成温度梯度(图 4.3.10)，即梁顶的温度 T_1

和离梁顶100mm处的温度 T_2 之差，它们与桥面铺装有关，而与桥跨合龙时的温度无关。

问题2

问题来源：内蒙古自治区

按规范第4.3.10条，采用混凝土桥面桥梁梯度温度效应计算值较大，北方地区桥梁采用混凝土桥面（无沥青混凝土层）是否合适？部分低等级公路无沥青混凝土桥面桥梁是否需要处理？

回答2

混凝土桥面铺装层隔热效果较差，比沥青混凝土铺装层计算效应较大，但不等于混凝土就不能作桥面铺装。国内桥梁大多采用沥青混凝土铺装，也有少量包括南方地区采用混凝土的。至于你们如何选用铺装层材料，我们的意见应首选沥青混凝土，它不但隔热较好，而且易于维护。据反映，混凝土桥面经车辆撞击，易出现局部损坏，修补较费事。对现有混凝土桥面的桥梁是否需要处理，你们最有发言权，因为你们最了解现有桥梁的使用情况及当初的设计情况，其中包括作用（或荷载）的组合，桥梁的安全储备以及桥梁完好程度等。

问题3

问题来源：江苏省

规范中第4.3.10条提到的"桥面板表面"可否理解为不参与结构受力的铺装层表面，这样，梁体顶面的温度可根据铺装层厚度进行直线内插计算。

回答3

温度梯度曲线最高值 T_1 指在桥面板表面处，当然不能包括铺装层。

有许多桥梁在桥面板上先铺一现浇混凝土整体层，然后再在其上铺一层沥青混凝土，如果设计时利用部分现浇混凝土与梁共同受力，则 T_1 应指被利用部分混凝土层的顶面处。但在计算上和构造上都要满足组合截面的要求。

问题 4

问题来源：天津市

规范第 4.3.10 条第 3 款中温度基数（T_1、T_2）按何种方法确定？

回答 4

规范第 4.3.10 条表 4.3.10-3 中的 T_1 是梁顶（规范中为桥面板表面）的温度，它与桥面铺装层所用材料有关。

问题 5

问题来源：天津市

规范第 4.3.10 条对于沥青铺装、混凝土铺装的 T_1、T_2 均有规定，对于桥面结构采用沥青铺装加防水混凝土的桥梁结构，其桥面板表面的最高温度 T_1 应如何选取？其梯度曲线应选用哪种？

例如：某桥桥面结构为 90mm 沥青混凝土铺装＋80mm 防水混凝土，桥面板厚 300mm，其温度梯度可否按如下方法计算：

(1)根据规范表 4.3.10-3，50mm 沥青混凝土铺装层的 T_1 为 25℃；100mm 沥青混凝土铺装层的 T_1 为 14℃，则 90mm 沥青混凝土铺装层的 T_1 为 15.2℃（线性内插得到，是否正确?）。

(2)如果上述(1)成立，则对于 90mm 沥青混凝土铺装＋80mm 防水混凝土的面层结构，80mm 防水混凝土顶面温度应取为 15.2℃。按图 4.3.10的梯度，80mm 防水混凝土底面（即桥面板顶面）的温度为 8.4℃，80mm 防水混凝土底面以下 20mm 处为 T_2（6.7℃）（图1-2、图 1-3）。

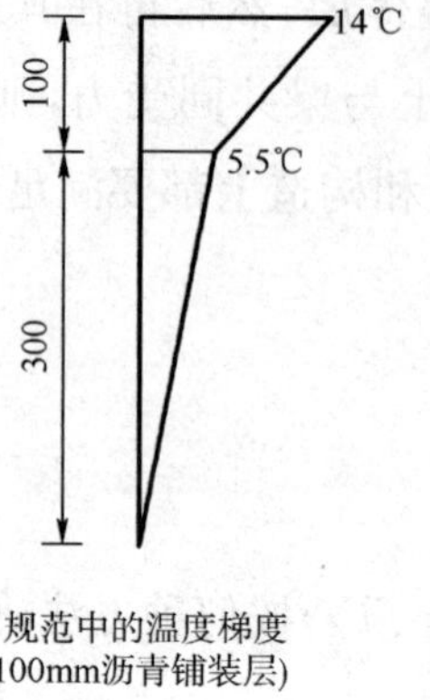

图 1-2(尺寸单位:mm)

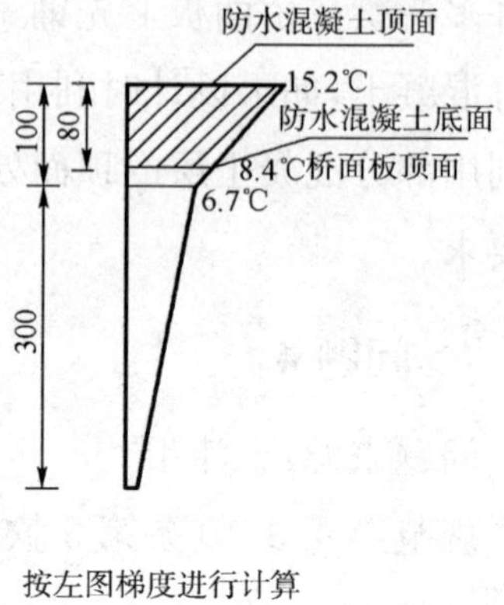

图 1-3(尺寸单位:mm)

则桥梁例题计算可采用如下的温度梯度,如图 1-4 所示。

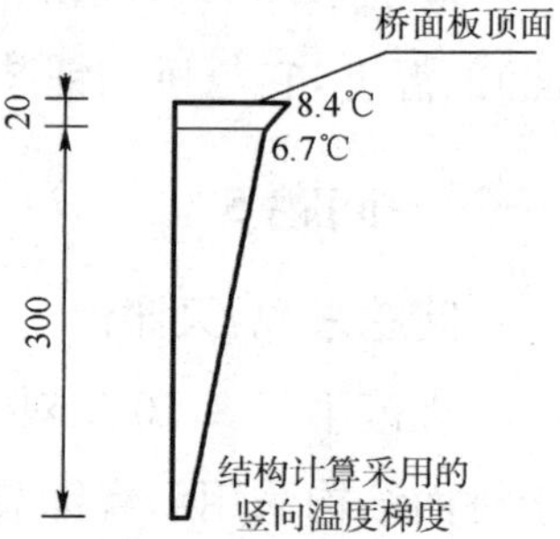

图 1-4(尺寸单位:mm)

回答 5

(1)如果桥面板上只有一层沥青混凝土铺装层,梁顶上的 T_1 根据其厚度按表 4.3.10-3 规定的温度用直线插入求得;如果桥面铺装只有一层混凝土,则不论混凝土铺装层厚度多少,均采用 $T_1=25$℃。

(2)如果桥面板上先铺一层混凝土,再铺一层沥青混凝土,该层是直接接受日照辐射的,梁顶温度 T_1 最好按沥青混凝土层厚度取值,不考虑底层混凝土的隔热作用,这样较为安全。

(3)梁顶往下 100mm 处的 T_2,如果是沥青混凝土铺装层,也要根据其厚度采用直线插入求得。求出了 T_1 和 T_2,温度梯度曲线就可得到。

问题 6

问题来源:湖南省

规范第 4.3.10 条中关于正温差变化的基数 25℃是否为桥面铺装层上顶面即行车道表面的温度，然后再按梯度往下变化至上部结构上部、下部？

回答 6

规范第 4.3.10 条表 4.3.10-3 中的温度基数 T_1 是指结构顶面的温度，不是行车道表面的温度。如果桥面铺装为单层混凝土，则 $T_1=25$℃；如果桥面铺装底层为一层混凝土，上层又覆盖一层沥青混凝土，建议不考虑底层混凝土的影响，T_1 按上层沥青混凝土厚度取值，$T_1=20$℃或 $T_1=14$℃或两者直线插入值。日照温度梯度曲线按图 4.3.10 采用，沿上部结构梁竖向分布。

问题 7

问题来源：江苏省

规范第 4.3.10 条中的温度梯度，对于顶面横坡、地面倾斜如何操作？混凝土铺装如何考虑？

混凝土铺装，是否可以认为是指顶面？

回答 7

关于第 4.3.10 条日照正温差计算的温度基数的取值问题解答如下：

(1)温度基数与铺装层材料、厚度有关，与地面倾斜无关。当铺装层设有横坡时，采用平均厚度。

(2)铺装层采用单层沥青混凝土时，梁顶 T_1 根据铺装层厚度在 20℃、14℃或之间直线插入取用。

(3)铺装层采用单层混凝土时，$T_1=25$℃。

(4)当铺装层底层为混凝土，顶层为沥青混凝土时，可根据沥青混凝土层厚度取用 T_1，可不考虑底层混凝土。

(5)当利用梁顶一部分混凝土平整层参与梁的抗弯计算,则被利用的那一部分厚度作为梁高的一部分,该厚度的顶面就是梁高顶面,图 4.3.10 的梯度温度从此开始。但这是组合结构,铺装层混凝土的强度等级应与梁体协调,并应考虑结合面的抗剪问题。

问题 8

问题来源:黑龙江省

五跨一联的预应力混凝土连续梁(图1-5),梁高 1.8m。桥面铺装层从上到下为 8cm 沥青混凝土和 10cm 防水混凝土。那么在计算结构由梯度温度引起的效应时,竖向温度梯度曲线中 T_1、T_2 怎么取值?10cm 防水混凝土怎么考虑?规范上没有考虑 10cm 的防水混凝土,主梁计算是按 1.8m 建模计算的。

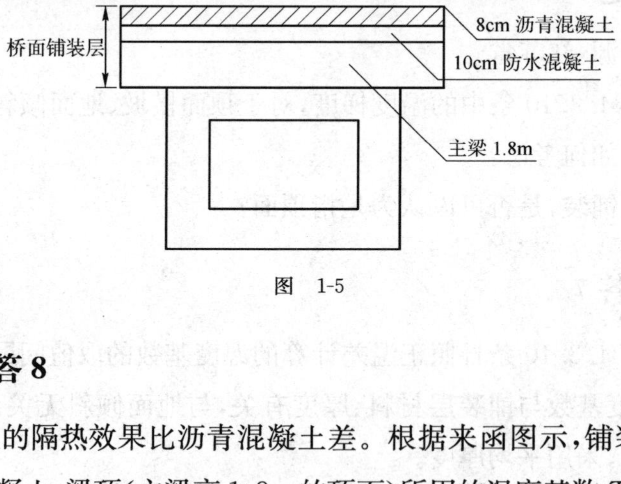

图 1-5

回答 8

混凝土的隔热效果比沥青混凝土差。根据来函图示,铺装层顶层为 8cm 沥青混凝土,梁顶(主梁高 1.8m 的顶面)所用的温度基数 T_1 可在 20～14℃之间直线插入取值;下层 10cm 混凝土层可不予考虑,这样是安全的。T_2 也在6.7～5.5℃之间直线插入取值。如果将沥青混凝土层厚由 8cm 改为 10cm,将混凝土层厚由 10cm 改为 8cm,则 T_1 和 T_2 可直接取为 T_1＝14℃,T_2＝5.5℃,这样可能更好些。根据来函图示,防水混凝土层厚度完全可以适当减小。

问题 9

问题来源:四川省

规范关于温度梯度的问题:

对于桥面铺装为 10cm 厚混凝土或桥面铺装为 10cm 厚混凝土加 10cm 厚沥青混凝土的桥梁,T_1 计算点是从混凝土铺装表面还是从主梁表面起算?

回答 9

关于日照温差计算温度基数的取值,如桥面铺装只有一层 10cm 的混凝土,梁顶 T_1 取 25℃;如桥面铺装底层为 10cm 混凝土,上层为 10cm 沥青混凝土层,则建议取 $T_1=14$℃,不考虑底层混凝土的隔热影响,这样是安全的。

问题 10

问题来源:广东省

规范第 4.3.10 条中规定:混凝土铺装 T_1 为 25℃,比沥青混凝土铺装的 14℃高很多,是否因为沥青铺装层有隔热作用,所以桥梁结构温度比混凝土铺装的低?按该规范,原混凝土铺装的温度应力很大。

回答 10

沥青混凝土桥面铺装比混凝土铺装隔热效果要好。目前国内设计的桥梁绝大多数采用沥青混凝土铺装层,或者在沥青混凝土铺装层下面加一层混凝土整平层。建议不要采用直接接受日照辐射的混凝土铺装层。

问题 11

问题来源：福建省

关于规范第 4.3.10 条中第 3 款有关计算桥梁结构的问题，由于梯度温度引起的效应未涉及混凝土铺装桥面温度梯度计算模式，请问桥梁结构混凝土铺装如何考虑温度计算模式？规范中桥面板 $T_1=25℃$，指在铺装顶还是在桥面板顶？

例：12cm 混凝土铺装如图 1-6 所示。

按图 1-7、图 1-8 考虑是否合适？

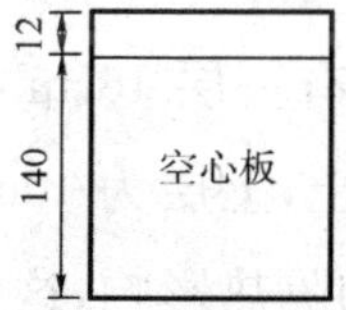

图 1-6(尺寸单位：cm)

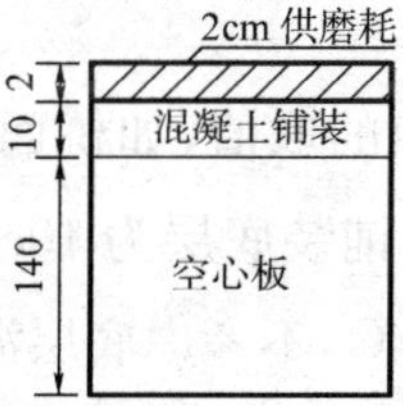

图 1-7(尺寸单位：cm)

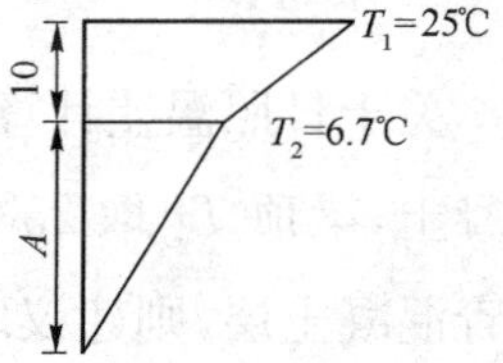

图 1-8(尺寸单位：cm)

回答 11

规范表 4.3.10-3 中的 T_1 是指桥梁结构顶面，也即空心板顶面的温度基数。来函草图中的 T_1 所指有误，应指混凝土铺装层下线即空心板上线处，如图 1-9、图 1-10 所示。

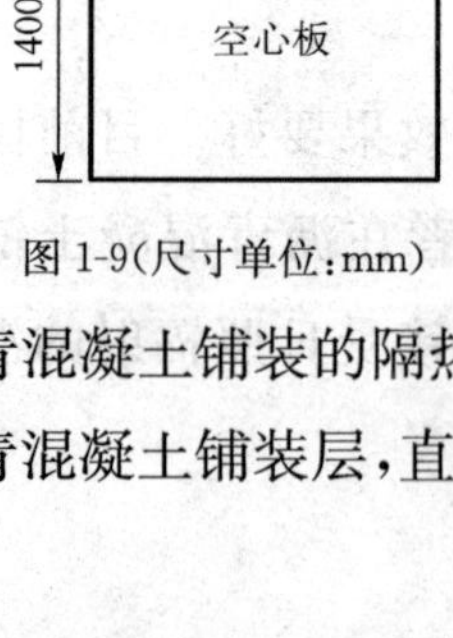

图 1-9(尺寸单位：mm)

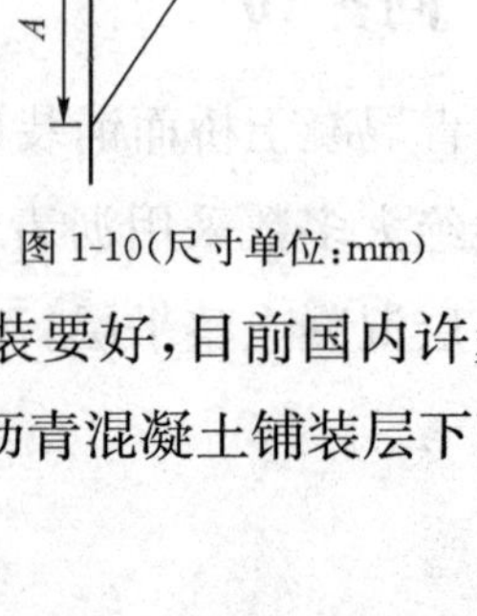

图 1-10(尺寸单位：mm)

沥青混凝土铺装的隔热效果比混凝土铺装要好，目前国内许多桥梁采用沥青混凝土铺装层，直接接受日照辐射，沥青混凝土铺装层下面再铺一层混凝土整平层(尤其对 T 梁或矩形板),这一层混凝土可以不考虑隔热影响。采用沥青混凝土铺装,结构的计算温差将小得多。

问题 12

问题来源:上海市

(1)规范第 4.3.10 条有两层铺装层(沥青混凝土面层+混凝土垫层)时,桥面板的温度基数如何确定?

混凝土垫层厚度是否也应该对桥面板的温度基数有影响?

(2)钢梁+铺装,温度梯度如何考虑,规范中未提到。

(3)当按图 4.3.10 计算温度梯度时,如桥面有横坡如何考虑?

回答 12

(1)规范只给出常用的以两种材料(混凝土和沥青混凝土)为单层铺装层时计算日照正温差的温度基数,对于顶层为沥青混凝土铺装层,下面加一层混凝土垫层的情况,由于沥青混凝土层直接接受日照,温度基数按沥青混凝土铺装层采用,根据其厚度 50mm 和 100mm,按直线比例计算温度基数。至于混凝土垫层,厚度不均匀,也无定值,一般不考虑。采用这种方法求得的温度基数略大,是偏于安全的。

(2)钢梁的竖向温度梯度曲线已示于规范图4.3.10中,温度基数仍按表 4.3.10-3 采用。

(3)桥面设横坡时,铺装层厚度如有变化可取桥面范围内的平均值,温度梯度仍按图4.3.10所示采用。

问题 13

问题来源:湖北省

(1)规范第 4.3.10 条第 3 款规定计算桥梁结构由于温度梯度引起的效应时,可采用图 4.3.10 所示的竖向温度梯度曲线,其桥面板表面的最

高温度 T_1 规定见表 4.3.10-3。如果桥面铺装第一层为 5cm 沥青混凝土，第二层为 10cm 防水混凝土，则桥面板表面的最高温度 T_1 指 10cm 防水混凝土表面的温度还是指箱梁顶板上缘的温度（上部结构为连续箱梁）？

（2）如果桥面板表面的最高温度 T_1 指 10cm 防水混凝土表面的温度，则是否应将防水混凝土作为箱梁顶板的一部分参与受力计算？还是将防水混凝土作为荷载加载在箱梁上且箱梁顶板上缘的温度由图 4.3.10 所示的竖向温度梯度曲线求出？

回答 13

（1）桥面铺装上层为沥青混凝土，下层为混凝土时，由于沥青混凝土直接接受日照，且其隔热条件比混凝土好，梁顶的温度基数 T_1 可按沥青混凝土厚度取用，下层混凝土可不予考虑，这样较为安全。

（2）如果下层混凝土参与箱梁共同受力，则该层混凝土的强度等级应与箱梁混凝土的强度等级相协调，混凝土铺装层在结合面保证抗剪的前提下可作为箱梁的一部分。此时，温度基数 T_1 指在混凝土的顶面处（如只利用混凝土厚度的一部分，则指被利用的厚度处）。

问题 14

问题来源：湖南省

现我们就一连续刚构桥进行施工图设计，经过计算发现，上部结构箱梁的最大压应力均超过规范规定。通过分析，主要原因有以下两点：一是相对于旧规范由温度变化引起的应力较大；二是新规范中对于使用阶段的正应力的规定，限制值为 $0.5f_{ck}$，小于旧规范的限制值。现就此问题请教专家。

回答 14

（1）关于日照温度问题，原规范规定按桥面板均匀升温 5℃来计算梁的截面应力，不少意见认为日照温差定得太小。为此，新规范在对国内外五本规范进行研究的基础上给出了日照温度梯度模式。对连续刚构桥的计算表明，升温时由新规范温度梯度产生的截面法向应力比原规范、英国规范大，而比铁路规范、新西兰规范小，基本上处于中间状态，比较可取。

(2)关于受压区混凝土压应力的限值问题，原规范规定的限值分为荷载“主要组合”和“附加组合”两个不同的数值，这是从较早钢筋混凝土桥涵设计规范中沿用下来的。钢筋混凝土桥梁跨径不大，活载对结构起主要作用，而“附加组合”是针对活载而言的。对预应力混凝土桥梁，尤其像连续刚构这样大的桥梁，恒载起主要作用，构件截面上的应力由恒载和预应力钢筋引起的占较大比重，而活载引起的应力所占比例较小。此外，新规范已取消原规范的平板挂车和履带车的作用。这样，新规范就无必要再维持荷载“附加组合”的规定。

至于来函中提到你们设计的连续刚构桥截面应力超限的问题，我们不了解具体情况难以提出意见。

问题 15

问题来源：贵州省

规范第 4.3.10 条图 4.3.10 中竖向温度梯度的上缘起点应按“上部结构高度 H”确定。请问：H 中是否应包含水泥混凝土铺装层(其上有沥青混凝土面层)？

回答 15

规范第 4.3.10 条图 4.3.10 中的 H 不包括桥面铺装。

问题 16

问题来源：广东省

《公路桥涵钢结构及木结构设计规范》(JTJ 025—86)的第1.5.21条：

联合梁内钢梁与混凝土桥面板间的计算温差，一般采用10～15℃，在有可能发生更显著的温差的情况下则另作考虑。此项温差假定沿钢梁截面的全部高度内不变。

计算混凝土收缩时，应考虑徐变的影响。无可靠技术资料作依据时，对整体浇筑的钢筋混凝土桥面板，可按相应于温度降低15～20℃考虑；对分段浇筑的钢筋混凝土桥面板，可按相应于温度降低10～15℃考虑；预制的钢筋混凝土桥面板不考虑混凝土收缩影响。

我们在深圳港西部港区疏港道路工程施工图设计中，大规模采用了预应力钢—混凝土组合连续梁桥结构，桥面板高度为0.45m，钢梁高度为1.35m，预应力钢束布置在桥面板内。桥面板分三次浇筑。我们基本参照《公路桥涵钢结构及木结构设计规范》(JTJ 025—86)设计。

请教问题一：桥梁梯度温度是采用桥面板比钢梁高或低10～15℃考虑，还是按照《公路桥涵设计通用规范》(JTG D60—2004)第4.3.10条第3款计算；还是需要两者叠加？

请教问题二：我们采用混凝土桥面板温度降低10～15℃计算，是相当于混凝土收缩产生的效应还是相当于混凝土收缩徐变产生的效应？

回答16

(1)公路桥梁钢结构规范正在修订中，钢梁与混凝土板的联合梁仍按原规范《公路桥涵钢结构及木结构设计规范》(JTJ 025—86)进行设计。该规范第1.5.21条规定采用的10～15℃是指钢梁与混凝土板之间的温度差。当环境气温突然发生变化，由于钢梁具有较大的传热性，很快吸收了周围空气中的热量；而混凝土板的传热性很小，对气温变化的反映较慢，结果钢梁和混凝土板的温度不同，形成温度差，因此引起附加应力。在联合梁设计中需要考虑混凝土板的收缩影响，所以上述的温度差应是降温时的温度差。

(2)计算混凝土板收缩引起联合梁应力时，规范规定相应降温 10～15℃，仅指混凝土收缩。规范规定计算混凝土收缩时，应考虑徐变的影响，近似地采用“有效弹性模量”法，在计算联合梁截面应力时才用到它。

4.4 偶然作用

4.4.3

规范条文

桥梁结构必要时可考虑汽车的撞击作用。汽车撞击力标准值在车辆行驶方向取 1 000kN，在车辆行驶垂直方向取 500kN，两个方向的撞击力不同时考虑，撞击力作用于行车道以上 1.2m 处，直接分布于撞击涉及的构件上。

对于设有防撞设施的结构构件，可视防撞设施的防撞能力，对汽车撞击力标准值予以折减，但折减后的汽车撞击力标准值不应低于上述规定值的 1/6。

问题

问题来源：北京市

桥面上设置的护栏是否需要考虑汽车的撞击作用？如果需要，那么是否可以套用规范第4.4.3条的汽车撞击力？

回答

桥面上设置这种护栏是需考虑汽车的撞击作用，但套用规范第 4.4.3 条的汽车撞击力似不妥当。规范规定的主要目的在于防撞护栏，是用来保护或减轻桥梁构件遭受汽车的撞击作用。例如跨线桥桥墩，必要时在其前面设置防撞护栏，其高度需高于 1.2m，汽车撞击时，首先撞于护栏，当护栏破坏后才能撞到桥墩。此时，“可视防撞设施的防撞能力，对汽车撞击力标准值予以折减，但折减后的汽车撞击力标准值不应低于规定值1/6”。这样，桥墩在沿行车方向可用大大低于汽车撞击力的作用力进行设计。至于设置于桥梁上的护栏，由于它接受不同于规范规定的汽车行驶方向的撞击力，不能采用防撞设施的规定。《公路交通安全设施设计规范》(JTG D81—2006)及《公路交通安全设施设计细则》(JTG/T D81—2006)对桥上护栏的设计有所规定，你们可以参照使用。

附 录 A

A. 0. 1

规范附录(附表 A 节选)

附 表 A

省市名	地名	海拔高度(m)	风速(m/s)			风压(0.01kN/m²)		
			1/10	1/50	1/100	1/10	1/50	1/100
四川	成都市	506.1	18.5	22.7	24.5	20	30	35
	石渠	4 200.0	24.9	27.3	29.5	25	30	35
	若尔盖	3 439.6	24.0	26.3	28.4	25	30	35
	甘孜	3 393.5	28.3	32.1	33.9	35	45	50
	都江堰市	706.7	18.7	22.9	24.8	20	30	35
	绵阳市	470.8	18.5	22.7	24.5	20	30	35
	雅安市	627.6	18.6	22.8	24.7	20	30	35
	资阳	357.0	18.4	22.5	24.3	20	30	35
	康定	2 615.7	25.2	27.2	29.1	30	35	40
	汉源	795.9	18.8	23.0	24.9	20	30	35
	九龙	2 987.3	21.0	25.7	27.8	20	30	35
	越西	1 659.0	22.0	24.0	26.0	25	30	35
	昭觉	2 132.4	22.5	24.6	26.6	25	30	35
	雷波	1 474.9	19.5	23.8	25.7	20	30	35
	宜宾市	340.8	18.4	22.5	24.3	20	30	35
	盐源	2 545.0	20.5	25.1	27.1	20	30	35
	西昌市	1 590.9	19.6	24.0	25.9	20	30	35
	会理	1 787.1	19.8	24.2	26.1	20	30	35
	万源	674.0	18.7	22.9	24.7	20	30	35
	阆中	382.6	18.4	22.6	24.4	20	30	35
	巴中	358.9	18.4	22.5	24.3	20	30	35
	达县布	310.4	18.4	24.3	27.5	20	35	45
	遂宁市	278.2	18.3	22.4	24.2	20	30	35
	南充市	309.3	18.4	22.5	24.3	20	30	35
	内江市	347.1	20.6	26.0	29.1	25	40	50
	泸州市	334.8	18.4	22.5	34.3	20	30	35
	叙永	377.5	18.4	22.6	24.4	20	30	35

问题

问题来源:四川省

在使用《公路桥涵设计通用规范》(JTG D60—2004)和《公路桥梁抗风设计规范》(JTG/T D60-01—2004)进行抗风设计时,发现两本规范的附表A全国基本风速值表中,关于四川甘孜地区的基本风速取值规定不同,且差别较大,请问在设计时按照哪个值取?

回答

《公路桥涵设计通用规范》(JTG D60—2004)与《公路桥梁抗风设计规范》(JTG/T D60-01—2004)附表所列基本风速值,在四川甘孜地区有所不同,这是笔误的偶然情况,其他地区的数值都是相同的。在这里我们要感谢您的发现,并来函告诉我们。

好在《公路桥涵设计通用规范》(JTG D60—2004)还给出甘孜地区相应的基本风压值,该值可直接用于设计。如果要判别两本规范所列风速值的是非,可将它们的数值分别换算为风压值,与《公路桥涵设计通用规范》(JTG D60—2004)所列风压值比较,换算值较接近的是对的,相差较大的是错的。经我们换算结果,《公路桥梁抗风设计规范》(JTG/T D60—01—2004)所列基本风速值是正确的。

《公路桥涵设计通用规范》(JTG D60—2004)勘误表

序号	位　置	原表达结果	正确表达结果
1	第3页第3行	现行在关国家标准	现行有关国家标准
2	第21页式(4.2.3-5)	应为：$\mu=\frac{\cos^2(\varphi-\alpha)}{\cos^2\alpha\cdot\cos(\alpha+\delta)\left[1+\sqrt{\frac{\sin(\varphi+\delta)\sin(\varphi-\beta)}{\cos(\alpha+\delta)\cos(\alpha-\beta)}}\right]^2}$	
3	第23页第4.2.4条第1款	当验算地基应力时	当验算地基承载力时
4	第25页表4.3.1-3	“车辆双向行驶时”栏中第1行“6.0≤W<14.0”改为“7.0≤W<14.0”	
5	第25页图4.3.1-2	车辆荷载的立面、平面尺寸	车辆荷载的立面、平面尺寸(图中尺寸单位为m,荷载单位为kN)
6	第25页图4.3.1-3	车辆荷载横向布置	车辆荷载横向布置(图中尺寸单位为m)
7	第26页第4.3.2条第6款	1.3	0.3
8	第31页倒数第8行	依据桥墩的断面形状	依据桥墩或桥塔的断面形状
9	第32页倒数第6行、第3行	高度比	高宽比
10	第32页倒数第5行	短形桥墩	矩形桥墩

续上表

序号	位　置	原表达结果			正确表达结果		
11	第 40 页第 4 行	18.6			28.6		
12	第 51 页甘孜风速	28.3	32.1	33.9	23.9	26.2	28.3
13	第 51 页桐梓 1/10 风速	69.0			19.0		
14	第 67 页倒数第 4 行	不得危害			不会危害		
15	第 68 页第 3.3.1 条第 3 款	保持桥面净宽与路肩同宽			保持桥面净宽与路基同宽		
16	第 68 页倒数第 11 行、第 4 行	《全国内河通航标准》			《内河通航标准》		
17	第 74 页倒数第 4 行	最大概率分布			最大值概率分布		
18	第 87 页倒数第 7 行、第 4 行	$W_0=\frac{\gamma V_d^2}{2g}$			$W_0=\frac{\gamma V_{10}^2}{2g}$		
19	第 87 页倒数第 5 行	$0.01207e^{-0.0001Z}$			$0.012017e^{-0.0001Z}$		
20	第 90 页第 9 行	《全国内河通航标准》			《内河通航标准》		

第二篇

公路钢筋混凝土及预应力混凝土桥涵设计规范

（JTG D62—2004）

1　总　　则

1.0.6

规范条文

公路桥涵应考虑以下三种设计状况及其相应的极限状态设计：

1. 持久状况：桥涵建成后承受自重、车辆荷载等持续时间很长的状况。该状况桥涵应作承载能力极限状态和正常使用极限状态设计。

2. 短暂状况：桥涵施工过程中承受临时性作用(或荷载)的状况。该状况桥涵应作承载能力极限状态设计，必要时才作正常作用极限状态设计。

3. 偶然状况：在桥涵使用过程中偶然出现的如罕遇地震的状况。该状况桥涵仅作承载能力极限状态设计。

问题

问题来源：江苏省

(1)规范第1章总则第1.0.6条第2款，短暂状况涉及承载能力极限状态设计，而规范第7章只规定了短暂状况的应力验算内容，规范中没有关于短暂状况下承载能力极限状态设计的计算内容详细说明，而持久状况下的承载能力极限状态设计作了很详细的说明。关于这点，存在疑问。

(2)承载能力极限状态、正常使用极限状态、应力验算，我把他理解为三种不同的验算方法。第1章总则第1.0.6条，持久状况、短暂状况的设计验算内容“该状况桥涵应作承载能力极限状态和正常使用极限状态设计”如改为“该状况桥涵应作承载能力极限状态和正常使用极限状态设计及相关的应力验算”,是否妥一点?

回答

承载能力极限状态设计,其中包括对结构构件的强度和稳定计算。所谓构件强度计算,也就是对截面的应力计算。但就结构可靠度而言,这种计算属于低水准的承载能力极限状态计算。因为考虑构件处于短暂状况,规范采用人们熟识的应力计算方法。在正常使用极限状态设计中,也计算截面受拉区应力和钢筋应力,但它们都是为构件抗裂和裂缝宽度计算服务的。

1.0.7

规范条文

公路桥涵应根据其所处环境条件进行耐久性设计。结构混凝土耐久性的基本要求应符合表1.0.7的规定。

结构混凝土耐久性的基本要求 表1.0.7

环境类别	环境条件	最大水灰比	最小水泥用量(kg/m^3)	最低混凝土强度等级	最大氯离子含量(%)	最大碱含量(kg/m^3)
I	温暖或寒冷地区的大气环境、与无侵蚀性的水或土接触的环境	0.55	275	C25	0.30	3.0
II	严寒地区的大气环境、使用除冰盐环境、滨海环境	0.50	300	C30	0.15	3.0

续上表

环境类别	环境条件	最大水灰比	最小水泥用量(kg/m³)	最低混凝土强度等级	最大氯离子含量(%)	最大碱含量(kg/m³)
III	海水环境	0.45	300	C35	0.10	3.0
IV	受侵蚀性物质影响的环境	0.40	325	C35	0.10	3.0

注：①有关现行规范对海水环境中结构混凝土的最大水灰比和最小水泥用量有更详细规定时，可参照执行。

②表中氯离子含量系指其与水泥用量的百分率。

③当有实际工程经验时，处于Ⅰ类环境中结构混凝土的最低强度等级可比表中降低一个等级。

④预应力混凝土构件中的最大氯离子含量为0.06%，最小水泥用量为350kg/m³，最低混凝土强度等级为C40或按表中规定Ⅰ类环境提高三个等级，其他环境类别提高两个等级。

⑤特大桥和大桥混凝土中的最大碱含量宜降至1.8kg/m³，当处于Ⅲ类、Ⅳ类或使用除冰盐和滨海环境时，宜使用非碱活性集料。特大桥、大桥的含义见本规范表5.1.2注说明。

规范条文　《公路工程混凝土结构防腐蚀技术规范》第3.0.4条

环境分类及作用等级　　表3.0.4-2

环境类别	环境条件	作用等级⑦	示例
一般环境（无冻融、盐、酸、碱等作用）	永久湿润环境	A	永久处于静止水中的构件
	非永久湿润和干湿交替的室外环境	B	不受雨淋或渗漏水作用的桥梁构件，埋于土中、温湿度相对稳定的基础构件
	干湿交替环境①	C	表面频繁淋雨、结露或频繁与水接触的干湿交替构件，处于水位变动区的构件，靠近地表、湿度受地下水位影响的构件

续上表

<table>
<tr><th>环境类别</th><th colspan="2">环 境 条 件</th><th>作用等级⑦</th><th>示　　例</th></tr>
<tr><td rowspan="4">一般环境（无冻融、盐、酸、碱等作用）</td><td colspan="2">微冻地区，混凝土中度水饱和④</td><td>C②</td><td>受雨淋构件的竖向表面</td></tr>
<tr><td colspan="2">微冻地区，混凝土高度水饱和④</td><td>D②</td><td>水位变动区的构件，频繁淋雨的构件水平表面</td></tr>
<tr><td colspan="2">严寒和寒冷地区③，混凝土中度水饱和④</td><td>D②</td><td>受雨淋构件的竖向表面</td></tr>
<tr><td colspan="2">严寒和寒冷地区③，混凝土高度水饱和④</td><td>E②</td><td>水位变动区的构件，频繁淋雨的构件水平表面</td></tr>
<tr><td rowspan="2">除冰盐（氯盐）环境</td><td colspan="2">混凝土中度水饱和（偶受除冰盐轻度作用时按D级）</td><td>E</td><td>受除冰盐溅射的构件竖向表面</td></tr>
<tr><td colspan="2">混凝土高度水饱和④</td><td>F</td><td>直接接触除冰盐的构件水平表面</td></tr>
<tr><td rowspan="6">近海或海洋环境⑤</td><td rowspan="6">大气区</td><td>轻度盐雾区离平均水位15m以上的海上大气区，离涨潮岸线100～200m内的陆上环境</td><td>D</td><td rowspan="2">靠海的陆上结构，桥梁上部结构</td></tr>
<tr><td>重度盐雾区离平均水位15m以下的海上大气区，离涨潮岸线100m内的陆上环境</td><td>E</td></tr>
<tr><td>土中区</td><td>D</td><td>近海土中或海底的桥墩基础</td></tr>
<tr><td>水下区</td><td>D</td><td>长期浸没于水中的桥墩、桩</td></tr>
<tr><td>潮汐区和浪溅区，非炎热地区⑥</td><td>E</td><td rowspan="2">平均低潮位以下1m上方的水位变动区与受浪溅的桥墩、承台等构件</td></tr>
<tr><td>潮汐区和浪溅区，南方炎热地区</td><td>F</td></tr>
<tr><td rowspan="2">盐结晶环境</td><td colspan="2">日温差小、有干湿交替作用的盐土环境（含盐量较低时按D级）</td><td>E</td><td rowspan="2">与含盐土壤接触的墩柱等构件露出地面以上的“吸附区”</td></tr>
<tr><td colspan="2">日温差大、干湿交替作用频繁的高含盐量盐土环境</td><td>F</td></tr>
</table>

续上表

环境类别	环 境 条 件	作用等级⑦	示　　例
大气污染环境	汽车或其他机车废气	C	受废气直射的构件,处于有限封闭空间内受废气作用的车库、隧道等
	酸雨(酸雨 pH<4 时按 E 级)	D	受酸雨频繁作用的混凝土构件
	盐土地区含盐分的大气及雨水作用	D	盐土地区受雨淋的露天构件
土中及地表、地下水中的化学腐蚀环境(海水环境除外)	见表 3.0.4-3		与含有腐蚀性的化学介质如硫酸盐、镁盐、碳酸、氯盐等土体、地下水、地表水接触的结构构件

注:①表中环境条件系指配筋混凝土结构钢筋保护层一侧混凝土表面所接触的局部环境,对素混凝土则为结构表面的局部环境。一侧干燥而另一侧潮湿或饱水的配筋混凝土构件,其干燥一侧通常应按表中的干湿交替环境考虑,如接触海水时则应按 E 级考虑。部分处于含盐的水土环境而另一部分又处于干燥环境中的构件,尚应按盐结晶环境考虑。

②冻融环境下,对于引气混凝土可按表中的作用等级降低一个等级考虑。

③冻融环境按当地最冷月平均气温划分为严寒地区、寒冷地区和微冻地区,其最冷月平均气温分别为<−8℃,−8~−3℃,>−3~2.5℃。

④高度水饱和指冰冻前长期或频繁接触水或潮湿土体,混凝土内高度水饱和;中度水饱和指冰冻前偶受雨水或潮湿,混凝土内水饱和程度不高。

⑤海洋环境中的水下区、潮汐区、浪溅区和大气区的划分,按《海港工程混凝土结构防腐蚀技术规范》(JTJ 275—2000)的规定执行。

⑥对可能遭受冻融作用的海水水位变动区及浪溅区混凝土应按抗冻的引气混凝土设计。

⑦表中所列作用等级适用于钢筋混凝土构件。对于素混凝土构件,其在海水和近海环境中的作用等级可比钢筋混凝土构件低一或二个等级取用,但不低于 C 级。

问题 1

问题来源:广东省

佛山市“一环”工程的桥涵使用了佛山华润顺安混凝土有限公司(以下简称“华润”)的商品混凝土,其混凝土掺入了粉煤灰和矿渣混合材料(实际配比与经监理批准的配比严重不符,且提供虚假材料而未将配比变更情况如实相告)。经调查,“一环”工程共使用“华润”混凝土 74 079.1m³(胶凝材料组成见表 2-1),使用于结构物的基础及桥梁的桩基、承台、墩身、立柱、盖梁、预制空心板以及涵洞等部位，经检验其强度和工作性能均满足要求。

胶凝材料组成　　表 2-1

强度等级／组分	C10	C15	C20	C25	C30	C40	C50
胶凝材料	270～300	280～330	300～315	315～450	345～380	425～435	490～500
水泥	120～180	119～220	160～225	192～365①	185～285	335～340	400～415
粉煤灰	120～130	95～130	90～105	65～150	75～110	90～95	75～90
矿渣	30	34～51	40～42	42～162	52～80	—	—

主要使用部位：C10 用于预制梁地膜、垫层；C15 用于箱涵底板、八字墙、垫层；C20 用于雨水管壁、拖板、垫层；C25 用于桩基、桥台基础、水下桩；C30 用于涵洞墙身、箱涵、墩柱；C40 用于预制梁；C50 用于预制梁、板梁、盖梁。其中外掺混合材料所占比例有 98.7%满足施工规范要求，1.3%不满足施工规范但满足现行《粉煤灰混凝土应用技术规范》的要求。

注："①"表示有 3 根桩所使用胶凝材料量不在此范围，其胶凝材料组成分别为 A 桩：水泥 108kg、粉煤灰 100kg、矿渣 162kg，B 桩：水泥 135kg、粉煤灰 100kg、矿渣 135kg，C 桩水泥 168kg、粉煤灰 105kg、矿渣 42kg。

因《公路钢筋混凝土及预应力混凝土桥涵设计规范》(JTG D62—2004)(以下简称《设计规范》)第 1.0.7 条明确规定了最小水泥用量，但未查到关于水泥用量中是否包含外掺混合料的说明，而《公路桥涵施工技术规范》(JTJ 041—2000)第 11.3.4 条中规定了最小水泥用量，其注解②明确了"本表中的最小水泥用量，包括外掺混合材料"；在《混凝土结构设计规范》(GB 50010—2002)第 3.4.2 中规定了设计使用年限为 50 年的结构混凝土耐久性基本要求，其注解 4 明确了"当混凝土中加活性掺合料或能提高耐久性的外加剂时，可适当降低最小水泥用量"；在《普通混凝土配合比设计规程》(JGJ 55—2000)第 4.0.4条中规定了最小水泥用量，其注解 1 中明确了"当用活性掺和料取代部分水泥时，表中的最大水灰比及最小水泥用量即为替代前的水灰比和最小水泥用量"；《混凝土结构耐久性设计与施工指南》(CCES 01—2004)的一个重要思想是在混凝土内掺入矿物掺和料对改善混凝土的耐久性有明显的优势，并明确提出了"应尽可能减少混凝土胶凝材料中硅酸盐水泥用量”、“矿物掺和料应作为混凝土的必须组分”、“硅酸盐或普通硅酸盐水泥不能作为单独的胶凝材料来配置暴露于 pH 值小于 5.5 的酸性环境中的混凝土，此时必须加入较大掺量的矿物掺和物”等内容(但该指南仅考虑环境作用对混凝土结构耐久性的影响，而不涉及低周期疲劳荷载、振动与磨耗等力学作用对耐久性的影响)。

综上所述，不同规范对“最小水泥用量”的规定存在差异，贵院主编的《设计规范》是最新行业规范，我们必须严格执行。为此，请贵院对《设计规范》如何应用、如何看待最小水泥用量等问题予以明示。

回答 1

《公路钢筋混凝土及预应力混凝土桥涵设计规范》(JTG D62—2004)表 1.0.7 所列数值，仅为混凝土耐久性的基本控制指标。《公路桥涵施工技术规范》(JTJ 041—2000)也列有这些指标，设计规范编制时曾作过商定，所以两本规范规定的这些指标大致是相同的。但施工规范要具体指导施工操作，在具体细节上有较多的规定。来函所提问题可按《公路桥涵施工技术规范》(JTJ 041—2000)执行。

问题 2

问题来源：北京市

《公路钢筋混凝土及预应力混凝土桥涵设计规范》(JTG D62—2004，下称“规范 1”)中个别条款，我公司在实际工程设计中对其理解不够清楚，请给予解释，以便正确执行。

关于结构混凝土耐久性的要求，“规范 1”第 1.0.7 条规定 Ⅳ 类环境为受侵蚀性物质影响的情况，混凝土的强度要求不低于 C35。该条条文的解释：侵蚀性物质是指某些化学工业和石油化工工厂的气态、液态和固态侵蚀物质。

在西北地区一高速公路工程中遇到:结构物所处环境条件温差大、含盐量很高,是否属于“规范1”中的Ⅳ类环境条件?

(1)若不属于,我们拟按照行业推荐性标准《公路工程混凝土结构防腐蚀技术规范》(JTG/T B07-01—2006,下称“规范2”)表3.0.4-2中盐结晶环境类别等级F进行设计,混凝土强度采用C50,但这较“规范1”中最高环境类别(Ⅳ类)混凝土的强度C35高出了三级,水灰比等其他要求也有差异,包括大量小型混凝土结构物的基础部分均按这样要求,是否必要?

(2)若属于“规范1”的Ⅳ类环境,那么设计中混凝土强度等级采用C35与“规范2”中要求的C50比较是否偏低?

另,贵院参与编制的上述“规范2”中,表3.0.4-2内盐结晶环境类别F等级所适用的结构物部位是仅指构件露出地面以上的“吸附区”,还是埋入地面以下部分及露出地面的“吸附区”?是否应当为后者?

回答2

《公路钢筋混凝土及预应力混凝土桥涵设计规范》(JTG D62—2004)第1.0.7条表1.0.7中Ⅳ类环境属于化学腐蚀环境,即硫酸盐等化学物质对混凝土的腐蚀作用,最低混凝土强度等级采用C35。该表中最低混凝土强度等级采用C35的还有Ⅲ类环境,即海水环境的氯盐对钢筋的锈蚀作用。来函提到西北地区结构物所处“温差大、含盐量很高”的环境,该套用上述两类环境中哪一类更适合由你们确定。但这里需要说明:

(1)《公路钢筋混凝土及预应力混凝土桥涵设计规范》(JTG D62—2004)未对桥梁设计使用年限加以区分(至今仍无明确合理的规定),表1.0.7规定得也较粗略。

(2)混凝土强度等级为“最低”,表明可以提高。

(3)规范第1.0.7条非强制性条文,不是非遵守不可,来函将结构物所处环境套用于《公路工程混凝土结构防腐蚀技术规范》(JTG/T B107-01—2006)中"盐结晶环境"的作用等级F,依该规范表3.0.4-2示例,该环境为与含盐土壤接触的墩柱等构件露出地面以上的"吸附区",最低混凝土强度等级不论设计使用年限为100年或50年均采用C50。表3.0.4-2注⑦说明作用等级F适用于钢筋混凝土构件。从强度设计角度看,钢筋混凝土构件的混凝土强度等级一般不超过C30,由于考虑了耐久性的要求,混凝土强度等级至少要增加四个等级;而且钢筋混凝土构件是开裂的,有害物质很容易侵入混凝土,加速对钢筋的腐蚀。因此,对于截面较大的以受压为主的墩柱,不如加大钢筋保护层厚度而避免采用因耐久性要求而提高的混凝土强度等级。

《公路工程混凝土结构防腐蚀技术规范》(JTG/T B07-01—2006)中的"盐结晶环境"(其他类似规范无专列此类环境),它的耐久性要求E和F相当于其他类似规范海水氯化物环境中"非常严重"和"极端严重"两种情况,如果你们的"含盐量很高"的地区可以套用海水氯化物环境中"中度"(水中区和土中区)或"严重"(轻度盐雾大气区),则混凝土强度等级可以采用:设计使用年限为50年时,采用C35(中度)和C40(严重);设计使用年限为100年时,采用C40(中度)和(C45)(严重)。一般钢筋混凝土中桥或重要小桥都可按设计使用年限50年进行设计;特大桥、大桥和重要中桥按100年设计。可以看出,《公路钢筋混凝土及预应力混凝土桥涵设计规范》(JTG D62—2004)规定海水环境的最低混凝土强度等级C35,相当于上述海水氯化物环境中"中度"、设计使用年限50年的指标。应该说,我国公路桥梁的耐久性设计尚属初始阶段(其他基建工程大致也如此),编写规范时,对设计使用年限并无明确的定义,对环境分类或环境作用等级一般主张宜粗不宜细,因而最低混凝土强度等级的规定只能就低不就高。如今,公路工程混凝土结构有较为全面、系统的规范,对促进结构耐久性设计作出很大贡献。但毕竟时间较短,应用于工程设计的机会不多,更谈不上取得工程实践经验。因此,对混凝土强度等级选用的合理性很难作出判断,例如,较高或较低强度等级混凝土对处于同类环境作用等级构件耐久性的贡献有多大区别?所谓较高或较低就是在相邻不同环境作用等级下多数也只相差一级,如上述的“中度”为C35,“严重”为C40等,尤其允许出现裂缝的钢筋混凝土构件,更难判定混凝土强度等级对构件防腐蚀的作用,仍需要大量的实践来总结经验,提高技术水平。

1.0.10

规范条文

有抗渗要求的结构混凝土,其抗渗等级应符合表1.0.10的规定。

结构混凝土抗渗等级选用标准　　表1.0.10

最大作用水头与混凝土壁厚之比	抗渗等级	最大作用水头与混凝土壁厚之比	抗渗等级
<5	W4	16～20	W10
5～10	W6	>20	W12
11～15	W8		

注:混凝土抗渗试验方法应符合现行标准《公路工程水泥混凝土试验规程》(JTJ 053—94)。

问题

问题来源:北京市

《公路钢混凝土及预应力混凝土桥涵设计规范》《JTG D62—2004》中抗渗等级W6与《公路工程水泥及水泥混凝土试验规程》《JTG E30—2005》中抗渗等级S6及试验室所出示的报告P6这三个参数所代表的含义是否相同?何处有参考可查出相关数据?

回答

规范规定的抗渗等级 W4、W6、…、W 12，与《公路工程水泥混凝土试验规程》(JTG E30—2005)中的抗渗等级(也有称抗渗标号)S4、S6、…、S12含义是相同的，至于试验室所出示的 P6，如果是混凝土抗渗试验结果，其含义大概也是一样的。抗渗等级不是可查的相关数据，而是按照设计的结构的抗渗要求，也即根据实际出现的最大作用水头与混凝土结构壁厚的比值，按规范表1.0.10查出抗渗等级，然后进行抗渗试验，看结构实际所用混凝土能否达到抗渗要求。

3 材　　料

3.1 混　凝　土

3.1.1

规范条文

混凝土强度等级应按边长为 150mm 立方体试件的抗压强度标准值确定。抗压强度标准值系指试件用标准方法制作、养护至 28d 龄期，以标准试验方法测得的具有 95% 保证率的抗压强度（以 MPa 计）。

注：①混凝土强度等级用 150mm×150mm×150mm 立方体抗压强度标准值并冠以 C 表示，如 C30 表示 30 级混凝土；

②本规范的混凝土强度等级与《公路钢筋混凝土及预应力混凝土桥涵设计规范》（JTJ 023—85）的混凝土标号和两者各项设计指标的关系，可按附录 A 的规定采用。

3.1.3

规范条文

混凝土轴心抗压强度标准值 f_{ck} 和轴心抗拉强度标准值 f_{tk} 应按表 3.1.3 采用。

混凝土强度标准值(MPa)　　表 3.1.3

强度等级＼强度种类	f_{ck}	f_{tk}	强度等级＼强度种类	f_{ck}	f_{tk}
C15	10.0	1.27	C50	32.4	2.65
C20	13.4	1.54	C55	35.5	2.74
C25	16.7	1.78	C60	38.5	2.85
C30	20.1	2.01	C65	41.5	2.93
C35	23.4	2.20	C70	44.5	3.00
C40	26.8	2.40	C75	47.4	3.05
C45	29.6	2.51	C80	50.2	3.10

3.1.4

规范条文

混凝土轴心抗压强度设计值 f_{cd} 和轴心抗拉强度设计值 f_{td} 应按表 3.1.4 采用。

混凝土强度设计值(MPa)　　表 3.1.4

强度等级＼强度种类	f_{cd}	f_{td}	强度等级＼强度种类	f_{cd}	f_{td}
C15	6.9	0.88	C50	22.4	1.83
C20	9.2	1.06	C55	24.4	1.89
C25	11.5	1.23	C60	26.5	1.96
C30	13.8	1.39	C65	28.5	2.02
C35	16.1	1.52	C70	30.5	2.07
C40	18.4	1.65	C75	32.4	2.10
C45	20.5	1.74	C80	34.6	2.14

注：计算现浇钢筋混凝土轴心受压和偏心受压构件时，如截面的长边或直径小于 300mm，表中数值应乘以系数 0.8；当构件质量(混凝土成型、截面和轴线尺寸等)确有保证时，可不受此限。

3.1.3、3.1.4 条文说明

第 3.1.3 条和第 3.1.4 条给出了构件中混凝土强度的标准值和设计值，现说明如下：

1. 混凝土轴心抗压强度标准值和设计值

混凝土标准立方体试件 150mm×150mm×150mm，其统计的概率分布类型为正态分布，当取保证率为 95% 时，其标准值 $f_{cu,k}$ 为

$$f_{cu,k} = \mu_{f150} - 1.645\sigma_{f150} = \mu_{f150}(1 - 1.654\delta_{f150}) \quad (3\text{-}1)$$

式中：μ_{f150}、σ_{f150}、δ_{f150}——分别为边长 150mm 立方体试件抗压强度的平均值、标准差和变异系数。

设计应用的棱柱体试件抗压强度 $f_{c,s}$ 与边长 150mm 立方体试件抗压强度 f_{150} 有一定的关系，其平均值的关系为

$$\mu_{fc,s} = \alpha\mu_{f150} \quad (3\text{-}2)$$

式中：α——棱柱体强度与立方体强度的比值。

构件中混凝土与试件混凝土因品质、制作工艺、受荷情况和环境条件等不同，有一定差异，按《公路统一标准》条文说明建议，其抗压强度平均换算系数 $\mu_{\Omega0} = 0.88$，则构件混凝土棱柱体抗压强度 f_c 的平均值为

$$\mu_{fc} = \mu_{\Omega0} f_{c,s} = 0.88\alpha\mu_{f150} \quad (3\text{-}3)$$

假定构件混凝土强度 f_c 的变异系数 δ_{fc} 与立方体强度 f_{150} 的变异系数相同，即 $\delta_{fc} = \delta_{f150}$，则构件混凝土棱柱体抗压强度标准值为

$$\begin{aligned} f_{ck} &= \mu_{fc}(1 - 1.645\delta_{fc}) \\ &= 0.88\alpha\mu_{f150}(1 - 1.645\delta_{f150}) \\ &= 0.88\alpha\frac{f_{cu,k}}{(1 - 1.645\delta_{f150})}(1 - 1.645\delta_{f150}) \\ &= 0.88\alpha f_{cu,k} \end{aligned} \quad (3\text{-}4)$$

式中 α 按以往试验资料和《高强混凝土结构设计与施工指南》(以下简称《高强混凝土指南》)建议取值，C50 及以下混凝土，$\alpha=0.76$；C55～C80 混凝土，$\alpha=0.78\sim0.82$。另外，考虑 C40 以上混凝土具有脆性，取折减系数 C40～C80 为1.0～0.87，中间按直线插入。本规范表 3.1.3 中混凝土轴心抗压强度标准值就是按公式(3-4)计算，并乘以脆性折减系数得到。

构件中混凝土轴心抗压强度设计值 f_{cd}，由混凝土轴心抗压强度标准值除以混凝土材料分项系数 $\gamma_{\mathrm{fc}}=1.45$ 求得。混凝土材料分项系数的这个取值，接近于按二级安全等级结构分析的脆性破坏构件目标可靠指标的要求。

2. 混凝土轴心抗拉强度标准值和设计值

根据试验数据分析，构件混凝土轴心抗拉强度 f_{t} 与边长 150mm 立方体试件抗压强度 f_{150} 之间的平均值关系为

$$\mu_{\mathrm{ft}}=0.88\times0.395\mu_{\mathrm{f150}}^{0.55}\tag{3-5}$$

构件混凝土轴心抗拉强度标准值(保证率为 95%)为

$$\begin{aligned}f_{\mathrm{tk}}&=\mu_{\mathrm{ft}}(1-1.645\delta_{\mathrm{ft}})\\&=0.88\times0.395\mu_{\mathrm{f150}}^{0.55}(1-1.645\delta_{\mathrm{f150}})\\&=0.88\times0.395\left(\frac{f_{\mathrm{cu,k}}}{1-1.645\delta_{\mathrm{f150}}}\right)^{0.55}(1-1.645\delta_{\mathrm{f150}})\\&=0.88\times0.395f_{\mathrm{cu,k}}^{0.55}(1-1.645\delta_{\mathrm{f150}})^{0.45}\end{aligned}\tag{3-6}$$

式中 δ_{f150} 列于本规范附录 A 表 A.0.1-1 中，混凝土强度等级大于 C60 的 δ_{f150} 均取为 0.10。混凝土轴心抗拉强度标准值按公式(3-6)计算后，还应乘以与混凝土抗压强度相同的脆性折减系数，即可得本规范表 3.1.3 中的数值。

构件中混凝土轴心抗拉强度设计值 f_{td}，在混凝土轴心抗拉强度标准

值的基础上，除以与混凝土轴心抗压强度相同的材料分项系数。

问题

问题来源：四川省

关于桥梁混凝土强度，以下是我的一些个人理解，不知我的理解是否与规范的要求相一致？

1. 关于桥梁混凝土强度等级的理解

（1）根据原交通部《公路钢筋混凝土及预应力混凝土桥涵设计规范》（JTG D62—2004）第 10 页第3.1.1条混凝土强度等级的定义，“混凝土强度等级应按边长 150mm 立方体试件的抗压强度标准值确定。抗压强度标准值系指试件用标准方法制作、养护至 28d 龄期，以标准试验方法测得的具有 95%保证率的抗压强度（以 MPa 计）”。

（2）根据原交通部《公路工程质量检验评定标准》（JTG F80/1—2004）（第一册）附录 D“水泥混凝土抗压强度评定”第 D.0.1 条的规定：“评定水泥混凝土的抗压强度，应以标准养生 28d 龄期的试件为准”。第 D.0.2 条给出了水泥混凝土抗压强度的合格标准（以数理统计方法为例）。

$$R_{\mathrm{n}} - K_1 S_{\mathrm{n}} \geqslant 0.9R$$

$$R_{\min} \geqslant K_2 R$$

式中：R——混凝土设计强度等级（MPa）；

n——同批混凝土试件组数；

$R_{\min}$——n 组试件中强度最低一组的值（MPa）；

K_1、K_2——合格判定系数。

由此可以理解，水泥混凝土抗压强度的评定，实际上是对相应水泥混凝土强度等级的抗压强度标准值的评定。

2. 关于桥梁混凝土设计强度值的理解

原交通部《公路钢筋混凝土及预应力混凝土桥涵设计规范》(JTG D62—2004)第3.1.3条和3.1.4条分别给出了混凝土轴心抗压强度标准值 f_{ck} 和混凝土轴心抗压强度设计值 f_{cd}。

根据该规范条文说明,构件混凝土棱柱体抗压强度标准值为:

$$f_{ck} = 0.88\alpha f_{cu,k}$$

式中:0.88——抗压强度平均换算系数。主要考虑构件中混凝土与试件混凝土因品质、制作工艺、受荷情况和环境条件等不同,有一定的差异,故按《公路统一标准》条文说明建议取值。

α——棱柱体强度与立方体强度的比值。

$f_{cu,k}$——混凝土强度等级标准值。

以C30级混凝土为例,C30级混凝土对应的轴心抗压强度标准值为:

$$f_{ck} = 0.88 \times 0.76 \times 30 = 20.1(\text{MPa})$$

设计验算时采用的强度为混凝土轴心抗压强度设计值 f_{cd}:

$$f_{cd} = f_{ck}/\gamma_{fc}$$

式中:$\gamma_{fc}=1.45$,按混凝土材料的分项系数取值,接近于按二级安全等级结构分析的脆性破坏构件目标可靠指标的要求取值。

根据以上规定可知,设计验算采用的强度为混凝土轴心抗压强度设计值,由混凝土轴心抗压强度标准值除以混凝土材料分项系数得到。如果轴心抗压强度标准值≥20.1MPa,则表明混凝土达到了设计C30强度等级的要求。

3.关于超声回弹综合法推定值的理解

(1)中国工程建设标准化协会标准《超声回弹综合法检测混凝土强度技术规程》(CECS02:2005)条文说明第6.0.7条表明,“按本规程检测推定的混凝土抗压强度不等于施工现场取样成型并标准养护28d所得的试件抗压强度。因此,在正常情况下混凝土强度的验收与评定,应按现行国家标准执行。”

(2)条文说明第1.0.2条指出，“由于种种原因导致试件与结构的混凝土质量不一致，或混凝土试件强度评定不合格，以及对使用中的结构需要检测当时的混凝土强度时，可按本规程的规定对结构或构件的混凝土强度进行检测推定，并作为判断结构是否需要处理的一个依据。”

(3)根据上述说明，按超声回弹综合法检测推定的混凝土抗压强度值，实际上是构件的实体强度值。要判断结构物是否需要处理，则应将超声回弹综合法检测推定的强度值与设计实际采用的设计值进行对比，或者将超声回弹综合法检测推定的强度值经过换算后代入设计验算，检查是否能够满足设计要求。

(4)以C30级混凝土为例，C30级混凝土对应的轴心抗压强度标准值为20.1MPa(棱柱体试件)，换算成标准立方体试件的抗压强度值为20.1/0.76＝26.4(MPa)。即C30级混凝土构件的立方体强度值为26.4MPa。

(5)超声回弹综合法检测推定值相当于构件的标准立方体强度值，如果超声回弹综合法检测推定的强度值达到或大于26.4MPa，则表明构件的混凝土已达到设计强度等级C30的要求。

(6)如果超声回弹综合法检测推定的混凝土强度值小于26.4MPa，则表明混凝土构件没有达到设计混凝土强度等级C30的要求，构件是否还能够继续使用，则需要代入原设计的验算公式重新进行验算，以确定混凝土构件的实际承受荷载的能力。

4.关于超声回弹综合法的应用的理解

在施工过程中采用超声回弹综合法，实际上是对构件实际工作状态的一种检查。能够更加准确地掌握混凝土构件的实体强度值，能够清楚地了解混凝土构件的实际承受能力，有利于及时在施工中发现问题。

回答

(1)规范提出的混凝土强度等级(相当于过去所说的混凝土标号)是以边长为150mm的立方体试件的抗压强度,即规范中所标示的C20、C30、C40等来表达的,其保证率为95%。桥梁施工时,按《公路桥涵施工技术规范》(JTJ 041—2000)的要求进行评定,必须达到混凝土抗压强度质量标准。

(2)规范给出的混凝土轴心抗压和抗拉强度标准值或设计值,是供桥梁设计计算用的,不作为桥梁质量的评定标准。

(3)超声回弹或回弹法是仅当对桥梁或桥梁某一部分的混凝土强度(质量)产生怀疑时而采取的检测手段,检测推定的结果直接与设计采用的混凝土强度等级进行比较,以判断桥梁或桥梁某一部分是否需要处理。来函中所述"超声回弹综合法推定值的理解"是有问题的。

(4)超声回弹综合法检测的数据相对而言是比较粗糙的,但对既成结构的测试不失是一种方便的手段,使人们大致了解该结构混凝土强度的分布情况,做到心中有数。

3.2 钢 筋

3.2.2

规范条文

钢筋的抗拉强度标准值应具有不小于95%的保证率。

普通钢筋的抗拉强度标准值 f_{sk} 和预应力钢筋的抗拉强度标准值

f_{pk}，应分别按表 3.2.2-1 和表 3.2.2-2 采用。

普通钢筋抗拉强度标准值(MPa)　　　　表 3.2.2-1

钢筋种类	符号	f_{sk}	钢筋种类	符号	f_{sk}
R235 d=8～20	ϕ	235	HRB400 d=6～50	Φ	400
HRB335 d=6～50	Φ	335	KL400 d=8～40	Φ^{R}	400

注：表中 d 系指国家标准中的钢筋公称直径，单位 mm。

预应力钢筋抗拉强度标准值(MPa)　　　　表 3.2.2-2

钢筋种类			符号	f_{pk}
钢绞线	1×2 (二股)	d=8.0、10.0 d=12.0	ϕ^{S}	1 470、1 570、1 720、1 860、 1 470、1 570、1 720
	1×3 (三股)	d=8.6、10.8 d=12.9		1 470、1 570、1 720、1 860、 1 470、1 570、1 720
	1×7 (七股)	d=9.5、11.1、12.7 d=15.2		1 860、1 720、1 860
消除应力钢丝	光面 螺旋肋	d=4.5 d=6 d=7、8、9	ϕ^{P} ϕ^{H}	1 470、1 570、1 670、1 770、 1 570、1 670、 1 470、1 570
	刻痕	d=5、7	ϕ^{I}	1 470、1 570
精轧螺纹钢筋		d=40 d=18、25、32	JL	540 540、785、930

注：表中 d 系指国家标准中钢绞线、钢丝和精轧螺纹钢筋的公称直径，单位 mm。

3.2.3

规范条文

普通钢筋的抗拉强度设计值 f_{sd} 和抗压强度设计值 f'_{sd} 应按表 3.2.3-1 采用；预应力钢筋的抗拉强度设计值 f_{pd} 和抗压强度设计值 f'_{pd} 应按

表 3.2.3-2 采用。

普通钢筋抗拉、抗压强度设计值(MPa)　　表 3.2.3-1

钢筋种类	f_{sd}	f'_{sd}	钢筋种类	f_{sd}	f'_{sd}
R235 d=8～20	195	195	HRB400 d=6～50	330	330
HRB335 d=6～50	280	280	KL400 d=8～40	330	330

注:①钢筋混凝土轴心受拉和小偏心受拉构件的钢筋抗拉强度设计值大于 330MPa 时,仍应按 330MPa 取用。

②构件中配有不同种类的钢筋时,每种钢筋应采用各自的强度设计值。

预应力钢筋抗拉、抗压强度设计值(MPa)　　表 3.2.3-2

钢筋种类		f_{pd}	f'_{pd}
钢绞线 1×2(二股) 1×3(三股) 1×7(七股)	f_{pk}=1 470	1 000	390
	f_{pk}=1 570	1 070	
	f_{pk}=1 720	1 170	
	f_{pk}=1 860	1 260	
消除应力光面钢丝和螺旋肋钢丝	f_{pk}=1 470	1 000	410
	f_{pk}=1 570	1 070	
	f_{pk}=1 670	1 140	
	f_{pk}=1 770	1 200	
消除应力刻痕钢丝	f_{pk}=1 470	1 000	410
	f_{pk}=1 570	1 070	
精轧螺纹钢筋	f_{pk}=540	450	400
	f_{pk}=785	650	
	f_{pk}=930	770	

? 问题 1

问题来源:上海市

规范第 3.2.2 条表 3.2.2-1 中,普通光圆钢筋 R235 直径仅 8～20mm,能否使用 6mm 或大于 20mm 的光圆钢筋(＞20mm 主要用于吊环)? 实际设计中,d=6mm 及吊环中 d＞20mm 的 R235 钢筋使用很多,怎么办? 这条和第 9.8.2 条关于吊环计算的条文都是强制性条文。

回答 1

规范第 3.2.2 条规定的 R235 钢筋取自国家标准《钢筋混凝土用热轧光圆钢筋》(GB 13013—1991)。实际设计中 $d=6$mm，要使用$d=8$mm或 HRB335$d=6$mm(但不使用于吊环)。吊环中 $d>20$mm 时，可用多根合并，但不宜超过三根。或增加吊点，但要考虑多吊点受力不均的问题。在不能就地取用 R235 钢筋时，也可用结构用圆钢代替，但其力学性能、工艺性能和化学成分应与 R235 钢筋相近。

问题 2

问题来源:广东省

在新的《公路钢筋混凝土及预应力混凝土桥涵设计规范》(JTG D62—2004)中，第 3.2.2 条、表 3.2.2-2 和表 3.2.3-2 中没有了碳素钢丝的抗拉强度标准值和其抗拉、抗压强度设计值。请问这是什么原因？是不是现在不能使用碳素钢丝了？

我们现在要改建茂名市的一座城市桥梁，要用到 30m 跨径预应力钢筋混凝土简支 T 梁的标准图。但是在这份标准图《公路桥涵设计图》(JT/GQS 024—83)中，预应力钢丝是碳素钢丝，请问这份标准图还能不能使用？现在有没有按 2004 年新规范编制的预应力钢筋混凝土简支 T 梁的标准图？如果有，请将标准图的图号告诉我们，我们好到标准站购买。如果没有新的标准图，而我们的这份标准图还能使用的话，那我们应该怎样使用这份标准图？是按新规范修正，还是原图照用？如果修正，又怎样修正？用什么规格的钢绞线替代？

回答 2

《公路钢筋混凝土及预应力混凝土桥涵设计规范》(JTG D60—2004)给出的光面钢丝、刻痕钢丝都是碳素钢丝，它们选自国家标准《预应力混凝土用钢丝》(GB/T 5223—1995)。

你们采用的《公路桥涵设计图》(JT/GQS 024—83)自实行至今已有20多年,所依据的设计规范也更换了两本,其中所用材料——混凝土和预应力钢筋及普通钢筋的设计指标和参数都有较大变更,况且新规范对桥梁的设计要求也不同了,所以上述设计图显然不能直接用于修建桥梁。至今尚未见到按新规范设计的代替《公路桥涵设计图》(JT/GQS 024—83)的通用图。如果急于要采用这本图纸,可利用图中梁的尺寸,但其中梁的混凝土强度等级和预应力钢筋(现今一般选用7股公称直径 $d=15.2$mm、$f_{pk}=1\,860$MPa 的钢绞线)及普通钢筋均应根据新规范的规定重新选用,并重新进行承载能力极限状态计算和抗裂验算(如果是不允许开裂的梁)或裂缝宽度验算(如果是允许开裂的梁)。同时,注意新规范中规定的构造要求也是很重要的。

问题 3

问题来源:贵州省

《公路钢筋混凝土及预应力混凝土桥涵设计规范》(JTG D62—2004)第3.2.3条,关于钢筋种类,我们目前使用较多的为R235和HRB335钢筋,用于桥梁结构。因为我们较少应用HRB400钢筋,所以,想咨询一下,目前HRB400钢筋用于桥梁结构(包括上部结构和下部结构)的应用情况如何?除强度以外,焊接、冷弯等各项技术指标用于桥梁结构是否稳定,可靠?

回答 3

HRB400钢筋是我国的新产品,它的化学成分与HRB335钢筋相同。唯碳当量比HRB335钢筋略高(HRB400为0.54%,HRB335为0.52%),所以,它的焊接性能还是可以的。HRB400钢筋的弯曲性能,按以下的弯心直径弯曲180°后钢筋受弯曲部位表面不得产生裂纹。公称直

径 a 为 6～25mm 时，弯心直径为 $4a$；公称直径 a 为 28～50mm 时，弯心直径为 $5a$。它的弯心直径比 HRB335 钢筋也大些，HRB335 钢筋的弯心直径相应上述钢筋公称直径 a，分别为 $3a$ 和 $4a$。钢筋的强度保证率不小于 95%。应该说，规范中选用的钢筋除劣质品外都可用于桥梁结构。建筑规范提倡 HRB400 钢筋作为钢筋混凝土结构的主力钢筋。

4　桥梁计算的一般规定

4.1 板的计算

4.1.2

规范条文

简支板的计算跨径应为两支撑中心之间的距离。与梁肋整体连接的板,计算弯矩时其计算跨径可取为两肋间的净距加板厚,但不大于两肋中心之间的距离。此时,弯矩可按以下简化方法计算:

1. 支点弯矩

$$M=-0.7M_0 \quad (4.1.2\text{-}1)$$

2. 跨中弯矩

1)板厚与梁肋高度比等于或大于1/4时

$$M=+0.7M_0 \quad (4.1.2\text{-}2)$$

2)板厚与梁肋高度比小于1/4时

$$M=+0.5M_0 \quad (4.1.2\text{-}3)$$

式中:M_0——与计算跨径相同的简支板跨中弯矩。

与梁肋整体连接的板,其计算剪力时的计算跨径可取两肋间净距,剪力按该计算跨径的简支板计算。

4.1.3

规范条文

计算整体单向板时,通过车轮传递到板上的荷载分布宽度应按下列规定计算:

1.平行于板的跨径方向的荷载分布宽度

$$b=b_1+2h \quad (4.1.3\text{-}1)$$

2.垂直于板的跨径方向的荷载分布宽度

1)单个车轮在板的跨径中部时

$$a=(a_1+2h)+\frac{l}{3}\geqslant\frac{2}{3}l \quad (4.1.3\text{-}2)$$

2)多个相同车轮在板的跨径中部时,当各单个车轮按公式(4.1.3-2)计算的荷载分布宽度有重叠时

$$a=(a_1+2h)+d+\frac{l}{3}\geqslant\frac{2}{3}l+d \quad (4.1.3\text{-}3)$$

3)车轮在板的支承处时

$$a=(a_1+2h)+t \quad (4.1.3\text{-}4)$$

4)车轮在板的支承附近,距支点的距离为x时

$$a=(a_1+2h)+t+2x \quad (4.1.3\text{-}5)$$

式中:l——板的计算跨径;

h——铺装层厚度;

t——板的厚度;

d——多个车轮时外轮之间的中距;

a_1、b_1——垂直于板跨和平行于板跨方向的车轮着地尺寸,但不大于车轮在板的跨径中部的分布宽度。

5)按本条算得的所有分布宽度,均不得大于板的全宽度。

6)彼此不相连的预制板,车轮在板内分布宽度不得大于预制板宽度。

4.1.5

规范条文

垂直于悬臂板跨径方向的车轮荷载分布宽度，当 c 值(图 4.1.5)不大于 2.5m 时，可按下列公式计算：

$$a = (a_1 + 2h) + 2c \qquad (4.1.5)$$

式中：a——垂直于悬臂板跨径的车轮荷载分布宽度；

a_1——垂直于悬臂板跨径的车轮着地尺寸；

c——平行于悬臂板跨径的车轮着地尺寸的外缘，通过铺装层 45°分布线的外边线至腹板外边缘的距离；

h——铺装层厚度。

问题 1

问题来源：吉林省

(1)梁肋与板整体浇筑的板的计算跨度为梁肋净距加板厚，对于变截面及有承托的板如何取值？是平均厚度、板根部厚度还是跨中厚度？我理解承托处板的计算高度 h_e 应为截面验算时用，而非板厚 t。此板厚与式(4.1.3-4)、式(4.1.3-5)中的 t 是否相同？

(2)式(4.1.3-4)与式(4.1.3-5)中的 t 是否相同？是平均厚度、板根部厚度、轮压作用点处板厚还是跨中厚度？一些算例中取用板根厚度，这样算得的 a 值偏大，板根部附近会出现重叠，会减小板根部附近的荷载集度；需要补充澄清的是，板根部附近是否与跨中一样考虑荷载重叠？

回答 1

(1)计算弯矩时，板的计算跨径取梁肋间净距加板厚 t，板设有承托时，不考虑承托，t 取跨中板厚。公式(4.1.3-4)、公式(4.1.3-5)中的 t，其含义与上述同。

(2)公式(4.1.3-4)、公式(4.1.3-5)中的 t 是相同的。均取跨中板厚，不考虑承托。板支承处附近几乎不存在弹性分布，不考虑车轮分布重叠。

问题 2

问题来源：吉林省

新规范是否与旧规范一样对板根部的 a 值按不超过 $l/3$ 控制？

回答 2

新规范公式(4.1.3-4)的 a 值，未作不应小于 $l/3$ 的规定。原规范规定，对于弹性支承的行车道板，支承处车轮分布宽度 a 不小于 $l/3$，但对弹性支承没有定量规定，所以新规范取消了原规范的这项规定，这样做是安全的。

问题 3

问题来源：吉林省

规范公式(4.1.3-4)、公式(4.1.3-5)中的 t 是相同的，均取跨中板厚，不考虑承托。板支承处附近几乎不存在弹性分布，不考虑车轮分布重叠。

仅在跨中考虑车轮分布重叠，板支承处及板支承处附近(即过渡段)不考虑车轮分布重叠，这样理解对吗？

回答 3

计算整体单向板垂直于板跨方向的车轮分布宽度时，跨径中部考虑车轮分布重叠，支承处及板支承处附近不考虑车轮分布重叠。

问题 4

问题来源：北京市

在实际的桥梁设计中，箱形截面梁由于其抗扭、抗弯及整体性能优越，得到了广泛的应用。当前，箱形梁一般都采用了横向预应力，以满足桥面板的横向受力要求。根据《公路桥涵设计通用规范》(JTG D60—2004)横向受力、配筋计算属于局部加载，应采用车辆荷载，这就涉及一个横向分布宽度的问题。《公路钢筋混凝土及预应力混凝土桥涵设计规范》(JTG D62—2004)的第 4.1.2 条、第 4.1.3 条以及第 4.1.5 条对此作出了一系列的规定，然而我们对此存在如下两个疑问，恳请专家解惑。

1. 板厚的选取

规范第 4.1.2 条规定带肋整体板的计算跨径为肋之间净距加板厚，然而箱梁的顶板往往是变厚度的，如何取？

同样，规范第 4.1.3 条的第 2 款第(3)点中规定：车轮作用自支承处，有：

$$a=(a_1+2h)+t$$

式中的 t 如何取？是取悬臂根部处的 t，还是取横向跨中的 t？

2. 车轮作用在横向跨中的分布宽度

一般而言，横向预应力设计主要考虑两个关键截面：承受负弯矩的悬臂根部截面（如图 2-1 中 A 截面）以及承受正弯矩的中跨跨中截面（如图 2-1 中 B 截面）。

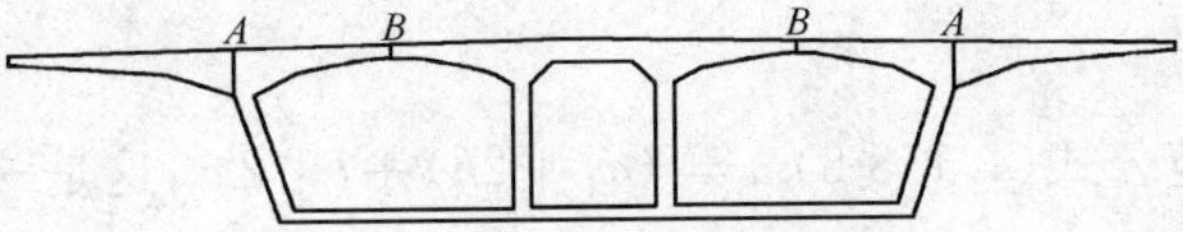

图 2-1　某箱梁一般构造

计算悬臂根部截面时，要求按照规范第 4.1.5 条计算横向分布宽度：$a=(a_1+2h)+2c$，这比较容易理解，车轮荷载竖向传过铺装层后，再横向传至悬臂根部的控制截面处。

当荷载作用在中跨时，若距离支承较近，规范第 4.1.3 条规定按照

$a=(a_1+2h)+t+2x$进行计算。然而，该式似乎反映的也是作用于中跨的荷载竖向传至桥面板高度中心再横向传至梁肋处的分布宽度。然而，如果关心的是跨中截面，那么是否应该采用跨中截面处的分布宽度，还是一律采用梁肋处的分布宽度？直观上，当荷载作用于跨中时，荷载的影响宽度从跨中至梁肋应该是增大的。而以梁肋处的分布宽度来计算跨中截面的受力，是否偏于危险呢？

问答 4

规范第 4 章有关行车道板在车轮作用下的内力计算和车轮分布宽度计算，是用于肋与板整体固接且板是等厚度的桥面系结构。这种结构在肋拱桥上常有应用。如今，将这些规定用于箱形梁顶板由车轮作用引起的局部荷载受力分析，顶板必须简化为等厚度（就是将箱形截面作为闭合框架进行纵向弯曲、扭转、畸变及横向挠曲变形，受力分析时也需作这样的简化）。至于顶板等厚度 t 采用多少，则要视原箱梁顶板及板与肋相连处承托的尺寸而定。把不等厚的顶板简化为等厚的顶板，对于按规范第 4.1.2 条计算板跨支点负弯矩和跨中正弯矩的影响是很小的，而规范本身的计算也是经简化的；对车轮在板上分布宽度最后导致计算内力的影响也是不大的。但是，对于截面及截面配筋验算，板不能简化为等厚度，原箱形梁顶板的截面尺寸及该截面所在位置都保持原样。

关于规范公式(4.1.3-5) $a=(a_1+2h)+t+2x$，这是一个垂直于板的跨径、在支承附近的分布宽度的计算公式，以下面图 2-2 的图示来说明。

问题 5

问题来源：上海市

规范第 4.1.3 条："3)车轮在板的支承处时，$a=(a_1+2h)+t$(4.1.3-4)"。

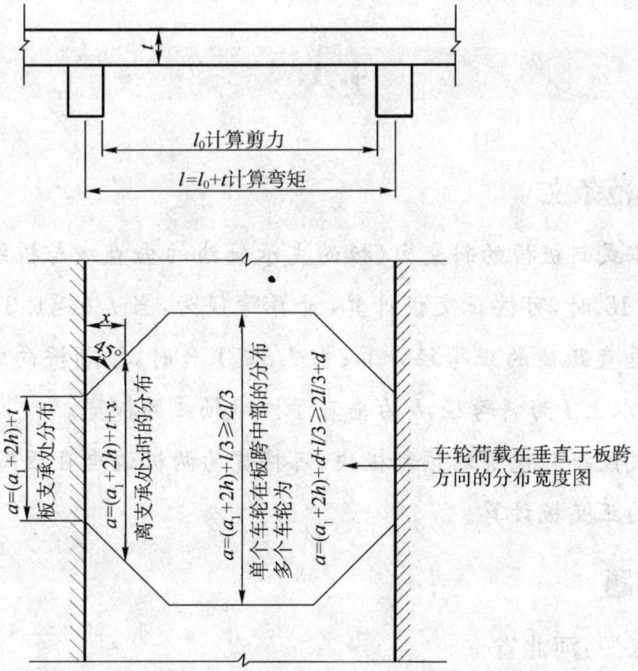

图　2-2

而《公路钢筋混凝土及预应力混凝土桥涵设计规范》(JTG 023—85)公式(3.1.4-4)中如此描述:“对于弹性支承的行车道板,支承处车轮分布宽度不小于 $l/3$”。

新规范取消了原规范的这句话,请问取消这句话是基于哪些方面的考虑?

回答 5

原规范所说弹性支承的行车道板,是指以短边为计算跨径的单向板,支承在具有较大挠度的梁上,可以认为这种支承具有弹性。但是,支承梁的挠度有大有小,难以判别它真正具有弹性支承的条件;而且,目前支承桥面板的纵梁其跨径都很小,或者其抗弯刚度都较大,在计算中都假定其为刚性支承。所以,原规范有关弹性支承的规定可以取消。

4.1.4

规范条文

当整体式斜板桥的斜交角(板的支承轴线的垂直线与桥纵轴线的夹角)不大于15°时,可按正交板计算,计算跨径为:当 $l/b \leqslant 1.3$ 时,按两支承轴线间垂直距离的正跨径计算;当 $l/b \leqslant 1.3$ 时,按顺桥向纵轴线的斜跨径计算;以上 l 为斜跨径,b 为垂直于桥纵轴线的板宽。

装配式铰接斜板桥的预制板块,可按宽为两板边垂直距离,计算跨径为斜跨径的正交板计算。

问题

问题来源:河北省

规范第4.1.4条规定:装配式铰接斜板桥的预制板块,可按宽为两板边垂直距离,计算跨径为斜跨径的正交板计算,而在《公路桥涵设计手册——梁桥(上册)》第182页,装配式斜交简支板桥的简化计算中,在计算斜交板桥的跨中弯矩时,还应乘以斜交的折减系数 k_{Φ}。请问:按新规范规定,进行斜交板桥计算时,是否无需再进行折减系数的计算?按新规范规定的斜交板桥计算,是否与正交板桥计算无异?

回答

装配式铰接斜板桥预制板块的计算,《公路钢筋混凝土及预应力混凝土桥涵设计规范》(JTG D62—2004)规定的方法与《公路桥涵设计手册——梁桥(上册)》所载方法,在原则上是相同的。但前者比后者偏于安全。由于斜板桥受力情况比较复杂,所提供的分析方法多少带有一些近似性,我们认为在计算中略偏安全是可取的。但规范规定的方法并非强制性条文,你们可以选择上述两种方法中任意一种进行计算。

4.2 梁的计算

4.2.1

规范条文

结构的作用(或荷载)效应可按弹性理论进行计算。对超静定结构,在进行作用(荷载)效应分析时,结构构件的抗弯刚度可采用:允许开裂的构件 $0.8E_cI$,不允许开裂的构件 E_cI;其中 I 为混凝土毛截面惯性矩。

规范条文　《公路桥涵地基与基础设计规范》(JTJ 024—85) 附录六　基础按 m 法的计算

本附录包括附表 6.7、附表 6.9、附表 6.10 三种计算用表。附表 6.7 是 $ah \leqslant 2.5$ 时(刚性基础)计算用表;附表 6.9 是 $ah > 2.5$ 时(弹性基础)单排桩式墩台计算用表,附表 6.10 是 $ah > 2.5$ 时(弹性基础)多排垂直桩柱墩台计算用表。

各计算用表适用于各种桩柱基础。其中附表6.7、附表 6.9 亦可适用于沉井、沉箱以及能确保回填土夯填紧密的天然基础。

一、其本假定

1.将土看作为弹性变形介质,其地基系数在地面(或冲刷线)处为零,并随深度成正比例增长。

2.基础与土之间的黏着力和摩阻力均不予考虑。

3.在水平力和竖直力作用下,任何深度处土的压缩性均用地基系数表示。

4.当 $ah \leqslant 2.5$ 时,假设基础的刚度为无限大,按刚性基础计算;当 $ah >$

2.5 时，按弹性基础计算。

h——地面（无冲刷时）或局部冲刷线以下基础入土深度；

a——土中基础变形系数；

$$a=\sqrt[5]{\frac{mb_1}{EI}}$$

b_1——基础的计算宽度；

m——地基土的比例系数；

EI——基础的计算刚度，对于以受弯为主的钢筋混凝土桩柱，应按照《公路钢筋混凝土及预应力混凝土桥涵设计规范》第四章第二节有关规定采用。

二、基础计算

1. 基础的计算宽度（单位以 m 计）：

$$b_1=k_\varphi k_0 b \quad \text{（附 6.1）}$$

式中：k_0——考虑基础实际的空间工作条件不同于假设的平面工作条件的系数，其值等于$\left(1+\frac{1}{b}\right)$；

b——基础的实际宽度如附表 6.1 所示，圆形基础 $b=d$；

k_φ——基础形状的换算系数。

当基础由几个桩柱组成时，式中 b_1、b、k_φ 相应于每一桩柱的计算宽度、边长（或直径）和形状的换算系数，可按附表 6.1、附表 6.2、附表6.3 计算。

(1) 当基础为整体时，k_φ、b_1 见附表 6.1；

基础形状换算系数k_φ和计算宽度 b_1 附表 6.1

名　称	符号	基础形状			
		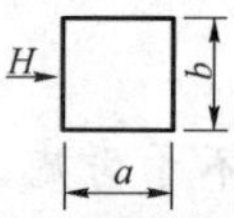	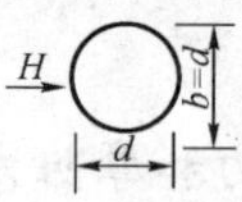	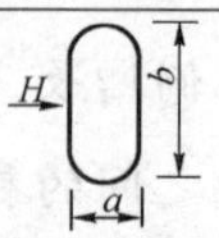	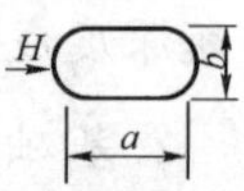
基础形状换算系数	k_φ	1.0	0.9	$\left(1-0.1\frac{a}{b}\right)$	0.9
基础计算宽度	b_1	$b+1$	$0.9(d+1)$	$\left(1-0.1\frac{a}{b}\right)\times(b+1)$	$0.9(b+1)$

(2)当基础在垂直于外力作用方向由几个桩柱组成时,k_φ、b_1 见附表 6.2;

(3)当基础在平行于外力作用方向由几个桩柱组成时,k_φ、k、b_1 见附表 6.3;

(4)当基础在垂直于及平行于外力作用方向均由几个桩柱组成时,可取平行于外力作用方向的一行桩柱来计算桩的计算宽度。

附表 6.2、附表 6.3 及其后的文字部分略。

? 问题

问题来源:湖北省

在使用《公路桥涵地基与基础设计规范》(JTJ 024—85)进行桥梁基础设计过程中对此规范要求有几点疑问请教专家:

(1)在《公路桥涵地基与基础设计规范》(JTJ 024—85)附录六,基础按 m 法的计算规定中以 $a\times h$ 的数值是否大于 2.5 来确定基础属于刚性基础还是弹性基础;其中对于 h 的定义,规范解释为"地面(无冲刷时)或局部冲刷线以下基础入土深度",如果桩基在局部冲刷线以下入土深度为 h_1,入岩深度为 h_2,请问 h 值是否为 h_1+h_2? 如果 h 值为 h_1,那么在计算一多排竖直桩承台底部桩基内力时,桩基的局部冲刷线以下均为弱风化基岩即入土深度为 0,仅有入岩深度,因而地基土的比例系数 m 也为 0,a 与 $a\times h$ 值均为 0;此时是否可按照 $a\times h>2.5$ 时多排竖直桩柱墩台按弹性基础计算用表(附表 6.10(1)、(2))所列公式计算各单桩桩顶内力?

(2)计算 a 值公式中规范规定其中基础的计算刚度 EI 的取值应按《公路钢筋混凝土及预应力混凝土桥涵设计规范》第 4.2 节有关规定采用。该处的《公路钢筋混凝土及预应力混凝土桥涵设计规范》指的是 JTJ 023—85 规范,EI 值取为 $0.67E_cI$;现在实行新的《公路钢筋混凝土及预应力混凝土桥涵设计规范》(JTG D26—2004),是否应根据新规范第 4.2.1 条规定 EI 值取为 $0.8E_cI$?

(3)在计算一多排竖直桩承台底部桩基内力时，基础的 $a\times h$ 值小于 2.5，按规范规定该基础属于刚性基础，但规范并未给出 $a\times h\leqslant 2.5$ 时多排竖直桩承台底部的 P、H、M 值如何分配给每个桩顶，如果遇到这种情况是否可按照 $a\times h>2.5$ 时多排竖直桩柱墩台按弹性基础计算用表(附表 6.10(1)、(2))所列公式计算各单桩桩顶内力，然后按 $a\times h\leqslant 2.5$ 时按刚性基础计算用表(附表 6.7(1)、(2))所列公式计算单桩桩底内力？如果上述方法错误，那么应按何种方法计算？

(4)在计算一多排竖直桩承台底部桩基内力时，承台底部不仅有 P、H、M 值，而且还有扭距值，扭距值是否应分配给各单桩桩顶？

回答

(1)桩基在局部冲刷以下入土深度为 h_1，入岩深度为 h_2，h 值不宜用 h_1+h_2，而宜用 h_1。《公路桥涵地基与基础设计规范》(JTJ 024—85)附录六，对于 $a\times h>2.5$ 柔性桩，有：①桩底在非岩石类土或岩面；②桩底嵌于岩石内，两种取其一。问题中入岩深度为 h_2，可按②。如果桩基的局部冲刷线以下均为弱化岩层，即入土深度为零，仅有入岩深度，我们建议也可用结构力学方法，即下端固接于基岩，上端固接于承台，承台覆盖了所有桩顶，作为超静定结构体系分析。《铁路手册》(20 世纪 60 年代)有设计管柱基础方法，仅供参考。

(2)EI 值请用《公路钢筋混凝土及预应力混凝土桥涵设计规范》(JTG D62—2004)第4.2.1条规定取值，其中 I 为毛截面惯性矩，而原规范 $0.67E_cI_0$，I_0 为换算截面惯性矩。

(3)来函第 3 个问题，$a\times h$ 小于 2.5，例如单个沉井基础，公路上为刚性基础。来函称有多排刚性基础，公路上罕见，几乎还没有出现过。目前，作为公路桥梁，规范没有列入计算方法，有此情况，宜作个别特殊结构研究处理。

(4)来函第 4 个问题，承台底部有扭矩，应予考虑，可参考有关桩基设计书籍，例如 1975 年胡人礼《桥梁桩基设计》(人民铁道出版社)第 82 页。公路桥梁桩基出现扭矩情况，除个别情况，如大跨径 T 构两侧，施工时水平力(例如风力)不等，会产生扭矩，其他情况，扭矩不会出现或较小可略而不计。所以，规范内未列入扭矩计算。

4.2.2

规范条文

T 形截面梁的翼缘有效宽度 b'_f，应按下列规定采用：

1. 内梁的翼缘有效宽度取下列三者中的最小值：

1)对于简支梁，取计算跨径的 1/3。对于连续梁，各中间跨正弯矩区段，取该计算跨径的0.2 倍；边跨正弯矩区段，取该跨计算跨径的0.27 倍；各中间支点负弯矩区段，取该支点相邻两计算跨径之和的 0.07 倍。

2)相邻两梁的平均间距。

3)$(b+2b_h+12h'_f)$，此处，b 为梁腹板宽度，b_h 为承托长度，h'_f 为受压区翼缘悬出板的厚度。当 $h_h/b_h<1/3$ 时，上式 b_h 应以 $3h_h$ 代替，此处 h_h 为承托根部厚度。

2. 外梁翼缘的有效宽度取相邻内梁翼缘有效宽度的一半，加上腹板宽度的 1/2，再加上外侧悬臂板平均厚度的 6 倍或外侧悬臂板实际宽度两者中的较小者。

预应力混凝土梁在计算预加力引起的混凝土应力时，预加力作为轴向力产生的应力可按实际翼缘全宽计算；由预加力偏心引起的弯矩产生的应力可按翼缘有效宽度计算。

对超静定结构进行作用(或荷载)效应分析时，T 形截面梁的翼缘宽度可取实际全宽。

4.2.3

规范条文

箱形截面梁在腹板两侧上、下翼缘的有效宽度 b_{mi} 可按下列规定计算(图 4.2.3-1、图 4.2.3-2 和表 4.2.3):

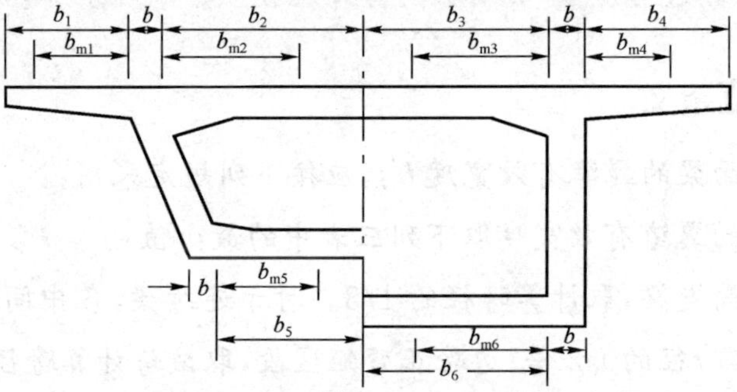

图 4.2.3-1 箱形截面梁翼缘有效宽度

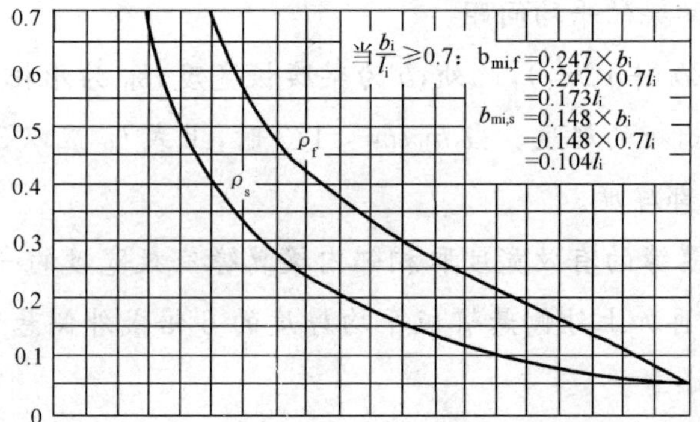

图 4.2.3-2 ρ_s、ρ_f 曲线图

1. 简支梁和连续梁各跨中部梁段,悬臂梁中间跨的中部梁段

$$b_{mi} = \rho_f b_i \tag{4.2.3-1}$$

2. 简支梁支点,连续梁边支点及中间支点,悬臂梁悬臂段

ρ_s、ρ_f 的应用位置和理论跨径 l_i　　表 4.2.3

结构体系			理论跨径 l_i
简支梁		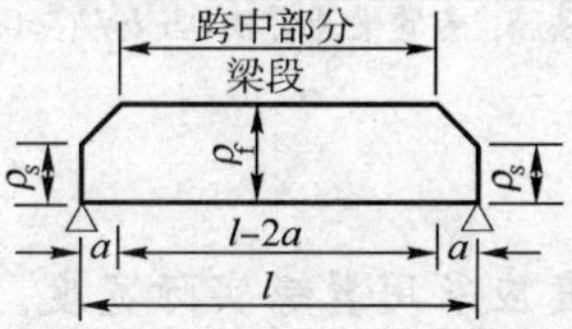	$l_i=l$
连续梁	边跨	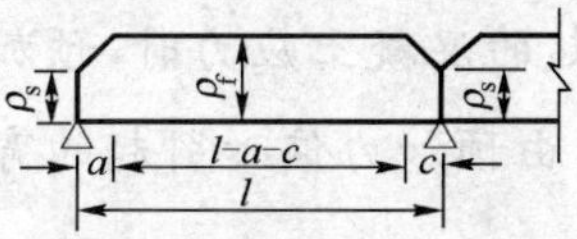	边支点或跨中部分梁段 $l_i=0.8l$
连续梁	中间跨	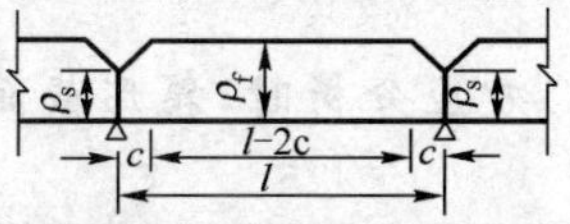	跨中部分梁段 $l_i=0.6l$，中间支点 l_i 取 0.2 倍两相邻跨径之和
悬臂梁		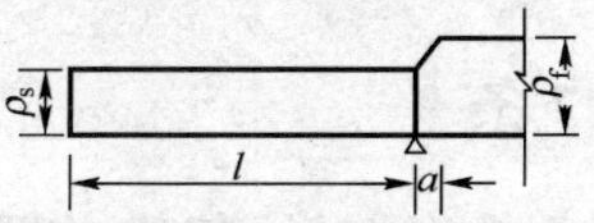	$l_i=1.5l$

注：①a 为与所求的翼缘有效宽度 b_{mi} 相应的翼缘实际宽度 b_i，但 a 不应大于 $0.25l$。

②l 为梁的计算跨径。

③$c=0.1l$。

④在长度 a 或 c 的梁段内，有效宽度可用直线插入法在 ρ_s、b_i 与 ρ_f、b_i 之间求取。

$$b_{mi}=\rho_s b_i \tag{4.2.3-2}$$

式中：b_{mi}——腹板两侧上、下各翼缘的有效宽度，$i=1,2,3,\cdots$，见图 4.2.3-1；

b_i——腹板两侧上、下各翼缘的实际宽度，$i=1,2,3,\cdots$，见图 4.2.3-1；

ρ_f——有关简支梁、连续梁各跨中部梁段和悬臂梁中间跨的中部梁段翼缘有效宽度的计算系数，可按图 4.2.3-2 和表 4.2.3 确定；

ρ_s——有关简支梁支点、连续梁边支点和中间支点、悬臂梁悬臂段翼缘有效宽度的计算系数，可按图 4.2.3-2 和表 4.2.3 确定。

注：①$b_{mi,f}$为简支梁和连续梁各跨中部梁段、悬臂梁中间跨的中部梁段，当$b_i/l_i \geq 0.7$时翼缘的有效宽度；

②$b_{mi,s}$为简支梁支点、连续梁边支点和中间支点、悬臂梁悬臂段，当$b_i/l_i \geq 0.7$时翼缘的有效宽度；

③l_i按表4.2.3确定。

当梁高$h \geq b_i/0.3$时，翼缘有效宽度应采用翼缘实际宽度。

预应力混凝土梁在计算预加力引起的混凝土应力时，预加力作为轴向力产生的应力可按实际翼缘全宽计算；由预加力偏心引起的弯矩产生的应力可按翼缘有效宽度计算。

对于超静定结构进行作用（或荷载）效应分析时，箱形截面梁的翼缘宽度可取实际全宽。

规范条文　本规范第9.3.7条

钢筋混凝土T形截面梁或箱形截面梁的受力主钢筋，宜设于本规范第4.2.2条或第4.2.3条规定的翼缘有效宽度内；超出上述分布范围的宽度，可设置不小于超出部分截面面积0.4%的构造钢筋。预应力混凝土T形截面梁或箱形截面梁的预应力钢筋，亦宜大部分设于有效宽度内。

问题1

问题来源：广东省

关于桥梁有效宽度，规范第4.2.2条对连续梁翼缘有效宽度作了较为详细的规定，但又规定“对超静定结构进行作用效应分析时，可取实际全宽”，如何理解？

回答1

规范第4.2.2条和第4.2.3条都谈到“对超静定结构进行作用（或荷载）效应分析时，翼缘宽度可取实际全宽”。这是指超静定结构内力分析时，因为涉及截面刚度，可采用实际全宽，即不需计算有效宽度。

问题2

问题来源:江苏省

规范第4.2.3条,关于有效宽度“对超静定结构进行作用(或荷载)效应分析时,取全宽”,有下面几点疑问:

(1)“作用”和“荷载”二者的关系,应是包含不是并列,这样理解对吗?

(2)“作用效应分析”的定义,本规范中包括应力、裂缝计算,《公路桥涵设计通用规范》(JTG D60—2004)中没有明确。

(3)适用于多箱吗?

回答2

(1)关于“作用”和“荷载”的关系,以往,把所有引起结构反应的原因习惯地统称为“荷载”,这种叫法不科学,也不确切。因为引起结构反应的原因有两种截然不同的性质。一种是施加了结构上的外力,如车辆、人群、结构重力等,它们是直接施于结构上的,可用“荷载”这一术语来概括。另一种不是以外力形式施加于结构,它们产生的效应常与结构本身特性、结构所处环境有关。如地震、基础不均匀沉降、混凝土收缩和徐变、温度变化等作用,这些都是间接作用于结构的,不能称为“荷载”,否则,将会引起人们的误解。因此,国际上普遍地把所有引起结构反应的原因统称为“作用”,而“荷载”仅限于表达施于结构上的直接作用。

(2)关于“作用效应分析”,这里是指“对超静定结构进行作用(或荷载)的内力分析”,因为超静定结构的内力分析与截面刚度有关。

(3)关于一箱多室的应用问题,以箱肋为单元可以沿用,但由于 b_i/l_i 一般均很小,b_{mi}/b_i 趋近于1.0。

问题3

问题来源:江苏省

对于规范第 4.2.3 条，关于作用和荷载含义我都能理解，只是觉得“荷载短期效应组合”，在《公路桥涵设计通用规范》(JTG D60—2004)中没有术语定义。

回答 3

关于“荷载短期效应组合”的含义，按照“作用”的解释，它包含了“荷载”在内，规范已对“作用短期效应组合”作出了说明，再对“荷载短期效应组合”重复说一次，就显得多余了。而且在规范征求意见和送审(请专家开会讨论)过程中均未听到这方面的意见。

问题 4

问题来源：广东省

关于截面有效宽度，规范第 4.2.2 条中“对超静定结构进行作用(或荷载)效应分析时，T 形(箱形)截面梁的翼缘有效宽度可取实际全宽”，其中“作用(或荷载)效应”如何理解？例如：在进行多跨预应力连续梁各截面内力计算时采用全截面，是否应力计算由预加力偏心引起弯矩产生的应力也可按全截面计算？其他荷载(不包括预加力荷载)产生应力，是否也可按全截面几何特性计算由组合内力产生的应力？

回答 4

关于截面有效宽度，规范第 4.2.2 条和第 4.2.3 条中所说的“对超静定结构进行作用(或荷载)效应分析”，是指结构在作用(或荷载)下进行内力(如弯矩等)计算。超静定梁计算的内力与梁的刚度有关，规范规定此时可采用翼缘全宽。但是预应力梁在预加力作用下计算截面应力时，预加力轴向力引起的，因为构件不发生挠曲，采用翼缘全宽；由预加力偏心产生弯矩引起的，因为构件挠曲使翼缘发生剪滞现象，采用翼缘有效宽度。除上述情况外，所有计算均要按翼缘有效宽度计算。

问题 5

问题来源:湖北省

规范第 4.2.3 条“对超静定结构进行作用(或荷载)效应分析时,箱形截面梁的翼缘宽度可取实际全宽”,这句话如何理解?是不是说超静定结构就不需要考虑有效宽度,难道超静定结构就没有剪力滞效应吗?

回答 5

进行超静定结构内力分析时,不要求计算翼缘有效宽度,不是翼缘不存在剪滞,而是为了简化计算。因为超静定结构内力分析涉及结构的刚度,而翼缘有效宽度与翼缘全宽的刚度比对结构内力的影响是很小的。

问题 6

问题来源:上海市

(1)钢筋混凝土梁计算裂缝时是否考虑有效分布宽度?如果全宽是 1m,布 10 根钢筋,有效宽是 0.8m,可布 8 根钢筋,在计算裂缝时应该计算 10 根还是 8 根钢筋?

(2)在计算钢筋混凝土的承载能力的时候,是否要考虑有效宽度?就上面的情况说,即应该计算 1m 宽度+10 根钢筋,还是 0.8m 宽度+8 根钢筋?

(3)预应力混凝土梁的应力是否要考虑有效宽度?

回答 6

(1)钢筋混凝土梁计算裂缝时,考虑有效宽度范围内钢筋。

(2)计算钢筋混凝土的承载能力时,考虑有效宽度范围内钢筋。另见规范第 9.3.7 条有关钢筋布置的规定。

(3)预应力混凝土梁当计算预加力引起的梁内应力时按规范第 4.2.

2条或第4.2.3条计算。

(4)对于有效宽度问题,可归纳如下:不论是在承载能力极限状态还是正常使用极限状态,在受弯情况下均采用有效宽度;在偏心受压情况下,如预加力作用下,见规范第4.2.2条或第4.2.3条。

当进行超静定结构分析时,翼缘宽度取全宽,见规范第4.2.2条或第4.2.3条。

4.3 拱的计算

4.3.1

规范条文

无铰拱和双铰拱的计算可不考虑拱上建筑与主拱圈的联合作用。本节内有关无铰拱和双铰拱的计算规定,均适用于主拱圈裸拱受力而不考虑其与拱上建筑的联合作用。

拱的计算如考虑拱上建筑与主拱圈的联合作用,拱上建筑的结构应符合计算所预设的条件。

计算由车道荷载引起的拱的正弯矩时,拱顶、拱跨1/4应乘以折减系数0.7,拱脚应乘以0.9,中间各个截面的正弯矩折减系数,可用直线插入法确定。

问题

问题来源:贵州省

规范第4.3.1条规定"计算车道荷载引起的拱的正弯矩时,拱顶、拱跨1/4应乘以折减系数0.7",经对比计算,公路—I级汽车荷载计算的拱顶正弯矩乘以 0.7 后小于汽车—超 20 级荷载的正弯矩值。请问：车道荷载计算的拱的正弯矩值为什么要折减？

回答

规范规定的车道荷载(q_K 和 P_K)是由对公路上行驶的车辆荷载进行测试、随机过程分析，并通过不同桥型的各种跨径的试算后得到的。公路—I级荷载的总体水平比原汽车—超 20 级略低，但以该车道荷载来计算拱桥时产生的正弯矩仍比汽车—超 20 级计算的要高，因而对于这项计算，规范规定以 0.7 折减。当然，制订一种车辆荷载模式要同时适用于各种桥型及各种桥型的各种跨径，就其计算结果而言不可能没有误差。如果你们正确按照规范规定取值(如 P_K 以跨径而不是以影响线加载长度取值)和布载，计算结果比汽车—超20 级小得不多是属正常的。如果出现较大差距，请将计算过程传真过来，我们给予复核。

4.3.7

规范条文

拱圈应按本规范第 5.3.1 条验算拱的纵向稳定。此时，拱的轴向力组合设计值 N_d 可按下式计算：

$$N_d = H_d / \cos\varphi_m \qquad (4.3.7)$$

式中：H_d——拱的水平推力组合设计值；

φ_m——拱顶与拱脚连线与水平线的夹角。

在施工阶段，拱的纵向稳定验算时的构件自重效应分项系数应取 1.2，施工时附加的其他荷载效应分项系数应取 1.4；在使用阶段，拱的纵向稳定验算的作用(或荷载)效应的分项系数，按《公路桥涵设计通用规范》(JTG D60—2004)取用。

计算拱圈纵向稳定时的计算长度按下列规定采用：

三铰拱　$0.58L_a$；

双铰拱　$0.54L_a$；

无铰拱　$0.36L_a$；

L_a 为拱轴线长度。

问题

问题来源：湖北省

关于《公路圬工桥涵设计规范》(JTG D61—2005)附录B条文说明中提到的一篇文章(《少箱薄壁多段施工的大跨径钢筋混凝土拱桥设计中的几个问题》)第四部分(拱圈变形二次力矩的计算)中提到钢筋混凝土拱桥的弯矩增大系数 η,(虽然是老规范)推荐采用直杆的 η 值是不合适的。现行的《公路钢筋混凝土及预应力混凝土桥涵设计规范》(JTG D62—2004)中未论及该问题，也未对钢筋混凝土拱桥的弯矩增大系数 η 作特别论述，是否意味着验算钢筋混凝土拱桥拱圈时依然采用直杆的 η 值？

回答

《公路钢筋混凝土及预应力混凝土桥涵设计规范》(JTG D62—2004)第 4.3.7 条给出了拱圈的计算长度，这些取值在公路桥梁上长期应用，实践证明它们是可行的。至于研究提出的问题，在规范上也应深入浅出地表达，不一定都被采用。

5　持久状况承载能力极限状态计算

5.1　一般规定

5.1.5

规范条文

桥梁构件的承载能力极限状态计算，应采用下列表达式：

$$\gamma_0 S \leqslant R \tag{5.1.5-1}$$

$$R = R(f_d, a_d) \tag{5.1.5-2}$$

式中：γ_0——桥梁结构的重要性系数，按公路桥涵的设计安全等级，一级、二级、三级分别取用1.1、1.0、0.9；桥梁的抗震设计不考虑结构的重要性系数；

S——作用(或荷载)效应(其中汽车荷载应计入冲击系数)的组合设计值，当进行预应力混凝土连续梁等超静定结构的承载能力极限状态计算时，公式(5.1.5-1)中的作用(或荷载)效应项应改为$\gamma_0 S+\gamma_P S_P$，其中S_P为预应力(扣除全部预应力损失)引起的次效应；γ_P为预应力分项系数，当预应力效应对结构有利时，取$\gamma_P=1.0$；对结构不利时，取$\gamma_P=1.2$；

R——构件承载力设计值；

$R(\cdot)$——构件承载力函数；

f_d——材料强度设计值；

a_d——几何参数设计值，当无可靠数据时，可采用几何参数标准值 a_k，即设计文件规定值。

规范条文　本规范表 5.2.1

相对界限受压区高度 ξ_b　　表 5.2.1

钢筋种类＼混凝土强度等级	C50 及以下	C55、C60	C65、C70	C75、C80
R235	0.62	0.60	0.58	—
HRB335	0.56	0.54	0.52	—
HRB400、KL400	0.53	0.51	0.49	—
钢绞线、钢丝	0.40	0.38	0.36	0.35
精轧螺纹钢筋	0.40	0.38	0.36	—

注：①截面受拉区内配置不同种类钢筋的受弯构件，其 ξ_b 值应选用相应于各种钢筋的较小者。

②$\xi_b = x_b/h_0$，x_b 为纵向受拉钢筋和受压区混凝土同时达到其强度设计值时的受压区高度。

规范条文　本规范第 5.3.5 条

（见 P175）

规范条文　本规范第 9.1.12 条

（见 P320）

问题

问题来源：上海市

今有一匝道桥，桥宽 8.0m，为 4×22m 连续箱梁桥，采用板式橡胶支座。墩身尺寸为：横桥向 2.0m，纵桥向 1.0m，C40 混凝土；墩高 $h=15.7\text{m}$，为 8 度抗震区。在纵桥向地震作用下，墩底 $M_{纵}=1\ 312\text{kN}\cdot\text{m}$。全部结构重力轴力：$N=4\ 544\text{kN}$，考虑地震时纵向桥墩一起振动，周围桥墩在刚度方面没有帮助，因此，l_0 取 $2h=2\times15.7=31.4$m，桥墩纵桥向每侧配置 13 Φ 28 钢筋，即

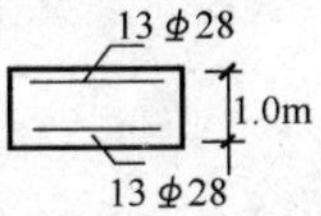

，$a_s=a_s'=0.05$m。按新规范计算，$\eta=3.315$，$M_u=1\,139$kN·m，$N_u=3\,943$kN(不满足要求)。

按 89 规范计算，$\eta=1.521$，配筋满足要求。

请问上述计算是否有问题?

回答

(1)本桥墩作为抗震结构，其安全度比一般桥墩(非抗震结构)要低得多，但不知在计算中地震作用、由结构重力引起的轴向力、结构抗力(混凝土轴心抗压强度和钢筋抗压强度)应采用的分项系数是多少，来函中均未提及，所以很难说明该桥墩是否满足要求。

(2)桥梁采用板式橡胶支座，墩底假定为固接，这样的结构在取用计算长度时认为墩顶是自由的，这显然是不合理的。墩顶的橡胶支座有弹性约束作用，只要通过“集成刚度法”求出墩顶约束刚度，则构件(墩身)的计算长度 l_0 就能得到。

(3)用集成刚度法求墩顶约束刚度，计算起来比较麻烦，根据来函提供的资料(尽管对这些资料尚有疑问)就事论事地对桥墩按非抗震构件进行计算，墩身的计算长度采用英国规范规定的 1.3 倍的墩高，即 $l_0=1.3\times15.7=20.41$m。

(4)轴向力 N 的偏心距 $e_0=\dfrac{M}{N}=\dfrac{1312}{4544}=0.29$m，$e_0/h_0=\dfrac{0.29}{0.95}=0.350$，$l_0/h=\dfrac{20.41}{1.0}=20.41$，$\xi_1=0.2+2.7\dfrac{e_0}{h_0}=0.2+2.7\times0.305=1.024$，取 $\xi_1=1.0$，$\xi_2=1.15-0.01\dfrac{l_0}{h}=1.15-0.01\times20.41=0.946$。

$$\eta=1+\frac{1}{1400e_0/h_0}\left(\frac{l_0}{h}\right)^2\xi_1\xi_2$$

$$=1+\frac{1}{1400\times0.305}\times(20.41)^2\times1.0\times0.946$$

$$=1.92$$

新规范公式(5.3.5-1)：

$$\gamma_0 N=f_{cd}bx+f'_{sd}A'_s-\sigma_s A_s \tag{1}$$

先假定为大偏压构件，上式 $\sigma_s=f_{sd}$，按对称配筋设计，即 $A_s=A'_s$，$f_{sd}=f'_{sd}$，公式(1)成为

$$x=\frac{\gamma_0 N}{f_{cd}b} \tag{2}$$

设结构重要性系数(中桥，设计安全等级为二级)$\gamma_0=1.0$(第 5.1.5 条)，则

$$x=\frac{1.0\times4\,544\times10^3}{18.4\times2.0\times10^3}=123.5(\text{mm})$$

设纵向主筋采用 HRB335，由表 5.2.1 查得，$\xi_b=0.56$，则

$\xi_b h_0=0.56\times950=532(\text{mm})>x=123.5(\text{mm})$，该构件确为大偏压。

$$x\geqslant2a'_s=100\text{mm}$$

新规范公式(5.3.5-2)：

$$\gamma_0 Ne=f_{cd}bx+\left(h_0-\frac{x}{2}\right)+f'_{sd}A'_s(h_0-a'_s) \tag{3}$$

由公式(2)和公式(3)可得

$$A_s=A'_s=\frac{\gamma_0 Ne-\gamma_0 N\left(h_0-\dfrac{x}{2}\right)}{f'_{sd}(h_0-a'_s)}$$

其中，$e=\eta e_0+\dfrac{h}{2}-a=1.92\times290+500-50=1006.8(\text{mm})$。

$$A_s=A'_s=\frac{1.0\times4544\times10^3\times1006.8-1.0\times4544\times10^3\left(950-\dfrac{123.5}{2}\right)}{280(950-50)}$$

$$=2138(\text{mm}^2)$$

截面各边只需配置 4 Φ 28 钢筋就已足够，$A_s = A'_s = 2\ 463\text{mm}^2$。但这个数量的钢筋不能满足新规范第 9.1.12 条规定的偏心受压构件最小配筋百分率的要求。可以采取如下措施：

①增加钢筋数量，使其满足最小含筋率的要求；

②适当缩小截面尺寸，再行计算。

以上计算只供参考，不能代替您的设计，因为计算中引用数据是盲目的，而且不适用于抗震构件。但可以说明，只要适当修改计算长度 l_0 的取值，该桥墩可以满足抗震设计的要求。

5.2 受弯构件

5.2.2

规范条文

矩形截面或翼缘位于受拉边的 T 形截面受弯构件，其正截面抗弯承载力计算应符合下列规定(图 5.2.2)：

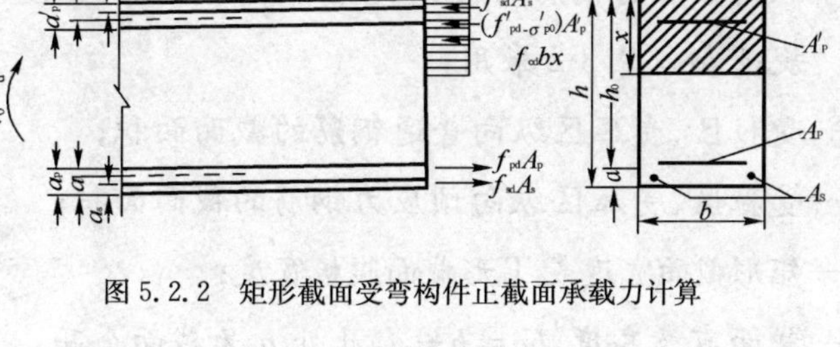

图 5.2.2　矩形截面受弯构件正截面承载力计算

$$\gamma_0 M_d \leqslant f_{cd}bx\left(h_0 - \frac{x}{2}\right) + f'_{sd}A'_s(h_0 - a'_s) + (f_{pd}' - \sigma_{p0}')A'_p(h_0 - a'_p) \qquad (5.2.2\text{-}1)$$

混凝土受压区高度 x 应按下式计算：

$$f_{sd}A_s + f_{pd}A_p = f_{cd}bx + f'_{sd}A'_s + (f'_{pd} - \sigma'_{p0})A'_p \quad (5.2.2\text{-}2)$$

截面受压区高度应符合下列要求：

$$x \leqslant \xi_b h_0 \quad (5.2.2\text{-}3)$$

当受压区配有纵向普通钢筋和预应力钢筋，且预应力钢筋受压即 $(f_{pd}' - \sigma'_{p0})$ 为正时

$$x \geqslant 2a' \quad (5.2.2\text{-}4)$$

当受压区仅配纵向普通钢筋或配普通钢筋和预应力钢筋，且预应力钢筋受拉即 $(f'_{pd} - \sigma'_{p0})$ 为负时

$$x \geqslant 2a'_s \quad (5.2.2\text{-}5)$$

式中：γ_0——桥梁结构的重要性系数，按本规范第 5.1.5 条的规定采用；

M_d——弯矩组合设计值；

f_{cd}——混凝土轴心抗压强度设计值，按本规范表 3.1.4 采用；

f_{sd}、f'_{sd}——纵向普通钢筋的抗拉强度设计值和抗压强度设计值，按本规范表3.2.3-1 采用；

f_{pd}、f'_{pd}——纵向预应力钢筋的抗拉强度设计值和抗压强度设计值，按本规范表 3.2.3-2 采用；

A_s、A'_s——受拉区、受压区纵向普通钢筋的截面面积；

A_p、A'_p——受拉区、受压区纵向预应力钢筋的截面面积；

b——矩形截面宽度或 T 形截面腹板宽度；

h_0——截面有效高度，$h_0 = h - a$，此处 h 为截面全高；

a、a'——受拉区、受压区普通钢筋和预应力钢筋的合力点至受拉区边缘、受压区边缘的距离；

a'_s、a'_p——受压区普通钢筋合力点、预应力钢筋合力点至受压区边缘的距离；

σ'_{p0}——受压区预应力钢筋合力点处混凝土法向应力等于零时预应力钢筋的应力，先张法构件按本规范公式(6.1.5-2)计算；后张法构件按本规范公式(6.1.5-5)及第6.1.5条注2规定计算。

注：当桥梁为预应力混凝土连续梁等超静定结构时，公式(5.2.2-1)中的 M_d，应改用按本规范第5.1.5条的规定进行作用(或荷载)效应组合。

5.2.4

规范条文

受弯构件在应用公式(5.2.2-3)的条件时，可不考虑按正常使用极限状态计算可能增加的纵向受拉钢筋截面面积和按构造要求配置的纵向钢筋截面面积。

规范条文　本规范第7.2.8条

(见P271)

规范条文　本规范第9.4.2条

部分预应力混凝土梁应采用混合配筋。位于受拉区边缘的普通钢筋宜采用直径较小的带肋钢筋，以较密的间距布置。

问题1

问题来源：湖北省

目前我院正在进行一座76m＋128m＋76m连续刚构的施工图设计，通过三套最新的桥梁专用程序的计算分析，发现在弹性阶段应力验算和正常使用极限状态(抗裂验算)以及承载能力极限状态下抗弯承载能力验算都满足新规范要求的前提下，却发现各截面相对界限受压区高度 ξ_b 不满足新规范的要求，但若将钢束调整后满足相对界限受压区高度 ξ_b 的要求，应力又满足不了要求。这其中的原因请专家给予指导。

回答 1

来函说，按电算程序计算，弹性阶段应力验算、抗裂验算和承载力计算都已通过，但各截面相对受压区高度 x/h_0 不能满足规范规定的 ξ_b。调整预应力钢筋数量后，ξ_b 得到满足，但应力又通不过。这里提到了“各截面”、“应力”，但不知道是哪些截面？应力指的压应力还是拉应力？而且这些应力有可能是在不同作用(或荷载)下产生的。这样简单的提问使我们非常为难。

一般而言，如果 $x/h_0>\xi_b$，说明纵向受拉钢筋配置过多，把受拉钢筋减下来以后，有可能承载力过不去，但来函中未提到，说明承载力是足够的。如果你所指应力是按规范第 7 章计算的受压区混凝土的压应力(连续刚构中跨 128m，不可能采用允许开裂的 B 类构件)，这也是有可能的。因为预应力钢筋减少后截面重心轴移向受压边，受压面积减少，边缘压应力可能超过限值。这时，如果提高混凝土强度等级仍不能满足要求，就要加大梁的高度(根据截面所在地位也可采用其他办法)。尤其对全预应力构件而言，减少预应力钢筋后有可能出现梁的抗裂通不过。鉴于近年来我国较大跨的公路预应力混凝土桥梁较普遍地出现不该出现的各种裂缝，规范对受弯构件的抗裂要求比过去要严格得多。但由抗裂引起的预应力钢筋的增多，按规范第 5.2.4 条规定可不计在以 ξ_b 控制的配筋面积之内。在施工阶段由预加力和构件自重引起的预压区的混凝土压应力则要满足规范第7.2.8条的规定。如果按抗裂验算增加了预应力钢筋，而最终不能满足第 7.2.8 条的要求，只好加高截面尺寸。这里需注意，不论是全预应力混凝土构件还是 A 类构件，只要受拉区配有非预应力钢筋(A 类构件按规范第 9.4.2 条规定必须配置非预应力钢筋),在截面应力计算中必须考虑在内(请检查电算程序是否考虑这点)。

来函所提问题,本是在设计中出现的问题,应由设计者自行解决,并非规范中的问题。何况,你的提问如此简单,以致使我们对几种可能出现的情况作了叙述,最终还不知道是否满足你的要求。

问题 2

问题来源:湖北省

根据规范第 5.2.2 条规定,钢筋混凝土矩形截面混凝土受压区高度 x 应按式(5.2.2-2)计算,如果截面采用受压与受拉截面对称配筋,即 $A_s = A'_s$,混凝土受压区高度 x 是否等于 0,然后按式(5.2.5-2)验算正截面抗弯承载力?

回答 2

关于正截面抗弯承载力计算问题。规范公式(5.2.2-2)是按截面内的(水平方向)平衡条件列出的,利用这个基本条件求出受压区高度 x,如果让 $A_s = A'_s$,而 f_{sd} 又等于 f_{sd}',截面处于不平衡状态,所以您的 $A_s = A'_s$ 的提问就是不合理的。在受弯构件中,利用截面混凝土受压和钢筋受拉构成内力矩来抵抗由荷载引起的外力矩,在受压区一般不配置受压钢筋,除非特殊情况,如梁高受到限制时才设置少量钢筋以协助混凝土受压。所以,在受弯构件设计中,$A_s = A'_s$ 也是不存在的。

问题 3

问题来源:湖北省

根据规范第 5.2.2 条规定,钢筋混凝土矩形截面混凝土受压区高度 x 应按式(5.2.2-2)计算,如果截面 A 在某种工况下承受正弯矩(下缘受拉)，在另一种工况下承受负弯矩(上缘受拉)，正弯矩>负弯矩绝对值；拟在截面上缘配置纵向钢筋面积 $A_上$，下缘配置纵向钢筋面积 $A_下$，$A_上<A_下$；当按式(5.2.2-2)计算截面承受负弯矩工况时，$A_s=A_上$、$A'_s=A_下$，$A'_s>A_s$，解得 x 等于负值，若取 $A_s=A'_s$，则混凝土受压区高度 x 等于0，出现该种情况如何处理？

回答 3

受弯构件在使用阶段遇到你所说的两种工况是极少的。但在施工阶段如连续梁采用推出法施工，梁段不时承受正弯矩和负弯矩。也有这样的情况：连续梁在中间支点负弯矩区段附近的正负弯矩交变区，有时出现正负弯矩交替，但弯矩绝对值都很小，一般不是用计算来配筋的，而是配置一些构造钢筋。如果真的遇到像你所说的情况，则应分别进行计算，在正弯矩作用下计算截面下面配筋，在负弯矩作用下计算截面上面配筋。

问题 4

问题来源：贵州省

连续刚构桥施工阶段配置了大量的顶板预应力束。使用阶段箱梁靠主墩附近的几个断面，由于上缘预应力筋较多，导致受压区高度 x 不满足规范第25页式(5.2.2-3)关于 $x\leqslant\xi_b h_0$ 的规定。配筋与截面尺寸均无法调整，请问：能否不考虑 $x\leqslant\xi_b h_0$ 的要求？

计算某大跨径连续刚构桥，桥跨为96m+180m+96m，箱顶宽11.25m，底宽6.5m，根部梁高为11.2m(约为跨径的1/16)，合龙段梁高3.6m，箱梁底板厚度根部底为1.2m，跨中为0.28m，腹板厚度1号～6号梁段为70cm，8号～14号梁段为60cm，16号至跨中为45cm。经过0号梁段的顶板钢束为(24×25+15×19)×2=1770(根)，若按式(5.2.2-2)计算，根部截面受压区高度 $x=5.246\text{m}\geqslant\xi_b h_0=4.138\text{m}$，即不满足式(5.2.2-3)的要求。

回答 4

规范规定 $x \leqslant \xi_b h_0$ 是保证进行适筋梁设计，使它具有一定的延性。这是国内外规范共有的规定。如果不能满足这条规定，设计出来的梁就是一根脆性破坏的梁，这样的梁难以满足《公路工程结构可靠度设计统一标准》(GB/T 50283—1999)规定的脆性破坏构件目标可靠指标的要求。你们设计的连续刚构桥只在主墩附近几个截面出现了 $x > \xi_b h_0$ 的问题，如果你们将该区段内的箱梁底板厚度适当加厚，根据由两腹板和底板组成的凹形截面的内力平衡条件，中性轴位置将下移，x 高度将减小，也许可以达到 $x \leqslant \xi_b h_0$ 的要求。你们不妨试算一下。

5.2.5

规范条文

当计算中考虑受压区纵向钢筋但不符合本规范公式(5.2.2-4)、公式(5.2.2-5)的条件时，受弯构件正截面抗弯承载力的计算应符合下列规定(图 5.2.2)：

1. 当受压区配有纵向普通钢筋和预应力钢筋，且预应力钢筋受压时

$$\gamma_0 M_d \leqslant f_{pd} A_p (h - a_p - a') + f_{sd} A_s (h - a_s - a') \quad (5.2.5\text{-}1)$$

2. 当受压区仅配纵向普通钢筋或配普通钢筋和预应力钢筋，且预应力钢筋受拉时

$$\gamma_0 M_d \leqslant f_{pd} A_p (h - a_p - a'_s) + f_{sd} A_s (h - a_s - a'_s) - (f'_{pd} - \sigma'_{p0}) A'_p (a'_p - a'_s) \quad (5.2.5\text{-}2)$$

式中：a_s、a_p——受拉区普通钢筋合力点、预应力钢筋合力点至受拉区边缘的距离。

问题

问题来源：湖南省

在看《公路钢筋混凝土及预应力混凝土桥涵设计规范》(JTG D62—2004)(以下简称《桥规》(JTG D62—2004))时有一些疑惑，望给予解答。

第 5.2.5 条中：当受压区配有纵向普通钢筋和预应力钢筋，且预应力钢筋受压时的公式(5.2.5-1)中两个括号内的 a' 是否应该为 a'_s？

请问该公式到底对哪个点求矩？

提出此质疑是因本人在看人民交通出版社出版的一本张树仁教授主编的《钢筋混凝土及预应力混凝土桥梁结构设计原理》(2004 年 9 月第一版，根据《桥规》(JTG D62—2004) 编写) 一书中，第 299 页公式(12-1-8)即为规范中的公式(5.2.5-1)，在此公式中为 a'_s，另见第 309 页倒数第五行(该公式中的 M_d，应为 $N_d e'_s$)，意思就是和上述公式(12-1-8)照应，不知是哪个错了，望给予答复。

回答

对规范第 5.2.5 条提问的解答：

受弯构件在受压区配置钢筋是不经济的。但当确实需要配置受压钢筋时，就要满足规范公式(5.2.2-4)或公式(5.2.2-5)的要求，即受压区高度 $x \geqslant 2a'$ 或 $x \geqslant 2a'_s$ 的要求。如果不能满足这个要求，就应按规范第 5.2.5 条规定，近似地计算受弯构件抗弯承载力。分为以下两种情况：

(1)当受压区配置纵向普通钢筋和预应力钢筋，且预应力钢筋受压时，应以普通钢筋和预应力钢筋合力点为矩心建立与外弯矩平衡的公式：

$$\gamma_0 M_d \leqslant f_{pd} A_p (h - a_p - a') + f_{sd} A_s (h - a_s - a')$$

式中：a'——受压区普通钢筋和预应力钢筋合力点至受压区边缘的距离。

张教授主编的书中将公式中的 a' 用了 a'_s，是有笔误(指书中 P299 公式(12-1-8)。

偏心受压构件的受压区，配置的钢筋与受弯构件一样也有要求，其承载力的计算公式可用上面的公式，只要将其中的 M_d 换为 $N_d e'$。

(2)当受压区配置纵向普通钢筋和预应力钢筋，且预应力钢筋受拉时，则应以受压的普通钢筋的合力为矩心建立平衡表达式，此时要把预应力钢筋的拉力引起的弯矩考虑在内：

$$\gamma_0 M_d \leqslant f_{pd}A_p(h-a_p-a'_s)+f_{sd}A_s(h-a_s-a'_s)-(f'_{pd}-\sigma'_{p0})A'_p(a'_p-a'_s)$$

式中：a'_s——受压区普通钢筋合力点至受压区边缘的距离。

张教授主编的书中这个公式是对的；与规范中公式(5.2.5-2)一致。偏心受压构件承载力计算公式将上式 M_d 换为 $N_d e'_s$ 也是对的。

对于偏心受压构件，计算其抗压承载力均要考虑偏心距增大系数 η。

5.2.7

规范条文

矩形、T 形和 I 形截面的受弯构件，当配置箍筋和弯起钢筋时，其斜截面抗剪承载力计算应符合下列规定(图 5.2.7)：

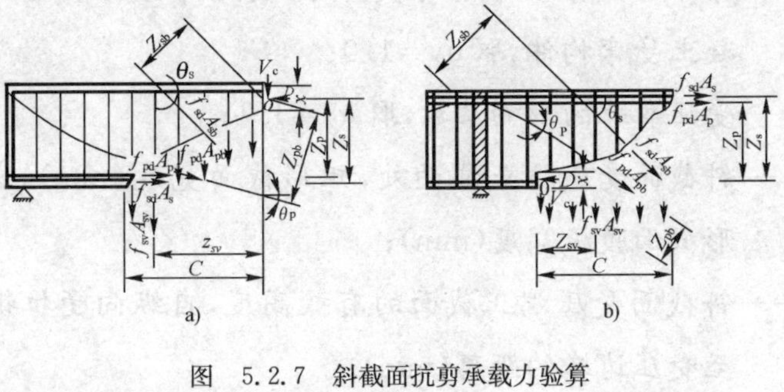

图　5.2.7　斜截面抗剪承载力验算

a)简支梁和连续梁近边支点梁段；b)连续梁和悬臂梁近中间支点梁段

$$\gamma_0 V_d \leqslant V_{cs} + V_{sb} + V_{pb} \tag{5.2.7-1}$$

$$V_{cs} = \alpha_1 \alpha_2 \alpha_3 0.45 \times 10^{-3} b h_0 \sqrt{(2+0.6P)\sqrt{f_{cu,k}} \rho_{sv} f_{sv}} \tag{5.2.7-2}$$

$$V_{sb} = 0.75 \times 10^{-3} f_{sd} \sum A_{sb} \sin\theta_s \tag{5.2.7-3}$$

$$V_{pb} = 0.75 \times 10^{-3} f_{pd} \sum A_{pb} \sin\theta_p \tag{5.2.7-4}$$

式中：V_d——斜截面受压端上由作用（或荷载）效应所产生的最大剪应力组合设计值（kN），对变高度（承托）的连续梁和悬臂梁，当该截面处于变高度梁段时，则应考虑作用于截面的弯矩引起的附加剪应力的影响，按本条注③计算换算剪应力设计值；

V_{cs}——斜截面内混凝土和箍筋共同的抗剪承载力设计值（kN）；

V_{sb}——与斜截面相交的普通弯起钢筋抗剪承载力设计值（kN）；

V_{pb}——与斜截面相交的预应力弯起钢筋抗剪承载力设计值（kN）；

α_1——异号弯矩影响系数，计算简支梁和连续梁近边支点梁段的抗剪承载力时，$\alpha_1=1.0$；计算连续梁和悬臂梁近中间支点梁段的抗剪承载力时，$\alpha_1=0.9$；

α_2——预应力提高系数，对钢筋混凝土受弯构件，$\alpha_2=1.0$；对预应力混凝土受弯构件，$\alpha_2=1.25$，但当由钢筋合力引起的截面弯矩与外弯矩的方向相同时，或允许出现裂缝的预应力混凝土受弯构件，取 $\alpha_2=1.0$；

α_3——受压翼缘的影响系数，取 $\alpha_3=1.1$；

b——斜截面受压端正截面处，矩形截面宽度（mm），或 T 形和 I 形截面腹板宽度（mm）；

h_0——斜截面受压端正截面的有效高度，自纵向受拉钢筋合力点至受压边缘的距离（mm）；

P——斜截面内纵向受拉钢筋的配筋百分率，$P=100\rho$，$\rho=(A_p+$

$A_{pb}+A_s)/bh_0$，当 P>2.5 时，取 $P=2.5$；

$f_{cu,k}$——边长为 150mm 的混凝土立方体抗压强度标准值(MPa)，即为混凝土强度等级；

ρ_{sv}——斜截面内箍筋配筋率，$\rho_{sv}=A_{sv}/S_v b$；

f_{sv}——箍筋抗拉强度设计值，按本规范表 3.2.3-1 采用；

A_{sv}——斜截面内配置在同一截面的箍筋各肢总截面面积(mm^2)；

S_v——斜截面内箍筋的间距(mm)；

A_{sb}、A_{pb}——斜截面内在同一弯起平面的普通弯起钢筋、预应力弯起钢筋的截面面积(mm^2)；

θ_s、θ_p——普通弯起钢筋、预应力弯起钢筋(在斜截面受压端正截面处)的切线与水平线的夹角。

箱形截面受弯构件的斜截面抗剪承载力的验算，可参照本条规定进行。

注：①当采用竖向预应力钢筋时，公式(5.2.7-2)中的 ρ_{sv} 和 f_{sv} 应换以 ρ_{pv} 和 f_{pd}，ρ_{pv} 和 f_{pd} 分别为竖向预应力钢筋的配筋率和抗拉强度设计值；

②对预应力混凝土连续梁等超静定结构，公式(5.2.7-1)中的 V_d 宜改用按本规范 5.1.5 条的规定进行作用(或荷载)效应组合；

③变高度(承托)的钢筋混凝土连续梁和悬臂梁，在变高度梁段内当考虑附加剪应力影响时，其换算剪力设计值按下式计算：

$$V_d=V_{cd}-\frac{M_d}{h_0}\tan\alpha$$

式中：V_{cd}——按等高度梁计算的计算截面的剪力组合设计值；

M_d——相应于剪力组合设计值的弯矩组合设计值；

h_0——计算截面的有效高度；

α——计算截面处梁下缘切线与水平线的夹角。

当弯矩绝对值增加而梁高减小时，公式中的"－"改为"＋"。

规范条文　本规范第 6.3.3 条

(见 P227)

问题 1

问题来源:江苏省

规范第 5.2.7 条注①中,如果采用竖向预应力,将式(5.2.7-2)中的普通箍筋性质分别换为竖向预应力筋。对于该条,有两种理解,第一种认为,如果有竖向预应力筋,不考虑箍筋的作用;第二种认为,仍然考虑箍筋,另外参照式(5.2.7-4)来考虑竖向预应力筋。因为实际工程中,既配竖向预应力筋也会配箍筋,我们认为第二种方法比较合理。

回答 1

规范第 5.2.7 条注①关于设置竖向预应力钢筋的计算问题,注①的原意是当设有竖向预应力钢筋时,公式(5.2.7-2)中的一些符号如何采用;这里没有排除当同时设有箍筋时它应起的抗剪作用。至于怎样计算,两者都采用或只采用其中之一,由设计者根据具体情况而定。

问题 2

问题来源:湖北省

规范第 5.2.7 条注①规定当采用竖向预应力钢筋时,公式(5.2.7-2)中 ρ_{sv} 和 f_{sv} 分别为竖向预应力钢筋的配筋率和抗拉强度设计值,但一般工程实际中(如一变截面箱形连续梁)往往由于竖向预应力钢筋施工质量难以保障,设计时是否可不考虑竖向预应力钢筋抗剪作用,将其作为抗剪安全储备,抗剪由弯起预应力钢筋来承担?或将竖向预应力钢筋抗剪作用乘一小于 1 的系数?

回答 2

关于竖向预应力钢筋抗剪问题。如果认为竖向预应力钢筋施工质量难以保证,在承载能力极限状态(斜截面抗剪)计算时,可以忽略不计,但普通箍筋仍需配置,并发挥它的抗剪作用;在正常使用极限状态的斜截面抗裂计算中,按规范第 6.3.3 条公式(6.3.3-3)适当地利用一些预应力钢筋的作用。

5.2.8

规范条文

进行斜截面承载力验算时,斜截面水平投影长度C(图 5.2.7)应按下式计算:

$$C = 0.6mh_0 \tag{5.2.8}$$

式中:m——斜截面受压端正截面处的广义剪跨比,$m=M_d/V_dh_0$,当$m>3.0$时取$m=3.0$;

M_d——相应于最大剪力组合设计值的弯矩组合设计值。

5.2.9

规范条文

矩形、T 形和 I 形截面的受弯构件,其抗剪截面应符合下列要求:

$$\gamma_0 V_d \leqslant 0.51 \times 10^{-3}\sqrt{f_{cu,k}}bh_0 \ (\text{kN}) \tag{5.2.9}$$

式中:V_d——验算截面处由作用(或荷载)产生的剪力组合设计值(kN);

b——相应于剪力组合设计值处的矩形截面宽度(mm)或 T 形和 I 形截面腹板宽度(mm);

h_0——相应于剪力组合设计值处的截面有效高度,即自纵向受拉钢筋合力点至受压边缘的距离(mm)。

对变高度(承托)连续梁,除验算近边支点梁段的截面尺寸外,尚应验算截面急剧变化处的截面尺寸。

5.2.10

规范条文

矩形、T 形和 I 形截面的受弯构件，当符合下列条件时：

$$\gamma_0 V_d \leqslant 0.50 \times 10^{-3} \alpha_2 f_{td} b h_0 \text{ (kN)} \tag{5.2.10}$$

可不进行斜截面抗剪承载力的验算，仅需按本规范第 9.3.13 条构造要求配置箍筋。

式中：f_{td}——混凝土抗拉强度设计值，按本规范表 3.1.4 的规定采用。

对于板式受弯构件，公式(5.2.10)右边计算值可乘以 1.25 提高系数。

注：公式(5.2.10)中 b、h_0 的计量单位为 mm。

规范条文　本规范第 5.5.3 条

（见 P185）

问题 1

问题来源：上海市

在使用新规范时，对第 5.2.9 条关于抗剪截面尺寸的条款不太理解，请教专家。

在连续梁的中支点附近、中支点到跨中范围，是否也应该满足本条截面尺寸的要求？

回答 1

规范第 5.2.9 条的规定，目的在于防止由于截面尺寸过小或混凝土强度等级过低，而造成梁在荷载作用下出现斜裂缝过宽或在支点附近的斜压破坏。公式(5.2.9)有以下影响因素:混凝土强度等级 $f_{cu,k}$、梁腹板宽度 b、截面有效高度 h_0 和外剪力 V_d。因为梁的 $f_{cu,k}$ 是不会变化的,所以那些梁段需要按第 5.2.9 条规定验算,由 V_d、b、h_0 而定。梁的支点(边支点和中间点)附近的 V_d 较大,如果其他梁段的 b、h_0 与支点附近梁段的相同,只需验算支点附近梁段就可以;如有不同则视具体情况而定。

问题 2

问题来源:河南省

规范第 5.2.9 条公式

$$\gamma_0 V_d \leqslant 0.51 \times 10^{-3} \sqrt{f_{cu,k}}\, b h_0 \ (\text{kN}) \qquad (5.2.9)$$

规定 h_0 为相应于剪力组合设计值处的截面有效高度,即自纵向受拉钢筋合力点至受压边缘的距离(mm)。对于预应力 T 形简支梁各截面处(图 2-3),式(5.2.9)中 h_0 是否可按下式取值:

$$a = \frac{f_{pd1} h_1 + f_{pd2} h_2 + f_{pd3} h_3}{h_1 + h_2 + h_3}$$

$$h_0 = h - a$$

式中:f_{pd1}、f_{pd2}、f_{pd3}——钢束 1 号、2 号、3 号预应力钢筋的抗拉设计值;

a——预应力钢筋的合力点至受拉边缘的距离。

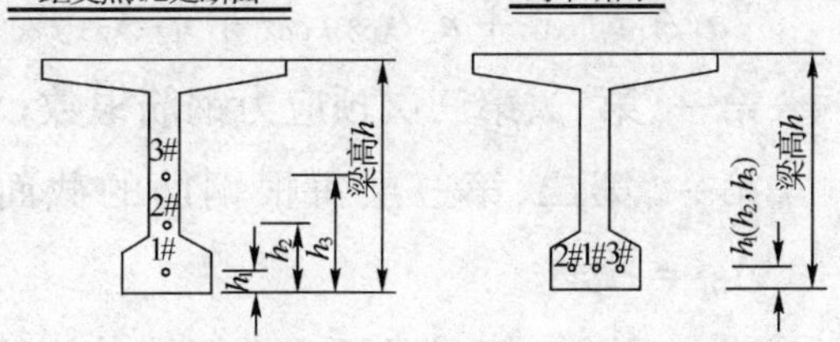

图 2-3　(尺寸单位:mm)

如按上式取值,梁端距支点 $h/2$ 处 h_0 将随钢束锚固位置的变化而变化,甚至 h_0 可能达到 $h/2$,这样支点截面的抗剪抵抗作用在相同腹板厚度情况下反而小于跨中截面的抗剪抵抗作用。

回答 2

(1)规范公式(5.2.9)中的 h_0 为相应于剪力组合设计值处的截面有效高度，剪力组合设计值的作用点不是距支点 $h/2$ 处，而是斜截面受压端处，如图 2-4 所示。

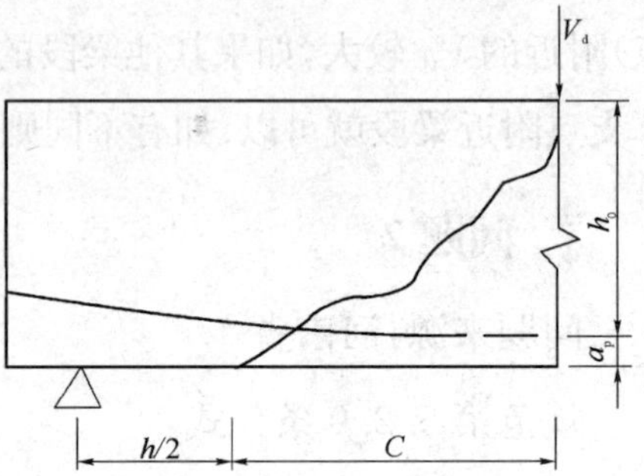

图 2-4

剪力作用点离支点$(h/2+C)$。C 为斜截面水平投影长度，按公式(5.2.8)计算。先假设一个 C 值(此时 h_0 也为已知)，计算$(h/2+C)$值，再求出此处的 M_d 和 V_d，按 $C=0.6mh_0$、$m=\frac{M_d}{V_d h_0}$计算出 C 值，此 C 值与假设的 C 值应大致相等，相差过多要重新假定(调整)计算，最后确定 C 值。最后确定的$(h/2+C)$的截面才是 V_d 作用的位置，也是求 h_0 的截面。

(2)在 V_d 作用的截面上算出 a_p，$h_0=h-a_p$。来函中提供计算 $a_p(a)$的公式是错的，如果截面上只配置预应力钢筋(三层)，a_p 应按下式计算：

$$a_p=\frac{n_1 A_{p1} f_{pd1} h_1+n_2 A_{p2} f_{pd2} h_2+n_3 A_{p3} f_{pd3} h_3}{n_1 A_{p1} f_{pd1}+n_2 A_{p2} f_{pd2}+n_3 A_{p3} f_{pd3}}$$

式中：n_1、n_2、n_3——第一、第二、第三层预应力钢筋根数；

A_{p1}、A_{p2}、A_{p3}——第一、第二、第三层每根钢筋的截面积，一般 $A_{p1}=A_{p2}=A_{p3}$；

f_{pd1}、f_{pd2}、f_{pd3}——第一、第二、第三层预应力钢筋的抗拉强度设计值，一般 $f_{pd1}=f_{pd2}=f_{pd3}$。

因此，在一般情况下，$a_p=\frac{n_1 h_1+n_2 h_2+n_3 h_3}{n_1+n_2+n_3}$。如果在 V_d 作用截面上还配有普通钢筋，计算 a_p(应为 a_{ps})时要考虑普通钢筋的作用，计算预

应力钢筋和普通钢筋的合力点至梁下边缘距离 a_{ps}，$h_0=h-a_{ps}$

问题 3

问题来源：福建省

规范第 5.2.9 条规定“矩形、T 形、I 形”截面的受弯构件，其抗剪截面的尺寸应不小于本条规定，并对变高度连续梁也要求验算。我们现在的主要疑问是：对箱形截面（等截面、或变截面）梁，是否应满足本条规定，因为对大跨径（主跨 100m 以上）的变截面的箱形连续梁，如要满足本条要求则需要加大截面尺寸，比以往的箱梁常规设计尺寸大了很多（大 20%～100%），导致桥梁工程造价增加。烦请确认本条规范的适用范围。

回答 3

规范第 5.2.9 条关于抗剪截面的规定，其计算水平与原规范（JTJ 023—85）大致相当。该条内容虽然提到变高度连续梁抗剪截面的计算，但这个连续梁是指带承托的连续梁。这种连续梁我们经过试验分析认为它的抗剪承载力是安全的。

来函提到箱形变截面连续梁采用规范公式（5.2.9）计算，则得“比以往箱梁常规设计尺寸大了 20%～100%”，如果你们的计算是正常的话，不可能会得出这样的结果。但是由于你们没有提供便于研究的实质性资料，这样的提问是毫无意义的。此外，来函中提到的（箱梁常规设计）我们也不理解是什么样的设计。

问题 4

问题来源：上海市

请教规范第 5.2.9 条“h_0”的含义。有时，梁中上、下（或偏上）都有预应力束时，“h_0”会较小，即受拉区预应力束形心到梁边的距离较小，这样抗剪能力也小，无法通过验算。

回答 4

规范第 5.2.9 条公式(5.2.9)中的“h_0”在规范中已说得很清楚，就是剪力组合设计值处截面有效高度，也即该处纵向受拉钢筋（如受拉区配有预应力钢筋和普通钢筋均包括在内）的合力点至受压边缘的距离，计算 h_0 时，不考虑截面受压区的纵向钢筋。剪力组合设计值作用在斜截面受压端（见规范图 5.2.7*a*)、*b*)中画“0”的截面），“h_0”是这个截面的有效高度。如果在这个截面上受拉区内个别预应力钢筋因弯起而离受拉边缘较远导致“h_0”减小，造成不能满足公式(5.2.9)的要求，可以不计入该个别预应力钢筋，但在应用规范第 5.2.7 条公式计算这个斜截面的抗剪承载力时也不能考虑该个别预应力钢筋。

问题 5

问题来源：河南省

规范第 5.2.9 条对设置竖向预应力的连续刚构桥不知是否适应?

我们在做一座 140m 连续刚构桥，桥面宽14.25m，单箱单室，发现 1/4 跨～跨中一段剪力当按规范第5.2.9条复核时不能满足要求，但腹板厚度我们已取到 50～65cm，较以往连续刚构有所增加。考虑竖向预应力的部分作用，腹板抗剪钢筋采用ϕ 12@150mm，配筋并不大，箱梁主拉应力、主压应力均满足规范要求。看一些资料介绍，规范第 5.2.9 条主要控制斜压破坏，防止超筋。对设置竖向预应力钢筋的箱梁，规范第 5.2.9 条不知是否适用?

回答 5

规范第 5.2.7 条及其后面的第 5.2.9 条和第 5.2.10 条有关斜截面抗剪的内容，原则上只适用于：①等高度的钢筋混凝土和预应力混凝土的简支梁、连续梁、悬臂梁；②上述连续梁、悬臂梁当采用带承托的变高度梁高时，则只适用于钢筋混凝土结构。因为目前的钢筋混凝土及预应力混凝土受弯构件的抗剪计算仍属半理论半经验阶段，规范的计算公式是建立在大量国内外试验资料或我们自己补充试验资料的基础之上的。对于下边缘带曲线的预应力混凝土受弯构件，国内外资料极少，我们也不曾做试验，所以，规范的这些公式原则上并不适用。

140m 的预应力混凝土连续刚构桥，跨径不大也不算太小，主梁想必采用变高度的。这种梁在计算内力时要考虑截面惯性矩变化；除应考虑温度、混凝土收缩和徐变、基础不均匀沉降的所有影响因素外；还要考虑由于梁的变高度带来的由弯矩、轴向力(预加力)引起的附加剪力。至于构件的抗剪方面是否可以近似套用规范公式(包括第 5.2.9 条公式)，应该说只要受弯构件的剪力计算能够较正确地反映实际情况，构件的抗力可以按规范的规定加以利用。但是这样的做法必竟没有试验资料为依据，最后的决定还得由你们的技术领导定夺。

从我国多年建桥的实践经验看，各地修建的连续刚构桥出现的问题最多。主要表现在跨中下挠开裂、边跨出现斜裂缝，原因是多方面的。对于大跨、多跨连续刚构，其中混凝土收缩、徐变可能是原因之一。140m 连续刚构跨径不算大，但不知是几跨连续的？尽管如此，仍需防止出现病害。要注意正截面和斜截面的抗裂计算。不要过于看重竖向预应力，由于其施工条件不佳，较多情况所起效果不理想，为此有些单位设置了竖向预应力钢筋，但不计算其有利于抗剪的影响。采取构造措施至关重要，在边跨锚头局压区段(大致一倍梁高)，应配置其间距为 100mm 的带肋闭合式箍筋；各跨剪力较大区段也应配置较密箍筋(抗剪箍筋采用ϕ 12 似太小)。充分利用后张法的优点，使布置的预应力钢筋尽量减小混凝土的主拉应力，尤其边跨局压区范围内。总之，在目前设计和施工均较复杂，且又不完善的情况下，在保证承载力不出问题的基础上，应多采取一些构造措施避免不该出现的裂缝。

问题6

问题来源:福建省

规范第5.2.9条规定“矩形、T形、I形”截面的受弯构件,其抗剪截面的尺寸应不小于本条规定,并对变高度连续梁也要求验算。我们现在的主要疑问是:对箱形截面(等截面或变截面)梁,特别是大跨径箱梁,是否应满足该条规定;因为对大跨径(主跨65m以上)的变截面的箱形连续梁,如要满足该条要求,则需要加大截面尺寸,比目前国内的箱梁常规设计尺寸大了很多(大于20%),导致桥梁工程造价增加。

另外,规范第5.5.3条明确规定受弯、剪、扭的“箱形截面”应符合该条要求,而当不考虑扭矩时,该条与第5.2.9条规定的实质是一样的。我们的疑问是:仅受弯的构件是否需满足第5.5.3条要求,若是,是否意味着规范第5.2.9条也适用于箱形截面?烦请确认这两条规范的适用范围。

附:实际工程设计对比

1.基本资料

某100+168+100=368(m)预应力混凝土连续刚构箱梁桥,上部结构采用单室单箱梁,箱梁顶面宽16.50m,箱宽8.5m。

2.原常规设计尺寸

箱梁控制断面梁高为:中支点处9.3m,边跨直线段及主跨跨中处为3.6m,高跨比分别为1∶18.1和1∶46.7。

顶板:一般厚28cm,0号块墩顶范围60cm,0号块至悬臂端部60~28cm过渡。

底板:0号块墩顶范围150cm;0号块悬臂处150~100cm;1~22号块100~30cm。

腹板:0号块墩顶范围130cm;0号块悬臂130cm;1~2号块130~75cm,3~10号块75cm;11~12号块75~60cm,13~17号块60cm,18~

19 号块 60～45cm，20～22 号块 45cm。

按以上常规尺寸设计，强度和应力均可满足现行规范要求，但截面尺寸无法满足第 5.2.9 条和第 5.5.3 条的要求，需要加大截面尺寸。

3. 满足第 5.2.9 条和第 5.5.3 条后设计的新尺寸

在满足截面第 5.2.9 条和第 5.5.3 条的前提下，以尽量不过多加大截面尺寸为原则，经计算确定尺寸如下：

(1)加大梁高。箱梁控制断面梁高为：中支点处 10.3m，边跨直线段及主跨跨中处为3.6m，高跨比分别为 1∶16.3 和 1∶46.7。

(2)顶板、底板厚度不变。

(3)加厚腹板：0 号块墩顶范围 130cm；0 号块悬臂处 130cm；1～3 号块 130～100cm，4～10 号块 100cm；11～12 号块 100～70cm，13～17 号块 70cm，18～19 号块 70～50cm，20～22 号块 50cm。

按以上新尺寸设计，可满足第 5.2.9 条和第 5.5.3 条的要求，且强度、应力均可满足现行规范要求，但截面尺寸较目前国内的常规设计大。

另外，按目前国内的常规设计尺寸设计，主跨 68m、80m、110m 的预应力混凝土连续箱梁均存在“强度和应力可满足现行规范要求，但截面尺寸无法满足第 5.2.9 条和第 5.5.3 条的要求”的问题。

回答 6

关于规范第 5.2.9 条的问题，前后收到两次来函。中心的意思是，对于变高度(梁下缘按某曲线变化)预应力混凝土箱形截面连续梁或连续刚构，按规范第 5.2.9 条的要求计算比按常规设计要加大截面尺寸。但在两次来函中均未示意是如何计算的。在上次复函中我们就提出，新规范的斜截面抗剪计算仅适用于近支点梁段设承托的连续梁(此外，还可以用于简支梁和悬臂梁)，因为这些梁我们已经做过较大尺寸的试验验证。至于梁的截面形状，规范第5.2.7条已写明“箱形截面受弯构件的斜截面抗剪承载力的验算，可参照本条规定进行”。按下缘曲线变化的变高度连续梁或连续刚构，其斜截面的抗剪计算国内外资料或规范中均难找到，我们也未做试验分析，所以新规范中不宜列入。如果你们利用新规范第5.2.9条规定进行斜截面抗剪上限值的控制，只能是近似的估算，但也存在一个如何正确取值的问题。例如，连续梁和连续刚构是如何进行简化计算的？如何选择斜截面？计算哪些截面的剪力设计值？如何计算斜截面投影长度C？公式(5.2.9)中的b、h_0如何取值？等等。另外，两次来函中均提到“常规设计”，我们仍不理解指的是什么样的设计？因为你们是以它为“样本”与第5.2.9条规定进行比较后得出加大尺寸的结论的。也许这个计算方法对改进规范有帮助。

当箱梁不考虑扭转时，无需按照规范第5.5.3条规定执行。

5.3 受压构件

5.3.1

规范条文

钢筋混凝土轴心受压构件，当配有箍筋（或螺旋筋或在纵向钢筋上焊有横向钢筋）时（图5.3.1），其正截面抗压承载力计算应符合下列规定：

$$\gamma_0 N_d \leqslant 0.90\varphi(f_{cd}A + f'_{sd}A'_s) \quad (5.3.1)$$

式中：N_d——轴向力组合设计值；

φ——轴压构件稳定系数，按表5.3.1采用；

A——构件毛截面面积，当纵向钢筋配筋率大于3%时，A应改用$A_n = A - A'_s$；

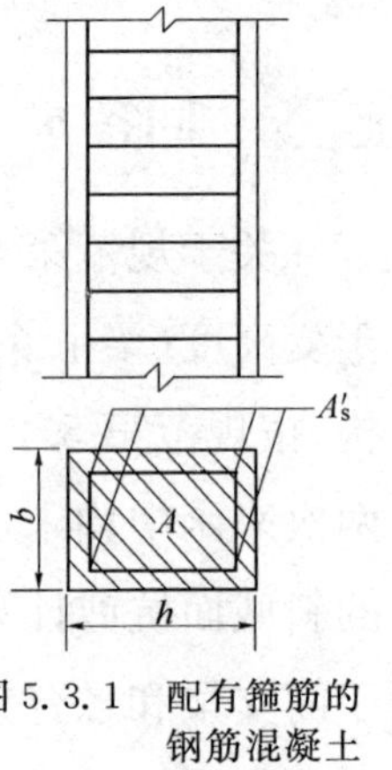

图5.3.1 配有箍筋的钢筋混凝土轴心受压构件截面图

A'_s——全部纵向钢筋的截面面积。

钢筋混凝土轴心受压构件的稳定系数　　表 5.3.1

l_0/b	≤8	10	12	14	16	18	20	22	24	26	28
$l_0/2r$	≤7	8.5	10.5	12	14	15.5	17	19	21	22.5	24
l_0/i	≤28	35	42	48	55	62	69	76	83	90	97
φ	1.0	0.98	0.95	0.92	0.87	0.81	0.75	0.70	0.65	0.60	0.56
l_0/b	30	32	34	36	38	40	42	44	46	48	50
$l_0/2r$	26	28	29.5	31	33	34.5	36.5	38	40	41.5	43
l_0/i	104	111	118	125	132	139	146	153	160	167	174
φ	0.52	0.48	0.44	0.40	0.36	0.32	0.29	0.26	0.23	0.21	0.19

注：①表中 l_0 为构件计算长度；b 为矩形截面的短边尺寸；r 为圆形截面的半径；i 为截面最小回转半径。

②构件计算长度 l_0，当构件两端固定时取 $0.5l$；当一端固定一端为不移动的铰时取 $0.7l$。当两端均为不移动的铰时取 l，当一端固定一端自由时取 $2l$；l 为构件支点间长度。

规范条文　本规范第 5.3.8 条

沿截面腹部均匀配置纵向普通钢筋且每排不少于 4 根的矩形、T 形和 I 形截面钢筋混凝土偏心受压构件(图 5.3.8)，其正截面抗压承载力的计算应符合下列规定：

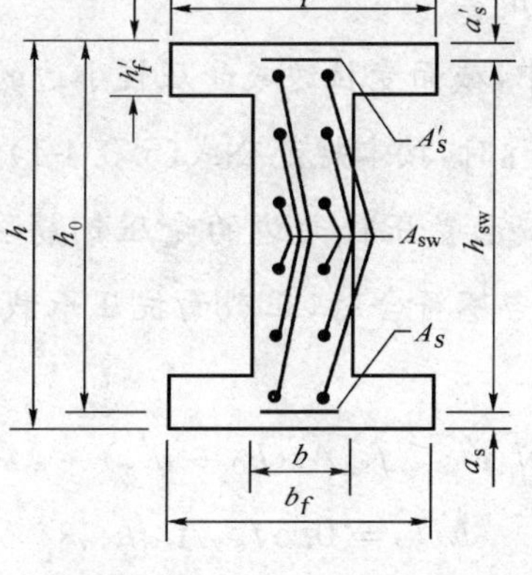

图 5.3.8　沿截面腹部均匀配筋的 I 形截面偏心受压构件正截面抗压承载力计算

$$\gamma_0 N_d \leqslant f_{cd}[\xi bh_0+(b'_f-b)h'_f]+f'_{sd}A'_s-\delta_s A_s+N_{sw} \quad (5.3.8\text{-}1)$$

$$\gamma_0 N_d e \leqslant f_{cd}[\xi(1-0.5\xi)bh_0^2+(b'_f-b)h'_f(h_0-h'_f/2)]+f'_{sd}A'_s(h_0-a'_s)+M_{sw} \quad (5.3.8\text{-}2)$$

$$N_{sw}=\left(1+\frac{\xi-\beta}{0.5\beta\omega}\right)f_{sw}A_{sw} \quad (5.3.8\text{-}3)$$

$$M_{sw}=\left[0.5-\left(\frac{\xi-\beta}{\beta\omega}\right)^2\right]f_{sw}A_{sw}h_{sw} \quad (5.3.8\text{-}4)$$

式中：A_{sw}——沿截面腹部均匀配置的全部纵向钢筋截面面积；

f_{sw}——沿截面腹部均匀配置的纵向钢筋强度设计值；

N_{sw}——沿截面腹部均匀配置的纵向钢筋所承担的轴向力，当 $\xi=\frac{x}{h_0}>\beta$ 时，取 $N_{sw}=f_{sw}A_{sw}$；

M_{sw}——沿截面腹部均匀配置的纵向钢筋的内力对截面受拉边或受压较小边纵向钢筋 A_s 重心的力矩，当 $\xi>\beta$ 时，取 $M_{sw}=0.5f_{sw}A_{sw}h_{sw}$；

h_{sw}——沿截面腹部均匀配置的纵向钢筋区段的高度，取 $h_{sw}=h_0-a'_s$；

ω——沿截面腹部均匀配筋区段的高度与截面有效高度的比值，$\omega=h_{sw}/h_0$。

在公式(5.3.8-1)中，截面受拉边或受压较小边的钢筋应力 σ_s，当 $\xi\leqslant\xi_b$ 时，取 $\sigma_s=f_{sd}$；当 $\xi>\xi_b$ 时，按本规范公式(5.3.4-1)计算。

在计算中当考虑截面受压较大边的受压钢筋 A'_s 时，受压区高度应符合 $x\geqslant 2a'_s$ 的要求；当不符合时，正截面抗压承载力的计算应符合下列规定：

$$\gamma_0 N_d e' \leqslant f_{sd}A_s(h_0-a'_s)+M'_{sw} \quad (5.3.8\text{-}5)$$

$$M'_{sw}=0.5f_{sw}A_{sw}h_{sw} \quad (5.3.8\text{-}6)$$

对 T 形和 I 形截面的偏心受压构件，当 $x\leqslant h'_f$ 时，应按宽度为 b'_f 的矩形截面计算。对I形截面，当 $x > h - h_f$ 时，应考虑位于受压较小边翼缘受压部分的作用。

注：当计算的 $\xi > h/h_0$ 时，本条各式中的 ξ 均取 $\xi = h/h_0$；但计算钢筋 A_s 的应力时，仍采用计算所得的 ξ。

规范条文　本规范第6.1.2条

预应力混凝土构件可根据桥梁使用和所处环境的要求，进行下列构件设计：

1. 全预应力混凝土构件。此类构件在作用(或荷载)短期效应组合下控制的正截面的受拉边缘不允许出现拉应力(不得消压)。

2. 部分预应力混凝土构件。此类构件在作用(或荷载)短期效应组合下控制的正截面受拉边缘可出现拉应力：当拉应力加以限制时，为A类预应力混凝土构件；当拉应力超过限值时，为B类预应力混凝土构件。

跨径大于100m桥梁的主要受力构件，不宜进行部分预应力混凝土设计。

规范条文　本规范第6.3.1条

预应力混凝土受弯构件应按下列规定进行正截面和斜截面抗裂验算：

1. 正截面抗裂应对构件正截面混凝土的拉应力进行验算，并应符合下列要求：

1)全预应力混凝土构件，在作用(或荷载)短期效应组合下

预制构件

$$\sigma_{st} - 0.85\sigma_{pc} \leqslant 0 \quad (6.3.1\text{-}1)$$

分段浇筑或砂浆接缝的纵向分块构件

$$\sigma_{st} - 0.80\sigma_{pc} \leqslant 0 \quad (6.3.1\text{-}2)$$

2)A类预应力混凝土构件，在作用(或荷载)短期效应组合下

$$\sigma_{st} - \sigma_{pc} \leqslant 0.7 f_{tk} \quad (6.3.1\text{-}3)$$

但在荷载长期效应组合下

$$\sigma_{lt}-\sigma_{pc}\leqslant 0 \quad (6.3.1\text{-}4)$$

2. 斜截面抗裂应对构件斜截面混凝土的主拉应力 σ_{tp} 进行验算,并应符合下列要求:

1)全预应力混凝土构件,在作用(或荷载)短期效应组合下

预制构件 $$\sigma_{tp}\leqslant 0.6f_{tk} \quad (6.3.1\text{-}5)$$

现场浇筑(包括预制拼装)构件

$$\sigma_{tp}\leqslant 0.4f_{tk} \quad (6.3.1\text{-}6)$$

2)A 类和 B 类预应力混凝土构件,在作用(或荷载)短期效应组合下

预制构件 $$\sigma_{tp}\leqslant 0.7f_{tk} \quad (6.3.1\text{-}7)$$

现场浇筑(包括预制拼装)构件

$$\sigma_{tp}\leqslant 0.5f_{tk} \quad (6.3.1\text{-}8)$$

式中:σ_{st}——在作用(或荷载)短期效应组合下构件抗裂验算边缘混凝土的法向拉应力,按本规范公式(6.3.2-1)计算;

σ_{lt}——在荷载长期效应组合下构件抗裂验算边缘混凝土的法向拉应力,按本规范公式(6.3.2-2)计算;

σ_{pc}——扣除全部预应力损失后的预加力在构件抗裂验算边缘产生的混凝土预压应力,按本规范第 6.1.5 条规定计算;

σ_{tp}——由作用(或荷载)短期效应组合和预加力产生的混凝土主拉应力,按本规范第 6.3.3 条规定计算;

f_{tk}——混凝土的抗拉强度标准值,按本规范表 3.1.3 采用。

注:①本条规定的荷载长期效应组合系指结构自重和直接施加于桥上的活荷载产生的效应组合,不考虑间接施加于桥上的其他作用效应;

②B 类预应力混凝土受弯构件在结构自重作用下控制截面受拉边缘不得消压。

规范条文 本规范第 6.3.2 条

受弯构件由作用(或荷载)产生的截面抗裂验算边缘混凝土的法向拉应力,应按下列公式计算:

$$\sigma_{st}=\frac{M_s}{W_0} \quad (6.3.2\text{-}1)$$

$$\sigma_{lt}=\frac{M_l}{W_0} \quad (6.3.2\text{-}2)$$

式中：M_s——按作用(或荷载)短期效应组合计算的弯矩值；

M_l——按荷载长期效应组合计算的弯矩值，在组合的活荷载弯矩中，仅考虑汽车、人群等直接作用于构件的荷载产生的弯矩值。

注：后张法构件在计算预施应力阶段由构件自重产生的拉应力时，公式(6.3.2-1)、公式(6.3.2-2)中的 W_0 可改用 W_n，W_n 为构件净截面抗裂验算边缘的弹性抵抗矩。

规范条文　本规范第 6.3.3 条

(见 P227)

问题 1

问题来源：湖北省

如果某座连续刚构桥梁主墩高约 100m，桥墩为变截面空心薄壁墩且为满足防冰棱要求，底部 16m 设计为实心截面，该桥位于 VII 度地震区，为消除地震时墩顶和墩底的拉应力，在墩顶和墩底配置预应力钢束，现有如下问题请教专家：

(1)该桥墩为预应力构件，可否按第 5.3.1 条计算其主墩的轴心抗压承载力？

①如果可按第 5.3.1 条计算其主墩的轴心抗压承载力，其中的 A'_s 如何计算(既有普通钢筋又有预应力钢束)？

②如果可按第 5.3.1 条计算其主墩的轴心抗压承载力，其稳定系数 ϕ 使用公式 $\phi=I_0/i$ 计算，$i=\sqrt{I/A}$，其中 I 为截面等效惯性矩，设桥墩抗推刚度为 P(单位水平位移所需功 P(kN/m))，混凝土的弹性模量为 E，则 $I=P/E$；截面面积 A 应如何取值？

(2)如果该桥墩不能按第 5.3.1 条计算其主墩的轴心抗压承载力，那么应如何计算其轴心抗压承载力？

(3)根据规范第 6.1.2 条规定，跨径大于 100m 桥梁的主要受力构件不宜进行部分预应力混凝土设计；该桥主墩 160m，因公路桥梁绝大多数桥墩为普通钢筋混凝土结构，本桥墩是否可设计为 B 类预应力混凝土构件？

(4)如果桥墩为预应力混凝土构件，是否应按第 6.3.1 条～第 6.3.3 条进行抗裂验算？第 6.3.1 条～第 6.3.3 条规定适用于预应力混凝土受弯构件，对桥墩类的偏压构件是否适用？

(5)如果桥墩为预应力混凝土构件，是否应按第 7.1.1 条～第 7.2.8 条进行应力验算？第 7.1.1 条～第 7.2.8条规定适用于预应力混凝土受弯构件，对桥墩类的偏压构件是否适用？

(6)规范第 5.3.8 条是否适用于箱形截面，即验算箱形截面一个方向的偏压承载力时是否将箱形截面的腹板纵向筋计入计算公式中？

回答 1

关于连续刚构桥主墩抗压承载力计算问题：

(1)你问桥墩为预应力构件，可否按规范第 5.3.1 条计算墩的轴心抗压承载力，后面又问是否可设计为 B 类预应力混凝土构件，前后提问互相矛盾。因为轴心受压构件截面是不可能出现拉应力或裂缝的。

(2)如果该桥墩是轴心受压构件(因为刚构桥桥墩不大可能是轴压构件，所以这个假定是不切实际的)，其承载力不能用规范公式(5.3.1)来计算，该公式指明只用于钢筋混凝土轴压构件，而你们所说的桥墩是预应力构件。

(3)规范第 6.3.1 条主要对预应力混凝土受弯构件提出，对预应力混凝土偏压构件，且截面是变化的，恐难以适用。

(4)规范第 7 章关于“短暂状况构件的应力计算”，这是用于施工阶段的，与你们的提问毫无关系。此外，用于开裂的预应力混凝土受弯构件的混凝土压应力和预应力钢筋应力增量的计算，规范所提供的公式你们也是用不上的。

(5)规范第5.3.8条是截面腹部均匀配置纵向钢筋的钢筋混凝土偏压构件的承载力计算，只要箱形截面的配筋符合该条要求，就可套用有关公式计算。

问题 2

问题来源：湖北省

如果桥墩为变截面或为阶梯状，其计算长度 l_0 是否和等截面桥墩一样按规范第5.3.1条注取值，还是另由结构稳定的公式推导？如果桥墩的验算截面为某一高度的截面而非墩底截面，其计算长度 l_0 是否取验算墩底截面时的计算长度？

回答 2

变截面或阶梯形桥墩其计算长度不能按等截面桥墩一样取用。变截面或阶梯形墩(柱)不但要像等截面墩(柱)一样考虑墩顶弹性约束，而且也要计算墩(柱)与桩(柱径小于桩径，形成阶梯)的换算直径，计算方法请参阅有关资料。

5.3.3

规范条文

偏心受压构件应以相对界限受压区高度 ξ_b 作为判别大小偏压的条件，ξ_b 应按以下规定确定：

1.钢筋混凝土偏心受压构件，其 ξ_b 值可按本规范表5.2.1取用；

2. 预应力混凝土偏心受压构件，其ξ_b值按下列公式计算：

1）对精轧螺纹钢筋

$$\xi_b=\frac{\beta}{1+\frac{f_{pd}-\sigma_{p0}}{E_p\varepsilon_{cu}}} \tag{5. 3. 3-1}$$

2）对钢丝和钢绞线

$$\xi_b=\frac{\beta}{1+\frac{0.002}{\varepsilon_{cu}}+\frac{f_{pd}-\sigma_{p0}}{E_p\varepsilon_{cu}}} \tag{5. 3. 3-2}$$

式中：β——截面受压区矩形应力图高度与实际受压区高度的比值，按表5.3.3取用；

σ_{p0}——截面受拉区纵向预应力钢筋合力点处混凝土法向应力等于零时，预应力钢筋中的应力，按本规范公式(6.1.5-2)或公式(6.1.5-5)计算；

ε_{cu}——截面非均匀受压时，混凝土的极限压应变，当混凝土强度等级为C50及以下时，取$\varepsilon_{cu}=0.0033$；当混凝土强度等级为C80时，取$\varepsilon_{cu}=0.003$；中间强度等级用直线插入求得；

f_{pd}——纵向预应力钢筋的抗拉强度设计值；

E_p——预应力钢筋的弹性模量。

系数β值 表5.3.3

混凝土强度等级	C50及以下	C55	C60	C65	C70	C75	C80
β	0.80	0.79	0.78	0.77	0.76	0.75	0.74

? 问题

问题来源：湖北省

《公路钢筋混凝土及预应力混凝土桥涵设计规范》(JTG D62—2004)为什么没有规定偏心受压构件的最大配筋率，难道偏心受压构件在满足构造要求的前提下可以无限配筋吗？

回答

钢筋混凝土偏心受压构件所以不规定最大配筋率，是因为无需规定。众所周知，根据规范第5.3.3条规定，偏心受压构件的相对界限受压区高度ξ_b可以判别构件是大偏心还是小偏心，而ξ_b值与截面受压区高度x，即与受拉区的钢筋配筋率有直接的关系。从规范第5.3.5条规定可知，当$\xi=\left(\frac{x}{h_0}\right)\leqslant\xi_b$时为大偏心受压构件；当$\xi>\xi_b$时为小偏心受压构件。也就是说，偏心受压构件只有大、小偏心之分，不存在超筋不超筋的问题。

5.3.5

规范条文

矩形截面偏心受压构件的正截面抗压承载力的计算应符合下列规定（图5.3.5）：

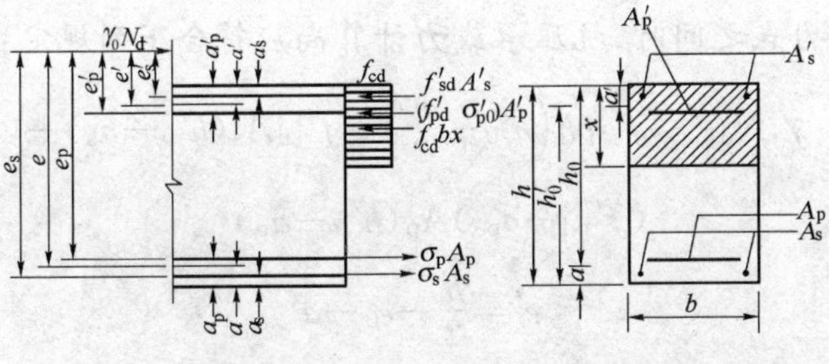

图5.3.5　矩形截面偏心受压构件正截面抗压承载力计算

$$\gamma_0 N_d\leqslant f_{cd}bx+f'_{sd}A'_s+(f'_{pd}-\sigma'_{p0})A'_p-\sigma_s A_s-\sigma_p A_p \quad (5.3.5\text{-}1)$$

$$\gamma_0 N_d e\leqslant f_{cd}bx\left(h_0-\frac{x}{2}\right)+f'_{sd}A'_s(h_0-a'_s)+(f'_{pd}-\sigma'_{p0})A'_p(h_0-a'_p) \quad (5.3.5\text{-}2)$$

$$e=\eta e_0+\frac{h}{2}-a \quad (5.3.5\text{-}3)$$

式中：e——轴向力作用点至截面受拉边或受压较小边纵向钢筋A_s和A_p

合力点的距离；

e_0——轴向力对截面重心轴的偏心距，$e_0=M_d/N_d$；

M_d——相应于轴向力的弯矩组合设计值；

h_0——截面受压较大边边缘至受拉边或受压较小边纵向钢筋合力点的距离，$h_0=h-a$；

η——偏心受压构件轴向力偏心距增大系数，按本规范第5.3.10条的规定计算。

截面受拉边或受压较小边纵向钢筋的应力σ_s和σ_p应按下列情况采用：

当$\xi\leqslant\xi_b$时为大偏心受压构件，取$\sigma_s=f_{sd}$，$\sigma_p=f_{pd}$，此处，相对受压区高度$\xi=x/h_0$；

当$\xi>\xi_b$时为小偏心受压构件，σ_s和σ_p按本规范第5.3.4条的规定计算。

在承载力计算中，若考虑截面受压较大边的纵向受压钢筋时，受压区高度应符合本规范公式(5.2.2-4)、公式(5.2.2-5)的要求。

对小偏心受压构件，当轴向力作用在纵向钢筋A'_s和A'_p合力点与A_s和A_p合力点之间时，抗压承载力计算尚应符合下列规定：

$$\gamma_0 N_d e'\leqslant f_{cd}bh\left(h'_0-\frac{h}{2}\right)+f'_{sd}A_s(h'_0-a_s)+(f'_{pd}-\sigma_{p0})A_p(h'_0-a_p) \tag{5.3.5-4}$$

$$e'=\frac{h}{2}-e_0-a' \tag{5.3.5-5}$$

式中：e'——轴向力作用点至截面受压较大边纵向钢筋A'_s和A'_p合力点的距离，计算时偏心距e_0可不考虑增大系数η；

h'_0——截面受压较小边边缘至受压较大边纵向钢筋合力点的距离，$h'_0=h-a'$。

矩形截面对称配筋的钢筋混凝土小偏心受压构件，其钢筋截面面积也可按下列公式计算：

$$A_s = A'_s = \frac{\gamma_0 N_d e - \xi(1-0.5\xi) f_{cd} b h_0^2}{f'_{sd}(h_0 - a'_s)} \qquad (5.3.5\text{-}6)$$

式中相对受压区高度 ξ 可按下列公式计算：

$$\xi = \frac{\gamma_0 N_d - \xi_b f_{cd} b h_0}{\dfrac{\gamma_0 N_d e - 0.43 f_{cd} b h_0^2}{(\beta - \xi_b)(h_0 - a'_s)} + f_{cd} b h_0} + \xi_b \qquad (5.3.5\text{-}7)$$

注：小偏心受压构件当计算的截面受压区高度 $x>h$ 时，计算构件承载力取 h，但计算钢筋应力 σ_s 和 σ_p 时仍用计算所得的 x。

5.3.5 条文说明

本条关于偏心受压构件正截面承载力计算的基本公式及大、小偏压构件的判断原则，与原规范是相同的。

本条列入了矩形截面对称配筋的钢筋混凝土小偏压构件钢筋截面的近似计算公式，目的在于该构件进行配筋设计时，可直接算出所需钢筋截面面积。在公路桥梁中钢筋混凝土偏压构件较多(较少采用预应力混凝土偏压构件)，其中不乏有矩形对称配筋截面，这个由偏压构件基本公式变换而来的求 A_s(或 A'_s)的公式，可为该类构件的设计提供方便条件。

对偏心受压构件的验算，原规范曾给出一个求中性轴位置(受压区高度)的计算公式，该公式是把截面内力对轴向力作用点取矩得到的。也有其他方法求得中性轴位置，例如将规范公式(5.3.5-1)、公式(5.3.5-2)联立解得受压区高度 x，此时，两式均取为等号。所以本规范不再列出此类公式，无需规定采用什么公式，由设计者自行考虑计算。

对于公路桥梁大量存在的钢筋混凝土偏心受压构件，采用配筋设计也许比先配筋后验算要方便得多。配筋设计时，当 $\eta e_0 \leqslant 0.3h_0$ 时，可按小偏压构件计算；当 $\eta e_0 > 0.3h_0$ 时，可先按大偏压构件计算，但所得受拉钢筋的截面面积必须大于本规范第 9.1.12 条规定的最小配筋率，否则，钢筋截面面积按小偏压构件计算。对对称配筋的偏压构件，这个判别条件不一定适用，当 $A_s = A'_s$ 时，可直接按轴向力 $\gamma_0 N_d$ 与受压区混凝土的压力相等来判别，对矩形截面即 $\gamma_0 N_d \leqslant f_{cd} b \xi_b h_0$ 为大偏压构件，$\gamma_0 N_d > f_{cd} b \xi_b h_0$ 为小偏压构件。

5.3.7

规范条文

在偏心受压构件正截面抗压承载力计算中，当考虑截面受压较大边的纵向受压钢筋，但受压区高度又不符合本规范公式(5.2.4-4)、公式(5.2.2-5)的要求时，其正截面抗压承载力可按本规范公式(5.2.5-1)、公式(5.2.5-2)计算，此时，上述公式中的 M_d 应分别以 $N_d e'$、$N_d e'_s$ 代替，计算时应考虑偏心距增大系数 η。

规范条文　本规范第 5.2.5 条

（见 P151）

规范条文　本规范第 9.1.12 条

（见 P320）

问题

问题来源：浙江省

在应用新规范进行矩形截面偏心受压构件配筋计算时，发现以下问题：规范第 5.3.5 条条文说明阐述为："对矩形截面对称配筋偏压构件，判定大小偏心时可采用按轴向力与受压区混凝土的压力相等来判别"。我们利用以上说明对《条文应用算例》中第 34 页算例进行了比较，发现以上述方法判别与算例不符。如果第 5.3.5 条条文说明中关于判别矩形截面对称配筋时偏压构件大小偏心的方法不能应用，那么在已知矩形截面柱外力的情况下如何求解钢筋面积？

回答

新规范第 5.3.5 条公式(5.3.5-1)、公式(5.3.5-2)如用于钢筋混凝土构件，可写为：

$$\gamma_0 N_d \leqslant f_{cd} bx + f'_{sd} A'_s - \sigma_s A_s \tag{1}$$

$$\gamma_0 N_d e \leqslant f_{cd} bx \left(h_0 - \frac{x}{2}\right) + f'_{sd} A'_s (h_0 - a'_s) \tag{2}$$

当对称配筋时，$A_s = A'_s$，$f_{sd} = f'_{sd}$。实际上，这是先假定为大偏心受压构件，因为大偏心受压构件受拉区钢筋达到了 f_{sd}，可令公式(1)中的 $\sigma_s = f_{sd}$，这样，由(1)式可得：

$$x = \frac{\gamma_0 N_d}{f_{cd} b} \tag{3}$$

大偏压构件必须符合 $x \leqslant \xi_b h_0$ 的条件，将 x 代入公式(3)，则得 $\gamma_0 N_d \leqslant f_{cd} b \xi_b h_0$，这就是条文说明中给出的式子。

对大偏压构件，若 $2a'_s \leqslant x \leqslant \xi_b h_0$，由公式(2)和公式(3)得出下列公式计算钢筋的截面面积：

$$A_s = A'_s = \frac{\gamma_0 N_{de} - \gamma_0 N_d \left(h_0 - \frac{x}{2}\right)}{f'_{sd} (h_0 - a'_s)} \tag{4}$$

若 $x < 2a'_s$，由规范第 5.3.7 条规定，利用规范第 5.2.5 条公式(5.2.5-2)，其中 M_d 以 $N_d e'_s$ 代替，得到：

$$\gamma_0 N_d e'_s = f_{sd} A_s (h - a_s - a'_s)$$

$$A_s = A'_s = \frac{\gamma_0 N_d e'_s}{f_{cd} (h - a_s - a'_s)} \tag{5}$$

必须指出，按上述求得的 A_s 和 A'_s 要符合规范第 9.1.12 条关于偏心受压构件钢筋最小配筋率的要求；如不符合，说明原先设定的截面尺寸偏大。要重新调整截面尺寸，再行设计。

如果 $\gamma_0 N_d > f_{cd} b \xi_b h_0$（也即由公式(3)计算的 $x > \xi_b h_0$），可按小偏

心受压构件计算。规范第 5.3.5 条提供了公式(5.3.5-6)、公式(5.3.5-7)用于计算矩形截面对称配筋钢筋混凝土小偏心受压构件的 A_s 和 A'_s。该公式是近似的,公式推导不再介绍。

以《条文应用算例》第 34 页为例,按上述方法来判别大、小偏压构件,该例中,$\gamma_0 N_d=1400\text{kN}=1400000\text{N}$,$f_{cd}=11.5\text{N/mm}^2$,$b=400\text{mm}$,$\xi_b=0.56$,$h_0=750\text{mm}$。

$\gamma_0 N_d=1400000\text{N}\leqslant f_{cd}b\xi_b h_0=11.5\times400\times0.56\times750=1932000(\text{N})$,表明该构件属于大偏心受压构件,与算例是吻合的。

5.3.12

规范条文

截面具有两个互相垂直对称轴的钢筋混凝土双向偏心受压构件(图 5.3.12),其正截面抗压承载力可按下列规定计算:

$$\gamma_0 N_d\leqslant\frac{1}{\dfrac{1}{N_{ux}}+\dfrac{1}{N_{uy}}-\dfrac{1}{N_{u0}}} \tag{5.3.12}$$

式中:N_{u0}——构件截面轴心抗压承载力设计值,按本规范公式(5.3.1)计算,式中取等号,以 N_{u0} 代替 $\gamma_0 N_d$,计入全部纵向钢筋但不考虑稳定系数 φ;

N_{ux}——按轴向力作用于 x 轴、并考虑相应的偏心距 $\eta_x e_{0x}$ 后,计入全部纵向钢筋计算的构件偏心抗压承载力设计值,此处 η_x 按本规范第 5.3.10 条规定计算;当纵向钢筋配置在截面上下两边时,N_{ux} 可按本规范第 5.3.5 条或第 5.3.6 条的规定计算;当纵向钢筋沿截面腹部均匀配置时,N_{ux} 可按本规范第 5.3.8 条规定计算;在上述计算中,公式均取等号,以 N_{ux} 代替 $\gamma_0 N_d$;

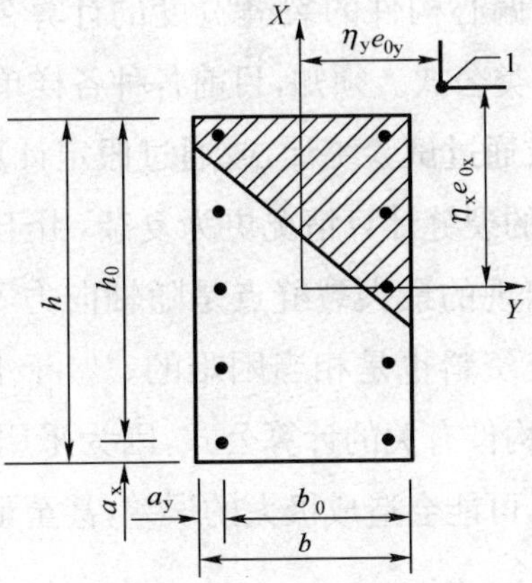

图 5.3.12　钢筋混凝土双向偏心受压构件截面图

1-轴向力作用点

N_{uy}——按轴向力作用于 y 轴，并考虑相应的偏心距 $\eta_y e_{0y}$ 后，计入全部纵向钢筋计算的构件偏心抗压承载力设计值，此处 η_y 按本规范第 5.3.10 条规定计算；N_{uy} 的计算所考虑的方法和计算公式与 N_{ux} 相同。

问题

问题来源：湖北省

《公路钢筋混凝土及预应力混凝土桥涵设计规范》(JTG D62—2004)中仅在第 5.3.12 条对双向偏心受压构件正截面抗压承载力给出了验算公式，而对截面应力计算和裂缝验算均只给出了单向偏压的计算公式和限制指标，请问在进行双向偏心受压构件设计时应如何考虑应力计算公式和裂缝限制指标?

回答

关于钢筋混凝土双向偏心受压构件的裂缝宽度计算问题，迄今未见有关试验研究文章，大概是因为这种构件受制约的原因太多的缘故。国内有关规范均无双向偏心构件的裂缝宽度的计算公式,国外先进国家的有关规范也未见有此类公式。须知,目前各种各样单向偏心的裂缝公式都带有一些经验性质,或通过试验统计,或通过假定计算,检验补充一些计算参数。双向偏心构件的裂缝计算情况更为复杂,由于构件受拉区截面是非对称的,构件负荷后出现的最大裂缝点是随轴向力不同作用点而变化的,因此,要取得试验补充资料也是相当困难的。鉴于上述情况,我们不能给你提供双向偏心受压构件有关的计算公式,因为采用近似的或简化的计算如不经大量验算检验,可能会造成极大的误差,甚至证明是不可用的。

5.5 受扭构件

5.5.1

规范条文

矩形和箱形截面纯扭构件(图 5.5.1),其抗扭承载力应按下列规定计算:

$$\gamma_0 T_d \leqslant 0.35\beta_a f_{td} W_t + 1.2\sqrt{\zeta}\frac{f_{sv}A_{sv1}A_{cor}}{S_v} \tag{5.5.1-1}$$

$$\zeta = \frac{f_{sd}A_{st}S_v}{f_{sv}A_{sv1}U_{cor}} \tag{5.5.1-2}$$

对钢筋混凝土构件,ζ 值应符合 $0.6 \leqslant \zeta \leqslant 1.7$ 的要求,当 $\zeta > 1.7$ 时,取 $\zeta = 1.7$。

对预应力混凝土构件,当 $e_{p0} \leqslant h/6$ 且 $\zeta \geqslant 1.7$ 时,应在公式(5.5.1-1)的右边增加预应力影响项 $0.05\frac{N_{p0}}{A_0}W_t$,取 $\zeta = 1.7$。当 $e_{p0} > h/6$ 或 $\zeta < 1.7$ 时,可不考虑预应力影响项,应按钢筋混凝土构件计算。

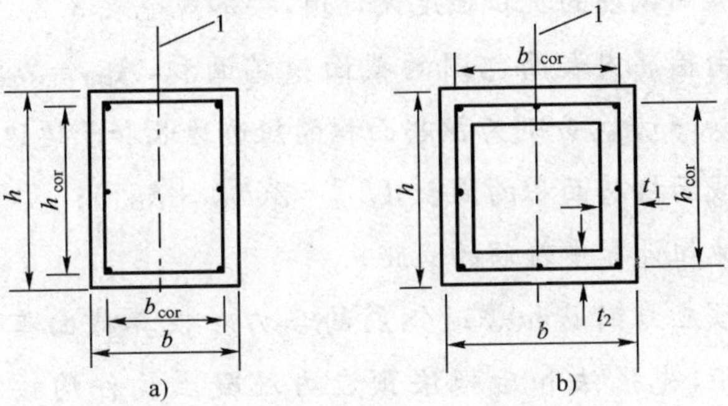

图 5.5.1　矩形和箱形受扭构件截面

a)矩形截面($h>b$)；b)箱形截面($h>b$)

1-弯矩作用平面

式中：T_d——扭矩组合设计值；

ζ——纯扭构件纵向钢筋与箍筋的配筋强度比；

β_a——箱形截面有效壁厚折减系数，当 $0.1b \leqslant t_2 \leqslant 0.25b$ 或 $0.1h \leqslant t_1 \leqslant 0.25h$ 时，取 $\beta_a = 4\dfrac{t_2}{b}$ 或 $\beta_a = 4\dfrac{t_1}{h}$ 两者较小值，当 $t_2 > 0.25b$ 和 $t_1 > 0.25h$ 时，取 $\beta_a = 1.0$。对矩形截面，$\beta_a = 1.0$。

b——矩形截面或箱形截面宽度；

h——矩形截面或箱形截面高度；

t_1——箱形截面长边壁厚；

t_2——箱形截面短边壁厚；

f_{td}——混凝土轴心抗拉强度设计值；

W_t——矩形截面或箱形截面受扭塑性抵抗矩，按本规范第 5.5.2 条的规定计算；

A_{sv1}——纯扭计算中箍筋的单肢截面面积；

f_{sv}——箍筋的抗拉强度设计值，按本规范表 3.2.3-1 采用；

A_{st}——纯扭计算中沿截面周边对称配置的全部普通纵向钢筋截面面积；

f_{sd}——纵向钢筋的抗拉强度设计值，按本规范表3.2.3-1采用；

A_{cor}——由箍筋内表面包围的截面核芯面积，$A_{cor}=b_{cor}h_{cor}$，此处，b_{cor}和h_{cor}分别为核芯面积的短边边长和长边边长；

U_{cor}——截面核芯面积的周长，$U_{cor}=2(b_{cor}+h_{cor})$；

S_v——纯扭计算中箍筋的间距；

e_{p0}——预应力钢筋和普通钢筋的合力对换算截面重心轴的偏心距，先张法和后张法预应力混凝土构件均按本规范公式(6.1.6-2)计算，但公式中σ_{p0}、σ'_{p0}，先张法构件按本规范公式(6.1.5-2)计算；后张法构件按本规范公式(6.1.5-5)计算；

N_{p0}——混凝土法向预应力等于零时预应力钢筋和普通钢筋的合力，先张法和后张法构件均按本规范公式(6.1.6-1)计算，但式中的σ_{p0}、σ'_{p0}，先张法构件和后张法构件分别按本规范公式(6.1.5-2)和公式(6.1.5-5)计算。当$N_{p0}>0.3f_{cd}A_0$时，取$N_{p0}=0.3f_{cd}A_0$，此处，A_0为构件的换算截面面积。

注：按本条计算的箱形截面构件，其箱壁厚应满足$t_2\geqslant 0.1b$和$t_1\geqslant 0.1h$的条件。

5.5.2

规范条文

矩形和箱形截面受扭构件的截面受扭塑性抵抗矩，应按下列公式计算：

1. 矩形截面（图5.5.1a)）

$$W_t=\frac{b^2}{6}(3h-b) \tag{5.5.2-1}$$

2. 箱形截面（图5.5.1b)）

$$W_t=\frac{b^2}{6}(3h-b)-\frac{(b-2t_1)^2}{6}[3(h-2t_2)-(b-2t_1)] \tag{5.5.2-2}$$

5.5.3

规范条文

矩形和箱形截面承受弯、剪、扭的构件，其截面应符合下列公式要求：

$$\frac{\gamma_0 V_d}{bh_0}+\frac{\gamma_0 T_d}{W_t}\leqslant 0.51\times 10^{-3}\sqrt{f_{cu,k}}(\text{kN/mm}^2) \qquad (5.3.3\text{-}1)$$

当符合下列条件时

$$\frac{\gamma_0 V_d}{bh_0}+\frac{\gamma_0 T_d}{W_t}\leqslant 0.50\times 10^{-3}\alpha_2 f_{td}(\text{kN/mm}^2) \qquad (5.5.3\text{-}2)$$

可不进行构件的抗扭承载力计算，仅需按本规范第9.3.14条规定配置构造钢筋。

式中：V_d——剪力组合设计值(kN)；

T_d——扭矩组合设计值(kN·mm)；

b——垂直于弯矩作用平面的矩形截面宽度或箱形截面腹板总宽度(mm)；

h_0——平行于弯矩作用平面的矩形或箱形截面的有效高度(mm)；

W_t——截面受扭塑性抵抗矩(mm^3)。

公式(5.5.3-2)中的α_2见本规范第5.2.7条，当按本规范第5.5.1条规定可不考虑预应力影响时，$\alpha_2=1$。

5.5.4

规范条文

矩形和箱形截面剪扭构件，其抗剪扭承载力应按下式计算：

抗剪承载力

$$\gamma_0 V_d \leqslant \alpha_1 \alpha_2 \alpha_3 \frac{(10-2\beta_t)}{20} b h_0 \sqrt{(2+0.6P)\sqrt{f_{cu,k}}\rho_{sv} f_{sv}} \text{(N)} \quad (5.5.4\text{-}1)$$

抗扭承载力

$$\gamma_0 T_d \leqslant \beta_t \left(0.35\beta_a f_{td} + 0.05 \frac{N_{p0}}{A_0}\right) W_t + 1.2\sqrt{\zeta} \frac{f_{sv} A_{sv1} A_{cor}}{S_v} (\text{N} \cdot \text{mm}) \quad (5.5.4\text{-}2)$$

$$\beta_t = \frac{1.5}{1+0.5\dfrac{V_d W_t}{T_d b h_0}} \quad (5.5.4\text{-}3)$$

式中：β_t——剪扭构件混凝土抗扭承载力降低系数，当 $\beta_t<0.5$ 时，取 $\beta_t=0.5$；当 $\beta_t>1.0$ 时，取 $\beta_t=1.0$；

W_t——截面受扭塑性抵抗矩，当为箱形截面剪扭构件时，应以 $\beta_a W_t$ 代替；

b——矩形截面宽度或箱形截面腹板宽度。

其他符号意义参见本规范第 5.2.7 条和第 5.5.1 条。

当按本规范第 5.5.1 条规定可不考虑预应力影响时，公式(5.5.4-1)中的 $\alpha_2=1$，公式(5.5.4-2)中右边括号内第 2 项等于零。

5.5.5

规范条文

T 形、I 形和带翼缘箱形截面的受扭构件，可将其截面划分为矩形截面进行抗扭承载力计算。

1. 腹板或矩形箱体、受压翼缘和受拉翼缘的扭矩设计值应按下列公式计算：

$$T_{wd} = \frac{W_{tw}}{W_t} T_d \quad (5.5.5\text{-}1)$$

$$T'_{fd} = \frac{W'_{tf}}{W_t} T_d \quad (5.5.5\text{-}2)$$

$$T_{fd}=\frac{W_{tf}}{W_t}T_d \tag{5.5.5-3}$$

式中：　T_d——T形、I形或带翼缘箱形截面构件承受的扭矩设计值；

T_{wd}——分配给腹板或矩形箱体承受的扭矩设计值；

T'_{fd}、T_{fd}——分配给受压翼缘、受拉翼缘承受的扭矩设计值；

W_{tw}、W'_{tf}、W_{tf}——分别为腹板或矩形箱体、受压翼缘、受拉翼缘受扭塑性抵抗矩；

W_t——T形、I形或带翼缘箱形截面总的受扭塑性抵抗矩。

2.各种截面的受扭塑性抵抗矩：

1)腹板和矩形箱体的受扭塑性抵抗矩应按本规范第5.5.2条计算。

2)受压翼缘的受扭塑性抵抗矩应按下列公式计算：

$$W'_{tf}=\frac{h'^2_f}{2}(b'_f-b) \tag{5.5.5-4}$$

3)受拉翼缘的受扭塑性抵抗矩应按下列公式计算：

$$W_{tf}=\frac{h^2_f}{2}(b_f-b) \tag{5.5.5-5}$$

式中：b'_f、h'_f——T形、I形或带翼缘箱形截面受压翼缘的宽度和厚度(见图5.5.5)，应符合$b'_f \leqslant b+6h'_f$；

b_f、h_f——I形截面受拉翼缘的宽度和厚度，应符合$b_f \leqslant b+6h_f$。

3.各种截面总的受扭塑性抵抗矩：

1)T形和带翼缘箱形截面

$$W_t=W_{tw}+W'_{tf} \tag{5.5.5-6}$$

2)I形截面

$$W_t=W_{tw}+W'_{tf}+W_{tf} \tag{5.5.5-7}$$

4.T形、I形截面的腹板和带翼缘箱形截面的矩形箱体作为剪扭构件，其承载力按本规范第5.5.4条的规定计算，公式中的T_d和W_t应以T_{wd}和W_{tw}代替；受压翼缘或受拉翼缘作为纯扭构件，其抗扭承载力应按本规范第5.5.1条规定计算，公式(5.5.1-1)中的T_d和W_t应以T'_{fd}和

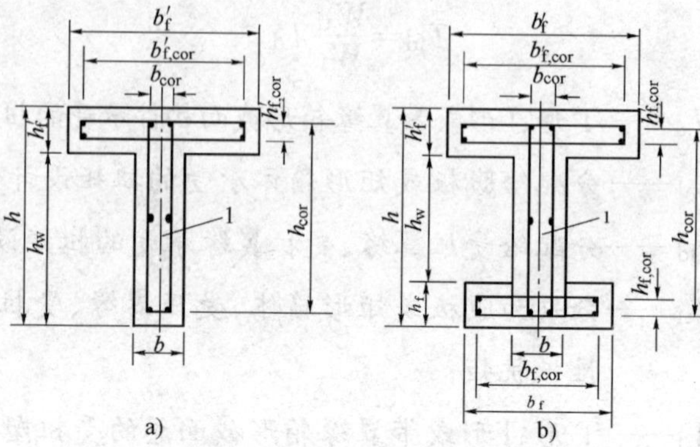

图 5.5.5　T 形和 I 形受扭构件截面

a)T 形截面；b)I 形截面

1-弯矩作用平面

W'_{tf} 或 T_{fd}和 W_{tf}代替。

5. T 形、I 形和带翼缘箱形截面弯剪扭构件的截面应符合本规范第 5.5.3 条的规定。

注：T 形和 I 形截面受扭构件的腹板应符合 $b/h_w \geqslant 0.15$ 的条件。此处，b 和 h_w 分别为腹板宽度和净高(图 5.5.5)。

5.5.6

规范条文

矩形、T 形、I 形和带翼缘箱形截面的弯剪扭构件，其纵向钢筋和箍筋应按下列规定计算，并分别进行配置：

1. 按受弯构件正截面抗弯承载力计算所需的钢筋截面面积配置纵向钢筋。

2. 矩形截面、T 形和 I 形截面的腹板、带翼缘箱形截面的矩形箱体，应按剪扭构件计算纵向钢筋和箍筋：

1)按本规范第 5.5.4 条抗扭承载力计算所需的纵向钢筋截面面积，并沿周边均匀对称布置。

2)按本规范第 5.5.4 条抗剪承载力和抗扭承载力计算箍筋截面面积。

3.T 形、I 形和带翼缘箱形截面的受压翼缘或受拉翼缘应按本规范第 5.5.1 条抗扭承载力计算所需纵向钢筋和箍筋截面面积，其中纵向钢筋应沿周边对称布置。

规范条文　本规范第 9.3.14 条

承受弯剪扭的构件的箍筋和纵向钢筋还应符合下列要求：

1.箍筋应采用闭合式，箍筋末端做成 135°弯钩。弯钩应箍牢纵向钢筋，相邻箍筋的弯钩接头，其纵向位置应交替布置。

2.承受扭矩的纵向钢筋，应沿截面周边均匀对称布置，其间距不应大于 300mm。在矩形截面基本单元的四角应设有纵向钢筋，其末端应留有按本规范第 9.1.4 条规定的受拉钢筋最小锚固长度。

3.箍筋的配筋率 ρ_{sv}，对剪扭构件（梁的腹板）不应小于 $\left[(2\beta_t-1)\left(0.055\dfrac{f_{cd}}{f_{sv}}-c\right)+c\right]$，其中 β_t 按本规范第 5.5.4 条规定计算，c 值当采用 R235 钢筋时取 0.0018，当采用 HRB335 钢筋时取 0.0012；对纯扭构件（梁的翼缘）ρ_{sv} 不应小于 $0.055f_{cd}/f_{sv}$。

4.纵向钢筋的配筋率，不应小于受弯构件纵向受力钢筋的最小配筋率（与受扭构件纵向受力钢筋的最小配筋率）之和。对受弯构件，其纵向受力钢筋的最小配筋率应按本规范第 9.1.12 条采用；对受扭构件，其纵向受力钢筋的最小配筋率（$A_{st,min}/bh$），当受剪扭时可取 $0.08(2\beta_t-1)f_{cd}/f_{sd}$，当受纯扭时可取 $0.08f_{cd}/f_{sd}$，此处，$A_{st,min}$ 为纯扭构件全部纵向钢筋最小截面面积，h 为矩形截面基本单元长边长度，b 为短边长度，f_{sd} 为纵向钢筋抗拉强度设计值。

问题 1

问题来源：广东省

箱梁配筋时一般沿腹板设置闭合箍筋，顶底板设上、下两层横向钢筋，腹板内外侧、顶底板设上下均布纵向钢筋。如每个腹板箍筋为单箍双肢，那么在抗扭计算时抗扭箍筋肢数是1还是2？箱梁内侧一圈纵向钢筋能否计入其抗扭作用？如果可以，箱梁的核心面积和核心周长是否要以腹板、顶底板的中心线计算而不能以外侧钢筋线计算？

回答1

在箱形截面的两个腹板内分别设置两个闭合箍筋，这不宜用于承受扭矩。承受扭矩的箱形截面，其箍筋应沿箱形周边配置，承受扭矩的纵向钢筋沿周边对称均匀设置(规范图5.5.1)。但在实际工程中纯扭构件是没有的，多数为弯、剪、扭构件，腹板内的箍筋可用于抗剪。

问题2

问题来源：广东省

规范P41关于箱形截面有效壁厚折减系数 β_a 的计算：“当 $0.1b \leqslant t_2 \leqslant 025b$ 或 $0.1h \leqslant t_1 \leqslant 0.25h$ 时，取 $\beta_a = 4 \times t_2/b$ 或 $4 \times t_1/h$ 两者较小值，$t_2 > 0.25b$ 或 $t_1 > 0.25h$ 时，取 $\beta_a = 1.0$”。

①当 $0.1h \leqslant t_1 \leqslant 0.25h$ 但 $t_2 > 0.25b$ 时，β_a 如何取？

②但 $t_1 < 0.1h$ 或 $t_2 < 0.1b$ 时 β_a 如何取？

回答2

规范规定，$\beta_a = 4\dfrac{t_2}{b}$ 或 $\beta_a = 4\dfrac{t_1}{h}$，当 $t_2 = 0.25b$ 或 $t_1 = 0.25h$ 时，$\beta_a = 1.0$，只要其中一个壁厚小于其相应壁宽(或壁高)的0.25倍时，β_a 就按两者较小值取用。

问题3

问题来源：湖北省

(1)按照规范第 5.5.1 条中图 5.5.1 矩形和箱形受扭构件截面计算图示规定,垂直于弯矩作用平面的截面高 h 应大于宽 b,若截面高 h 应小于宽 b,规范第 5.5.1 条～第 5.5.6 条中的所有公式是否适用?

(2)规范第 5.5.1 条结尾的注中规定:按该条计算的箱形截面其壁厚应满足 $t_2 \geqslant 0.1b, t_1 \geqslant 0.1h$,是否应在设计桥梁箱梁截面和箱形薄壁墩截面的尺寸时确保满足 $t_2 \geqslant 0.1b, t_1 \geqslant 0.1h$ 的规定? 在过去的桥梁设计中,大量的箱形截面尺寸并不完全符合该规定,如果箱形截面尺寸不满足该要求,其受扭计算是否适用于规范第 5.5.1 条～第 5.5.6 条?

回答 3

(1)关于矩形或箱形截面构件在抗扭计算中如何考虑截面高度 h 小于截面宽度 b 的问题。受扭构件计算有一条最基本的要求,就是在计算截面塑性抵抗矩 W_t 时(见规范第 5.5.2 条),公式(5.5.2-1)、公式(5.5.2-2)中 h 总是代表长边,b 总是代表短边。你提问的情况,上述公式中的 h 应改用 b,b 应改用 h,这点原规范第 4.1.22 条表达得很清楚。

(2)关于箱形截面受扭构件的壁厚与壁高(或宽)比值问题,来函提到"在过去的桥梁设计中大量的箱形截面尺寸并不完全符合该规范",猜想这些桥梁可能都是直线桥,不考虑梁的受扭作用。在弯桥和斜桥上荷载引起的扭矩较大,需要考虑梁的抗扭作用。新规范的这个规定来自国外有关资料和规范,我国多数箱梁受扭计算多不作畸变应力分析,让箱壁与箱高的最小比值取为 0.1 还是适合的。不过这条规定不属强制性条文,你们如果认为不合适可以不遵守。

问题 4

问题来源:北京市

规范中对 A_{cor} 的定义为：A_{cor}——由箍筋内表面包围的截面核芯面积，如图 2-5 所示。关于"抗扭计算"中的 b_{cor} 和 h_{cor} 如何计算？

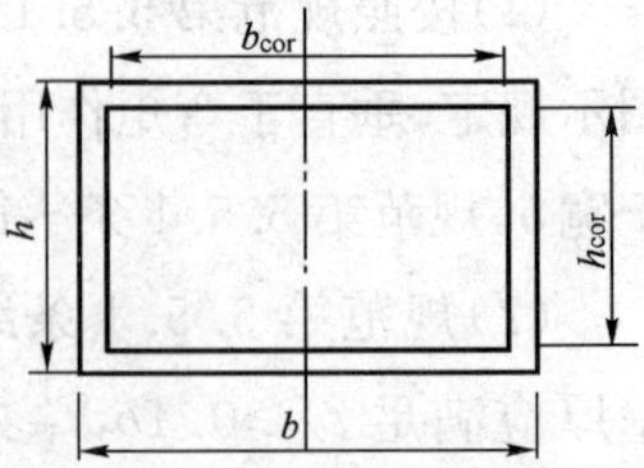

图 2-5　单室箱梁

如果设混凝土保护层厚度为 c，抗扭纵筋直径为 d_1，箍筋直径为 d_2，是否可以这样计算 $b_{cor}=b-2c-2d_1-2d_2$？

但是在郑老师编著的《钢筋混凝土及预应力混凝土桥梁结构设计原理》(人民交通出版社，2004 年出版)一书的 P206 中，对 b_{cor} 的定义为侧壁的有效宽度(左右壁板纵筋中心线间的距离)，这个定义和规范中的定义是完全不同的。

回答 4

抗扭构件截面核芯面积 $A_{cor}=b_{cor}h_{cor}$ 的计算问题。钢筋混凝土纯扭构件极限扭矩的计算，主要有变角度空间桁架理论和斜弯曲理论。两种模型推导的结果完全相同，但在推导过程中对截面核芯面积——剪力流路线所围成的面积，前者取截面角部纵向钢筋中心连线所围成的面积，后者则取箍筋内表面包围的面积。规范取了后者。传真中示图看不清楚，下面另示图(图 2-6)说明规范规定的 A_{cor} 取值。

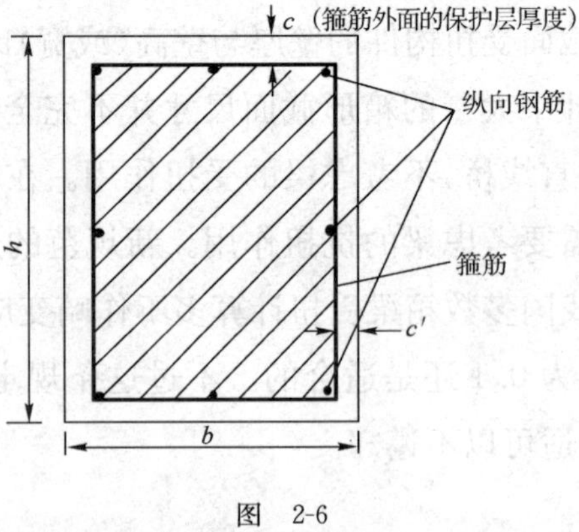

图　2-6

图中阴影部分为截面核芯面积，其中

$$h_{cor}=h-2c-2(\text{箍筋直径})$$

$$b_{cor}=b-2c-2(\text{箍筋直径})$$

$$A_{cor}=h_{cor}\cdot b_{cor}$$

《钢筋混凝土及预应力混凝土桥梁结构设计原理》所述的 b_{cor} 和 h_{cor} 也没有错，实际上它用了变角度空间桁架理论的取法。因为规范有关此内容的规定，并非强制性条文，且两者的 A_{cor} 相差不大，这样还可提供读者第二种取法。

问题 5

问题来源：北京市

对于图 2-7 所示的双室箱梁，b_{cor} 该如何计算呢？

是按两个箱形截面分别计算，取 $b_{cor}=b_{cor1}+b_{cor2}$ 呢？还是按宽为 (b_1+b_2)、高为 h 的一个箱梁进行计算呢？

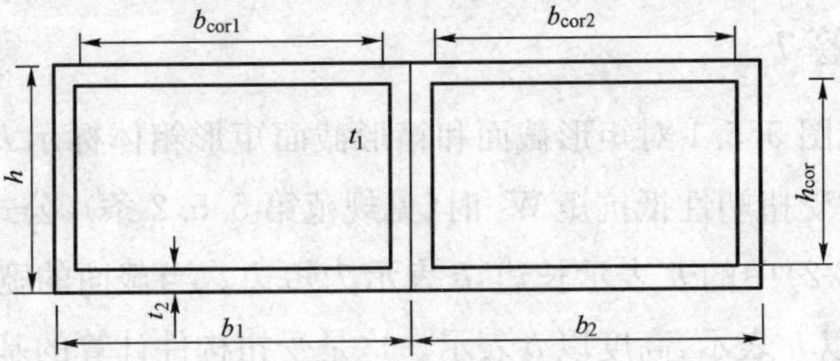

图 2-7　双室箱梁

回答 5

单箱双室的 A_{cor} 取法问题。公路桥梁较少采用单箱多室桥梁，多采用单室的箱梁。有关多室薄壁箱梁的抗扭问题有待进一步研究。

问题 6

问题来源：北京市

对于有受压翼缘的箱形截面的 b_{cor} 该如何计算呢？

对于抗扭计算中 b_{cor} 和 h_{cor} 的计算问题都不甚明白。望专家指教。

回答 6

T 形、I 形或带翼缘箱形截面的受压翼缘（或受拉翼缘）A_{cor} 的取值原则与矩形截面、矩形箱体截面相同，即以箍筋内表面所包围的面积计算。具体取法请看规范图 5.5.5 中的 $b_{f,cor}$ 和 $h_{f,cor}$（或 $b_{f,cor}$ 和 $h_{f,cor}$）。

问题 7

问题来源：北京市

咨询关于抗扭计算的问题。关于规范图 5.5.1 的矩形截面和箱形截面，在图示下边标示了 $h>b$，对此有人提出疑问，当这两种截面出现 $h<b$ 的时候该如何处理呢？还是这个 h 和 b 的标示只是为了标示 t_1 和 t_2 的位置呢？

回答 7

新规范图 5.5.1 对矩形截面和箱形截面矩形箱体标示 $h>b$，意在计算该截面的受扭塑性抵抗矩 W_t 时（见规范第 5.5.2 条），公式（5.5.2-1）、公式（5.5.2-2）中的 h 表示长边，b 表示为短边。当截面的宽度大于高度时，则宽度以 h 表示，高度以 b 表示。这是受扭构件计算的基本原则。

问题 8

问题来源：北京市

在回复中提到“对矩形截面和箱形截面标示 $h>b$，意在计算该截面的受扭塑性抵抗矩 W_t”。那么在计算剪扭构件的抗剪承载力和抗扭承载力时（公式 5.5.4-1，5.5.4-2），对于公式中的 b 和 h_0 的取值该如何取呢？例如图 2-8 所示。

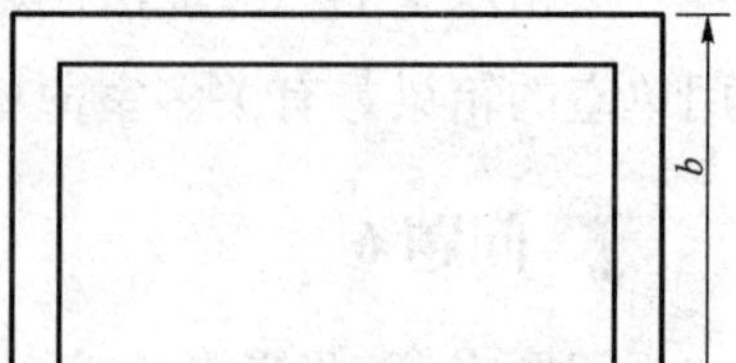

图 2-8

截面的受扭塑性抵抗矩就按规范5.5.2-2来计算。

在对剪扭构件做抗剪承载力验算和抗扭承载力验算时(公式5.5.4-1,公式5.5.4-2),这里的b值是取图示里的h值还是通常意义中的截面宽度b值呢?

回答8

在上次复函中,我只提到受扭构件塑性抵抗矩W_t的计算公式(5.5.2-1)、公式(5.5.2-2)中,不管构件截面如何放置,h始终表示长边,b始终表示短边。但在其他方面的计算,h表示为沿荷载作用方向的截面边长,即截面高度;b表示为沿垂直于荷载作用方向的截面边长,即截面宽度或腹板宽度。规范第5.5.4条公式中的b和h_0就是按这个原则标注的尺寸。

问题9

问题来源:湖北省

规范第5.5.1条规定:对于箱形截面,当$0.25b \geqslant t_2 \geqslant 0.1b$或$0.25h \geqslant t_1 \geqslant 0.1h$时,$\beta_a$取$4 \times t_2/b$或$4 \times t_1/h$两者的较小值,当$0.1b > t_2$或$0.1h > t_1$时,$\beta_a$取值是否也取$4 \times t_2/b$或$4 \times t_1/h$两者的较小值?

回答9

关于受扭箱形截面壁厚比值问题。规范第5.5.1条规定$0.1b > t_2$或$0.1h > t_1$,是不允许的。这在该条注中有要求。为了防止截面扭曲和腹板翘曲,箱梁壁厚不宜过薄,况且许多情况我们都不进行畸变计算,认为箱形截面是刚性的。

问题10

问题来源:湖北省

规范第 5.5.1 条～第 5.5.6 条是否适用于单箱多室截面的抗扭计算?

如果规范第 5.5.1 条～第 5.5.6 条适用于单箱多室截面的抗扭计算:

(1)图 5.5.1 中 b 值为整个箱室的宽度还是指其中一个单室的宽度?

(2)公式 5.5.1-2 中的 A_{st} 是包括中腹板的纵向钢筋还是仅指单箱多室截面中边腹板的纵向钢筋?

(3)规范第 5.5.2 条中单箱多室的截面受扭塑性抵抗矩如何计算?

(4)规范第 5.5.3 条公式 5.5.3-1、公式 5.5.3-2 中 b 是否包括中腹板的宽度?

(5)规范第 5.5.4 条公式 5.5.4-1 中 P 是否包括中腹板的纵向钢筋?

回答 10

规范第 5.5.1 条～第 5.5.6 条只适用于单箱单室的箱形截面梁。

问题 11

问题来源:湖北省

规范第 5.5.6 条规定弯剪扭构件纵向钢筋应分别计算、配置,当计算抗弯纵向钢筋配筋数量时,纵向钢筋重心至混凝土边缘的距离 a_s、a'_s 是否应包括抗扭纵向钢筋?

回答 11

弯、剪、扭构件抗弯计算所得的纵向钢筋布置在构件受拉区边缘;抗扭计算的纵向钢筋沿截面周边均匀对称布置,落在截面受拉区的钢筋不会很多,所以计算 a_s 只考虑抗弯钢筋。一般情况先计算抗弯,后计算抗扭。

问题 12

问题来源:广东省

弯桥配筋计算:

(1)规范第 5.5.6 条是否可以这样理解:纵向钢筋总配筋面积(不包括构造钢筋)为按抗弯构件正截面抗弯承载能力计算所需的纵向钢筋面积+按抗扭承载能力计算所需的纵向钢筋面积;箍筋面积为抗剪箍筋面积+抗扭箍筋面积。

(2)对于箱形截面抗扭箍筋按规范图 5.5.1b)配抗扭箍筋,而箱形截面抗剪箍筋计算没有明确谈及,只是在条文说明中提到几种截面的比较。以往一般设计,箱形截面抗剪计算按 T 形或 I 形截面考虑,抗剪箍筋取箱形截面每侧腹板内箍筋(每侧腹板独立配箍筋,而抗扭计算箍筋为沿整个箱形截面周边布置的一大箍筋);我的疑问是:按照规范,弯梁配抗剪、抗扭箍筋如何布置、如何考虑?

回答 12

关于弯桥配筋计算。弯桥主桥是一个弯、剪、扭构件,这种构件所需配筋的总原则是,纵向钢筋按受弯和受扭计算结果叠加,箍筋按受剪和受扭计算结果叠加。至于这些钢筋在截面上如何布置,更多的需要设计者去考虑,规范中没有作详细的规定。按照构件各种受力情况,按受弯计算的纵向钢筋应配置在截面受拉区边缘;而按受扭计算的纵向钢筋应沿截面周边均匀对称地布置;按受剪计算的箍筋应布置在腹板内,但要注意这个箍筋是箍筋各肢总截面 A_{sv}/S_v,按受扭计算的箍筋也应布置在腹板内,但要注意这个箍筋是沿截面周边的单肢箍筋截面积 A_{sv1}/S_v,它不能与受剪箍筋 A_{sv}/S 直接相加,此处 S_v 为箍筋间距。例如由抗剪计算得到的是双肢箍筋,只有$\frac{A_{sv}}{2S_v}$与$\frac{A_{sv1}}{S_v}$

相加，腹板的配箍率 $\rho_{sv}=A_{sv}/b_{sv}$，它必须符合规范第9.3.14条的构造要求。

对于箱形截面，在受扭计算中被认为是腹部挖空的矩形截面，受扭箍筋当然沿箱形周边布置；受剪时由箱形截面的两个腹板承担，受剪箍筋可以布置在两个腹板内。

5.7.1

规范条文

配置间接钢筋的混凝土构件，其局部受压区的截面尺寸应满足下列要求：

$$\gamma_0 F_{ld} \leqslant 1.3\eta_s \beta f_{cd} A_{ln} \tag{5.7.1-1}$$

$$\beta=\sqrt{\frac{A_b}{A_l}} \tag{5.7.1-2}$$

式中：F_{ld}——局部受压面积上的局部压力设计值，对后张法构件的锚头局压区，应取1.2倍张拉时的最大压力；

f_{cd}——混凝土轴心抗压强度设计值，对后张法预应力混凝土构件，应根据张拉时混凝土立方体抗压强度 f'_{cu} 值按本规范表3.1.4的规定以直线内插求得；

η_s——混凝土局部承压修正系数，混凝土强度等级为C50及以下，取 $\eta_s=1.0$；混凝土强度等级为C50～C80取 $\eta_s=1.0\sim0.76$，中间按直线插入取值；

β——混凝土局部承压强度提高系数；

A_b——局部受压时的计算底面积，可按图5.7.1确定；

A_{ln}、A_l——混凝土局部受压面积，当局部受压面有孔洞时，A_{ln} 为扣除孔洞后的面积，A_l 为不扣除孔洞的面积。当受压面设有钢垫板时，局部受压面积应计入在垫板中按45°刚性角扩大的面积；对于具有喇叭管并与垫板边成整体的锚具，A_{ln}可取垫板面积扣除喇叭管尾端内孔面积。

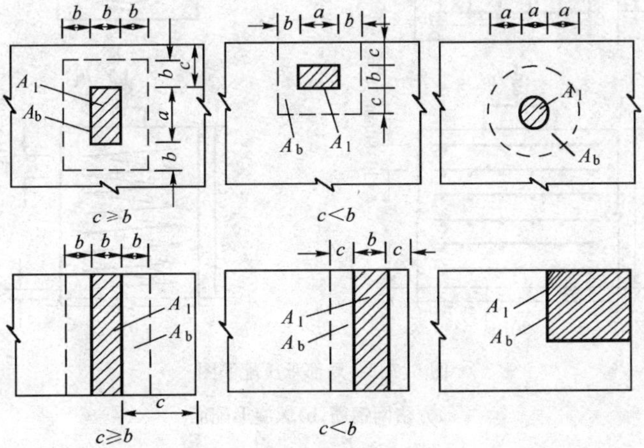

图 5.7.1　局部承压时计算底面积 A_b 的示意图

5.7.2

规范条文

配置间接钢筋的局部受压构件(图 5.7.2)，其局部抗压承载力应按下列规定计算：

$$\gamma_0 F_{ld} \leqslant 0.9(\eta_s \beta f_{cd} + k\rho_v \beta_{cor} f_{sd}) A_{ln} \tag{5.7.2-1}$$

$$\beta_{cor} = \sqrt{\frac{A_{cor}}{A_l}} \tag{5.7.2-2}$$

间接钢筋体积配筋率(核芯面积 A_{cor}范围内单位混凝土体积所含间接钢筋的体积)按下列公式计算：

方格网

$$\rho_v = \frac{n_1 A_{s1} l_1 + n_2 A_{s2} l_2}{A_{cor} s} \tag{5.7.2-3}$$

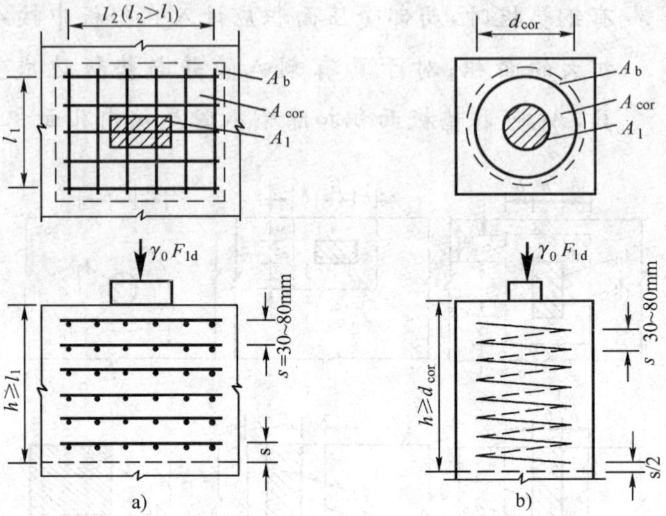

图 5.7.2　局部承压配筋图

a)方格网钢筋；b)螺旋形配筋

此时，在钢筋网两个方向的钢筋截面面积相差不应大于 50%。

螺旋筋

$$\rho_v = \frac{4A_{ss1}}{d_{cor}s} \tag{5.7.2-4}$$

式中：β_{cor}——配置间接钢筋时局部抗压承载力提高系数，当 $A_{cor}>A_b$ 时，应取 $A_{cor}=A_b$；

k——间接钢筋影响系数，按本规范第5.3.2条取用；

A_{cor}——方格网或螺旋形间接钢筋内表面范围内的混凝土核芯面积，其重心应与 A_l 的重心相重合，计算时按同心、对称原则取值；

n_1、A_{s1}——方格网沿 l_1 方向的钢筋根数、单根钢筋的截面面积；

n_2、A_{s2}——方格网沿 l_2 方向的钢筋根数、单根钢筋的截面面积；

A_{ss1}——单根螺旋形间接钢筋的截面面积；

d_{cor}——螺旋形间接钢筋内表面范围内混凝土核芯面积的直径；

s——方格网或螺旋形间接钢筋的层距。

注：方格网钢筋不应少于 4 层，螺旋形钢筋不应少于 4 圈；带喇叭管的锚具垫板，板下螺旋筋圈数的长度不应小于喇叭管长度。

5.7.3

规范条文

在后张法构件的锚头局压区，宜进行端部锚固区段内的局部应力分析，并结合本规范第9.4.1条规定的构造要求，配置闭合式箍筋。

规范条文　本规范第9.4.1条

预应力混凝土梁当设置竖向预应力钢筋时，其纵向间距宜为500～1 000mm。

预应力混凝土T形、I形截面梁和箱形截面梁腹板内应分别设置直径不小于10mm和12mm的箍筋，且应采用带肋钢筋，间距不应大于250mm；自支座中心起长度不小于一倍梁高范围内，应采用闭合式箍筋，间距不应大于100mm。

在T形、I形截面梁下部的马蹄内，应另设直径不小于8mm的闭合式箍筋，间距不应大于200mm。此外，马蹄内尚应设直径不小于12mm的定位钢筋。

规范条文　《公路工程抗震设计规范》第4.4.16条

高度大于7m的柱式桥墩和排架桩墩应设置横系梁。为了提高柱式桥墩和排架桩墩的纵向刚度，宜根据具体情况适当加大柱(桩)直径或采用双排的柱式桥墩和排架桩墩。

规范条文　《公路工程抗震设计规范》第4.4.19条

柱式桥墩和排架桩墩加密区段箍筋配置及箍筋接头应符合下列要求：

一、圆形截面应采用螺旋式箍筋，其间距不大于10cm，箍筋直径不小于 8mm；矩形截面的最小含箍率 ρ_{smin}，顺桥向和横桥向均为 0.3%。即：

$$\rho_{smin}=\frac{A_g}{S_k b}=0.3\% \qquad (4.4.19)$$

式中：S_k——箍筋竖向间距(cm)；

b——垂直计算方向构件截面长度(cm)；

A_g——计算方向箍筋面积(cm^2)。

二、螺旋式箍筋的接头，必须采用焊接；矩形箍筋应有 135°弯钩，并伸入混凝土核芯之内。

问题 1

问题来源：北京市

(1)规范第 5.7.2 条：局部受压构件配置间接钢筋时，按条文理解，配置方格网或螺旋筋两者之一均可，预应力混凝土梁端当采用如 OVM 锚，锚板下所带螺旋筋的体积配筋率通过计算已满足式(5.7.2-1)局部承载力的要求，就不需再配方格网，不知是否这样理解？

由于中交第一公路勘察设计研究院所作装配式预应力混凝土箱形连续梁上部通用图与华杰工程咨询有限公司所做梅(州)河(源)高速公路连续 T 梁施工图(如芹菜塘桥)等图纸中，均在采用带螺旋筋的 OVM 成套锚具外，锚下又配置了方格网，究竟是否需要？

(2)在我国西北地区一高速公路设计中，多数桥位的地表水及地下水的化学类型均为 Cl-SO$_4$-Na-Mg 型，具有强结晶腐蚀、强结晶分解复合类腐蚀；当地累年最冷月平均气温为－8.5℃，按规范第 1.0.7 条是属于 I 类还是 IV 类环境？上面所列带下划线的物质是否属于表 1.0.7中 IV 类环境的侵蚀性物质？

(3)原《公路工程抗震设计规范》(JTJ 004—89)第 4.4.16 条规定(8°区)“高度大于 7m 的柱式桥墩和排架桩墩应设置横系梁”。

关于这一条,实际设计中有人强调单排柱式墩从抗震角度考虑桩顶须设横系梁,从纵桥向考虑,系梁并不必要,但横桥向系梁是有作用的,但规范中并无这一意思。所以对于规范条文高度大于 7m 须设系梁这一要求:当高度为 10m 时,是仅于桩顶设一道系梁还是要在柱间再设一系梁?柱高为 6m 时,是否要设置桩顶系梁?

回答 1

(1)局部受压的间接钢筋只要按规范中提供的两者之一就可以。两者同时配置,恐使垫板下区域钢筋过密,有碍混凝土中碎石进入,难以振捣密实,反而对局压不利。但配置螺旋筋的深度 h、螺距(层距)S 应符合规范图示要求。同时,对梁端群锚局压区段(一倍梁高范围)内按规范第 9.4.1条规定配置间距为 100mm 的闭合式带肋箍筋。

(2)桥址处地表水和地下水中同时含有氯离子、硫酸根和盐类物质,他们对混凝土以及侵入后对钢筋都有严重的损害作用。就本规范而言,这样的环境应属于Ⅳ类,但仅涉及基础、下部墩台等结构。至于上部结构主梁等是否按上述同类环境处理当视具体情况而定。

(3)原《公路工程抗震设计规范》(JTJ 004—89)第 4.4.16 条规定(8°区),高度大于 7m 的柱式桥墩和排架桩墩应设横系梁。现对其来由回复如下:

①对于"抗震措施"的概念:由于地震发生的非确定因素很多,尽管科学发展到目前状况,地震引起的结构振动形态的水平,还不是非常确切,为了应对未来不可预见的大地震的发生和不可预见(没有考虑到)的振动形态的发生,世界各国抗震设计规范均规定了抗震措施的有关具体内容。也可说是一个风险防范或保险的措施。

②我国的"76"和"89"抗震设计规范的抗震措施一章的内容,均是新中国成立以来所发生的历次大地震(特别是八大地震)的经验总结,是在

震害基础上提出来的。各国规范均如此,震害是抗震规范的基础。该条的具体来源已在该条文说明中作了叙述。

③关于具体执行:该条第一句是该条的核心内容,以“应”字表示,后面是用“宜”字表示。这里主要考虑是横桥向,特别是桥面较窄而横桥向受地震控制的桥梁。也就是说“高度大于7m的柱式桥墩和排架桩墩必须设横系梁”,这道横系梁要设在地面以下,易产生塑性铰的位置,并在《公路工程抗震设计规范》(JTJ 004—89)第4.4.16条、第4.4.19条对配筋也作了规定。该横系梁主要是加强排架墩的横向刚度,同样在执行第4.4.16条、第4.4.19条配筋时也要在横桥向满足规范规定。为了防止竖向受力钢筋的压屈,新规范可能提出更严格的规定。当高度为6m时是否设桩顶横系梁,规范未作硬性规定,应由项目负责人在充分理解规范含义的前提下,根据具体桥位的地质状况来决定。当高度为10m时,还是应在盖梁与下横系梁大致中间部位增加一道横系梁,理由与前述相同,其配筋主要考虑满足横方向规范的配筋要求,以减轻靠地面处竖向受力钢筋压屈可能性的压力,和减小上部构造地震作用处的位移,以便地震后容易修理。

? 问题 2

问题来源:湖北省

对于规范第5.7.2条,关于局部承压构件间接钢筋体积配筋率的问题:

(1)图中 l_1、l_2 具体指的什么?没有查到相关的计算公式。

(2)如果按照图5.7.1,我们理解为:$l_1=3b$,$l_2=2b+a$。对于4 000t级的支座,支座尺寸为1.7m×1.9m,在箱梁底板与墩顶均应设局部承压钢筋,即 $l_1=5.1$m,$l_2=5.3$m,再参考图5.7.2配筋,配筋范围至少是5.1m×5.3m×5.1m(高),钢筋网的平面间距为10cm×10cm,钢筋层间距

8cm,施工无法做到。我们这样理解对吗?具体应怎样取值?对于支座处,特别是这种大吨位支座的局部承压是否能适用该条?应怎样取值?请指教!

回答 2

(1)方格网式间接钢筋,其体积配筋率 ρ_v 按规范公式(5.7.2-3)计算。式中 A_{cor} 为方格网间接钢筋内表面范围内的混凝土核芯面积(A_{cor} 系设定),由此可知,该式中的 l_1 和 l_2 应该是核芯面积内的钢筋长度,也即 l_1 为其垂直方向两边钢筋内表面之间的距离,l_2 为其垂直方向两边钢筋内表面之间的距离。

(2)图 5.7.1 中由 b 和 a 组成的面积 A_b 为局部承压的计算底面积,一般 A_b 应大于 A_{cor},但当 $A_{cor}>A_b$ 时,应取 $A_{cor}=A_b$。

(3)箱梁支座的局部承压是对桥墩台而言的,此时,支座的底面积为局部承压面积 A_l,如墩顶设置了钢垫板,则局部承压面积应计入支座底板在垫板中按 45°刚性角扩大的面积。至于箱梁底板在设支座处必须设置箱内庞大的横隔板,它与箱梁连接在一起,支座的反力通过它传至箱梁,受力情况比较复杂,不是一般局部受压计算所能解决,需作空间应力分析后进行配筋。同时要考虑隔板与箱梁腹板厚度相差过大及人洞周边容易出现裂缝的情况,适当增加钢筋。

问题 3

问题来源:江苏省

规范第 5.7.1 条局部受压区截面尺寸的要求使锚固端尺寸较以前大,规范对于多根钢束锚固的区域,可否按整体计算?锚具生产厂家提供的技术参数及已建工程锚固端钢束间距按本条验算均不符合要求,规范编制时作出这一规定的考虑是什么?对已建或在建工程如何弥补,有何建议?

回答 3

关于梁端局部承压问题，由于考虑近年在实际工程中不断发现不该出现的各种裂缝，在设计上总体要求比过去严格了。至于对你说的“已建工程锚固端钢束间距按本条验算均不符合要求”，因为不了解你们过去是如何设计的，采用什么样的锚具，所以无法加以评述，也谈不上如何弥补问题。但是，规范的这条规定不属于强制性条文，你可灵活掌握。对于梁端群锚，国内外规范均无按整体计算的规定，本规范是以第 5.7.3 条和构造要求予以保证的。

6　持久状况正常使用极限状态计算

6.1　一 般 规 定

6.1.1

规范条文

公路桥涵的持久状况设计应按正常使用极限状态的要求,采用作用(或荷载)的短期效应组合、长期效应组合或短期效应组合并考虑长期效应组合的影响,对构件的抗裂、裂缝宽度和挠度进行验算,并使各项计算值不超过本规范规定的各相应限值。在上述各种组合中,汽车荷载效应可不计冲击系数。

在预应力混凝土构件中,预应力应作为荷载考虑,荷载分项系数取为1.0。对连续梁等超静定结构,尚应计入由预应力、温度作用等引起的次效应。

规范条文　《公路桥涵设计通用规范》第4.1.1条

(见P31)

规范条文　《公路桥涵设计通用规范》第4.1.7条

(见P37)

问题1

问题来源:贵州省

按《公路钢筋混凝土及预应力混凝土桥涵设计规范》(JTG D62—

2004)第 6.3.1 条注①:荷载长期效应组合系指结构自重和直接施加于桥上的活载产生的效应组合,不考虑间接施加于桥上的其他作用效应。该条的结构自重是否指《公路桥涵设计通用规范》(JTG D60—2004)第4.1.1条的永久作用? 还是单指结构重力? 与《公路钢筋混凝土及预应力混凝土桥涵设计规范》(JTG D62—2004)第6.1.1条规定是否一致? 预应力混凝土连续梁混凝土收缩、徐变作用,基础变位作用是否应计入? 温度作用是否计入?

回答 1

《公路钢筋混凝土及预应力混凝土桥涵设计规范》(JTG D62—2004)第 6.3.1 条注①的规定,只针对 A 类预应力混凝土构件进行正截面抗裂计算时采用的荷载长期效应组合,即按公式(6.3.1-4)计算 δ_{lt}时采用的荷载组合,不适用于其他类构件及其他项目的计算。注①规定的结构重力指《公路桥涵设计通用规范》(JTG D60—2004)表 4.1.1 编号 1 一项;其他不宜称作荷载的间接作用,如混凝土收缩、徐变、基础变位、温度作用在计算中均不予考虑。

问题 2

问题来源:上海市

《公路钢筋混凝土及预应力混凝土桥涵设计规范》(JTG D62—2004)第 6.1.1 条中关于持久状况正常使用极限状态的计算,“汽车荷载效应可不计冲击系数”,“可”字含义是明确“不计”,还是由设计人员掌握?

“汽车荷载效应可不计冲击系数”与《公路桥涵设计通用规范》(JTG D60—2004)第4.1.7条的“汽车荷载(不计冲击力)”是否不一致?

回答 2

《公路钢筋混凝土及预应力混凝土桥涵设计规范》(JTG D62—2004)第 6.1.1 条关于汽车荷载效应冲击系数的规定,用了“可不计”字样，可能用词不当。但它是对以往设计而言的，以往构件抗裂计算汽车荷载计入冲击系数，本规范“可不计”。从该条的条文说明中可看出，它的精神与《公路桥涵设计通用规范》(JTG D60—2004)第 4.1.7 条是一致的。

6.1.5

规范条文

由预加力产生的混凝土法向应力及相应阶段预应力钢筋的应力，应按下列公式计算：

1.先张法构件

由预加力产生的混凝土法向压应力 σ_{pc} 和拉应力 σ_{pt}

$$\sigma_{pc} \text{ 或 } \sigma_{pt} = \frac{N_{p0}}{A_0} \pm \frac{N_{p0} e_{p0}}{I_0} y_0 \tag{6.1.5-1}$$

预应力钢筋合力点处混凝土法向应力等于零时的预应力钢筋应力

$$\left.\begin{aligned} \sigma_{p0} &= \sigma_{con} - \sigma_l + \sigma_{l4} \\ \sigma'_{p0} &= \sigma'_{con} - \sigma'_l + \sigma'_{l4} \end{aligned}\right\} \tag{6.1.5-2}$$

相应阶段预应力钢筋的有效预应力

$$\left.\begin{aligned} \sigma_{pe} &= \sigma_{con} - \sigma_l \\ \sigma'_{pe} &= \sigma'_{con} - \sigma'_l \end{aligned}\right\} \tag{6.1.5-3}$$

2.后张法构件

由预加力产生的混凝土法向压应力 σ_{pc} 和拉应力 σ_{pt}

$$\sigma_{pc} \text{ 或 } \sigma_{pt} = \frac{N_p}{A_n} \pm \frac{N_p e_{pn}}{I_n} y_n \pm \frac{M_{p2}}{I_n} y_n \tag{6.1.5-4}$$

预应力钢筋合力点处混凝土法向应力等于零时的预应力钢筋应力

$$\left.\begin{aligned} \sigma_{p0} &= \sigma_{con} - \sigma_l + \alpha_{EP} \sigma_{pc} \\ \sigma'_{p0} &= \sigma'_{con} - \sigma'_l + \alpha_{EP} \sigma'_{pc} \end{aligned}\right\} \tag{6.1.5-5}$$

相应阶段预应力钢筋的有效预应力

$$\sigma_{pe}=\sigma_{con}-\sigma_l$$

$$\sigma'_{pe}=\sigma'_{con}-\sigma'_l \tag{6.1.5-6}$$

式中：A_n——净截面面积，即为扣除管道等削弱部分后的混凝土全部截面面积与纵向普通钢筋截面面积换算成混凝土的截面面积之和；对由不同混凝土强度等级组成的截面，应按混凝土弹性模量比值换算成同一混凝土强度等级的截面面积；

A_0——换算截面面积，包括净截面面积 A_n 和全部纵向预应力钢筋截面面积换算成混凝土的截面面积；

N_{p0}、N_p——先张法构件、后张法构件的预应力钢筋和普通钢筋的合力，按本规范公式(6.1.6-1)、公式(6.1.6-3)计算；

I_0、I_n——换算截面惯性矩、净截面惯性矩；

e_{p0}、e_{pn}——换算截面重心、净截面重心至预应力钢筋和普通钢筋合力点的距离，按本规范公式(6.1.6-2)、公式(6.1.6-4)计算；

y_0、y_n——换算截面重心、净截面重心至计算纤维处的距离；

σ_{con}、σ'_{con}——受拉区、受压区预应力钢筋的张拉控制应力，按本规范第6.1.3条的规定确定；

σ_l、σ'_l——受拉区、受压区相应阶段的预应力损失值，按本规范第6.2.2条至第6.2.7条规定计算；使用阶段时为全部预应力损失值；

σ_{l4}、σ'_{l4}——受拉区、受压区由混凝土弹性压缩引起的预应力损失值，按本规范公式(6.2.5-2)计算；

α_{EP}——预应力钢筋弹性模量 E_P 与混凝土弹性模量 E_c 的比值，E_P 和 E_c 分别按本规范表3.2.4和表3.1.5采用；

M_{p2}——由预加力 N_p 在后张法预应力混凝土连续梁等超静定结构中产生的次弯矩。

注：①在公式(6.1.5-1)、公式(6.1.5-4)中，右边第二项、第三项与第一项的应力方向相同时取正

号，相反时取负号，正号为压，负号为拉；

②公式(6.1.5-5)中的 σ_{pc}、σ'_{pc} 系由 N_p 产生的受拉区、受压区预应力钢筋重心处的混凝土法向应力，按本条公式(6.1.5-1)计算，但式中的 N_{p0} 以 N_p 代替；e_{p0} 按本规范公式(6.1.6-2)计算，该式中的 σ_{p0}、σ'_{p0}、N_{p0} 以 σ_{pe}、σ'_{pe}、N_p 代替。

6.1.6

规范条文

预应力钢筋和普通钢筋的合力 N_{p0}、N_p 及合力的偏心距 e_{p0}、e_{pn} 应按下列公式计算(图 6.1.6)：

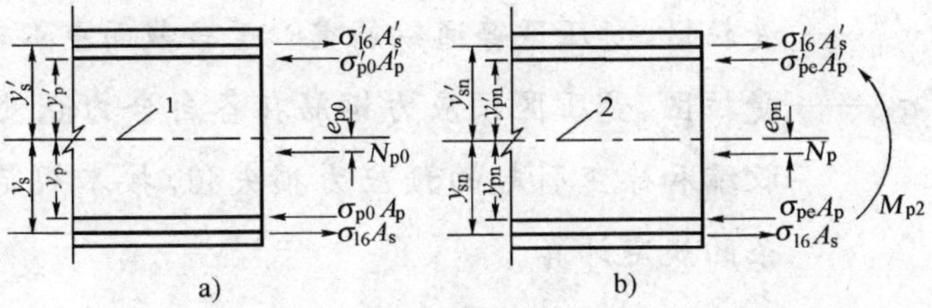

图 6.1.6　预应力钢筋和普通钢筋合力及其偏心距

a)先张法构件；b)后张法构件

1-换算截面重心轴；2-净截面重心轴

1. 先张法构件

$$N_{p0}=\sigma_{p0}A_p+\sigma'_{p0}A'_p-\sigma_{l6}A_s-\sigma'_{l6}A'_s \tag{6.1.6-1}$$

$$e_{p0}=\frac{\sigma_{p0}A_p y_p-\sigma'_{p0}A'_p y'_p-\sigma_{l6}A_s y_s+\sigma'_{l6}A'_s y'_s}{N_{p0}} \tag{6.1.6-2}$$

2. 后张法构件

$$N_p=\sigma_{pe}A_p+\sigma'_{pe}A'_p-\sigma_{l6}A_s-\sigma'_{l6}A'_s \tag{6.1.6-3}$$

$$e_{pn}=\frac{\sigma_{pe}A_p y_{pn}-\sigma'_{pe}A'_p y'_{pn}-\sigma_{l6}A_s y_{sn}+\sigma'_{l6}A'_s y'_{sn}}{N_p} \tag{6.1.6-4}$$

式中：σ_{p0}、σ'_{p0}——受拉区、受压区预应力钢筋合力点处混凝土法向应力等于零时的预应力钢筋应力，按本规范第 6.1.5 条公式计算；

σ_{pe}、σ'_{pe}——受拉区、受压区预应力钢筋的有效预应力，按本规范第6.1.5条公式计算；

A_p、A'_p——受拉区、受压区预应力钢筋的截面面积；

A_s、A'_s——受拉区、受压区普通钢筋的截面面积；

y_p、y'_p——受拉区、受压区预应力钢筋合力点至换算截面重心轴的距离；

y_s、y'_s——受拉区、受压区普通钢筋重心至换算截面重心轴的距离；

y_{pn}、y'_{pn}——受拉区、受压区预应力钢筋合力点至净截面重心轴的距离；

y_{sn}、y'_{sn}——受拉区、受压区普通钢筋重心至净截面重心轴的距离；

σ_{l6}、σ'_{l6}——受拉区、受压区预应力钢筋在各自合力点处由混凝土收缩和徐变引起的预应力损失值，按本规范第6.2.7条的规定计算。

注：当公式(6.1.6-1)至公式(6.1.6-4)中的 $A'_p=0$ 时，应取式中 $\sigma'_{l6}=0$。

规范条文　本规范第1.0.6条

(见P95)

规范条文　本规范第7.1.3条

(见P263)

规范条文　本规范第7.2.7条

预应力混凝土受弯构件按短暂状况计算时，由预加力和荷载产生的法向应力可按本规范第6.1.5条和第7.1.3条的公式进行计算。此时，预应力钢筋应扣除相应阶段的预应力损失，荷载采用施工荷载，截面性质按本规范第6.1.4条的规定采用。

规范条文　本规范第7.2.8条

预应力混凝土受弯构件，在预应力和构件自重等施工荷载作用下截面边缘混凝土的法向应力应符合下列规定：

1.压应力

$$\sigma_{cc}^{t} \leqslant 0.70 f'_{ck}$$

2.拉应力

1)当$\sigma_{ct}^{t} \leqslant 0.70 f'_{tk}$时，预拉区应配置其配筋率不小于0.2%的纵向钢筋；

2)当$\sigma_{ct}^{t} = 1.15 f'_{tk}$时，预拉区应配置其配筋率不小于0.4%的纵向钢筋；

3)当$0.70 f'_{tk} < \sigma_{ct}^{t} < 1.15 f'_{tk}$时，预拉区应配置的纵向钢筋配筋率按以上两者直线内插取用。拉应力σ_{ct}^{t}不应超过$1.15 f'_{tk}$。

上述配筋率为$\frac{A'_s + A'_p}{A}$，先张法构件计入A'_p，后张法构件不计A'_p，A'_p为预拉区预应力钢筋截面面积；A'_s为预拉区普通钢筋截面面积；A为构件毛截面面积。

式中：σ_{cc}^{t}、σ_{ct}^{t}——按短暂状况计算时截面预压区、预拉区边缘混凝土的压应力、拉应力；

f'_{ck}、f'_{tk}——与制作、运输、安装各施工阶段混凝土立方体抗压强度f'_{cu}相应的轴心抗压强度、轴心抗拉强度标准值，可按本规范表3.1.3直线插入取用。

预拉区的纵向钢筋宜采用带肋钢筋，其直径不宜大于14mm，沿预拉区的外边缘均匀布置。

?问题1

问题来源：湖南省

对规范第6.1.5条公式(6.1.5-5)有不同的理解：

(1) $\sigma_{p0} = \sigma_{con} - \sigma_l + \alpha_{Ep}\sigma_{pc}$（式(6.1.5-5)只列出公式的一半），式中

σ_{pc}也就是由预加力产生的与预应力钢筋处于同一高度处混凝土的法向压应力，应按式(6.1.5-4)计算，不应按式(6.1.5-1)计算。

(2)后张法构件，由预应力钢筋产生的混凝土法向压应力 σ_{pc} 用式(6.1.5-4)计算，混凝土法向压应力 σ_{pc} 对应混凝土法向压应变 ε_c，混凝土法向压应变 $\varepsilon_c \rightarrow 0$ 时后张法构件受拉区预应力钢筋应力为 σ_{p0}：

$$\sigma_{p0} = \sigma_{pc} + E_p \varepsilon_c = (\sigma_{con} - \sigma_l) + E_p \sigma_{pc} / E_c$$

不知上述理解对否？

回答 1

关于第 6.1.5 条公式(6.1.5-5)中 σ_{pc} 的计算问题，后张法构件由于在梁端张拉预应力钢筋并锚固，张拉工序完成后，梁受弹性压缩变形，要计算 σ_{p0} 时，需在预应力钢筋和普通钢筋(假定也配置纵向普通钢筋)合力点处施加一个假想的水平力来克服弹性压缩变形，此时，预应力钢筋管道已压浆，预应力钢筋与梁体混凝土黏结共同变形，也就是说，后张法构件计算 σ_{p0} 时要用换算截面，所以才有式中的"$\alpha_{EP}\sigma_{pc}$"，公式(6.1.5-4)是按净截面计算 σ_{pc}，自然不适用。所以才采用以换算截面计算 σ_{pc} 的公式(6.1.5-1)，但要将该式中的 N_{p0}、e_{p0} 换为适用于后张法构件的数值。这方面请看第 6.1.5 条注②。

问题 2

问题来源：湖南省

对规范第 6.1.6 条：$N_p = \sigma_{pe} A_p + \sigma'_{pe} A'_p - \sigma_{l6} A_s + \sigma'_{l6} A'_s$ (6.1.6-3)，式中 σ_{pe}是否为张拉控制应力 σ_{con}减去第一批预应力损失？

回答 2

关于第 6.1.6 条公式(6.1.6-3)中 σ_{pe} 的取值问题。规范第 6.1.5 条说得很清楚，σ_{pe}是相应阶段预应力钢筋的有效预应力，并不一定都是张

拉控制应力 σ_{con} 减去第一批预应力损失；如果是桥梁的使用阶段，则 σ_{con} 要减去全部预应力损失。

问题 3

问题来源：上海市

规范第 6.1.5-2 条，“预应力钢筋合力点处混凝土法向应力等于零时”是什么意思？它的物理意义是什么？

回答 3

预应力混凝土构件在施加预应力以后，由于混凝土受到弹性压缩，构件截面混凝土出现法向应力，预应力钢筋中也有拉应力，但此时预应力钢筋中的应力不是混凝土法向应力等于零时的应力。在预应力混凝土构件的计算和公式推导过程中，往往要用到预应力钢筋合力点处混凝土法向应力等于零时（梁的截面是竖直的）预应力钢筋中的应力 σ_{p0}（或 σ'_{p0}），例如，计算受弯构件抗弯承载力时，当受压区配有预应力钢筋时要用到（$f'_{pd}-\sigma'_{p0}$）（见第 5.2.2 条）；计算 B 类预应力混凝土受弯构件裂缝宽度时，其中计算开裂截面预应力钢筋的应力增量 σ_{ss}（见公式（6.4.4-9））时要用到 N_{p0}，而 N_{p0} 是由 σ_{p0} 和 σ'_{p0}（见公式（6.1.6-1））计算而来，等等。因此，需要在这些计算中首先按规范公式（6.1.5-2）或公式（6.1.5-5）计算 σ_{p0} 和 σ'_{p0}。这两个公式的含义是：预应力钢筋合力点处混凝土法向应力等于零时的预应力钢筋的应力是张拉控制应力 σ_{con} 减去全部预应力损失（使用阶段）再加上混凝土弹性压缩损失 σ_{l4}（先张法）或 $\alpha_{EP}\sigma_{pc}$（后张拉），使截面恢复竖直状态计算所得的应力。

问题 4

问题来源：江苏省

答复中提到，第 7.1 节是作为承载能力极限状态计算的补充，由结构设计原理可知，构件承载能力极限状态应力公式是按混凝土材料处于塑性工作阶段推导的，而第 7.1.3 条第 1 款混凝土法向应力却按混凝土材料弹性工作阶段推导的公式计算，此处如何理解？

规范中短暂状况下的构件验算，规定了承载能力极限状态的应力计算，为何无承载力验算？第 7.2.7 条预应力混凝土受弯构件的法向应力可按第 6.1.5 条和第 7.1.3 条公式进行计算，具体如何采用？第 7.2.8 条的混凝土压应力计算是否由具体情况可按第 6.1.5 条和第 7.1.3 条计算？

规范第 1.0.6 条第 2 款，短暂状况必要时才做正常使用极限状态设计，具体验算内容是否同于持久状况正常使用极限状态？短暂状况设计是施工阶段计算，而正常使用极限状态是使用阶段计算，如何理解短暂状况下正常使用极限状态设计？

回答 4

(1)本规范的承载能力极限状态设计以塑性理论为基础，第 7.1 节的应力计算以弹性理论为基础，这是对的。这两种计算都从构件的强度出发，关系到结构的安全问题，所以，公路预应力混凝土桥梁，历年来是从这两方面的计算加以控制的。

(2)短暂状况主要是指结构的施工阶段，由于相对于持久状况其经历的时间是很短的，此时，构件承受的荷载是临时的，而且以结构自重为主，所以，这个阶段的构件可以按人们较为熟识的应力计算方法以达到保证构件强度的目的。采用承载能力极限状态表达式来计算也是可以的，但需要寻求计算所需的各项设计参数和系数，显然，这项工作要麻烦得多。短暂状况与持久状况它们的结构可靠度是不同的。

(3)规范第 7.2.7 条规定了预应力混凝土受弯构件在短暂状况下的应力计算问题。计算公式利用规范第 6.1.5 条和第 7.1.3 条所列式子，前者是由预加力引起的应力计算公式,式中的符号交代得很清楚,按规范中规定的计算就可以了,我们很难说得更具体了;后者是由荷载引起的应力计算公式,式中的 M_K 用施工荷载标准值引起的弯矩代替。

(4)正常使用极限状态计算,顾名思义是有关使用阶段正常状态的计算问题。计算内容有构件抗裂、裂缝宽度和挠度,规范中都给出了这些项目的限值。短暂状况一般是不进行这些项目计算的,但在特殊情况下,例如,在施工过程中按经验判断,构件可能出现裂缝。此时,则要按当时的受力情况进行裂缝宽度计算,计算公式和方法也要结合"短暂"的特点采用,不能全套用规范的规定。又例如,先张法预制构件在预施应力时,构件靠近支点的上缘可能出现裂缝,就要通过计算来验证,如有裂缝,则在预施应力前要采取合理的措施,避免裂缝的出现,减轻拉应力。

6.2　钢筋预应力损失

6.2.3

规范条文

预应力直线钢筋由锚具变形、钢筋回缩和接缝压缩引起的预应力损失,可按下式计算:

$$\sigma_{l2}=\frac{\sum\Delta l}{l}E_p \tag{6.2.3}$$

式中:Δl——张拉端锚具变形、钢筋回缩和接缝压缩值(mm),按表6.2.3采用;

l——张拉端至锚固端之间的距离(mm)。

锚具变形、钢筋回缩和接缝压缩值(mm)　　表 6.2.3

锚具、接缝类型		Δl	锚具、接缝类型	Δl
钢丝束的钢制锥形锚具		6	镦头锚具	1
夹片式锚具	有顶压时	4	每块后加垫板的缝隙	1
	无顶压时	6	水泥砂浆接缝	1
带螺帽锚具的螺帽缝隙		1	环氧树脂砂浆接缝	1

后张法构件预应力曲线钢筋由锚具变形、钢筋回缩和接缝压缩引起的预应力损失,应考虑锚固后反向摩擦的影响,可参照附录D计算。

问题

问题来源:广东省

规范表 6.2.3 锚具变形、钢筋回缩和接缝压缩值是指单端值还是两端总值?

回答

规范表 6.2.3 中的 Δl 是指一端张拉时的压缩值。规范 P55 第一行说得很清楚。"Δl——张拉端锚具变形、钢筋回缩和接缝压缩值(mm),按表 6.2.3 采用。"

6.3 抗裂验算

6.3.1

规范条文

预应力混凝土受弯构件应按下列规定进行正截面和斜截面抗裂验算:

1. 正截面抗裂应对构件正截面混凝土的拉应力进行验算，并应符合下列要求：

1)全预应力混凝土构件，在作用(或荷载)短期效应组合下

预制构件

$$\sigma_{st} - 0.85\sigma_{pc} \leqslant 0 \tag{6.3.1-1}$$

分段浇筑或砂浆接缝的纵向分块构件

$$\sigma_{st} - 0.80\sigma_{pc} \leqslant 0 \tag{6.3.1-2}$$

2)A 类预应力混凝土构件，在作用(或荷载)短期效应组合下

$$\sigma_{st} - \sigma_{pc} \leqslant 0.7f_{tk} \tag{6.3.1-3}$$

但在荷载长期效应组合下

$$\sigma_{lt} - \sigma_{pc} \leqslant 0 \tag{6.3.1-4}$$

2. 斜截面抗裂应对构件斜截面混凝土的主拉应力 σ_{tp}进行验算，并应符合下列要求：

1)全预应力混凝土构件，在作用(或荷载)短期效应组合下

预制构件

$$\sigma_{tp} \leqslant 0.6f_{tk} \tag{6.3.1-5}$$

现场浇筑(包括预制拼装)构件

$$\sigma_{tp} \leqslant 0.4f_{tk} \tag{6.3.1-6}$$

2)A 类和 B 类预应力混凝土构件，在作用(或荷载)短期效应组合下

预制构件

$$\sigma_{tp} \leqslant 0.7f_{tk} \tag{6.3.1-7}$$

现场浇筑(包括预制拼装)构件

$$\sigma_{tp} \leqslant 0.5f_{tk} \tag{6.3.1-8}$$

式中：σ_{st}——在作用(或荷载)短期效应组合下构件抗裂验算边缘混凝土的法向拉应力，按本规范公式(6.3.2-1)计算；

σ_{lt}——在荷载长期效应组合下构件抗裂验算边缘混凝土的法向拉应力，按本规范公式(6.3.2-2)计算；

σ_{pc}——扣除全部预应力损失后的预加力在构件抗裂验算边缘产生的混凝土预压应力，按本规范第 6.1.5 条规定计算；

σ_{tp}——由作用（或荷载）短期效应组合和预加力产生的混凝土主拉应力，按本规范第 6.3.3条规定计算；

f_{tk}——混凝土的抗拉强度标准值，按本规范表 3.1.3 采用。

注：①本条规定的荷载长期效应组合系指结构自重和直接施加于桥上的活荷载产生的效应组合，不考虑间接施加于桥上的其他作用效应；

②B 类预应力混凝土受弯构件在结构自重作用下控制截面受拉边缘不得消压。

规范条文　本规范第 4.2.12 条

若连续梁在施工过程中转换结构体系（如先期结构在 τ_0 时同时加载的简支梁或其他结构体系，在 τ 时同时转换为后期结构的连续梁），由于混凝土徐变影响，后期结构上弯矩可按下列规定计算：

1. 在先期结构上由于结构自重产生的弯矩，经过混凝土徐变重分配，在后期结构中 t 时的弯矩 M_{gt}，可按下式计算：

$$M_{gt} = M_{1g} + (M_{2g} - M_{1g})\{1 - e^{-[\phi(t,\tau_0) - \phi(\tau,\tau_0)]}\} \tag{4.2.12-1}$$

式中：M_{1g}——在先期结构自重作用下，按先期结构体系计算的弯矩；

M_{2g}——在先期结构自重作用下，按后期结构体系计算的弯矩；

$\phi(t,\tau_0)$——从先期结构加载龄期 τ_0 至后期结构计算所考虑时间 t 时的徐变系数，当缺乏符合当地实际条件的数据时，可按本规范附录 F 计算；

$\phi(\tau,\tau_0)$——从先期结构加载龄期 τ_0 至 τ 时转换为后期结构的徐变系数。

2. 在先期结构上由预加力产生的弯矩，经过混凝土徐变重分配，在后期结构中 t 时的弯矩 M_{pt}，可按下式计算：

$$M_{pt} = M_{1pt} + (M'_{2pt} - M'_{1pt})\{1 - e^{-[\phi(t,\tau_0) - \phi(\tau,\tau_0)]}\} \tag{4.2.12-2}$$

$$M_{1pt}=M_{1pt}^{0}+M'_{1pt} \tag{4.2.12-3}$$

式中：M_{1pt}——在先期结构中的预加力作用下，按先期结构体系计算的弯矩；

M_{1pt}^{0}——在先期结构中的预加力作用下，按先期结构体系计算的主弯矩(预加力乘以偏心距)；

M'_{1pt}——在先期结构中的预加力作用下，按先期结构体系计算的次弯矩；当先期结构为静定体系时，M'_{1pt}为零；

M'_{2pt}——在先期结构中的预加力作用下，按后期结构体系计算的次弯矩。

规范条文　本规范第7.2.8条

(见P271)

规范条文　本规范第9.1.12条

(见P320)

规范条文　《公路桥涵设计通用规范》第4.1.7条

(见P37)

规范条文　《公路桥涵设计通用规范》第4.1.8条

结构构件当需进行弹性阶段截面应力计算时，除特别指明外，各作用效应的分项系数及组合系数应取为1.0，各项应力限值应按各设计规范规定采用。

问题1

问题来源：江苏省

规范第6.3.1条中，抗裂长期组合中，不考虑间接作用。收缩徐变效应，按规范定义，应该是间接作用，但收缩徐变又不同于其他间接作用(如温度作用),收缩徐变是永久作用,按规范第4.2.12条,自重效应已经要考虑徐变效应影响了(有人认为自重效应和收缩徐变不可分离),而温度作用是可变作用。那么请问抗裂长期组合中,是否应该包括收缩徐变效应?基础变位效应呢?

回答1

规范第6.3.1条当用公式(6.3.1-4)验算A类预应力混凝土受弯构件正截面抗裂时,式中σ_{lt}只考虑结构自重和直接施加于桥上的活荷载的影响,而不考虑所有间接作用,其中也包括混凝土收缩及徐变。这是根据原规范的规定及以往设计经验确定的。但在应用规范公式(6.3.1-3)验算抗裂时没有这样的规定。

问题2

问题来源:重庆市

在实际计算中对规范中第6.3.1条抗裂验算的小注①有点疑惑。我们这样理解:规范对预应力A类构件在长期荷载效应组合下要求偏高,注①则为了减小效应组合值对组合作了特殊限制。根据注①,收缩徐变不应组合,但下面一个实例却比较特殊:

我们用MIDAS软件计算3跨先简支后连续T梁(A类构件),其他验算均能通过,但抗裂验算出现一个问题:长期效应组合若不考虑收缩徐变二次力,在中间跨跨中上缘出现0.6MPa左右的拉应力;若考虑收缩徐变的影响,则验算通过。请问这种情况下是否可以考虑收缩徐变的影响?

回答2

关于规范第6.3.1条注①的问题:

(1)这里的荷载长期效应组合是指直接施加于结构上的荷载效应的组合,如结构自重标准值,(汽车荷载+人群荷载)准永久值的组合,对于预应力混凝土连续梁还要考虑由预应力引起的次弯矩;如施工过程中转换结构体系,还要计及由混凝土徐变影响引起的弯矩重分配;当然,由收缩、徐变引起的预应力损失也应在考虑之列。按规范注①的原意,荷载长期效应组合不计混凝土收缩、徐变和温度作用的次效应,也不计基础变位等间接作用的效应。

(2)从规范公式(6.3.1-3)、公式(6.3.1-4)可看出,所谓A类预应力混凝土受弯构件,其拉应力的限值是指在控制截面受拉边缘处(见规范第6.1.2条),也就是说由作用(或荷载)短期(或长期)效应组合引起的受拉区边缘混凝土拉应力 σ_{st}(或 σ_{lt}),由预应力钢筋引起的受拉区边缘混凝土压应力 σ_{pc} 来抵消,它可以用预应力度 $\lambda=\frac{M_0}{M_s}$(M_0 为消压弯矩,M_s 为作用(或荷载)产生的控制截面的弯矩)来表示。$\lambda \geqslant 0$ 时为全预应力混凝土受弯构件;$1>\lambda>0$ 时为部分预应力混凝土受弯构件,A类构件也在其中。

(3)传真中提到长期效应组合若不考虑收缩徐变二次力,在中间跨跨中上缘出现0.6MPa左右的拉应力,这个拉应力出现在中间跨的受压区,而该区段的预应力钢筋是布置在受拉区的,这就无法用预应力度来描述构件的类别(例如,对于A类构件,预应力度越大,受压区出现的拉应力越大,正好与规范规定的相反),要求抗裂的部位也不是规范规定的。而本结构在不考虑收缩、徐变次效应的情况下按规范的公式(6.3.1-4)计算时,跨中受拉区并未出现拉应力,从这个意义上说,已符合规范的要求。

(4)在一般预应力混凝土连续梁的情况下,在考虑了混凝土收缩、徐变次效应,梯度温度次效应等主要间接作用后,如传真中所说在跨中受压区出现拉应力的现象是很少的,除非结构自重较轻,而预施应力又较大。鉴于第6.3.1条属于强制性条文,按传真反映又出现拉应力,尽管这些拉应力并非A类构件所要求的拉应力,但仍需面对。为此,建议:①在满足规范公式(6.3.1-3)的前提下,可否适当减少预应力钢筋,以此消除跨中受压区的拉应力？②或者在出现拉应力的区域配置纵向普通钢筋，其截面面积不应小于 $0.003bh_0$，这是部分预应力混凝土受弯构件的最小配筋率（见规范第 9.1.12 条），除在按作用短期效应组合下受拉区配置外，在本结构按荷载长期效应组合下出现的拉应力区也配置；同时与按规范第 7.2.8 条计算本结构处于简支状态时，构件预拉区（即使用阶段的受压区）的应力情况及其配筋率比较，取两者较大者。普通钢筋采用带肋钢筋，直径最好不大于 14mm，在中间跨跨中一定范围内沿上边缘（保持一定保护层）均匀布置。

问题 3

问题来源：江苏省

我们在按照新规范修订预应力混凝土空心板通用图过程中遇到一些新规范的理解问题，特请教专家。

原空心板通用图系按预应力混凝土 A 类构件设计，我们拟仍按预应力混凝土 A 类构件校核设计。在按新规范计算中发现：

《公路钢筋混凝土及预应力混凝土桥涵设计规范》(JTG D62—2004)第 6.3.1 条规定 A 类预应力构件在作用（或荷载）短期效应组合下 $\sigma_{st}-\sigma_{pc}\leqslant 0.7f_{tk}$，但在荷载长期效应组合下 $\sigma_{lt}-\sigma_{pc}\leqslant 0$，其中 σ_{st} 为作用（或荷载）短期效应组合下构件抗裂验算边缘混凝土的法向拉应力，σ_{lt} 为荷载长期效应组合下构件抗裂验算边缘混凝土的法向拉应力，σ_{st} 及 σ_{lt} 系根据《公路桥涵设计通用规范》(JTG D60—2004)第4.1.7条规定计算的作用效应组合弯矩值计算而得。作用短期效应组合下：汽车荷载不计冲击力，并且乘 0.7；作用长期效应组合下：汽车荷载不计冲击力，并且乘 0.4。如按此规定计算（QJX 程序计算采用了这个规定），构件抗裂验算边缘混凝土不出现法向拉应力，甚至出现较大压应力储备。那么是否意味着在满足规范有关规定情况下预应力钢束可以减少？

另外，《公路桥涵设计通用规范》(JTG D60—2004) 第 4.1.8 条规定:结构构件当需进行弹性阶段截面应力验算时,除特别指明外,各作用效应的分项系数及组合系数均取为1.0,各项应力限值按各设计规范规定采用。此规定能否(或必须)应用于《公路钢筋混凝土及预应力混凝土桥涵设计规范》(JTG D62—2004)第6.3.1条规定的A类预应力构件的抗裂验算?

回答3

(1)预应力钢筋是否要减少,首先要考虑满足受弯构件承载能力极限状态计算的要求。如果按预应力混凝土A类构件计算(这是您设计预定的目标)确实可以通过,而且减少预应力钢筋以后仍能满足构件承载能力的要求,当然可以适当减少预应力钢筋的数量。

(2)按新规范第6.3.1条规定,A类预应力混凝土受弯构件在作用短期效应组合下,应符合$\sigma_{st}-\sigma_{pc}\leqslant 0.7f_{tk}$,这里的短期效应组合对于简支结构,一般应包括永久作用结构重力(含结构附加重力)标准值产生的弯矩值和可变作用汽车荷载频遇值(标准值的0.7倍)、人群荷载频遇值(与标准值等值)、温度梯度作用频遇值(标准值的0.8倍)引起的效应值。因为要减少预应力钢筋,为慎重起见,请注意计算σ_{st}时是否考虑了上述因素,而温度梯度对底板边缘的拉应力要取反温度差应力。A类预应力混凝土受弯构件在荷载长期效应组合下应符合$\sigma_{lt}-\sigma_{pc}\leqslant 0$,这里的$\sigma_{lt}$,按新规范第6.3.1条注①的规定,只考虑结构重力标准值和直接施加于桥上的汽车荷载、人群荷载的准永久值(均为标准值的0.4倍)的影响。在长期效应组合下的要求,原规范对A类预应力构件未作规定,对B类构件见该规范表5.2.32,在结构重力标准值作用下受弯构件不得消压,而新规范要求在结构重力标准值和汽车荷载和人群荷载准永久值作用下才不得消压。显然,新规范要求严格于原规范。因此,原空心板通用图按原规范进行抗裂设计,由于作用短期效应组合计算的原因(新规范的作用短期效应组合与原规范的作用标准值效应组合相比，随计算跨径的变化大约小25%～10%，跨径小差异大，跨径大差异小），而使原图的预应力钢筋有所富余，在减少预应力钢筋以后，更应注意荷载长期效应组合下 $\sigma_{lt}-\sigma_{pc}\leq 0$ 是否得到满足。

此外，A类预应力混凝土受弯构件还应按新规范第9.1.12条的要求，在构件受拉区配置最少的普通钢筋。

(3)《公路桥涵设计通用规范》(JTG D60—2004)第4.1.8条的规定，其含义在构件强度按弹性阶段计算时，对采用作用效应的规定。预应力混凝土构件除需按塑性阶段计算强度外，还要按弹性阶段计算强度。这在新规范第7章第7.1节中作了规定，不但计算构件的压应力，还要计算预应力钢筋的拉应力。预应力混凝土构件的抗裂计算，是从构件抗裂出发只计算受拉区混凝土拉应力，这里不要求计算预应力钢筋的应力。

6.3.2

规范条文

受弯构件由作用(或荷载)产生的截面抗裂验算边缘混凝土的法向拉应力，应按下列公式计算：

$$\sigma_{st}=\frac{M_s}{W_0} \quad (6.3.2\text{-}1)$$

$$\sigma_{lt}=\frac{M_l}{W_0} \quad (6.3.2\text{-}2)$$

式中：M_s——按作用(或荷载)短期效应组合计算的弯矩值；

M_l——按荷载长期效应组合计算的弯矩值，在组合的活荷载弯矩中，仅考虑汽车、人群等直接作用于构件的荷载产生的弯矩值。

注：后张法构件在计算预施应力阶段由构件重力产生的拉应力时，公式(6.3.2-1)、公式(6.3.2-2)中的 W_0 可改用 W_n，W_n 为构件净截面抗裂验算边缘的弹性抵抗矩。

6.3.3

规范条文

预应力混凝土受弯构件由作用(或荷载)短期效应组合和预加力产生的混凝土主拉应力 σ_{tp} 和主压应力 σ_{cp}，应按下列公式计算：

$$\left.\begin{matrix}\sigma_{tp}\\ \sigma_{cp}\end{matrix}\right\}=\frac{\sigma_{cx}+\sigma_{cy}}{2}\pm\sqrt{\left(\frac{\sigma_{cx}-\sigma_{cy}}{2}\right)^2+\tau^2} \quad (6.3.3\text{-}1)$$

$$\sigma_{cx}=\sigma_{pc}+\frac{M_s y_0}{I_0} \quad (6.3.3\text{-}2)$$

$$\sigma_{cy}=0.6\frac{n\sigma'_{pe}A_{pv}}{bS_v} \quad (6.3.3\text{-}3)$$

$$\tau=\frac{V_s S_0}{bI_0}-\frac{\sum\sigma''_{pe}A_{pb}\sin\theta_p\cdot S_n}{bI_n} \quad (6.3.3\text{-}4)$$

式中：σ_{cx}——在计算主应力点，由预加力和按作用(或荷载)短期效应组合计算的弯矩 M_s 产生的混凝土法向应力；

σ_{cy}——由竖向预应力钢筋的预加力产生的混凝土竖向压应力；

τ——在计算主应力点，由预应力弯起钢筋的预加力和按作用(或荷载)短期效应组合计算的剪力 V_s 产生的混凝土剪应力；当计算截面作用有扭矩时，尚应计入由扭矩引起的剪应力；对后张预应力混凝土超静定结构，在计算剪应力时，尚宜考虑预加力引起的次剪力；

σ_{pc}——在计算主应力点，由扣除全部预应力损失后的纵向预加力产生的混凝土法向预压应力，按本规范公式(6.1.5-1)或公式(6.1.5-4)计算；

y_0——换算截面重心轴至计算主应力点的距离；

n——在同一截面上竖向预应力钢筋的肢数；

σ'_{pe}、σ''_{pe}——竖向预应力钢筋、纵向预应力弯起钢筋扣除全部预应力损失后的有效预应力；

A_{pv}——单肢竖向预应力钢筋的截面面积；

S_v——竖向预应力钢筋的间距；

b——计算主应力点处构件腹板的宽度；

A_{pb}——计算截面上同一弯起平面内预应力弯起钢筋的截面面积；

S_0、S_n——计算主应力点以上(或以下)部分换算截面面积对换算截面重心轴、净截面面积对净截面重心轴的面积矩；

θ_p——计算截面上预应力弯起钢筋的切线与构件纵轴线的夹角。

注：①公式(6.3.3-1)、公式(6.3.3-2)中的σ_{cx}、σ_{cy}、σ_{pc}和$\frac{M_s y_0}{I_0}$，当为压应力时以正号代入，当为拉应力时以负号代入；

②对变高度预应力混凝土梁，当计算由作用(或荷载)引起的剪应力时，应计算截面上弯矩和轴向力产生的附加剪应力。

6.3.3 条文说明

本条公式(6.3.3-2)右边第2项是计算由作用(或荷载)短期效应组合产生在主拉应力点的混凝土法向应力，式中用M_s代表短期作用(或荷载)效应组合值。但是，有些作用产生的效应不仅有弯矩M而且还有轴向力N，它们对主应力点的法向应力都有影响。因此，对这些作用应单独计算主应力点的法向应力，再与其他作用(或荷载)产生的法向应力叠加。

规范条文 本规范第9.1.12条

(见P320)

规范条文 本规范第9.4.2条

(见P321)

问题 1

问题来源:江苏省

规范第 6.3.2 条,M_s 是否应说明不包括温度的应力?

回答 1

所问“规范第 6.3.2 条,M_s 应说明不包括温度的应力”,为什么要作这样的说明?M_s 应包括所有可能同时出现的对截面法向拉应力有影响的作用(或荷载),其中也包括梯度温度作用。

问题 2

问题来源:江苏省

关于规范第 6.3.2 条公式 $\sigma_{st}=M_s/W_0$,温度应力不能靠$\frac{M_s}{W_0}$来计算,比如简支梁温度$M_s=0$,但可以有应力,这样理解对否?

回答 2

规范第 6.3.2 条公式 $\sigma_{st}=M_s/W_0$,式中 M_s 表示由作用(或荷载)短期效应组合引起的弯矩,由于计算间接作用引起的 σ_{st} 情况比较复杂,比如日照温度、超静定结构基础不均匀沉降及混凝土收缩、徐变等,计算 σ_{st} 的内力不但有 M,也有 N 或者 M、N 都没有而直接得出 σ_{st}。规范上把这些计算 σ_{st} 的公式都列出是没有必要的,我们只列出直接作用的荷载计算应力的公式,原规范也是这样表达的,一般设计人员都能够理解。规范第 6.3.3 条公式(6.3.3-2)也存在这样的问题,在该条的条文说明中(P191)已作了说明。

问题 3

问题来源:北京市

关于抗裂验算荷载组合的问题：

在规范P58页的抗裂验算下方的注释①中，对于A类预应力混凝土构件，长期荷载作用仅考虑自重和直接施加于桥上的活荷载产生的效应。在规范第6.3.2条的注中明确说明了活荷载仅考虑汽车、人群等直接作用于构件的荷载。请问这个直接作用的荷载是否包括汽车制动力、离心力，以及由汽车荷载引起的土侧压力呢？

回答3

我们先从直接作用和间接作用说起。国家标准《公路工程结构可靠度设计统一标准》(GB/T 50283—1999)第4.1.1条规定，直接作用为直接施加于结构上的集中力或分布力；间接作用为引起结构外加变形或约束变形的地震、基础变位、温度和温度变化、混凝土收缩和徐变等。

以上所说的所有引起结构反应的原因(直接和间接作用)，国际上统称为“作用”；而其中的直接作用称为“荷载”。为什么上述的间接作用不用“荷载”这个术语来表达，是因为它们不是以外力形式施加于结构上的，它们在结构上生产的效应常与结构本身特征、结构所处环境有关。如称“地震荷载”一词，就容易被误解为地震是对结构直接施加的、与地基和结构无关的外力。

来函中问到的汽车制动力、离心力以及由汽车荷载引起的土侧压力都是由汽车产生，当然应包括在直接作用的荷载内。但是，这些荷载都用于计算桥梁的下部结构，如果对A类预应力混凝土构件进行抗裂验算，不应包括这些荷载。

规范第6.3.2条的M_l用于计算第6.3.1条A类预应力混凝土受弯构件在荷载长期效应组合下构件边缘混凝土法向拉应力σ_{lt}，第6.3.1条注①规定，荷载长期效应组合指结构自重和直接施加于桥上的活荷载产生的效应组合。由于是验算垂直截面抗裂，所以M_l中的活荷载只含有汽车和人群荷载的效应。在荷载长期效应组合中，不论对静定或超静定结构，均不考虑间接作用的效应。但计算预应力钢筋的预应力损失时，混凝土收缩和徐变引起的损失仍需考虑。

顺便提醒一下，对A类预应力混凝土构件应按规范第9.4.2条规定采用混合配筋。普通受拉钢筋的最小配筋率按规范第9.1.12条规定执行。

6.4　裂缝宽度验算

6.4.1

规范条文

钢筋混凝土构件和B类预应力混凝土构件，在正常使用极限状态下的裂缝宽度，应按作用(或荷载)短期效应组合并考虑长期效应影响进行验算。

6.4.2

规范条文

钢筋混凝土构件和B类预应力混凝土构件，其计算的最大裂缝宽度不应超过下列规定的限值：

1. 钢筋混凝土构件

1)I类和II类环境　0.20mm

2)III 类和 IV 类环境　0.15mm

2. 采用精轧螺纹钢筋的预应力混凝土构件

1)I 类和 II 类环境　0.20mm

2)III 类和 IV 类环境　0.15mm

3. 采用钢丝或钢绞线的预应力混凝土构件

1)I 类和 II 类环境　0.10mm

2)III 类和 IV 类环境不得进行带裂缝的 B 类构件设计

6.4.3

规范条文

矩形、T 形和 I 形截面钢筋混凝土构件及 B 类预应力混凝土受弯构件，其最大裂缝宽度 W_{fk} 可按下列公式计算：

$$W_{fk} = C_1 C_2 C_3 \frac{\sigma_{ss}}{E_s}\left(\frac{30+d}{0.28+10\rho}\right)(\text{mm}) \qquad (6.4.3\text{-}1)$$

$$\rho = \frac{A_s + A_p}{bh_0 + (b_f - b)h_f} \qquad (6.4.3\text{-}2)$$

式中：C_1——钢筋表面形状系数，对光面钢筋，$C_1=1.4$；对带肋钢筋，$C_1=1.0$；

C_2——作用（或荷载）长期效应影响系数，$C_2=1+0.5\frac{N_l}{N_s}$，其中 N_l 和 N_s 分别为按作用（或荷载）长期效应组合和短期效应组合计算的内力值（弯矩或轴向力）；

C_3——与构件受力性质有关的系数，当为钢筋混凝土板式受弯构件时，$C_3=1.15$，其他受弯构件 $C_3=1.0$，轴心受拉构件 $C_3=1.2$，偏心受拉构件 $C_3=1.1$，偏心受压构件 $C_3=0.9$；

σ_{ss}——钢筋应力，按本规范第 6.4.4 条的规定计算；

d——纵向受拉钢筋直径(mm)，当用不同直径的钢筋时，d 改用换算直径 d_e，$d_e=\frac{\sum n_i d_i^2}{\sum n_i d_i}$，式中，对钢筋混凝土构件，$n_i$ 为受拉区第 i 种普通钢筋的根数，d_i 为受拉区第 i 种普通钢筋的公称直径；对混合配筋的预应力混凝土构件，预应力钢筋为由多根钢丝或钢绞线组成的钢丝束或钢绞线束，式中 d_i 为普通钢筋公称直径、钢丝束或钢绞线束的等代直径 d_{pe}，$d_{pe}=\sqrt{n}d$，此处，n 为钢丝束中钢丝根数或钢绞线束中钢绞线根数，d 为单根钢丝或钢绞线的公称直径。对于钢筋混凝土构件中的焊接钢筋骨架，公式(6.4.3-1)中的 d 或 d_e 应乘以 1.3 系数；

ρ——纵向受拉钢筋配筋率，对钢筋混凝土构件，当 $\rho>0.02$ 时，取 $\rho=0.02$；当 $\rho<0.006$ 时，取 $\rho=0.006$；对于轴心受拉构件，ρ 按全部受拉钢筋截面面积 A_s 的一半计算；

b_f——构件受拉翼缘宽度；

h_f——构件受拉翼缘厚度。

注：当配置环氧树脂涂层带肋钢筋时，公式(6.4.3-1)中的 d 或 d_e 应乘以 1.25 系数。

箱形截面受弯构件的最大裂缝宽度可参照本条的规定计算。

6.4.4

规范条文

由作用(或荷载)短期效应组合引起的开裂截面纵向受拉钢筋的应力 σ_{ss}，可按下列公式计算：

1. 钢筋混凝土构件

轴心受拉构件　$$\sigma_{ss}=\frac{N_s}{A_s} \tag{6.4.4-1}$$

受弯构件 $$\sigma_{ss}=\frac{M_s}{0.87A_sh_0} \tag{6.4.4-2}$$

偏心受拉构件 $$\sigma_{ss}=\frac{N_se'_s}{A_s(h_0-a'_s)} \tag{6.4.4-3}$$

偏心受压构件

$$\sigma_{ss}=\frac{N_s(e_s-z)}{A_sz} \tag{6.4.4-4}$$

$$z=\left[0.87-0.12(1-\gamma'_f)\left(\frac{h_0}{e_s}\right)^2\right]h_0 \tag{6.4.4-5}$$

$$e_s=\eta_se_0+y_s \tag{6.4.4-6}$$

$$\gamma'_f=\frac{(b'_f-b)h'_f}{bh_0} \tag{6.4.4-7}$$

$$\eta_s=1+\frac{1}{4000e_0/h_0}\left(\frac{l_0}{h}\right)^2 \tag{6.4.4-8}$$

式中：A_s——受拉区纵向钢筋截面面积：对轴心受拉构件，取全部纵向钢筋截面面积；对偏心受拉构件，取受拉较大边的纵向钢筋截面面积；对受弯、偏心受压构件，取受拉区纵向钢筋截面面积；

e'_s——轴向拉力作用点至受压区或受拉较小边纵向钢筋合力点的距离；

e_s——轴向压力作用点至纵向受拉钢筋合力点的距离；

z——纵向受拉钢筋合力点至截面受压区合力点的距离，且不大于 $0.87h_0$；

η_s——使用阶段的轴向压力偏心距增大系数，当 $l_0/h\leqslant 14$ 时，取 $\eta_s=1.0$；

y_s——截面重心至纵向受拉钢筋合力点的距离；

γ'_f——受压翼缘截面面积与腹板有效截面面积的比值；

b'_f、h'_f——受压区翼缘的宽度、厚度，在公式(6.4.4-7)中，当 $h'_f>$

$0.2h_0$ 时，取$h'_f=0.2h_0$；

N_s、M_s——按作用(或荷载)短期效应组合计算的轴向力值、弯矩值。

2. 预应力混凝土受弯构件

$$\sigma_{ss}=\frac{M_s\pm M_{p2}-N_{p0}(z-e_p)}{(A_p+A_s)z} \tag{6.4.4-9}$$

$$e=e_p+\frac{M_s\pm M_{p2}}{N_{p0}} \tag{6.4.4-10}$$

式中：z——受拉区纵向普通钢筋和预应力钢筋合力点至截面受压区合力点的距离，按公式(6.4.4-5)计算，但式中的 e_s 以公式(6.4.4-10)的 e 代入；

e_p——混凝土法向应力等于零时纵向预应力钢筋和普通钢筋的合力 N_{p0} 的作用点至受拉区纵向预应力钢筋和普通钢筋合力点的距离；

N_{p0}——混凝土法向应力等于零时预应力钢筋和普通钢筋的合力，先张法构件和后张法构件均按本规范公式(6.1.6-1)计算。该式中的 σ_{p0} 和 σ'_{p0}，先张法构件按本规范公式(6.1.6-2)计算；后张法构件按本规范公式(6.1.6-5)及第 6.1.5 条注②规定计算；

M_{p2}——由预加力 N_p 在后张法预应力混凝土连续梁等超静定结构中产生的次弯矩。

注：在公式(6.4.4-9)、公式(6.4.4-10)中，当 M_{p2} 与 M_s 的作用方向相同时，取正号；相反时，取负号。

6.4.5

规范条文

圆形截面钢筋混凝土偏心受压构件，其最大裂缝宽度 W_{fk} 可按下列公式计算：

$$W_{fk}=C_1C_2\left[0.03+\frac{\sigma_{ss}}{E_s}\left(0.004\frac{d}{\rho}+1.52C\right)\right](\text{mm}) \qquad (6.4.5\text{-}1)$$

$$\sigma_{ss}=\left[59.42\frac{N_s}{\pi r^2 f_{cu,k}}\left(2.80\frac{\eta_s e_0}{r}-1.0\right)-1.65\right]\cdot\rho^{-\frac{2}{3}}(\text{MPa}) \qquad (6.4.5\text{-}2)$$

式中：N_s——按作用(或荷载)短期效应组合计算的轴向力(N)；

C_1——钢筋表面形状系数，对光面钢筋，$C_1=1.4$；对带肋钢筋，$C_1=1.0$；

C_2——作用(或荷载)长期效应影响系数，按本规范第 6.4.3 条规定计算；

σ_{ss}——截面受拉区最外缘钢筋应力，当按公式(6.4.5-2)计算的 $\sigma_{ss}\leqslant 24\text{MPa}$ 时，可不必验算裂缝宽度；

d——纵向钢筋直径(mm)；

ρ——截面钢筋率，$\rho=A_s/\pi r^2$；

C——混凝土保护层厚度(mm)；

r——构件截面半径(mm)；

η_s——使用阶段的偏心距增大系数，按本规范公式(6.4.4-8)计算，式中 h 以 $2r$ 代替；h_0 以 $(r+r_s)$ 代替；当 $l_0/2r\leqslant 14$ 时，可取 $\eta_s=1.0$；

e_0——轴向力 N_s 的偏心距(mm)；

$f_{cu,k}$——边长为 150mm 的混凝土立方体抗压强度标准值，设计时取混凝土强度等级(MPa)；

r_s——构件截面纵向钢筋所在圆周的半径(mm)；

l_0——构件的计算长度，按第 5.3.1 条表注及工程经验确定。

？ 问题 1

问题来源：江苏省

规范第 6.4.4 条，根据公式(6.4.3-1)，存在钢筋应力即有裂缝，要注意以下问题：

对于钢筋拉应力，应用公式(6.4.4)时，比如在截面核芯内，应该注意发生条件。

回答 1

现将你来函的这条全部内容抄录如下："规范第 6.4.4条，根据公式(6.4.3-1)，存在钢筋应力即有裂缝，要注意以下问题：对于钢筋拉应力，应用公式 6.4.4 时，比如在截面核芯内，应该注意发生条件"；你的意思是否要说，规范第 6.4.4 条必须给出"发生的条件"？但是你不会没有注意，这条的条文就已指出计算"开裂截面纵向受拉钢筋的应力 σ_{ss}"，在公式符号说明中多次提到"纵向受拉钢筋"，这就是你说的"发生条件"。至于出现多少拉应力，通过第 6.4.3 条的公式计算才能符合第 6.4.2 条规定的裂缝宽度限值的要求，这要视具体情况而定。但是，"截面核芯"在这里是根本不能引用的。

问题 2

问题来源：上海市

采用规范第 6.4.3 条和第 6.4.4 条验算实心矩形截面的裂缝宽度时，发现如下问题：

(1)采用相同的弯矩值、不同的轴力值时，轴力大者裂缝宽度大。

(2)采用较大的轴力、很小的弯矩进行验算，裂缝宽度很大。特附算例(表 2-2)，请专家指教！

表 2-2

纵向抗弯最大裂缝宽度计算	
钢筋形状系数 C_1	1.00
荷载作用系数 C_2	1.50

续上表

纵向抗弯最大裂缝宽度计算	
构件形式系数 C_3	0.90
钢筋弹性模量 E_g	2.0E+0.5
短期效应组合轴力 N_s(kN)	5 773.3
短期效应组合弯矩 M_s(kN·m)	2 407.9
长期效应组合弯矩 N_1(kN·m)	2 407.9
腹板厚 b(mm)	1 300
受压区翼缘宽度 b'_f	1 300.0
受压区翼缘厚度 h'_f	0.0
受拉翼缘宽度 b_f	1 300.0
受拉翼缘厚度 h_f	0.0
截面高度 h(mm)	1 400
有效高度 h_0(mm)	1 350
构件计算长度 l_0(mm)	7 517
截面重心至纵向受拉钢筋合力点距离 y_s(mm)	650
偏心距 e_0(mm)	417
轴向压力偏心距增大系数 η_s	1.00
受压翼缘截面面积与腹板有效截面面积比 γ'_f	0.00
轴力至受拉钢筋距离 e_s(mm)	1 067
受拉钢筋直径 d(mm)	25.0
受拉钢筋根数	12
受拉钢筋截面面积 A_s(mm^2)	5 890
含筋率 μ	0.006
受拉钢筋至截面受压区合力点距离 z(mm)	915
受拉钢筋应力 σ_s(MPa)	0.68
最大裂缝宽度 δ_{fmax}(mm)	0.177 0
钢筋形状系数 C_1	1.00
荷载作用系数 C_2	1.50
构件形式系数 C_3	0.90
钢筋弹性模量 E_g	2.0E+0.5

续上表

纵向抗弯最大裂缝宽度计算	
短期效应组合轴力 N_s(kN)	8 627.0
短期效应组合弯矩 M_s(kN·m)	2 407.9
长期效应组合弯矩 N_1(kN·m)	2 407.9
腹板厚 b(mm)	1 300
受压区翼缘宽度 b'_f	1 300.0
受压区翼缘厚度 h'_f	0.0
受拉翼缘宽度 b_f	1 300.0
受拉翼缘厚度 h_f	0.0
截面高度 h(mm)	1 400
有效高度 h_0(mm)	1 350
构件计算长度 l_0(mm)	6 556
截面重心至纵向受拉钢筋合力点距离 y_s(mm)	650
偏心距 e_0(mm)	279
轴向压力偏心距增大系数 η_s	1.00
受压翼缘截面面积与腹板有效截面面积比 γ'_f	0.00
轴力至受拉钢筋距离 e_s(mm)	929
受拉钢筋直径 d(mm)	25.0
受拉钢筋根数	12
受拉钢筋截面面积 A_s(mm^2)	5 890
含筋率 μ	0.006
受拉钢筋至截面受压区合力点距离 z(mm)	832
受拉钢筋应力 σ_g(MPa)	170
最大裂缝宽度 δ_{fmax}(mm)	0.185 6

回答 2

(1)偏心受压构件，当构件截面尺寸、受拉钢筋配筋率等相同时，影响其裂缝宽度的主要因素是轴向力及其偏心距。在承受相同弯矩的情况下，较大的轴向力其偏心距较小；较小的轴向力其偏心距必然较大，两者都有可能控制裂缝计算，视其具体情况而定。

(2)你提供的第二根偏压构件，其偏心距很小，只有 $e_0=\frac{2407.9}{8627}=0.2791\text{m}=279\text{mm}$，但按规范公式计算所得裂缝宽度却很大。这里，你忽视了一点，就是像这根接近于轴心受压的偏压构件，必定是全截面受压，配置的钢筋处于受压状态，构件不会出现裂缝，而规范的有关计算公式中，如 e_s 或 z 都注明是从受拉钢筋到某一处(轴向力或受压区合力点)的距离。因此，在应用规范的规定计算偏压构件的裂缝宽度时，要进行初步的判断，该构件受拉区的纵向钢筋是否受拉。可以说，小偏心受压构件即使纵向钢筋出现一些拉应力，但其裂缝宽度还是很小，可不必验算。一般情况下，构件的相对偏心距 $e_0/h_0\leqslant 0.3$，甚至更大一些，受拉边裂缝宽度不会太大，可以不进行验算。

问题 3

问题来源：江苏省

有疑问如下：规范第 7 章第 7.1 节持久状况预应力混凝土构件应力计算内容与第 6 章第 6.3 节、第 6.4 节中应力计算内容的关系？他们计算条件有何差异？第 7 章第 7.1 节应力计算为何另分一章？可否归入到前面章节中？这样在规范的理解上，前面为持久状况，后面为短暂状况，更为清晰明了。

回答 3

规范 7.1 节的持久状况预应力混凝土构件应力计算，其实质是构件的强度计算，是对第 5 章承载能力极限状态计算的补充。按公路桥梁设计以往的传统，考虑预应力混凝土桥梁较为复杂，设计时既要计算构件的承载力，又要计算构件的应力，采用双控的办法。

规范第6.3节和第6.4节的内容用于构件的抗裂和裂缝宽度验算，这些验算均属于正常使用极限状态范围，其性质与规范第7.1节的内容是完全不同的。正常使用极限状态设计时，作用(或荷载)采用短期效应组合或长期效应组合，汽车不计冲击系数，构件截面用以计算混凝土拉应力或钢筋拉应力，借此再进行抗裂或裂缝宽度验算。计算这些拉应力不是最终目的，所以规范也不作限值的规定。第7.1节，作用(或荷载)采用标准值组合，汽车要计入冲击系数，不但要计算钢筋拉应力，而且主要还要计算混凝土压应力，这些应力不能超过规范规定的限值。

？问题4

问题来源：湖北省

关于实心矩形截面偏心受压裂缝宽度计算的几个问题。

1.按规范公式计算

【例1】 已知一桥墩墩底截面如图2-9所示，$b=4\text{m}$，$h=9.5\text{m}$，受拉边与受压边均配置20根HRB335级2 ϕ 32的束筋，$A_s=A'_s=40\times 8.043/10^4=0.032172(\text{m}^2)$，钢筋重心至截面边缘的距离为$a_s=0.082\text{m}$，$h_0=h-a_s=9.418(\text{m})$，纵向受拉钢筋配筋率$p=A_s/(b\times h_0)=0.000854$，根据规范取$p=0.006$，钢筋的弹性模量

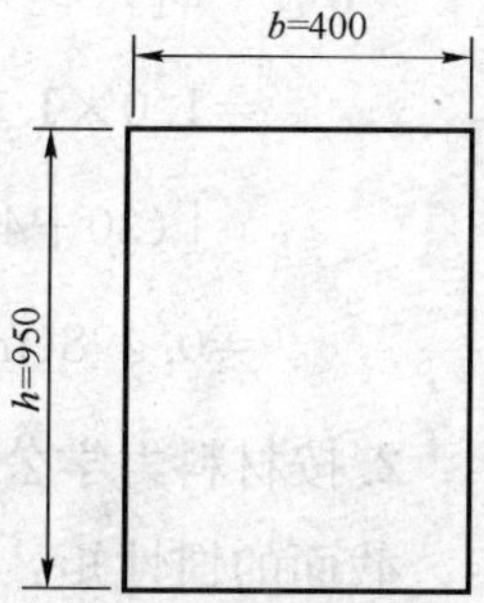

图2-9(尺寸单位：cm)

$E_s=2.0\times 10^8\text{kPa}$，钢筋直径$d=\sqrt{2}\times 32=45.255\text{mm}$，承受短期荷载效应组合内力$M_s=106857.8\text{kN}\cdot\text{m}$，$N_s=95163.3\text{kN}$，承受长期荷载效应组合内力$N_1=95163.3\text{kN}$，$e_0=M_s/N_s=1.123\text{m}$，$C_1=1.0$，$C_2=1+0.5\times N_1/N_s=1.5$，$C_3=0.9$，$\gamma'_f=0$(实心截面)，桥墩计算长度$l_0=100\text{m}$。$\eta_s=1+\dfrac{1}{4000\times e_0/h_0}\times\left(\dfrac{l_0}{h}\right)^2$，因$l_0/h=100/9.5=10.526\leqslant 14$，所以，$\eta_s=1$。

$$y_s = h/2 - a_s = 9.5/2 - 0.082$$
$$= 4.668(\mathrm{m})$$
$$e_s = \eta_s \times e_0 + y_s = 1 \times 1.123 + 4.668$$
$$= 5.791(\mathrm{m})$$
$$z = [0.87 - 0.12 \times (1 - \gamma_f') \times (h_0/e_s)^2] \times h_0$$
$$= [0.87 - 0.12 \times (1 - 0) \times (9.418/5.791)^2] \times 9.418$$
$$= 5.2045(\mathrm{m})$$

受拉钢筋应力：

$$\sigma_s = N_s \times (e_s - z)/(A_s \times z)$$
$$= 95163.3 \times (5.791 - 5.2045)/(0.032172 \times 5.2045)$$
$$= 333334.63(\mathrm{kPa})$$

桥墩的裂缝宽度：

$$W_{fk} = C_1 \times C_2 \times C_3 \times (\sigma_s/E_s) \times [(30 + d)/(0.28 + 10 \times p)]$$
$$= 1.0 \times 1.5 \times 0.9 \times (333334.63/2.0 \times 10^8) \times$$
$$[(30 + 45.255)/(0.28 + 10 \times 0.006)]$$
$$= 0.498(\mathrm{mm})$$

2. 按材料力学公式计算(不计钢筋的作用)

截面的惯性矩：

$$I = b \times h^3/12 = 4 \times 9.5^3/12 = 285.792(\mathrm{m}^4)$$

截面的抗弯模量：

$$W = I/(h/2) = 285.792/(9.5/2) = 60.1667(\mathrm{m}^3)$$

受拉边缘的应力：

$$\sigma = M_s/W - N_s/(b \times h)$$
$$= 106857.8/60.1667 - 95163.3/(4 \times 9.5)$$
$$= -728.3(\mathrm{kPa})(\text{压应力})$$

根据材料力学公式受拉边缘尚处于受压状态且未考虑钢筋作用,为何按规范公式计算反而有较大的裂缝? 规范公式与材料力学公式的矛盾如何解释?

回答 4

规范有关钢筋混凝土构件计算裂缝宽度的公式(第 6.4.3 条和第 6.4.4 条)都是在假定截面开裂后而建立起来的,例如对偏心受压构件计算钢筋应力的公式(6.4.4-4),其中内力臂 z 就是通过试验统计取得,显然与材料力学公式按全截面计算混凝土应力是完全不同的两回事。

[例 1]配筋不符合规范第 9.1.12 条规定的最小配筋率的要求。桥墩计算长度 $l_0=100\text{m}$ 要慎重对待。

问题 5

问题来源:湖北省

关于箱形截面偏心受压裂缝宽度计算的问题。

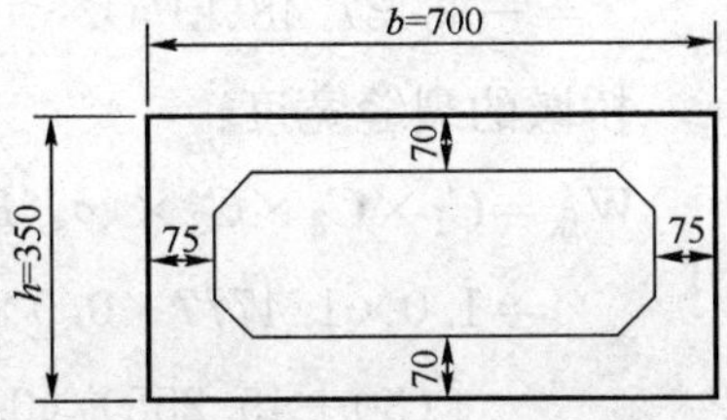

图 2-10(尺寸单位:cm)

【例 2】 已知一桥墩墩底截面如图 2-10所示,$b=1.5\text{m}$,$h=3.5\text{m}$,$b'_f=7\text{m}$,$b'_f=0.7\text{m}$,$b_f=7\text{m}$,$h_f=0.7\text{m}$,受拉边与受压边均配置 45 根 HRB335 级 2 ϕ 32的束筋,$A_s=A'_s=90\times8.043/10^4=0.072387(\text{m}^2)$,钢筋重心至截面边缘的距离为 $a_s=0.084\text{m}$,$h_0=h-a_s=3.164\text{m}$,纵向受拉钢筋配筋率 $p=\dfrac{A_s}{b\times h_0+(b_f-b)\times h_f}=\dfrac{0.072387}{1.5\times3.416+(7-1.5)\times0.7}=0.008066$,钢筋的弹性模量 $E_s=2.0\times10^8\text{kPa}$,钢筋直径 $d=\sqrt{2}\times32=45.255\text{mm}$,承受短期荷载效应组合内力 $M_s=3760.9\text{kN}\cdot\text{m}$,$N_s=13684\text{kN}$,承受长期荷载效应组合内力 $N_1=13074\text{kN}$,$e_0=M_s/N_s=0.2748\text{m}$,$C_1=1.0$,$C_2=1+$

$0.5\times N_1/N_s=1.4777$，$C_3=0.9$，$\gamma'_f=\dfrac{(b'_f-b)\times h'_f}{b\times h_0}=\dfrac{(7-1.5)\times 0.7}{1.5\times 3.416}=0.7514$，桥墩计算长度 $l_0=67$m。

$$\eta_s=1+\frac{1}{4000\times e_0/h_0}\times(\frac{l_0}{h})^2=1+\frac{1}{4000\times 0.2748/3.416}\times(\frac{67}{3.5})^2=2.1388$$

$$y_s=h/2-a_s=3.5/2-0.084=1.666(\text{m})$$

$$\begin{aligned}e_s&=\eta_s\times e_0+Y_s\\&=2.1388\times 0.2748+1.666\\&=2.2537(\text{m})\end{aligned}$$

$$\begin{aligned}z&=[0.87-0.12\times(1-\gamma'_f)\times(h_0/e_s)^2]\times h_0\\&=[0.87-0.12\times(1-0.7514)\times(3.416/2.2537)^2]\times 3.416\\&=2.738(\text{m})\end{aligned}$$

受拉钢筋应力：

$$\begin{aligned}\sigma_s&=N_s\times(e_s-z)/(A_s\times z)\\&=13684\times(2.2537-2.738)/(0.072387\times 2.738)\\&=-33437.48(\text{kPa})\end{aligned}$$

桥墩的裂缝宽度：

$$\begin{aligned}W_{fk}&=C_1\times C_2\times C_3\times(\sigma_s/E_s)\times[(30+d)/(0.28+10\times p)]\\&=1.0\times 1.4777\times 0.9\times(-33437.48/2.0\times 10^8)\times\\&\quad[(30+45.255)/(0.28+10\times 0.008066)]\\&=-0.046(\text{mm})\end{aligned}$$

根据规范公式计算，为何裂缝宽度会出现负值？该结果的含义是什么？其结果应如何处理？

回答 5

关于空心墩计算实例[例 2]，在构件较小受压边的钢筋应力出现负值，根据内外力矩平衡，$e_s<z$，钢筋应力应为压应力，该构件属于小偏心

受压，裂缝宽度无需计算。规范明确规定，e_s 为轴向压力作用点至纵向受拉钢筋合力点的距离，z 为纵向受拉钢筋合力点至截面受压区合力点的距离，实际情况是构件钢筋非受拉而是受压，因而就出现了无法解释的负的裂缝宽度。

问题 6

问题来源：湖北省

根据现行《港口工程混凝土结构设计规范》(JTJ 267—98)第 5.6.2条注(P51)和《混凝土结构设计规范》(GB 50010—2002)第 8.1.2条注 2(P101)规定，$e_0/h_0 \leqslant 0.55$ 的偏心受压构件可不验算裂缝宽度。为何本规范无该方面的规定？我院在设计计算中发现许多偏心并不大的工况其裂缝宽度反而很大或出现负值，该种情况是否与上述规定有关？

回答 6

《混凝土结构设计规范》(GB 50010—2002)和《港口工程混凝土结构设计规范》(JTJ 267—98)均有 $e_0/h_0 \leqslant 0.55$ 的偏压构件可不验算裂缝宽度的规定，它们都应用于房屋结构。公路桥梁裂缝宽度计算公式和限值与他们不同，再加桥墩计算长度有时很长，截面很大，所以不能采用他们的规定。其实，钢筋混凝土偏压构件裂缝宽度的计算比较简单，只要了解它的计算原理，对每根构件进行初步计算判断，就可确定最后是否需要再作裂缝宽度计算，这样更要放心些。一般情况下，小偏压构件可不作裂缝验算。

问题 7

问题来源：湖北省

我院在设计过程中发现对于外缘尺寸 b、h 值相同的实心截面与空心截面，在受力相同的情况下实心截面的裂缝宽度远大于空心截面的裂缝宽度。一般对于箱形薄壁桥墩来说墩底有一定高度的实心段，但在极限承载能力验算均满足规范要求的情况下，如果空心截面的裂缝宽度满足规范要求而实心截面的裂缝宽度不满足规范要求，在该种情况下墩底是否可不设置实心段？

回答 7

偏心受压构件裂缝宽度验算，主要影响因素是内力臂 z，这是一个实心标准截面的试验经验公式，对箱形截面具有一定的近似性，且纵向钢筋的最小配筋率比实心截面容易满足，这些情况在设计中应加以考虑。至于要不要保持墩底的实心段，这本是一个安全措施，由设计人员凭经验确定。对于计算长度很大的墩子，计算固然是必要的，但实际处理应偏于保险为宜。

6.5 挠 度 验 算

6.5.2

规范条文

受弯构件的刚度可按下式计算：

1.钢筋混凝土构件

$$B=\frac{B_0}{\left(\frac{M_{\mathrm{cr}}}{M_{\mathrm{s}}}\right)^2+\left[\left(1-\frac{M_{\mathrm{cr}}}{M_{\mathrm{s}}}\right)^2\right]\frac{B_0}{B_{\mathrm{cr}}}} \tag{6.5.2-1}$$

$$M_{\mathrm{cr}}=\gamma f_{\mathrm{tk}}W_0 \tag{6.5.2-2}$$

式中：B——开裂构件等效截面的抗弯刚度；

B_0——全截面的抗弯刚度，$B_0=0.95E_cI_0$；

B_{cr}——开裂截面的抗弯刚度，$B_{cr}=E_cI_{cr}$；

M_{cr}——开裂弯矩；

γ——构件受拉区混凝土塑性影响系数，按公式(6.5.2-7)计算；

I_0——全截面换算截面惯性矩；

I_{cr}——开裂截面换算截面惯性矩；

f_{tk}——混凝土轴心抗拉强度标准值。

2. 预应力混凝土构件

1)全预应力混凝土和A类预应力混凝土构件

$$B_0=0.95E_cI_0 \tag{6.5.2-3}$$

2)允许开裂的B类预应力混凝土构件

在开裂弯矩 M_{cr} 作用下

$$B_0=0.95E_cI_0 \tag{6.5.2-4}$$

在(M_s-M_{cr})作用下

$$B_{cr}=E_cI_{cr} \tag{6.5.2-5}$$

开裂弯矩 M_{cr} 按下式计算

$$M_{cr}=(\sigma_{pc}+\gamma f_{tk})W_0 \tag{6.5.2-6}$$

$$\gamma=\frac{2S_0}{W_0} \tag{6.5.2-7}$$

式中：S_0——全截面换算截面重心轴以上(或以下)部分面积对重心轴的面积矩；

σ_{pc}——扣除全部预应力损失预应力钢筋和普通钢筋合力 N_{p0} 在构件抗裂边缘产生的混凝土预压应力，先张法构件和后张法构件均按本规范公式(6.1.5-1)计算,但后张法构件采用净截面;该式中的 N_{p0} 与本规范第 6.4.4 条同样办理;

W_0——换算截面抗裂边缘的弹性抵抗矩。

注:对变截面连续梁,当支座截面刚度不大于跨中截面刚度的两倍时,构件刚度仍可采用跨中截面刚度。

6.5.2 条文说明(摘录)

将公式(6-14)、公式(6-15)代入公式(6-18),整理后得:

$$B=\frac{B_0}{\left(\frac{M_{cr}}{M_s}\right)^2+\left[1-\left(\frac{M_{cr}}{M_s}\right)^2\right]\frac{B_0}{B_{cr}}} \tag{6-19}$$

6.5.3

规范条文

受弯构件在使用阶段的挠度应考虑荷载长期效应的影响,即按荷载短期效应组合和本规范第6.5.2条规定的刚度计算的挠度值,乘以挠度长期增长系数 η_θ。挠度长期增长系数可按下列规定取用:

当采用 C40 以下混凝土时,$\eta_\theta=1.60$;

当采用 C40～C80 混凝土时,$\eta_\theta=1.45～1.35$,中间强度等级可按直线内插取用。

钢筋混凝土和预应力混凝土受弯构件按上述计算的长期挠度值,在消除结构重力产生的长期挠度后梁式桥主梁的最大挠度处不应超过计算跨径的 1/600;梁式桥主梁的悬臂端不应超过悬臂长度的 1/300。

6.5.4

规范条文

预应力混凝土受弯构件由预加力引起的反拱值，可用结构力学方法按刚度 E_cI_0 进行计算，并乘以长期增长系数。计算使用阶段预加力反拱值时，预应力钢筋的预加力应扣除全部预应力损失，长期增长系数取用 2.0。

6.5.5

规范条文

受弯构件的预拱度可按下列规定设置：

1. 钢筋混凝土受弯构件

1）当由荷载短期效应组合并考虑荷载长期效应影响产生的长期挠度不超过计算跨径的 1/1 600 时，可不设预拱度；

2）当不符合上述规定时应设预拱度，且其值应按结构重力和 1/2 可变荷载频遇值计算的长期挠度值之和采用。

2. 预应力混凝土受弯构件

1）当预加应力产生的长期反拱值大于按荷载短期效应组合计算的长期挠度时，可不设预拱度；

2）当预加应力的长期反拱值小于按荷载短期效应组合计算的长期挠度时应设预拱度，其值应按该项荷载的挠度值与预加应力长期反拱值之差采用。

对自重相对于活载较小的预应力混凝土受弯构件，应考虑预加应力反拱值过大可能造成的不利影响，必要时采取反预拱或设计和施工上的其他措施，避免桥面隆起直至开裂破坏。

注：①汽车荷载频遇值为汽车荷载标准值的0.7倍，人群荷载频遇值等于其标准值；

②预拱的设置应按最大的预拱值沿顺桥向做成平顺的曲线。

规范条文　本规范第4.2.3条

（见P132）

规范条文　《公路桥涵设计通用规范》第4.1.1条

（见31）

规范条文　《公路桥涵设计通用规范》第4.1.7条

（见P37）

问题1

问题来源：广东省

在使用《公路钢筋混凝土及预应力混凝土桥涵设计规范》(JTG D62—2004)时有以下疑问，请教专家。

(1)规范公式(6.5.2-1)与该规范P76条文应用算例（人民交通出版社出版）不同。是否应为：

$$B=\frac{B_0}{\left(\frac{M_{cr}}{M_s}\right)^2+\left[1-\left(\frac{M_{cr}}{M_s}\right)^2\right]\frac{B_0}{B_{cr}}} \qquad (6.5.2\text{-}1)$$

回答1

规范第6.5.2条公式(6.5.2-1)与该规范“条文应用算例”第76页引用的公式是相同的，请再仔细比较。

问题2

问题来源：贵州省

规范第6.5.3条中规定：受弯构件在使用阶段的挠度应考虑荷载长期效应的影响，即按“荷载短期效应组合”和第6.5.2条规定的刚度计算挠度值，乘以挠度长期增长系数。这个“荷载短期效应组合”除了考虑重力和汽车荷载、人群荷载外，是否要考虑收缩徐变、温度效应的作用等？规范的“条文应用算例”中仅考虑了直接作用于桥上的重力、汽车和人群荷载，相应的荷载系数是采用了“荷载短期效应组合”的规定。

回答2

规范第6.5.3条中“荷载短期效应组合”指重力、活载(包括人群荷载，汽车不计冲击力)，不考虑收缩、徐变、温度效应的作用。

问题3

问题来源：上海市

规范第6.5.3条，“……长期挠度值，在消除结构重力产生的长期挠度后……不应超过计算跨径的……”，其中的“长期挠度值”还包括了预应力等效应的挠度。该条款表述和原规范不同，是否有特别的含义？

“在消除结构重力产生的长期挠度后”中的结构重力是否包括铺装、栏杆等二期恒载？

回答3

规范第6.5.3条规定的受弯构件的挠度是指使用阶段的挠度，用于计算挠度的荷载短期效应组合中的结构重力应包括铺装、栏杆等结构附加重力(见《公路桥涵设计通用规范》(JTG D60—2004)表4.1.1)，“在消除结构重力产生的长期挠度后”当然也包括铺装、栏杆等重力。

问题 4

问题来源：江苏省

规范第 6.5.3 条，“荷载短期效应组合”，是否有专门定义？因为按照《公路桥涵设计通用规范》(JTG D60—2004)，是作用短期组合，那么“荷载短期效应组合”，是否特指活载和恒载，而且恒载是否特指重力，而不包括收缩、徐变的作用呢？因为长期系数已经考虑了收缩、徐变作用的影响。还有，“荷载短期效应组合”是否包括温度呢？如果要用“荷载短期效应组合”这个术语，最好专门定义。

回答 4

规范第 6.5.3 条所说“荷载短期效应组合”与《公路桥涵设计通用规范》(JTG D60—2004)的“作用短期效应组合”含义是相同的。只是前者指直接施加于桥梁上的外力的短期效应组合，后者是指直接和间接的所有作用的短期效应组合。只要你看了上述“作用和荷载”关系的说明后，就会理解。

问题 5

问题来源：山东省

(1)规范第 6.5.3 条和第 6.5.5 条中“荷载短期效应组合”是不是不包括徐变作用、温度作用和预应力？

之所以认为不包括徐变和温度作用是因为：①组合为“荷载”短期效应组合，不是“作用”短期效应组合，而温度和徐变属于作用，不是狭义的荷载。②挠度长期增长系数 η_θ 已经包括了徐变的因素(这样认为对吗?)。

之所以认为不包括预应力是因为：①第 6.5.5 条中对预应力反拱值和荷载短期效应组合挠度值进行比较，能比较的两个对象，肯定是相对独立的，不能互相包含。既然本条荷载短期效应组合不包括预应力，那么在第 6.5.3 条与第 6.5.5 条中表述无任何区别的“荷载短期效应组合”也不包括预应力。②第 6.5.3 条对荷载短期效应组合计算挠度的长期增长系数 η_θ 的值有明确规定(C40：1.6；C40～C80：1.45～1.35)，而第 6.5.4 条又特别对预应力的长期增长系数进行了规定(2.0)，而且两条中对挠度计算取用的刚度值也不同(荷载短期效应组合按第 6.5.2 条规定的刚度值，而预应力按刚度 E_cI_0 计算)。

(2)规范中认为反拱值过大可能造成不利影响，但反拱值限值多大？在设计中怎么控制？

(3)规范第 4.2.3 条规定箱形截面梁上下翼缘采用有效宽度，采用了有效宽度后，是不是就不用再考虑剪滞造成的应力增大？

回答 5

(1)受弯梁所以要计算挠度，其主要目的是要保证梁具有足够的刚度，使汽车过桥时梁的变形不要过大，车辆行驶不颠簸，平顺通行。因此，该项计算一般只考虑汽车和人群荷载引起的挠度值。预加力引起的变形与梁的挠度相反，它不能被考虑在外荷载之内，但计算梁的刚度时要考虑预应力钢筋的存在。

(2)预应力混凝土受弯构件由预加力引起的反拱值，在很多情况下可以作为梁的预拱度或其一部分，但当跨径较小，即恒、活载比例较小时，由于计算截面应力的需要，往往施加较大预应力。当桥上空载时就显示出梁的较大反拱值，且随时间增长反拱值越来越大，有可能造成对桥面不利的情况。本来，由预加力引起的反拱值大小，并不影响桥梁的正常使用，更不致涉及结构的安全。无需规定反拱值的限值；国内、外同类规范均无此项规定。本规范第 6.5.5 条关于“预加应力反拱值过大可能造成的不利影响”，只是对少数建桥实践中出现问题的概述，以便引起设计人员的关注，而这些问题多半是设计中考虑不周，措施不到位引起的。

(3)规范第 4.2.3 条提供的箱形截面翼缘有效宽度的求算方法，是按该方法(箱形截面为有效翼缘)计算的翼缘截面应力，与按空间有限元方法计算(箱形截面为翼缘全宽)因剪滞效应产生的翼缘截面应力，两者进行比较后确定的(详细情况见条文说明)，所以采用了有效翼缘宽度后，就不用再考虑翼缘剪滞影响。

问题 6

问题来源:上海市

在实际工程中，预拱度有很多提法，比如施工预拱度(考虑施工结构的变形后再加上设计高程就是现场的立模高程)、成桥预拱度(结构收缩徐变完成后在桥梁理论线形上的抛高值)。从规范的规定来看，第 6.5.5 条的预拱度的概念应该理解成上述哪个预拱度?

如果理解为施工预拱度，收缩徐变的作用和体系转换的影响怎么考虑?

回答 6

桥梁设置预拱度，其最终的目的在于使桥面沿桥梁纵向有一个平顺的曲线，车辆行驶其上较为平稳、顺畅；同时，从侧面观看桥梁也比较美观。

规范第 6.5.5 条的规定只是对桥梁预拱度的设置提出一些原则性的要求，对预应力混凝土桥梁，其中涉及由预加力产生的反拱值和由荷载短期效应组合计算的挠度值都指明是“长期”的，也就是说上述的反拱值和挠度值都包含有考虑混凝土徐变的影响在内。长期增长系数在规范第 6.5.3 条和第 6.5.4 条都作出了规定。

规范规定的预拱度都是指桥梁的使用阶段，所以在计算预应力钢筋的预加力时要扣除全部预应力损失。但是，桥梁预拱度都是在施工阶段完成的。所以来函中提到“施工预拱度”和“成桥预拱度”，它们的含义实际是无意义的。

问题 7

问题来源:江苏省

1. 预拱度问题

(1)问题的提出:

在这次悬臂施工中,监控单位让我们设计院提供“成桥预拱度”,他们认为:预拱度=施工预拱度+成桥预拱度。

施工预拱度=一次落架时或桥梁合龙成桥时所发生的累计挠度的反量。

成桥预拱度=施工完毕后,运营期间由于材料特性变化或活载作用下的挠度的反量。

成桥线形目标(验收标准)=设计高程+成桥预拱度(这点也有人说验收标准是设计高程,我认为不妥)。

以上的观点,虽然实际预拱度都是在施工阶段完成的,按施工监控习惯我基本同意,但就“成桥预拱度”如何计算,我与他们观点不同。他们认为规范中提到的长期挠度、预拱度的计算,都是指成桥时刻、拆除所有支架以后(不包括拆除支架时刻发生的)若干年发生的,是运营阶段发生的。而施工阶段发生的位移是不用我们设计考虑的,是监控单位考虑的。

而我认为不是所有桥梁都有监控单位,有些桥梁的预拱度还是根据设计院提供的指导施工。规范的预拱度是包括施工期间、拆除支架时发生的,即程序计算的所有阶段的位移。比如一次落架的桥梁,是包括落架时的变形的。

(2)对“预拱度”的理解:

“预拱度”在所有规范里,是作为术语定义的,我只发现在《公路桥涵施工技术规范》(JTJ 041—2000)中第 2.0.53 条有术语定义。“预拱度”作为一个术语定义为:“为抵消梁、拱、桁架等结构在荷载作用下产生的位移(挠度),而在施工或制造时所预留的与位移方向相反的校正量。”可以说预拱度是总挠度的反量。

通过上面的定义，可以得出一个结论：

立模高程＝设计高程＋预拱度。这个预拱度就是根据规范第 6.5.5 条来计算的。当然对不同的施工方法，还要考虑消除支架、挂篮等本身的变形，这些不确定因素不在讨论之内。

设计单位可以提供（也应该提供）预拱度，但设计体系转换的桥梁，设计单位的预拱度（特别是施工预拱度方面），受实际影响因素太多（材料特性变化等），多数是由施工单位或监理单位来修正控制，那么设计单位只需提供成桥预拱度（或根据经验，再协商一个经验抛高值）。

（3）新老规范问题：

根据规范条文，感觉新规范提供的挠度应该比老规范大。但我比较过几个一次落架的算例，分别按新老规范组合，反而是老规范大。不知是何原因。

新规范：

总挠度（向下为正）＝（f 重力＋0.7f 汽车）×长期系数－预应力反拱×长期系数

老规范：

总挠度（向下为正）＝[（f 重力＋ f 汽车）－预应力反拱]×（1＋徐变系数）

（4）新规范悬臂施工的预拱度如何设置的问题：

老规范悬臂施工预拱度一般分两部分，施工过程发生的＋成桥后徐变、活载发生的，那么按新规范如何操作呢？

2. 施工阶段混凝土轴心抗压强度标准值的问题

这个问题请教过你们，你们是这样回答的："用 C40，强度达到 80％受力，那么 0.8×40＝32，相当于 C32 混凝土，然后内差求混凝土轴心抗压强度标准值"。

上面的回答我也是同意的，如果手算，没有问题。但有的软件是输入龄期的，根据养护的龄期来计算达到的强度，不能直接告诉它达到了多少强度。所以我们最好知道强度形成的曲线，即不同的养护龄期对应的强度大小。而强度形成的曲线有几种，比如 CEBFIP 规范。不知道规范是否有规定我国采用哪种。当然实际施工中，早强剂的使用，也会使这个曲线发生变化。

3. 圆截面偏压构件计算

规范附录 C 中几个公式(C. 0. 1-5～C. 0. 1-7)，是求角度的反函数，即知道了 $\cos\theta$ 的值，求 θ。但 $\cos\theta$ 的值按公式（$1-2\beta\xi$）和 $\left(\frac{2\xi}{g\varepsilon_{cu}}\cdot\frac{f'_{sd}}{E_s}+\frac{1-2\xi}{g}\right)$和$\left(-\frac{2\xi}{g\varepsilon_{cu}}\cdot\frac{f_{sd}}{E_s}+\frac{1-2\xi}{g}\right)$计算时，当我们自己编计算表格时，会出现大于 1 的情况。

回答 7

1. 桥梁设置预拱度的目的

(1)使车辆通行平顺、通畅。

(2)使桥梁有美观的侧形。设置预拱度不影响桥梁的受力情况，分析时是不予考虑的。规范第 6. 5. 5 条是对受弯构件设置预拱度的原则性规定，可以看出它是指桥梁自身完成后(或合龙后)所要达到的要求。其中所说的挠度值、反拱值等都是以受弯构件本身处于水平状态为基准线的，与所谓的“高程”无关。对预应力混凝土桥梁而言，预拱度所涉及的预加力产生的反拱值和荷载引起的挠度值，都是按瞬时弹性变形再考虑时间效应计算出来的，没有计入在施工中使用的支架、施工设备可能引起的弹性和非弹性变形，因为这些内容只有在施工方法和详细方案确定后才能作出估算，或者对计算值进行调整，或者进行实地修正；为了便于施工监控，还应将这些预拱度值结合施工现场情况转换为“高程”。这些工作只有在施工阶段进行才更为方便。

桥梁预拱度首先要计算桥梁跨中的预拱度值(高程)，然后选择沿桥梁纵向布置的起拱曲线(如抛物线)，按几何关系计算梁段各控制点的高程。施工时应以各控制点高程来监控实际梁段是否达到要求,或者说不断调整实际梁段的高度以符合各高程的要求。跨中预拱度值的计算,对跨径不大、预应力钢筋张拉一次完成、一次成桥的预应力混凝土桥梁不太困难,但对大跨径桥梁往往采用悬臂分段浇筑施工方法,各段采用不同根数的预应力钢筋,混凝土加载龄期不同,预应力损失也不同,梁段合龙时还经结构受力体系转换,所以尽管可以进行简化,但计算预加力累计的反拱值仍是非常麻烦。跨中荷载挠度值计算同样也较麻烦。由于影响构件变形的因素较多,且较复杂,而计算又加以理想化,所以计算结果有可能不完全符合实际情况,我们认为必要时可对跨中预拱度计算值结合经验适当作出或加或减的调整。

跨中预拱度值计算,对于分阶段施工的桥梁涉及施工阶段、桥体合龙及使用阶段由预加力和荷载引起的变形计算,计算过程是连续的,不能将其分为所谓的"施工预拱度"和"成桥预拱度"。所以不必过多地去追究什么是施工预拱度,什么是成桥预拱度,况且它们并无"权威"的定义。

2. 挠度计算问题

挠度计算按规范第 6.5.3 条规定执行。此项计算只考虑使用阶段荷载短期效应组合(见《公路桥涵设计通用规范》(JTG D60—2004)第4.1.7条)及挠度长期增长系数 η_θ,不考虑预应力钢筋引起的反拱度。来函中所列公式是错的。

3. 悬臂施工预拱度如何设置问题

尚不理解提问的含义。如果指施工时如何设置预拱度,前面已经谈到,按设计计算梁段各控制点(各梁段悬臂端)的高程(已计入施工设备的变形和经验调整值),施工时进行监测使符合该高程的要求(至于由施工设备引起的弹性和非弹性变形及必要时按经验进行预拱值调整,由谁提供可经设计单位和施工单位协商解决);如果你指的是预拱度计算,前面已经谈到,这是一个连续计算过程,不能分割为两部分计算。这里要提醒一下，就是在悬臂施工时，计算由预加力和悬臂块件引起的变形时也要考虑混凝土的徐变问题。

4. 关于混凝土不同龄期抗压强度曲线

我们不能提供这样的曲线。一般情况是混凝土立方体在标准条件下养护 28d 进行试验，对若干试件进行统计取 95% 保证率，得到标准值。28d 以后混凝土抗压强度继续增长，如 60d、90d 混凝土强度约为 28d 的多少比值，这样的资料是有的。但你提出在 28d 之前混凝土试件还在养护环境中不同龄期的强度曲线我们没有见过。你说的 CEBFIP 模式规范如果真的有这样的曲线，也不能应用。因为该规范的混凝土试件是圆柱体的，而我们是立方体的。

5. 关于圆截面偏压构件有关参考的计算

这个问题无法给你回答具体意见。因为我们不知道你是如何计算的，且也不该由我们来解答。但可以告知，规范附录 C 所列公式和表格都是经审核的。

问题 8

问题来源：湖北省

(1)规范第 6.5.5 条的第 2 款中：“当预加力产生的长期反拱值大于按荷载短期效应组合计算的长期挠度时，可不设预拱度。”其中的“按荷载短期效应组合”是不是就是《公路桥涵设计通用规范》(JTG D60—2004)的第4.1.7条中规定的内容？第 6.5.5 条中“短期效应组合”中是否包含基础不均匀沉降、整体升温降温、局部温差等作用，不包含收缩、徐变作用？

(2)如果第 6.5.5 条的“按荷载短期效应组合”是《公路桥涵设计通用规范》(JTG D60—2004)的第 4.1.7 条中规定的内容，那“预加力产生的长期反拱值”与“按荷载短期效应组合计算的长期挠度”之和，能否理解为就是按《公路桥涵设计通用规范》(JTG D60—2004)的第 4.1.7 条中规定的内容(考虑了预加力、收缩和徐变作用)计算的挠度值呢？按《公路桥涵设计通用规范》(JTG D60—2004)的第 4.1.7 条中规定的内容(考虑了预加力、收缩和徐变作用)计算的挠度值如果向下,可否理解为需要设置的预拱度值?

(3)第 6.5.5 条的"对重力相对于活载较小的预加力混凝土受弯构件,应考虑预加力反拱值过大可能造成的不利影响,必要时采用反预拱度或设计和施工上的其他措施"中的"重力"相对于"活载"多大或多小的数值大概是多少?或者经验值是多少?

回答 8

(1)《公路钢筋混凝土及预应力混凝土桥涵设计规范》(JTG D62—2004)有关梁的挠度计算,均称"荷载"而未用"作用"。"荷载"与"作用"的解释有所不同,"荷载"是直接施加于梁上的,如汽车、人群和预加力,不包括基础不均匀沉降、温差,但挠度要考虑荷载长期效应影响,这也意味着含有混凝土收缩、徐变的影响在内。长期效应影响在规范中已给出长期增长系数(指使用阶段),无需再作收缩、徐变计算。

(2)梁由预加应力产生的长期反拱值(考虑了长期增长系数)是向上的(如简支梁),但当荷载短期效应组合(只考虑结构重力、汽车荷载,且不计冲击系数和人群荷载)作用在梁上时,梁将向下挠曲(也要计及长期增长系数)。是否需要设置预拱度就要看由预加力产生的反拱值是否大于由后来施于梁上的荷载短期效应产生的挠度值,如果前者大于后者,说明无论在什么时候(汽车和人群作用在桥上或它们离开桥上,只有结构重力作用)梁都是向上拱曲的,在侧面观看较为美观;如果前者小于后者,则有可能桥梁在运营时或无汽车作用时,梁向下挠曲,侧观不美,要加预拱度。

(3)有些预应力混凝土梁、板桥,它的结构重力较小,比之通行其上的活载相对很小,但施加的预应力却要抵抗"活"+"恒",当"活"离开桥梁时只剩下"恒",预加力产生反拱值很大,随着时间增长,梁上拱越发加大,可能造成桥面不良后果。这种情况与梁、板的刚度、预加力大小等有直接关系，无法用数值表达。

规范有关挠度和预拱度的规定并非强制性条文，你们可参考应用。此外，关于“荷载”和“作用”的解释，现将《公路工程结构可靠度设计统一标准》(GB/T 50283—1999)有关条文说明复印给你们(见附件1)。

附件1(条文说明)

4　结构上的作用

4.1　一般规定

4.1.1　长期以来，把所有引起结构反应的原因习惯地统称为“荷载”，这种叫法并不科学和确切。众所周知，引起结构反应的原因有两种截然不同的性质，一种是施加于结构上的外力，如车辆、人群、结构自重等，它们是直接施于结构上的，可用“荷载”这一术语来概括。另一种不是以外力形式施加于结构，它们产生的效应常与结构本身特性、结构所处环境有关。如地震、基础不均匀沉降、混凝土收缩和徐变、温度变化等，这些都是间接作用于结构的，如果也称“荷载”，就会引起人们的误解。如应用“地震荷载”一词，就容易被误解为地震是对结构直接施加的、与地基和结构无关的外力。因此，国际上普遍地把所有引起结构反应的原因统称为“作用”，而“荷载”仅限于表达施加于结构上的直接作用。

7　持久状况和短暂状况构件的应力计算

7.1　持久状况预应力混凝土构件应力计算

7.1.1

规范条文

按持久状况设计的预应力混凝土受弯构件，应计算其使用阶段正截面混凝土的法向压应力、受拉区钢筋的拉应力和斜截面混凝土的主压应力，并不得超过本节规定的限值。计算时作用(或荷载)取其标准值，汽车荷载应考虑冲击系数。

应考虑预加力效应，预加力的分项系数取为1.0。对连续梁等超静定结构，尚应计及预加力、温度作用等引起的次效应。

7.1.2

规范条文

计算使用阶段预应力混凝土构件的应力时，由预加力产生的正截面

混凝土压应力 σ_{pc} 和拉应力 σ_{pt} 按本规范第 6.1.5 条和第 6.1.6 条规定计算。斜截面混凝土的主压应力 σ_{cp} 和主拉应力 σ_{tp} 按本规范第 7.1.6 条规定计算。

7.1.3

规范条文

全预应力混凝土和 A 类预应力混凝土受弯构件，由作用（或荷载）标准值产生的混凝土法向应力和预应力钢筋的应力，应按下列公式计算：

1. 混凝土法向压应力 σ_{kc} 和拉应力 σ_{kt}

$$\sigma_{kc} \text{ 或 } \sigma_{kt} = \frac{M_k}{I_0} y_0 \tag{7.1.3-1}$$

2. 预应力钢筋应力

$$\sigma_p = \alpha_{EP} \sigma_{kt} \tag{7.1.3-2}$$

式中：M_k——按作用（或荷载）标准值组合计算的弯矩值；

y_0——构件换算截面重心轴至受压区或受拉区计算纤维处的距离。

注：计算预应力钢筋的应力时，公式(7.1.3-2)中的 σ_{kt} 应为最外层钢筋重心处的混凝土拉应力。

7.1.4

规范条文

允许开裂的 B 类预应力混凝土受弯构件，由作用（或荷载）标准值产生的混凝土法向压应力和预应力钢筋的应力增量，可按下列公式计算（图 7.1.4）：

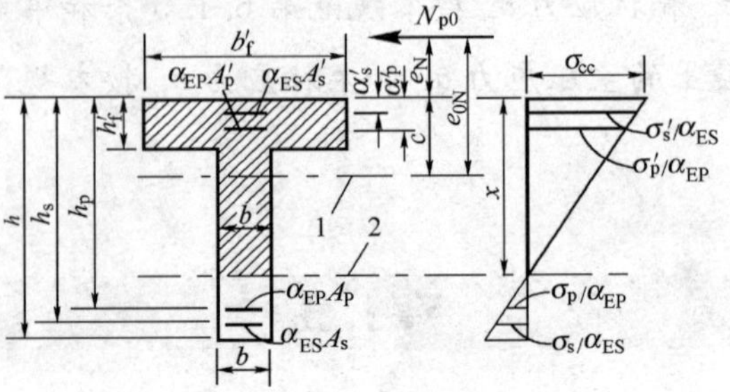

图 7.1.4　开裂截面及应力图

1-开裂截面重心轴；2-开裂截面中性轴

1. 开裂截面混凝土压应力

$$\sigma_{cc}=\frac{N_{p0}}{A_{cr}}+\frac{N_{p0}e_{0N}c}{I_{cr}} \tag{7.1.4-1}$$

$$e_{0N}=e_N+c \tag{7.1.4-2}$$

$$e_N=\left(\frac{M_k\pm M_{p2}}{N_{p0}}\right)-h_{ps} \tag{7.1.4-3}$$

$$h_{ps}=\frac{\sigma_{p0}A_ph_p-\sigma_{l6}A_sh_s+\sigma'_{p0}A'_pa'_p-\sigma'_{l6}A'_sa'_s}{N_{p0}} \tag{7.1.4-4}$$

2. 开裂截面预应力钢筋的应力增量

$$\sigma_p=\alpha_{EP}\left[\frac{N_{p0}}{A_{cr}}-\frac{N_{p0}e_{0N}(h_p-c)}{I_{cr}}\right] \tag{7.1.4-5}$$

式中：N_{p0}——混凝土法向应力等于零时预应力钢筋和普通钢筋的合力，先张法构件和后张法构件均按本规范公式(6.1.6-1)及第6.4.4条规定计算；

σ_{p0}、σ'_{p0}——构件受拉区、受压区预应力钢筋合力点处混凝土法向应力等于零时预应力钢筋的应力，先张法构件按本规范公式(6.1.5-2)；后张法构件按本规范公式(6.1.5-5)及第6.1.5条注②规定计算；

e_{0N}——N_{p0}作用点至开裂截面重心轴的距离；

e_N——N_{p0}作用点至截面受压区边缘的距离，N_{p0}位于截面之外为正；N_{p0}位于截面之内为负；

c——截面受压区边缘至开裂换算截面重心轴的距离；

h_{ps}——预应力钢筋与普通钢筋合力点至截面受压区边缘的距离；

h_p、a'_p——截面受拉区、受压区预应力钢筋合力点至截面受压区边缘的距离；

h_s、a'_s——截面受拉区、受压区普通钢筋合力点至截面受压区边缘的距离；

A_{cr}——开裂截面换算截面面积；

I_{cr}——开裂截面换算截面惯性矩；

α_{EP}——预应力钢筋弹性模量与混凝土弹性模量的比值。

注：①公式(7.1.4-4)中，当$A'_p=0$时，式中的σ'_{l6}应取为零；

②在公式(7.1.4-3)中，当M_{p2}与M_k的方向相同时取正号，相反时取负号；

③按公式(7.1.4-5)计算的值应为负值，表示钢筋为拉应力；

④当截面受拉区设置多层预应力钢筋时，可仅计算最外层钢筋的拉应力增量，此时，公式(7.1.4-5)中的h_p应为最外层钢筋重心至截面受压区边缘的距离；

⑤预应力混凝土受弯构件开裂截面的中性轴位置(受压区高度)可按本规范附录G求得。

7.1.5

规范条文

使用阶段预应力混凝土受弯构件正截面混凝土的压应力和预应力钢筋的拉应力，应符合下列规定：

1. 受压区混凝土的最大压应力

$$\left.\begin{array}{ll}\text{未开裂构件} & \sigma_{kc}+\sigma_{pt} \\ \text{允许开裂构件} & \sigma_{cc}\end{array}\right\}\leqslant 0.5f_{ck} \qquad (7.1.5\text{-}1)$$

2. 受拉区预应力钢筋的最大拉应力

1) 对钢绞线、钢丝

$$\left.\begin{array}{ll}\text{未开裂构件} & \sigma_{pe}+\sigma_p \\ \text{允许开裂构件} & \sigma_{p0}+\sigma_p\end{array}\right\} \leqslant 0.65 f_{pk} \qquad (7.1.5\text{-}2)$$

2) 对精轧螺纹钢筋

$$\left.\begin{array}{ll}\text{未开裂构件} & \sigma_{pe}+\sigma_p \\ \text{允许开裂构件} & \sigma_{p0}+\sigma_p\end{array}\right\} \leqslant 0.80 f_{pk} \qquad (7.1.5\text{-}3)$$

式中：σ_{pe}——全预应力混凝土和A类预应力混凝土受弯构件，受拉区预应力钢筋扣除全部预应力损失后的有效预应力；

σ_{pt}——由预加力产生的混凝土法向拉应力，先张法构件按本规范公式(6.1.5-1)计算，后张法构件按本规范公式(6.1.5-4)计算。

注：预应力混凝土受弯构件受拉区的普通钢筋，其使用阶段的应力很小，可不必验算。

7.1.6

规范条文

预应力混凝土受弯构件由作用(或荷载)标准值和预加力产生的混凝土主压应力 σ_{cp} 和主拉应力 σ_{tp} 应按本规范第6.3.3条公式计算，但公式(6.3.3-2)、公式(6.3.3-4)中的 M_s 和 V_s 应分别以 M_k、V_k 代替。此处，M_k 和 V_k 为按作用(或荷载)标准值组合计算的弯矩值和剪力值。

混凝土的主压应力应符合下式规定：

$$\sigma_{cp} \leqslant 0.6 f_{ck} \qquad (7.1.6\text{-}1)$$

根据计算所得的混凝土主拉应力，按下列规定设置箍筋：

在 $\sigma_{tp} \leqslant 0.5 f_{tk}$ 的区段，箍筋可仅按构造要求设置；

在 $\sigma_{tp} > 0.5 f_{tk}$ 的区段，箍筋的间距 S_v 可按下列公式计算：

$$S_v = \frac{f_{sk} A_{sv}}{\sigma_{tp} b} \tag{7.1.6-2}$$

式中：f_{sk}——箍筋的抗拉强度标准值；

A_{sv}——同一截面内箍筋的总截面面积；

b——矩形截面宽度、T 形或 I 形截面的腹板宽度。

当按本条计算的箍筋用量少于按斜截面抗剪承载力计算的箍筋用量时，构件箍筋采用后者。

规范条文(摘录)　本规范第 6.1.3 条

预应力混凝土受弯构件应按下列规定进行正截面和斜截面抗裂验算：

1. 正截面抗裂应对构件正截面混凝土的拉应力进行验算，并应符合下列要求：

1)全预应力混凝土构件，在作用(或荷载)短期效应组合下

预制构件

$$\sigma_{st} - 0.85\sigma_{pc} \leqslant 0 \tag{6.3.1-1}$$

分段浇筑或砂浆接缝的纵向分块构件

$$\sigma_{st} - 0.80\sigma_{pc} \leqslant 0 \tag{6.3.1-2}$$

规范条文　《公路桥涵设计通用规范》第 4.1.5 条

公路桥涵结构设计应考虑结构上可能同时出现的作用，按承载能力极限状态和正常使用极限状态进行作用效应组合，取其最不利效应组合进行设计：

1. 只有在结构上可能同时出现的作用，才进行其效应的组合。当结构或结构构件需作不同受力方向的验算时，则应以不同方向的最不利的作用效应进行组合。

2. 当可变作用的出现对结构或结构构件产生有利影响时，该作用不

应参与组合。实际不可能同时出现的作用或同时参与组合概率很小的作用,按表 4.1.5 规定不考虑其作用效应的组合。

可变作用不同时组合表 表 4.1.5

编号	作用名称	不与该作用同时参与组合的作用编号
13	汽车制动力	15,16,18
15	流水压力	13,16
16	冰压力	13,15
18	支座摩阻力	13

3. 施工阶段作用效应的组合,应按计算需要及结构所处条件而定,结构上的施工人员和施工机具设备均应作为临时荷载加以考虑。组合式桥梁,当把底梁作为施工支撑时,作用效应宜分两个阶段组合,底梁受荷为第一个阶段,组合梁受荷为第二个阶段。

4. 多个偶然作用不同时参与组合。

问题 1

问题来源:北京市

针对规范第 7.1.3 条对于全预应力和 A 类预应力混凝土受弯构件在计算钢筋应力时,在 M_k 的解释说明中要"按作用(或荷载)标准值组合计算的弯矩值",现在想和您请教的是:计算预应力混凝土构件的预应力钢筋拉应力时,是采用弹性阶段验算组合(JTG D60—2004 中第 4.1.8 条)吗?那么此验算组合中的荷载除了移动荷载外,是否还要包括温度作用、支座沉降等其他成桥阶段的作用或荷载呢?另外移动荷载要计入冲击作用吗?

回答 1

规范第 7.1 节关于持久状况预应力混凝土构件的应力计算均按弹性阶段进行。此时采用的作用或荷载均为其标准值,不考虑分项系数,汽车荷载应计入冲击作用。规范第 7.1.3 条计算混凝土应力和预应力钢筋应力时，应将使应力产生最大的所有作用(或荷载)效应组合起来，其中应该也包括温度、基础沉降等作用效应在内。但《公路桥涵设计通用规范》(JTG D60—2004)第4.1.5条有一款规定："当可变作用的出现对结构或构件产生有利影响时，该作用不应参与组合"。

另外，《公路工程结构可靠度设计统一标准》(GB/T 50283—1999)对"作用"和"荷载"有个说法，现将该标准第4.1.1条及4.1.2条附传给你们(见附件2)。

附件2(条文)

4　结构上的作用

4.1　一 般 规 定

4.1.1　结构上的作用应分为直接作用和间接作用。直接作用为直接施加于结构上的集中力或分布力；间接作用为引起结构外加变形或约束变形的地震、基础变位、温度和温度变化、混凝土收缩和徐变等。直接作用又称为荷载。

4.1.2　结构上的各种作用，若在时间上或空间上可认为相互随机独立，则每一种作用都可按对结构单独的作用分别考虑。若某些作用是随机相关的，且经常以它们的最大值同时出现，则可将它们按一种作用考虑。

? 问题2

问题来源：湖南省

(1)规范第7.1.5条第1项中，未开裂构件 $\sigma_{kc}+\sigma_{pt}\leqslant 0.5f_{ck}$ 的规定：在超静定结构中，对温度作用，σ_{kc} 中是否同时包括梯度温差作用产生的自应力和温差作用次弯矩产生的截面应力，还是不考虑温差作用产生的自应力？

(2)规范第 6.3.1 条第 1 项中 σ_{st} 对超静定结构是否要考虑温差作用产生的自应力?

对于以上两点,在 GQJS9.3 和 Midas6.7.1 程序中均自动计入了梯度温差作用产生的自应力和梯度温差作用次弯矩产生的截面应力,致使预应力混凝土截面正应力非常大,截面正应力验算难以通过,对此,我们深感疑惑,特请教专家。

回答 2

新规范第 7.1.5 条中的 σ_{kc} 和第 6.3.1 条中的 σ_{st} 均应包括梯度温度产生的正截面应力。所不同的是,σ_{kc} 是由作用标准值产生,永久作用和可变作用均不带分项系数;σ_{st} 是由作用短期效应组合产生,其永久作用采用标准值,可变作用采用频遇值,即标准值乘以频遇值系数。这些在《公路桥涵设计通用规范》(JTG D60—2004)中都有规定。

关于梯度温度和压应力超限问题,你院曾来函和来电话询问过,但不知是否属于同一座桥的设计。如果是同一座桥梁设计,那就是 128m 的连续刚构桥,由于日照温度引起很大的截面压应力,致使跨中截面压应力超过 $0.5f_{ck}$。当时,对一些具体细节问题,我曾提过一些参考性意见,但由于是在电话中表达,可能未能说得清楚。现用文字表述如下:

(1)按新规范规定的梯度温度计算截面应力,一般情况下比原规范大,但比以往经常采用的新西兰规范小,比我国铁路规范也小。例如,对主跨为 270m 的连续刚构桥(广东虎门大桥)跨中截面的计算,压应力为:按新规范为1.259MPa,按原规范为 1.07MPa,按新西兰规范为1.927MPa,按铁路规范为 1.885MPa。可见,日照温度引起的截面应力是不会很大的。以上是湖南大学 BRACDV5.1 桥梁分析专用程序的计算结果。

(2)从你院来电话得知,用三个计算机程序(其中也包括湖南大学的 BRACD 程序)计算的结果,128m 连续刚构跨中截面压应力超过 8MPa,后经我们建议采用手算,仍达 6MPa 多。这个数值仍然过大,最好复查一次。

(3)日照温度产生截面压应力过大的原因之一,据说你们计算时采用梁顶温度基数 T_1=25℃,这是混凝土铺装采用的 T_1。但是,混凝土铺装使用效果并不理想,它在车轮的撞击下容易开裂破损。所以,国内大多数桥梁采用双层铺装,顶层用沥青混凝土,底层用混凝土,也作为平整层。由于沥青混凝土隔热效果比混凝土好,这样,梁顶的 T_1 就可大幅下降,底层混凝土可不考虑其影响。沥青混凝土层厚度在 50～100mm 之间,T_1 按直线插入取值。

(4)T_1 的数值下降,计算的截面应力也必然下降。据说你们原先用程序计算时,截面应力超限并不很多,大约在 2～3MPa,采取上面所说的措施以后也许就能通过。如果仍有超限,还可采取下面的措施:①提高梁体的混凝土强度等级。目前,国内工程采用 C55 或 C60 是很普遍的。②利用一部分底层混凝土作为梁的一部分,梁高增加被利用的混凝土厚度,温度基数 T_1 从该厚度顶面开始,此时,铺装层混凝土强度等级应与梁体混凝土相协调,同时要注意结合面的抗剪问题。

(5)由预加力引起的跨中截面上缘的拉应力 σ_{pt},对抵消由作用(或荷载)引起的跨中截面上缘的压应力 σ_{kc} 有很大作用,因此需要准确计算,仔细核查。

7.2 短暂状况构件的应力计算

7.2.8

规范条文

预应力混凝土受弯构件,在预应力和构件自重等施工荷载作用下截面边缘混凝土的法向应力应符合下列规定:

1. 压应力

$$\sigma_{cc}^{t} \leqslant 0.70 f'_{ck}$$

2. 拉应力

1）当 $\sigma_{ct}^{t} \leqslant 0.70 f'_{tk}$ 时，预拉区应配置其配筋率不小于0.2%的纵向钢筋；

2）当 $\sigma_{ct}^{t} = 1.15 f'_{tk}$ 时，预拉区应配置其配筋率不小于0.4%的纵向钢筋；

3）当 $0.70 f'_{tk} < \sigma_{ct}^{t} < 1.15 f'_{tk}$ 时，预拉区应配置的纵向钢筋配筋率按以上两者直线内插取用。拉应力 σ_{ct}^{t} 不应超过 $1.15 f'_{tk}$。

上述配筋率为 $\frac{A'_s + A'_p}{A}$，先张法构件计入 A'_p，后张法构件不计 A'_p，A'_p 为预拉区预应力钢筋截面面积；A'_s 为预拉区普通钢筋截面面积；A 为构件毛截面面积。

式中：σ_{cc}^{t}、σ_{ct}^{t}——按短暂状况计算时截面预压区、预拉区边缘混凝土的压应力、拉应力；

f'_{ck}、f'_{tk}——与制作、运输、安装各施工阶段混凝土立方体抗压强度 f'_{cu} 相应的轴心抗压强度、轴心抗拉强度标准值，可按本规范表3.1.3直线插入取用。

预拉区的纵向钢筋宜采用带肋钢筋，其直径不宜大于14mm，沿预拉区的外边缘均匀布置。

规范条文　本规范表3.1.3

混凝土强度标准值（MPa）　　表3.1.3

强度种类 / 强度等级	f_{ck}	f_{tk}	强度种类 / 强度等级	f_{ck}	f_{tk}
C15	10.0	1.27	C30	20.1	2.01
C20	13.4	1.54	C35	23.4	2.20
C25	16.7	1.78	C40	26.8	2.40

续上表

强度种类 强度等级	f_{ck}	f_{tk}	强度种类 强度等级	f_{ck}	f_{tk}
C45	29.6	2.51	C65	41.5	2.93
C50	32.4	2.65	C70	44.5	3.00
C55	35.5	2.74	C75	47.4	3.05
C60	38.5	2.85	C80	50.2	3.10

问题 1

问题来源:江苏省

规范第 7.2.8 条,施工控制应力 f'_{ck} 由表 3.1.3 插入取用,实际还需要强度形成曲线或说明采用什么标准。

回答 1

第 7.2.8 条关于施工阶段应用 f'_{ck} 的问题。来函提出“实际还需要强度形成曲线或说明采用什么标准”。不理解这里所说的“曲线或标准”指的是什么?规范规定的 f'_{ck} 是施工时混凝土立方体抗压强度 f'_{cu} 相应的轴心抗压强度标准值,即在施工搅拌的混凝土中抽取部分混凝土,制成若干边长为 150mm 的立方体进行试压求得 f'_{cu},这时的 f'_{cu} 正好是规范表 3.1.3 中的强度等级 C25、C30、C40……等,从中“直线”插入求出 f_{ck},此 f_{ck} 即为 f'_{ck}。

问题 2

问题来源:江苏省

设计者计算时,是不可能去抽取混凝土做试验的,设计的时候还没有施工,我们是预计混凝土受力龄期来验算施工强度,f'_{cu} 是根据受力龄期来计算的,请问 f'_{cu} 和 f'_{ck} 如何取值?

回答 2

关于施工阶段混凝土轴心抗压强度标准值 f'_{ck} 问题。上次答复时，对 f'_{cu} 和 f'_{ck} 的取值过程作了说明，但并未解决你的问题。你们的问题是“设计者计算时是不可能去抽取混凝土做试验的，设计的时候还没有施工，……。”但是，设计者完全可以参照规范第 7.2.8 条规定预先设定施工时混凝土立方体抗压强度 f'_{cu}。例如，梁体混凝土强度等级采用 C40，构件按设计混凝土强度等级的 80% 开始施力，即 $f'_{cu}=0.8\times40=32$(MPa)，然后，从表 3.1.3 中按直线插入取得 f_{ck}，即 f'_{ck}。在设计图上写明混凝土构件的施工条件，对构件施加预应力时，混凝土的立方体强度设计采用构件混凝土强度等级的 0.8 倍。施工时，施工单位将按照施工规范规定进行操作、试验、统计，以达到设计单位提出的要求。

8　构件计算的规定

8.2　墩 台 盖 梁

8.2.2

规范条文

本节规定的钢筋混凝土盖梁，其跨高比 l/h 为：简支梁 $2.0<l/h\leqslant5.0$；连续梁或刚构 $2.5<l/h\leqslant5.0$。当跨高比 $l/h>5.0$ 时，可按本规范第5章～第7章钢筋混凝土一般构件计算。此处，l 为盖梁的计算跨径，按本规范第8.2.3条规定取用；h 为盖梁的高度。

规范条文　本规范第8.2.7条

（见P281）

规范条文　本规范第8.2.8条

钢筋混凝土盖梁的最大裂缝宽度可按本规范第6.4.3条的公式计算，但其中系数 C_3 取为 $\frac{1}{3}\left(\frac{0.4l}{h}+1\right)$。最大裂缝宽度不应超过本规范第6.4.2条规定的限值。

问题 1

问题来源：河南省

用公式 $W_{fk}=C_1C_2C_3\frac{\sigma_{ss}}{E_s}\left(\frac{30+d}{0.28+10\rho}\right)$(《公路钢筋混凝土及预应力混凝土桥涵设计规范》(JTG D62—2004)6.4.3 条)计算单排双柱式桥墩盖梁(图 2-11)裂缝时，第 6.4.3 条对 C_3 值作了规定，第8.2.8条对盖梁裂缝计算时，系数 C_3 取值规定按公式 $\frac{1}{3}\left(\frac{0.4l}{h}+1\right)$ 计算，我在计算盖梁跨中时，C_3 值按公式 $\frac{1}{3}\left(\frac{0.4l}{h}+1\right)$ 取用为 0.81，但在计算盖梁悬臂段时，C_3 值是否也按公式 $\frac{1}{3}\left(\frac{0.4l}{h}+1\right)$ 取用 0.81 呢？还是按第 6.4.3 条的有关规定取值 1.15 或 1？

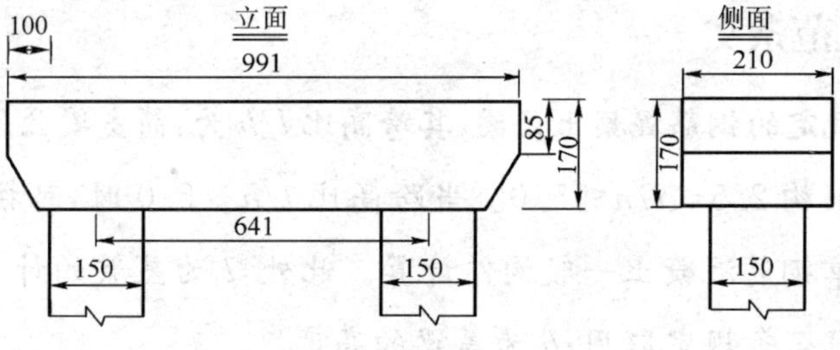

图 2-11(尺寸单位：cm)

回答 1

规范第 8.2 节关于墩台盖梁计算只用于跨高比 $2.0<l/h\leqslant5.0$ 的简支梁和跨高比 $2.5<l/h\leqslant5.0$ 的连续梁或刚构(第 8.2.2 条)。属于这个范围内的钢筋混凝土盖梁裂缝宽度计算，按规范第 8.2.8 条规定办理。这些计算都对所谓“深受弯构件”而言，但不包括深梁($l/h\leqslant2.0$ 的简支梁 和 $l/h\leqslant2.5$ 的连续梁)在内。对于悬臂梁，国内外关于深受弯构件和深梁的定义的最新资料不多，但根据 1982 年 FIP 的建议，悬臂深梁

$l/h \leqslant 1.0$。从来函提供的图示尺寸看,该盖梁的悬臂段已属非规范的深梁范畴。如何计算悬臂段的裂缝宽度,已非规范内容的答疑,只能提出一些参考意见。

首先应该考虑,盖梁悬臂段上是否设置主梁,如果没有设置主梁,悬臂梁只有自重作用,估计在如此梁高的情况下不至于出现裂缝,但仍需配置负弯矩钢筋,将按深受弯构件计算所得的跨中部分主筋在距墩柱适当位置弯起,越过负弯距区段伸至盖梁端部;如果悬臂段上设有主梁支座,则首先按规范第 8.2.7 条规定计算悬臂部分的正截面抗弯承载力,此时作为系杆钢筋的主筋布置在负弯矩区内。至于悬臂深梁的裂缝宽度计算,至今尚无现成的公式。建议利用盖梁跨中裂缝宽度计算所得的钢筋使其覆盖悬臂段的负弯矩区域。该钢筋的最后数量取跨中裂缝宽度计算所需钢筋和上述系杆钢筋两者较大者。这种处理方法是偏于安全的。因为盖梁跨中裂缝按深受弯构件计算所需钢筋比悬臂按深梁计算肯定要多。此外,悬臂段作为深梁在其两侧还要配置由水平钢筋和垂直钢筋组成的正交钢筋网,两侧水平钢筋的最小含筋率,对于 R235 钢筋不小于 0.25%;对于 HRB335 不小于 0.2%。垂直钢筋的直径和间距的采用与水平钢筋相同。

问题 2

问题来源:广东省

(1)为什么新规范没有深梁的内容?

(2)深梁是否需要特殊的计算和构造?

回答 2

简支梁 $l/h<2$,连续梁 $l/h<2.5$ 叫做深梁。其中,l 为梁的计算跨径,h 为梁高。在公路桥梁结构中,经调查表明,盖梁一般在“深受弯构件”范围内,即《公路钢筋混凝土及预应力混凝土桥涵设计规范》(JTG

D62—2004)第 8.2.2 条规定的范围,但属于深受弯构件的短梁,不属深梁。桩基承台,当其悬臂长度小于或等于承台厚度时,也属深受弯构件,新规范将其作为“撑杆—系杆体系”计算。如果你确实遇到深梁结构,可参照原规范(JTJ D23—85)进行计算和配置构造钢筋。

8.2.5

规范条文

钢筋混凝土盖梁的抗剪截面应符合下列要求:

$$\gamma_0 V_d \leqslant \frac{\frac{l}{h}+10.3}{30} \cdot 10^{-3}\sqrt{f_{cu,k}}\,bh_0\,(\text{kN}) \tag{8.2.5}$$

式中:V_d——验算截面处的剪力组合设计值(kN);

b——盖梁截面宽度(mm);

h_0——盖梁截面有效高度(mm);

$f_{cu,k}$——边长 150mm 的混凝土立方体抗压强度标准值(MPa),取设计的混凝土强度等级。

8.2.6

规范条文

钢筋混凝土盖梁的斜截面抗剪承载力按下列规定计算:

$$\gamma_0 V_d \leqslant \alpha_1\left(\frac{14-\frac{l}{h}}{20}\right) \cdot 10^{-3} bh_0 \sqrt{(2+0.6P)\sqrt{f_{cu,k}}\,\rho_{sv} f_{sv}}\,(\text{kN}) \tag{8.2.6}$$

式中:V_d——验算截面处的剪力组合设计值(kN);

α_1——连续梁异号弯矩影响系数，计算近边支点梁段的抗剪承载力时，$\alpha_1=1.0$；计算中间支点梁段及刚构各节点附近时，$\alpha_1=0.9$；

P——受拉区纵向受拉钢筋的配筋百分率，$P=100\rho$，$\rho=A_s/bh_0$，当 $P>2.5$时，取 $P=2.5$；

ρ_{sv}——箍筋配筋率，$\rho_{sv}=A_{sv}/S_v b$，此时，A_{sv}为同一截面内箍筋各肢的总截面面积，S_v 为箍筋间距；箍筋配筋率应符合本规范第 9.3.13 条规定；

f_{sv}——箍筋的抗拉强度设计值(MPa)；

b——盖梁的截面宽度(mm)；

h_0——盖梁的截面有效高度(mm)。

问题 1

问题来源：广东省

盖梁计算：

盖梁为倒 T 形截面，盖梁标准横断面和立面图分别见图 2-12、图 2-13。

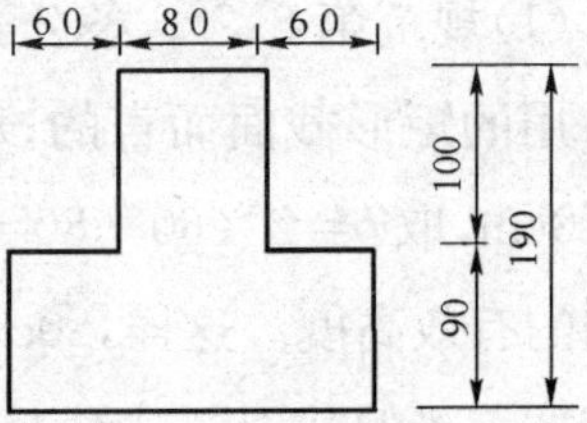

图 2-12　盖梁标准横断面(尺寸单位：cm)

钢筋混凝土盖梁的抗剪截面应符合下列要求：

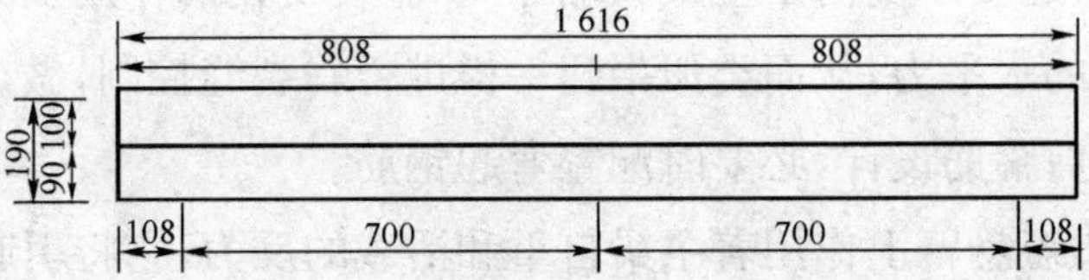

图 2-13　盖梁立面(尺寸单位：cm)

$$\gamma_0 V_d \leqslant \frac{\frac{l}{h}+10.3}{30} \cdot 10^{-3}\sqrt{f_{cu,k}}\ bh_0\ (\text{kN})$$ (规范第 8.2.5 条公式(8.2.5))

式中：V_d——验算截面处的剪力组合设计值(kN)；

b——盖梁截面宽度(mm)；

h_0——盖梁截面有效高度；

$f_{cu,k}$——边长150mm的混凝土立方体抗压强度标准值(MPa),取设计的混凝土强度等级。

请问公式中b、h_0如何取值?

回答1

规范第8.2.5条、第8.2.6条有关抗剪计算,属于荷载作用在梁顶、一般截面的盖梁。来函提问的是倒T形(凸形)截面且荷载作用于悬翼上的盖梁。应该说,针对实际工程中出现的具体情况,如何结合工程实际应用规范的规定,你们更具有经验。既然你已来函询问,我们可提出初步意见,但只能提供参考,更不是对规范条文的答疑。

(1)规范第8.2.5条公式(8.2.5)中的b解释为盖梁截面宽度,这是对常用的矩形截面而言的;对于T形或I形截面均为腹板宽度,这里应取$b=80$cm,取$b=2\times60+80=200$(cm)显然是不安全的。h_0应取沿190cm方向的有效高度。这样,80cm×190cm的矩形截面以及其中布置的箍筋用于抵抗盖梁的剪力。这对近边支点梁段和近中支点梁段都是适合的。

(2)我们估计盖梁两边悬出部分是支承主梁的,它不但要承受主梁传下的竖向力,还要承受由于主梁收缩徐变、温度变化的作用及梁上汽车制动力等引起的水平力,从而类似牛腿一样进行斜裂缝控制,做纵向受力钢筋和水平抗剪箍筋设计,必要时配置弯起钢筋。

(3)盖梁短悬臂上作用着主梁自重和活载的反力,它将引起一个向下的拉力,因此需要考虑是否在悬臂根部处沿盖梁全高配置竖向钢筋,以承受此项拉力。

问题2

问题来源:江苏省

规范第8.2.6条,主要是说深受弯普通混凝土盖梁,那么预应力混凝土盖梁呢?

回答 2

规范第 8 章第 8.2 节说的都是钢筋混凝土盖梁，预应力混凝土盖梁在实际工程中应用较少。有些双柱式桥墩采用预应力混凝土盖梁，不符合第 8.2.2 条，可按一般预应力混凝土梁设计。

8.2.7

规范条文

钢筋混凝土盖梁两端位于柱外的悬臂部分设有外边梁时，当外边梁作用点至柱边缘的距离(圆形截面柱可换算为边长等于 0.8 倍直径的方形截面柱)大于盖梁截面高度时，其正截面和斜截面承载力按本规范第 5 章有关规定计算。当边梁作用点至柱边缘的距离等于或小于盖梁截面高度时，则可按本规范第 8.5.3 条“撑杆—系杆体系”方法计算悬臂部分正截面抗弯承载力；斜截面抗剪承载力可按钢筋混凝土一般受弯构件计算。

规范条文　本规范第 8.5.3 条

(见 P300)

8.5.3　条文说明(表 8-1)

“梁式体系”与“撑杆—系杆体系”计算承台钢筋根数比较表　　表 8-1

N_{1d}=6 000kN, h=2 000mm				N_{1d}=4 000N, h=1 500mm			
x_1 (mm)	x_1/h	直径 20mm 钢筋根数		x_1 (mm)	x_1/h	直径 20mm 钢筋根数	
		“梁式”	“撑杆—系杆”			“梁式”	“撑杆—系杆”
200	0.10	26*	26*	200	0.133	19*	19*
400	0.20	26*	26*	400	0.267	19*	20
600	0.30	26*	31	600	0.400	21	26

续上表

$N_{1d}=6\ 000\text{kN}, h=2\ 000\text{mm}$				$N_{1d}=4\ 000\text{N}, h=1\ 500\text{mm}$			
x_1 (mm)	x_1/h	直径 20mm 钢筋根数		x_1 (mm)	x_1/h	直径 20mm 钢筋根数	
		"梁式"	"撑杆—系杆"			"梁式"	"撑杆—系杆"
800	0.40	30	39	800	0.533	27	32
1 000	0.50	38	46	1 000	0.667	34	39
1 500	0.75	58	65	1 500	1.000	52	55
2 000	1.00	80	83	2 000	1.333	72	73
2 500	1.25	102	101	2 500	1.667	94	89
3 000	1.50	130	122	3 000	2.000	125	109
4 000	2.00	185	164	4 000	2.667	190	149

注:承台采用 C20 混凝土,HR335 钢筋;有 * 号者由最小配筋率控制钢筋根数。一根桩的承压宽度为 2 800mm。

? 问题

问题来源:贵州省

在使用规范《公路钢筋混凝土及预应力混凝土桥涵设计规范》(JTG D62—2004)过程中,对规范第 8.2.7 条与第 8.5.3 条有疑问,问题如下:

(1)根据第 8.2.7 条,当边梁作用点至墩柱边缘距离小于或等于盖梁高度时,盖梁按"撑杆—系杆"体系计算,具体规定见第 8.5.3 条。

(2)规范第 8.5.3 条中,"撑杆—系杆"体系计算规定如下:

$$\gamma_0 D_{id} \leqslant t b_s f_{cd,s} \tag{1}$$

$$f_{cd,s} = \frac{f_{cu,k}}{1.43 + 304\varepsilon_1} \leqslant 0.48 f_{cu,k} \tag{2}$$

$$\varepsilon_1 = \left(\frac{T_{id}}{A_s E_s} + 0.002\right)\cot^2\theta_i \tag{3}$$

$$t = b\sin\theta_i + h_a\cos\theta_i \tag{4}$$

$$h_a = s + 6d \tag{5}$$

从公式(2)和公式(3)可知，当结构尺寸及上部反力确定后，T_{id}已定，θ_i 已定；当增加钢筋面积时，ε_1 减小，从而 $f_{cd,s}$ 增大，有可能使 $f_{cd,s}>0.48f_{cu,k}$。具体可参见算例"50m 先简支后结构连续盖梁计算"。

而增加钢筋使撑杆轴向压应力(强度设计值)超过规定 $0.48f_{cu,k}$，即增大系杆钢筋用量是不利的。然而根据规范条文说明表 8-1 解释，按撑杆体系计算时，钢筋用量却大于按"梁式"计算的情况。

另外，从规范条文说明表 8-1 可知(经计算)，当 $x_1/h<1.0$ 时，代入公式(2)和公式(3)中，$f_{cd,s}$是不小于 $0.48f_{cu,k}$的。怎样解释这一情况?

算例中，笔者已按梁式体系计算过悬臂抗力，已基本满足要求，而按算例中所示，撑杆轴心强度设计值过大，超过了规范要求，是矛盾的。望有关专家给予答复释疑为谢。

算例：

50m 先简支后结构连续盖梁计算。

连续墩(图 2-14)：

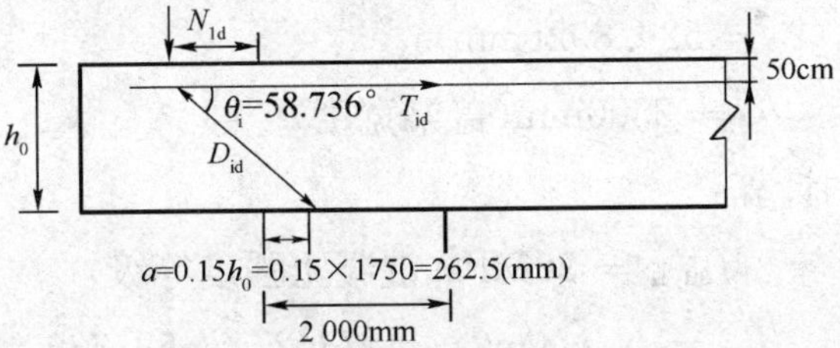

图 2-14

若按"撑杆—系杆体系"计算，则有

$$\gamma_0 D_{id} \leqslant t b_s f_{cd,s}$$

$$f_{cd,s}=\frac{f_{cu,k}}{1.43+304\varepsilon_1}\leqslant 0.48f_{cu,k}$$

$$\varepsilon_1=\left(\frac{T_{id}}{A_s E_s}+0.002\right)\cot^2\theta_i$$

$$t=b\sin\theta_i+h_a\cos\theta_i$$

$$h_a = s + 6d$$

$$N_{1d} = 1.2 \times 2770 + 1.4 \times 821 = 4473.4(\text{kN})$$

$$\gamma_0 = 1.1$$

(1)D_{id}的计算：

$$h_0 = 1800 - 50 = 1750(\text{mm});$$

$$a = 0.15h_0 = 0.15 \times 1750 = 262.5(\text{mm})$$

$$\theta = \tan^{-1}\frac{h_0}{a + x_1} = \tan^{-1}\frac{1750}{800 + 262.5}$$

$$= 58.736°$$

$$D_{id} = N_{1d}/\sin\theta = 4473.4/\sin 58.736°$$

$$= 5233.362(\text{kN})$$

(2)t 的计算：

$$b = 500\text{mm}(\text{支座宽度});d = 32\text{mm}$$

$$h_a = s + 6d = 5.5 + 6 \times 32 = 197.5(\text{mm})$$

$$t = b\sin 58.736° + 197.5 \times \cos 58.736°$$

$$= 529.892(\text{mm})$$

$$b_s = 2300\text{mm}(\text{盖梁宽度})$$

(3)$f_{cd,s}$的计算：

$$f_{cu,k} = 30\text{MPa}(\text{混凝土强度等级})$$

$$T_{id} = N_{1d}/\tan\theta = 4473.2/\tan 58.736$$

$$= 2715.9(\text{kN})$$

$$A_s = 30 \times 804.3 = 24129(\text{mm}^2)$$

$$E_s = 2.0 \times 10^5(\text{MPa})$$

$$\varepsilon_1 = \left(\frac{T_{id}}{A_s E_s} + 0.002\right)\cot 58.736°$$

$$= \left(\frac{2715.9 \times 10^3}{24129 \times 2 \times 10^5} + 0.002\right) \times 0.3686$$

$$= 0.0009446$$

$$f_{cd,s}=\frac{f_{cu,k}}{1.43+304\varepsilon_1}$$

$$=\frac{30}{1.43+304\times 0.0009446}$$

$$=17.47(\mathrm{MPa})$$

$$0.48f_{cu,k}=0.48\times 30=14.4$$

显然，$f_{cd,s}>0.48f_{cu,k}$，不合规范。

回答

你们设计的盖梁按《公路钢筋混凝土及预应力混凝土桥涵设计规范》(JTG D62—2004)第8.2.7条规定，应用了承台"撑杆—系杆体系"进行计算，但在按公式(8.5.3-2)计算时，出现了$f_{cd,s}>0.48f_{cu,k}$，这是正常的。因为$f_{cd,s}$受诸多因素影响，即使$x_1/h<1.0$时也有可能出现这种情况。公式(8.5.3-2)表示按短臂深梁计算时，作为撑杆的混凝土轴心受压强度设计值要受到限制，当$f_{cd,s}>0.48f_{cu,k}$时，设计时采用$f_{cd,s}=0.48f_{cu,k}$，最后必须满足公式(8.5.3-1)的要求。(算例中采用$s=5.5$mm似乎有错，应为$s=55$mm)。配筋要满足公式(8.5.3-6)要求，同时也符合受弯构件最小配筋率的要求。

8.4　橡胶支座

8.4.1

规范条文

板式橡胶支座的基本设计数据应按下列规定采用，其产品分类、技术要求、试验方法、检验规则等应符合《公路桥梁板式橡胶支座》(JT/T4)的规定。

1. 支座使用阶段的平均压应力限值$\sigma_c = 10.0$MPa。

2. 常温下橡胶支座剪变模量$G_e = 1.0$MPa。

橡胶支座剪变模量随橡胶变冷而递增，当累年最冷月平均温度的平均值为0～－10℃时，G_e值应增大20%；当低于－10℃时，G_e值应增大50%；当低于－25℃时，G_e为2MPa。

3. 橡胶支座抗压弹性模量和支座形状系数应按下列公式计算：

$$E_e = 5.4 G_e S^2 \quad (8.4.1\text{-}1)$$

矩形支座

$$S = \frac{l_{0a} l_{0b}}{2t_{es}(l_{0a} + l_{0b})} \quad (8.4.1\text{-}2)$$

圆形支座

$$S = \frac{d_0}{4t_{es}} \quad (8.4.1\text{-}3)$$

式中：E_e——支座抗压弹性模量(MPa)；

G_e——支座剪变模量；

S——支座形状系数；

l_{0a}——矩形支座加劲钢板短边尺寸；

l_{0b}——矩形支座加劲钢板长边尺寸；

d_0——圆形支座钢板直径；

t_{es}——支座中间层单层橡胶厚度。

支座形状系数应在$5 \leqslant S \leqslant 12$范围内取用。

4. 橡胶弹性体体积模量：$E_b = 2000$MPa。

5. 支座与不同接触面的摩擦系数：

1）支座与混凝土接触时，$\mu = 0.3$；

2）支座与钢板接触时，$\mu = 0.2$；

3）聚四氟乙烯板与不锈钢板接触（加硅脂）时，$\mu_f = 0.06$；当温度低于－25℃时，μ_f值增大30%；当不加硅脂时，μ_f值应加倍。当有实测资料时，也可按实测资料采用。

6. 橡胶支座剪切角 α 正切值限值：

1)当不计制动力时，$\tan\alpha \leqslant 0.5$；

2)当计入制动力时，$\tan\alpha \leqslant 0.7$。

8.4.2

规范条文

板式橡胶支座的计算

1. 板式橡胶支座有效承压面积按下列公式计算：

$$A_e = \frac{R_{ck}}{\sigma_c} \tag{8.4.2-1}$$

式中：A_e——支座有效承压面积(承压加劲钢板面积)；

R_{ck}——支座压力标准值，汽车荷载应计入冲击系数。

2. 板式橡胶支座橡胶层总厚度应符合下列规定：

1)从满足剪切变形考虑，应符合下列条件：

不计制动力时　$t_e \geqslant 2\Delta_l$　(8.4.2-2)

计入制动力时　$t_e \geqslant 1.43\Delta_l$　(8.4.2-3)

当板式橡胶支座在横桥向平行于墩台帽横坡或盖梁横坡设置时，支座橡胶层总厚度应符合下列条件：

不计制动力时　$t_e \geqslant 2\sqrt{\Delta_l^2 + \Delta_t^2}$　(8.4.2-4)

计入制动力时　$t_e \geqslant 1.43\sqrt{\Delta_l^2 + \Delta_t^2}$　(8.4.2-5)

式中：t_e——支座橡胶层总厚度；

Δ_l——由上部结构温度变化、混凝土收缩和徐变等作用标准值引起的剪切变形和纵向力标准值(当计入制动力时包括制动力标准值)产生的支座剪切变形，以及支座直接设置于不大于1%

纵坡的梁底面下，在支座顶面由支座承压力标准值顺纵坡方向分力产生的剪切变形；

Δ_t——支座在横桥向平行于不大于2%的墩台帽横坡或盖梁横坡上设置，由支座承压力标准值平行于横坡方向分力产生的剪切变形。

2)从保证受压稳定考虑，应符合下列条件：

矩形支座 $$\frac{l_a}{10} \leqslant t_e \leqslant \frac{l_a}{5} \quad (8.4.2\text{-}6)$$

圆形支座 $$\frac{d}{10} \leqslant t_e \leqslant \frac{d}{5} \quad (8.4.2\text{-}7)$$

式中：l_a——矩形支座短边尺寸；

d——圆形支座直径。

3.板式橡胶支座竖向平均压缩变形应符合下列规定：

$$\delta_{c,m} = \frac{R_{ck} t_e}{A_e E_e} + \frac{R_{ck} t_e}{A_e E_b} \quad (8.4.2\text{-}8)$$

$$\theta \cdot \frac{l_a}{2} \leqslant \delta_{c,m} \leqslant 0.07 t_e \quad (8.4.2\text{-}9)$$

式中：$\delta_{c,m}$——支座竖向平均压缩变形；

l_a——矩形支座短边尺寸或圆形支座直径；

θ——由上部结构挠曲在支座顶面引起的倾角，以及支座直接设置于不大于1%纵坡的梁底面下，在支座顶面引起的纵坡坡角(rad)。

4.板式橡胶支座加劲钢板应符合下列规定，且其最小厚度不应小于2mm。

$$t_s = \frac{K_p R_{ck} (t_{es,u} + t_{es,l})}{A_e \sigma_s} \quad (8.4.2\text{-}10)$$

式中：t_s——支座加劲钢板厚度；

K_p——应力校正系数，取1.3；

$t_{es,u}$、$t_{es,l}$——一块加劲钢板上、下橡胶层厚度；

σ_s——加劲钢板轴向拉应力限值，可取钢材屈服强度的 0.65 倍。

加劲钢板与支座边缘的最小距离不应小于 5mm，上、下保护层厚度不应小于 2.5mm。

8.4.3

规范条文

板式橡胶支座抗滑稳定应符合下列规定：

不计汽车制动力时

$$\mu R_{Gk} \geqslant 1.4 G_e A_g \frac{\Delta_l}{t_e} \tag{8.4.3-1}$$

计入汽车制动力时

$$\mu R_{ck} \geqslant 1.4 G_e A_g \frac{\Delta_l}{t_e} + F_{bk} \tag{8.4.3-2}$$

式中：R_{Gk}——由结构自重引起的支座反力标准值；

R_{ck}——由结构自重标准值和 0.5 倍汽车荷载标准值(计入冲击系数)引起的支座反力；

Δ_l——见本规范第 8.4.2 条，但不包括汽车制动力引起的剪切变形；

F_{bk}——由汽车荷载引起的制动力标准值；

A_g——支座平面毛面积。

8.4.4

规范条文

聚四氟乙烯滑板式橡胶支座的摩擦力应符合下列规定：

不计汽车制动力时

$$\mu_f R_{Gk} \leqslant G_e A_g \tan\alpha \quad (8.4.4\text{-}1)$$

计入汽车制动力时

$$\mu_f R_{ck} \leqslant G_e A_g \tan\alpha \quad (8.4.4\text{-}2)$$

式中：μ_f——聚四氟乙烯与不锈钢板的摩擦系数，按本规范第 8.4.1 条采用；

$\tan\alpha$——橡胶支座剪切角正切值的限值，不计制动力或计入制动力分别按本规范第 8.4.1 条采用；

R_{ck}——由结构自重标准值和汽车荷载标准值（计入冲击系数）引起的支座反力；

A_g——支座平面毛面积。

8.4.5

规范条文

盆式橡胶支座应按《公路桥梁盆式橡胶支座》(JT 391)选用，但应符合下列要求：

1. 按竖向荷载（汽车应计入冲击系数）标准值组合计算的支座承压力 R_{ck}，与《公路桥梁盆式橡胶支座》表中“设计承载力”比较选用。

2. 固定支座在各方向和单向活动支座非滑移方向的水平力标准值，不得大于该标准“设计承载力”的 10%。

3. 计算的支座转动角度不得大于 0.02rad。

问题

问题来源：新疆维吾尔自治区

公路桥梁橡胶支座，由于其结构简单、施工便捷，得到设计、施工单位的普遍认可。在桥梁中经常采用的有矩形和圆形板式橡胶支座两种类型,针对此类支座,原交通部新颁布了相应的行业标准《公路桥梁板式橡胶支座规格系列》(JT/T 663—2006)(以下称新颁标准),为该类支座的应用起到积极的作用。

在采用新颁标准选用支座型号的过程中,我们发现新颁标准中的支座规格和最大承压力与以往厂家(江苏省常熟橡胶厂、交通运输部新津筑路机械厂橡胶厂和广西柳州 OVM 公司)提供的资料存在一定偏差。据对比,上述三家同一类型的橡胶支座的外形及最大承压力是相同的,但与新颁标准相比,存在两点不同:

(1)支座的外形尺寸不同。

以圆板支座为例,以往资料中支座的外形尺寸就有 d125、d150、d175、d200、d225 等以 25mm 递增的系列,而新颁标准中则是以 50mm 递增。其支座厚度也有所不同。

(2)支座最大承压力不同。

矩形板式橡胶支座的承压力相差不大,在－130～－40kN 之间;

圆形板式橡胶支座的承压力相差较大,在－1381～－67kN 之间。

这样就造成我们以往设计的支座,按新颁标准不满足要求,是否需改?

回答

2004 年我国出版的《公路钢筋混凝土及预应力混凝土桥涵设计规范》(JTG D62—2004)是对"《公路钢筋混凝土及预应力混凝土桥涵设计规范》(JTJ 023—85)"的全面修订,其中第8.4节对橡胶支座要求同样进行了修订。在此基础上,修订后的交通行业标准《公路桥梁板式橡胶支座》(JT/T 4—2004)代替《公路桥梁板式橡胶支座》(JT/T 4—93)及《公路与桥梁专用设备及材料标准汇编》(TJ 3132.3—90)。相应修订出版了《公路桥梁板式橡胶支座规格系列》(JT/T 663—2006),该规格系列是按照《公路钢筋混凝土及预应力混凝土桥涵设计规范》(JTG D62—2004)及

《公路桥梁板式橡胶支座》(JT/T 4—2004)的要求设计验算的新的规格系列。估计你拿到的厂家提供的资料仍为按老规范和标准设计的规格系列,所以,出现你所提出存在的不同之处,这主要是《公路钢筋混凝土及预应力混凝土桥涵设计规范》(JTG D62—2004)对板式橡胶支座设计参数要求不同而产生的。

圆形支座递增系列取为50mm也是参照国外标准(如欧洲标准等)系列不再以25mm递增,由此造成以往设计支座问题的处理结果。故建议:在《公路钢筋混凝土及预应力混凝土桥涵设计规范》(JTG D62—2004)实施以前设计支座可以按老标准执行,在《公路钢筋混凝土与预应力混凝土桥涵设计规范》(JTG D62—2004)实施以后应按新规范设计橡胶支座。而新出版的《公路桥梁板式橡胶支座规格系列》(JT/T 663—2006)是完全按照《公路钢筋混凝土及预应力混凝土桥涵设计规范》(JTG D62—2004)设计橡胶支座,所以它的出版必须是在《公路钢筋混凝土及预应力混凝土桥涵设计规范》(JTG D62—2004)出版之后。同时,《公路桥梁板式橡胶支座》(JT/T 4—93)也已于2004年6月1日同时废止,不能再按老的规格系列选择支座了。以上意见供参考。

8.5 桩基承台

8.5.1

规范条文

承台底面单桩竖向力设计值可按下列公式计算(图8.5.1):

$$N_{id}=\frac{F_d}{n}\pm\frac{M_{xd}y_i}{\sum y_i^2}\pm\frac{M_{yd}x_i}{\sum x_i^2} \tag{8.5.1}$$

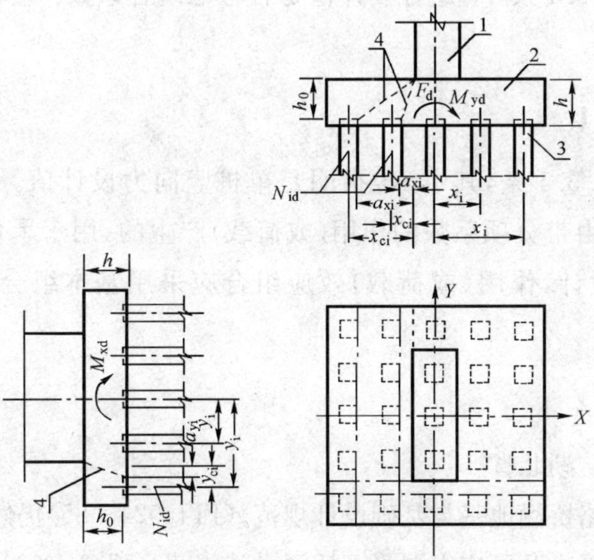

图 8.5.1　桩基承台计算

1-墩身；2-承台；3-桩；4-剪切破坏斜截面

式中：N_{id}——第 i 根桩的单桩竖向力设计值；

F_d——由承台底面以上的作用（或荷载）产生的竖向力组合设计值；

M_{xd}、M_{yd}——由承台底面以上的作用（或荷载）绕通过桩群形心的 x 轴、y 轴的弯矩组合设计值；

n——承台下面桩的总根数；

x_i、y_i——第 i 排桩中心至 y 轴、x 轴的距离。

规范条文　《公路桥涵设计通用规范》第 4.1.6 条

（见 P34）

问题 1

问题来源：江苏省

规范第8.5.1条，N_{id}组合设计值是否考虑组合系数？应该是不考虑吧？

回答1

规范第8.5.1条，其中N_{id}指明是单桩竖向力设计值。竖向力“设计值”表明是由带分项系数的作用（或荷载）产生的，用于承台的承载能力极限状态设计，作用（或荷载）效应组合应采用基本组合（见规范第4.1.6条）。

问题2

问题来源：湖北省

因为《公路桥涵地基与基础设计规范》(JTJ 024—85)仍然实施，所以《公路钢筋混凝土及预应力混凝土桥涵设计规范》(JTG D62—2004)中的第8.5节桩基承台部分就和《公路桥涵地基与基础设计规范》中的内容发生冲突，那该实行哪个呢？

回答2

《公路钢筋混凝土及预应力混凝土桥涵设计规范》(JTG D62—2004)第8.5节关于桩基承台的有关内容，讲的都是承台结构本身的承载力极限状态和正常使用极限状态计算，而《公路桥涵地基与基础设计规范》(JTJ 024—85)讲的是岩土地基承载力计算，前者和后者是两个不同的计算对象，在桥梁设计中可以同时并存。《公路桥涵地基与基础设计规范》(JTJ 024—85)在新规范尚未颁布前仍可沿用。上述所谓“两者同时并存，”就是承台本身设计时，作用于承台的荷载按《公路钢筋混凝土及强应力混凝土桥涵设计规范》(JTG D62—2004)采用；地基设计时，作用于地基的荷载按《公路桥涵地基与基础设计规范》(JTJ 024—85)的规定采用。

注：上述“问题2”及“回答2”是在《公路桥涵地基与基础设计规范》(JTG D63—2007)未发布之前所提问题及回答。以后相关的设计须执行JTG D63—2007新规范。

8.5.2

规范条文

当承台下面外排桩中心距墩台身边缘大于承台高度时，其正截面（垂直于x轴和y轴的竖向截面）抗弯承载力可作为悬臂梁按本规范第5.2.2条“梁式体系”进行计算。

1. 承台截面计算宽度

1) 当桩中距不大于三倍桩边长或桩直径时，取承台全宽；

2) 当桩中距大于三倍桩边长或桩直径时：

$$b_s = 2a + 3D(n-1) \qquad (8.5.2\text{-}1)$$

式中：b_s——承台截面计算宽度；

a——平行于计算截面的边桩中心距承台边缘距离；

D——桩边长或桩直径；

n——平行于计算截面的桩的根数。

2. 承台计算截面弯矩设计值应按下列公式计算（本规范图8.5.1）：

$$M_{xcd} = \sum N_{id} y_{ci} \qquad (8.5.2\text{-}2)$$

$$M_{ycd} = \sum N_{id} x_{ci} \qquad (8.5.2\text{-}3)$$

式中：M_{xcd}、M_{ycd}——计算截面外侧各排桩竖向力产生的绕x轴和y轴在计算截面处的弯矩组合设计值；

N_{id}——计算截面外侧第i排桩的竖向力设计值，取该排桩根数乘以该排桩中最大单桩竖向力设计值；

x_{ci}、y_{ci}——垂直于y轴和x轴方向，自第i排桩中心线至计算截面的距离。

规范条文 本规范第8.5.5条

承台应按下列规定进行冲切承载力验算：

1. 柱或墩台向下冲切的破坏锥体应采用自柱或墩台边缘至相应桩顶边缘连线构成的锥体；桩顶位于承台顶面以下一倍有效高度 h_0 处。锥体斜面与水平面的夹角，不应小于45°，当小于45°时，取用45°。

柱或墩台向下冲切承台的冲切承载力按下列规定计算：

$$\gamma_0 F_{ld} \leqslant 0.6 f_{td} h_0 [2\alpha_{px}(b_y + a_y) + 2\alpha_{py}(b_x + a_x)] \qquad (8.5.5\text{-}1)$$

$$\alpha_{px} = \frac{1.2}{\lambda_x + 0.2} \qquad (8.5.5\text{-}2)$$

$$\alpha_{py} = \frac{1.2}{\lambda_y + 0.2} \qquad (8.5.5\text{-}3)$$

式中：F_{ld}——作用于冲切破坏锥体上的冲切力设计值，可取柱或墩台的竖向力设计值减去锥体范围内桩的反力设计值；

b_x、b_y——柱或墩台作用面积的边长（图8.5.5a））；

a_x、a_y——冲跨，冲切破坏锥体侧面顶边与底边间的水平距离，即柱或墩台边缘到桩边缘的水平距离，其值不应大于 h_0（图8.5.5a））；

λ_x、λ_y——冲跨比，$\lambda_x = a_x/h_0$，$\lambda_y = a_y/h_0$，当 $a_x < 0.2h_0$ 或 $a_y < 0.2h_0$ 时，取 $a_x = 0.2h_0$ 或 $a_y = 0.2h_0$；

α_{px}、α_{py}——分别与冲跨比 λ_x、λ_y 对应的冲切承载力系数；

f_{td}——混凝土轴心抗拉强度设计值。

2. 对于柱或墩台向下的冲切破坏锥体以外的角桩和边桩，其向上冲切承台的冲切承载力按下列规定计算：

1）角桩

$$\gamma_0 F_{ld} \leqslant 0.6 f_{td} h_0 \left[\alpha'_{px}\left(b_y + \frac{a_y}{2}\right) + \alpha'_{py}\left(b_x + \frac{a_x}{2}\right)\right] \qquad (8.5.5\text{-}4)$$

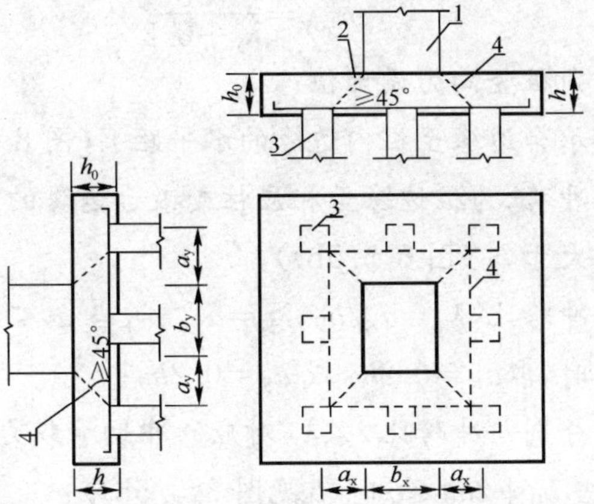

a)

1- 柱、墩台；2- 承台；3- 桩；4- 破坏锥体

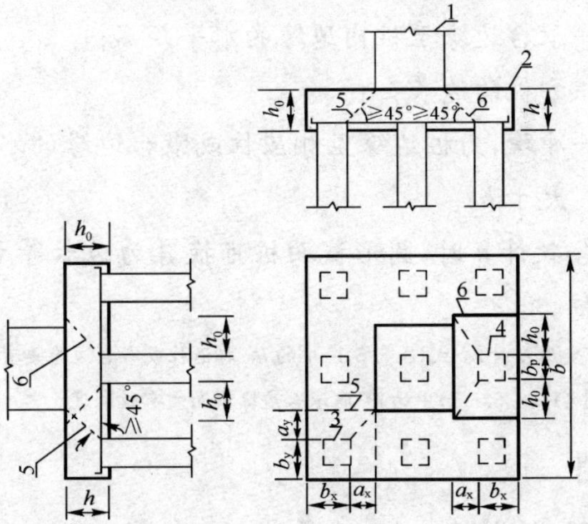

b)

1-柱、墩台；2-承台；3-角桩；4-边桩；5-角桩上破坏锥体；6-边桩上冲切破坏锥体

图 8.5.5　承台冲切破坏锥体

a)柱、墩台下冲切破坏锥体；b)角桩和边桩上冲切破坏锥体

$$\alpha'_{px}=\frac{0.8}{\lambda_x+0.2} \tag{8.5.5-5}$$

$$\alpha'_{py}=\frac{0.8}{\lambda_y+0.2} \tag{8.5.5-6}$$

式中：F_{ld}——角桩竖向力设计值；

b_x、b_y——承台边缘至桩内边缘的水平距离(图 8.5.5b))；

a_x、a_y——冲跨，为桩边缘至相应柱或墩台边缘的水平距离，其值不应大于 h_0(图 8.5.5b))；

λ_x、λ_y——冲跨比，$\lambda_x=a_x/h_0$，$\lambda_y=a_y/h_0$，当 $a_x<0.2h_0$ 或 $a_y<0.2h_0$ 时，取 $a_x=0.2h_0$ 或 $a_y=0.2h_0$；

α'_{px}、α'_{py}——分别与冲跨比 λ_x、λ_y 对应的冲切承载力系数。

2)边桩，当 $b_p+2h_0\leqslant b$ 时(b 见图 8.5.5b))

$$\gamma_0 F_{ld}\leqslant 0.6 f_{td} h_0\left[\alpha'_{px}(b_p+h_0)+0.667\times(2b_x+a_x)\right] \tag{8.5.5-7}$$

式中：F_{ld}——边桩竖向力设计值；

b_x——承台边缘至桩内边缘的水平距离；

b_p——方桩的边长；

a_x——冲跨，为桩边缘至相应柱或墩台边缘的水平距离，其值不应大于 h_0。

按上述各款计算时，圆形截面桩可换算为边长等于 0.8 倍圆柱直径的方形截面桩。

注：当承台为变厚度时，公式(8.5.5-1)中的 h_0 取沿柱或墩台边缘垂直截面的承台有效高度；公式(8.5.5-4)、(8.5.5-7)中的 h_0 取承台边缘截面的有效高度。

? 问题

问题来源：湖北省

传真中关于承台的计算，b_s 的取值明白了，但还有不明白之处。例如这句话："但需注意沿 1-1 线的桩中心至承台边缘的距离按规范第 8.5.2 条规定只能取 1.5 倍桩径(如果该距离大于 1.5 倍桩径的话)……不管哪个方向，计算中的 b_s 都要按规范第8.5.2条规定取值。"对这两句，不明白。既然是按"撑杆—系杆体系"计算，就与第 8.5.2 条的"梁式体系"无关了，为什么要按第 8.5.2 条的规定取值？

而且公式(8.5.5-7)规定 b_x 为承台边缘至桩内边缘的水平距离。那么关于圆形承台当计算边桩的冲切时，这个距离是圆形承台最外端距离桩内边缘距离还是其他取值？

回答

(1)规范第 8.5.2 条规定的"梁式体系"的计算，与"撑杆—系杆体系"一样，也有一个如何取承台截面计算宽度 b_s 的问题。所以该条关于 b_s 的规定是通用的。按照这个规定，在取承台截面计算宽度 b_s 时，有桩中距不大于三倍桩径和大于三倍桩径之分。如果只有一根桩，它的承台宽度 b_s 最多取三倍桩径；对承台的边桩其承台悬出部分因而只能取 1.5 倍桩径(桩中心至承台边缘的距离)。

(2)规范公式(8.5.5-7)中的 b_x 可从规范图 8.5.5b)右图看出，它是边桩冲切承台承载力计算时桩内边缘至承台边缘的距离，圆截面桩按规定要换算为边长等于 0.8 桩径的方形截面桩，然后再取 b_x(见图 2-15)。

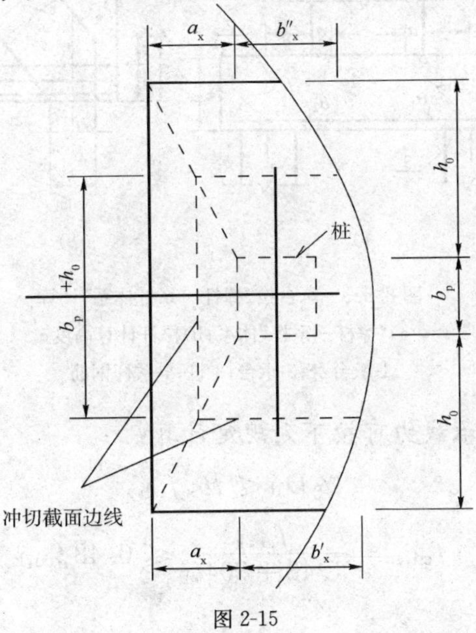

图 2-15

由于承台是圆形的，所以两边所取 b_x 不一定相等（图中为 b'_x 和 b''_x）。冲切截面边线为：$(b_p+h_0)+\left[\left(b'_x+\frac{a_x}{2}\right)+\left(b''_x+\frac{a_x}{2}\right)\right]$。抗冲切截面就是高度为 h_0（垂直于纸面）与截面边线所形成的面积。计算抗冲切承载力时还要考虑冲切承载力系数 α'_{px} 和 $\alpha'_{py}=0.667$。

8.5.3

规范条文

当外排桩中心距墩台身边缘等于或小于承台高度时，承台短悬臂可按“撑杆—系杆体系”计算撑杆的抗压承载力和系杆的抗拉承载力（图 8.5.3）。

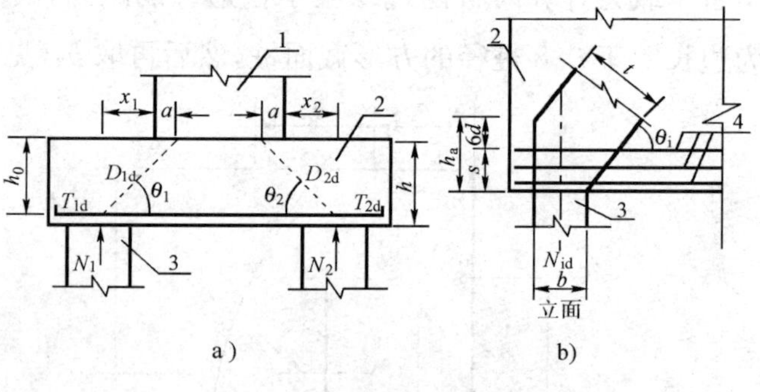

图 8.5.3　承台按“撑杆—系杆体系”计算

a)“撑杆—系杆”体系；b)撑杆计算高度

1-墩台身；2-承台；3-桩；4-系杆钢筋

1. 撑杆抗压承载力可按下列规定计算：

$$\gamma_0 D_{id} \leqslant t b_s f_{cd,s} \tag{8.5.3-1}$$

$$f_{cd,s}=\frac{f_{cu,k}}{1.43+304\varepsilon_1} \leqslant 0.48 f_{cu,k} \tag{8.5.3-2}$$

$$\varepsilon_1=\left(\frac{T_{id}}{A_s E_s}+0.002\right)\cot^2\theta_i \tag{8.5.3-3}$$

$$t=b\sin\theta_i+h_a\cos\theta_i \tag{8.5.3-4}$$

$$h_a=s+6d \tag{8.5.3-5}$$

式中：D_{id}——撑杆压力设计值，包括 $D_{1d}=N_{1d}/\sin\theta_1$，$D_{2d}=N_{2d}/\sin\theta_2$，其中 N_{1d} 和 N_{2d} 分别为承台悬臂下面“1”排桩和“2”排桩内该排桩的根数乘以该排桩中最大单桩竖向力设计值，单桩竖向力按本规范公式(8.5.1)计算；按公式(8.5.3-1)计算撑杆抗压承载力时，式中 N_{id} 取 N_{1d} 和 N_{2d} 两者较大者；

$f_{cd,s}$——撑杆混凝土轴心抗压强度设计值；

t——撑杆计算宽度；

b_s——撑杆计算宽度，按本规范第 8.5.2 条有关正截面抗弯承载力计算时对计算宽度的规定；

b——桩的支撑宽度，方形截面桩取截面边长，圆形截面桩取直径的 0.8 倍；

$f_{cu,k}$——边长为 150mm 的混凝土立方体抗压强度标准值；

T_{id}——与撑杆相应的系杆拉力设计值，包括 $T_{1d}=N_{1d}/\tan\theta_1$，$T_{2d}=N_{2d}/\tan\theta_2$；

A_s——在撑杆计算宽度 b_s（系杆计算宽度）范围内系杆钢筋截面面积；

s——系杆钢筋的顶层钢筋中心至承台底的距离；

d——系杆钢筋直径，当采用不同直径的钢筋时，d 取加权平均值；

θ_i——撑杆压力线与系杆拉力线的夹角，包括 $\theta_1=\tan^{-1}\dfrac{h_0}{a+x_1}$，$\theta_2=\tan^{-1}\dfrac{h_0}{a+x_2}$，其中 h_0 为承台有效高度；a 为撑杆压力线在承台顶面的作用点至墩台边缘的距离，取 $a=0.15h_0$；x_1 和 x_2 为桩中心至墩台边缘的距离。

2. 系杆抗拉承载力可按下列规定计算：

$$\gamma_0 T_{id} \leqslant f_{sd} A_s \qquad (8.5.3\text{-}6)$$

式中：T_{id}——系杆拉力设计值，见本条第1款，取 T_{1d} 与 T_{2d} 两者较大者；

f_{sd}——系杆钢筋抗拉强度设计值；

A_s——见本条第1款。

在垂直于系杆的承台全宽内，系杆钢筋应按本规范第9.6.8条第2款布置。在系杆计算宽度 b_s 内的钢筋截面面积应符合本规范第9.1.12条规定的受弯构件受拉钢筋最小配筋百分率。

规范条文　本规范第9.6.8条

（见P346）

问题1

问题来源：湖北省

对新版规范《公路钢筋混凝土及预应力混凝土桥涵设计规范》(JTG D62—2004)第8.5节桩基承台的计算有些不理解之处，即按“撑杆—系杆体系”计算承台的受力，分别计算撑杆抗压承载力，系杆抗拉承载力，以及承台斜截面抗剪等。

公式(8.5.3-1)里 b_s 为撑杆(系杆)计算宽度，A_s 为在撑杆计算宽度 b_s(系杆计算宽度)范围内系杆钢筋截面面积。b_s、A_s 对于矩形承台很好理解，就是作用方向的边长及范围内钢筋面积；但对于如图2-16所示的圆形承台及八边形承台，这个 b_s、A_s 该如何确定？

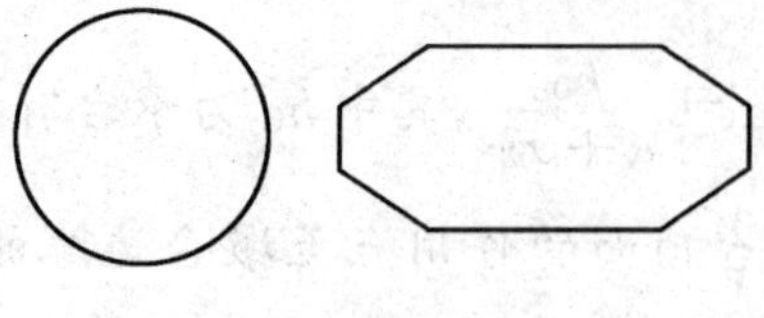

图2-16

回答 1

实际工程中桩基承台采用你传真中所示的形状是很少的，它不但给计算带来麻烦，也造成施工的困难。设计人员应避免选用这种承台。由于这种承台具有变化的周边线形，按照规范第 8.5.3 条计算撑杆和系杆的承载力，与承台下桩的尺寸和位置有关，但在你的传真中没有显示出来；对于传真中提示的八边形承台与长和宽两个方向的尺寸比例也有关，你也未示出。因此，请你给出上述有关资料，我们再研究在这种特殊的情况下如何确定 b_s 和 A_s。

问题 2

问题来源：湖北省

关于承台及桩基的布置图 2-17，左边承台为圆形，直径 30m；右边承台为圆端矩形，尺寸为 30.4m×16m。桩基直径均为 3m，桩基与承台的尺寸布置关系见图 2-17 所示。八边形承台只是以前见过，本次设计未遇到，故不研究。本次只研究这两种形式的承台，也很常见，比如长江上的特大桥，承台做成圆形以防撞。

公式(8.5.3-1)里 b_s 为撑杆(系杆)计算宽度；A_s 为在撑杆计算宽度 b_s(系杆计算宽度)范围内系杆钢筋截面面积。b_s、A_s 对于矩形承台很好理解，就是作用方向的边长及范围内钢筋面积；但对于如图 2-17 所示两种形式的承台，这个 b_s、A_s 该如何确定？

回答 2

本规范规定的承台当按“撑杆—系杆体系”计算承载力时，必须符合下列条件(见规范图8.5.3a))：

(1)承台下的外排桩中心(即桩反力 N_1)要落在承台上桥墩墩身之外，否则，承台不存在短悬臂受力。

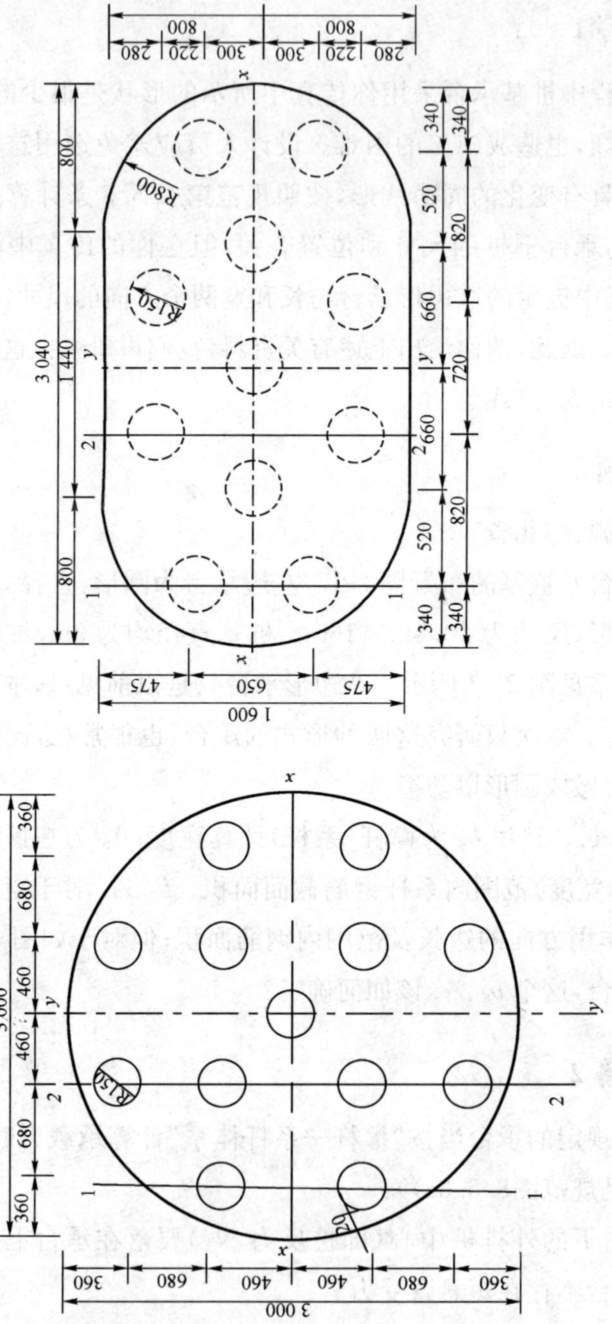

图 2-17

注：图中尺寸以厘米为单位。

(2)图中 x_1 必须小于或等于 h。由于来函中未示出墩身平面尺寸和在承台上的位置,我们假定第 1 排桩(图 2-17)符合上述条件,则撑杆抗压承载力计算的 b_s 可取该排桩中心线处(即 1-1 线)的承台宽度,但需注意沿 1-1 线的桩中心至承台边缘的距离按规范第 8.5.2 条规定只能取1.5 倍桩径(如果该距离大于 1.5 倍桩径的话);如果第 2 排桩也符合上述条件,则该排桩也要参与撑杆抗压承载力计算,b_s 取 2-2 线处承台的宽度。以上所说只是承台一个方向的抗压承载力计算。如果有绕 x 轴的 M_{xd} 与绕 y 轴的 M_{yd},有必要进行两个方向(x-x 方向和 y-y 方向)的撑杆抗压承载力计算。不管哪个方向,计算中的 b_s 都要按规范第 8.5.2 条规定取值。

系杆受拉钢筋的截面面积 A_s 是指在 b_s 范围内的,在按以上所述求得 b_s 以后,公式(8.5.3-6)中的 A_s 无需解释就可确定了。但当一排中相邻桩的中距大于 3 倍桩径时,在 b_s 以外还需布置钢筋,相关情况见规范第 9.6.8 条的规定。

由于来函仅作一般性概述,缺少具体数值,我们只好作某些假定,有关意见仅作参考。

8.6　桥梁伸缩装置

8.6.2

规范条文

伸缩装置安装以后的伸缩量,可考虑下列因素进行计算:

1. 由温度变化引起的伸缩量,按下列公式计算:

温度上升引起的梁体伸长量 Δl_t^+

$$\Delta l_t^+ = \alpha_c l (T_{max} - T_{set,l}) \qquad (8.6.2\text{-}1)$$

温度下降引起的梁体缩短量 Δl_t^-

$$\Delta l_t^- = \alpha_c l (T_{set,u} - T_{min}) \tag{8.6.2-2}$$

式中：T_{max}、T_{min}——当地最高、最低有效气温值，按《公路桥涵设计通用规范》(JTG D60—2004)取用；

$T_{set,u}$、$T_{set,l}$——预设的安装温度范围的上限值和下限值；

l——计算一个伸缩装置伸缩量所采用的梁体长度，视桥梁长度分段及支座布置情况而定；

α_c——梁体混凝土材料线膨胀系数，采用 $\alpha_c = 0.000\,01$。

2. 由混凝土收缩引起的梁体缩短量 Δl_s^-，按下列公式计算：

$$\Delta l_s^- = \varepsilon_{cs}(t_u, t_0) l \tag{8.6.2-3}$$

式中：$\varepsilon_{cs}(t_u, t_0)$——伸缩装置安装完成时梁体混凝土龄期 t_0 至收缩终了时混凝土龄期 t_u 之间的混凝土收缩应变，可按本规范表 6.2.7 采用或按附录 F 计算。

3. 由混凝土徐变引起的梁体缩短量 Δl_c^- 按下列公式计算：

$$\Delta l_c^- = \frac{\sigma_{pc}}{E_c} \phi(t_u, t_0) l \tag{8.6.2-4}$$

式中：σ_{pc}——由预应力(扣除相应阶段预应力损失)引起的截面重心处的法向压应力，当计算的梁为简支梁时，可取跨中截面与 1/4 跨径截面的平均值；当梁体为连续梁或连续刚构时，可取若干有代表性截面的平均值；

E_c——梁体混凝土弹性模量，按本规范表 3.1.5 采用；

$\phi(t_u, t_0)$——伸缩装置安装完成时梁体混凝土龄期 t_0 至徐变终了时混凝土龄期 t_u 之间的混凝土徐变系数，可按本规范表 6.2.7 采用或按附录 F 计算。

4. 由制动力引起的板式橡胶支座剪切变形而导致的伸缩缝开口量 Δl_b^- 或闭口量 Δl_b^+，其值可按 Δl_b^- 或 $\Delta l_b^+ = F_k t_e / G_e A_g$ 计算，其中 F_k 为分配给支座的汽车制动力标准值，t_e 为支座橡胶层总厚度，G_e 为支座橡胶剪变模量(按本规范第 8.4.1 条采用)，A_g 为支座平面毛面积。

5.按照梁体的伸缩量选用伸缩装置的型号

1)伸缩装置在安装后的闭口量C^+

$$C^+=\beta(\Delta l_t^+ +\Delta l_b^+) \tag{8.6.2-5}$$

2)伸缩装置在安装后的开口量C^-

$$C^-=\beta(\Delta l_t^- +\Delta l_s^- +\Delta l_c^- +\Delta l_b^-) \tag{8.6.2-6}$$

3)伸缩装置的伸缩量C应满足

$$C\geqslant C^+ +C^- \tag{8.6.2-7}$$

式中:β——伸缩装置伸缩量增大系数,可取$\beta=1.2\sim1.4$。

注:①对于影响伸缩装置伸缩量的其他因素,应视具体情况予以考虑。

②当施工安装温度在设计规定的安装温度范围以外时,伸缩装置应另行计算。

问题1

问题来源:广东省

规范第8.6.2条第5款,在计算安装后的开口量和闭口量中分别计入了制动力引起的闭口量和开口量。

这两个量在数值上是相等的,在总的伸缩量计算中可以认为是同一个数计入了两次。在设计汽车双向行驶的桥梁中,按规范计算是毫无疑问的,但对于单向行驶的桥梁来说,计算时是否只考虑一次计入就可以了?因为对双向行驶的桥梁来说,制动力引起的位移是两个方向都有的,而对单向行驶的桥梁来说,制动力引起的位移只在汽车行驶的方向上产生。

回答1

对于单向行驶的车道,制动力方向为汽车行驶方向,制动力对伸缩装置可能产生闭口和开口,如图2-18所示。

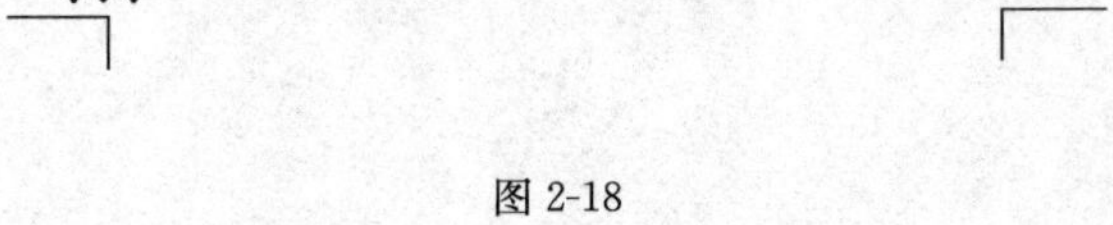

图2-18

制动力向左，对左台伸缩装置闭口，对右台伸缩装置开口。所以计算左台时计入闭口量，计算右台时计入开口量。

如果一个长桥，有多个伸缩装置，那么，要根据具体情况分析计算。如图 2-19 所示。

图 2-19

如制动力在 1～2 之间，1 闭口，2 开口。制动力的布置，要考虑伸缩装置的最不利情况。每个装置都要考虑闭口的最不利状况，也要考虑开口的最不利状况。每个装置都要逐一考虑。

问题 2

问题来源：上海市

原贵院转让给我厂的科技成果 GQF—MZL 型桥梁伸缩装置的中梁钢采用桥梁设计规范中的哪一级荷载？

回答 2

我院转让给贵厂的 GQF—MZL 型桥梁伸缩装置，其中梁钢设计荷载是采用 1985 年桥涵规范规定的汽车—超 20 级荷载，即主车后轴载为 140kN，则单边为 70kN，并乘以冲击系数 1.3 进行布载设计的，特此说明。

9　构造规定

9.1　一般规定

9.1.1

规范条文

普通钢筋和预应力直线形钢筋的最小混凝土保护层厚度(钢筋外缘或管道外缘至混凝土表面的距离)不应小于钢筋公称直径,后张法构件预应力直线形钢筋不应小于其管道直径的1/2,且应符合表9.1.1的规定。

普通钢筋和预应力直线形钢筋最小混凝土保护层厚度(mm)　表9.1.1

序号	构件类别	环境条件		
		I	II	III、IV
1	基础、桩基承台 (1)基坑底面有垫层或侧面有模板(受力主筋) (2)基坑底面无垫层或侧面无模板(受力主筋)	40 60	50 75	60 85
2	墩台身、挡土结构、涵洞、梁、板、拱圈、拱上建筑(受力主筋)	30	40	45
3	人行道构件、栏杆(受力主筋)	20	25	30
4	箍筋	20	25	30
5	缘石、中央分隔带、护栏等行车道构件	30	40	45
6	收缩、温度、分布、防裂等表层钢筋	15	20	25

注:对于环氧树脂涂层钢筋,可按环境类别I取用。

规范条文　本规范第 9.6.8 条

（见 P346）

问题 1

问题来源：北京市

规范第 9.1.1 条“后张法构件预应力直线形钢筋不应小于其管道直径的1/2”。其中管道直径是指管道外径吗？例如：采用外径 114mm、内径 100mm 的塑料波纹管，波纹管中心至构件表面垂直距离 11cm，保护层厚度为 11－11.4/2＝5.3(cm)，是否满足要求？

回答 1

规范第 9.1.1 条规定的最小混凝土保护层厚度，均指“钢筋外缘或管道外缘至混凝土表面的距离”，对于波纹管不是“波纹管中心至构件表面垂直距离”。后张法构件预应力直线形钢筋不应小于其管道直径的 1/2，这里的管道直径指的也是管道外径。

问题 2

问题来源：上海市

如图 2-20 所示桥面铺装，请问：

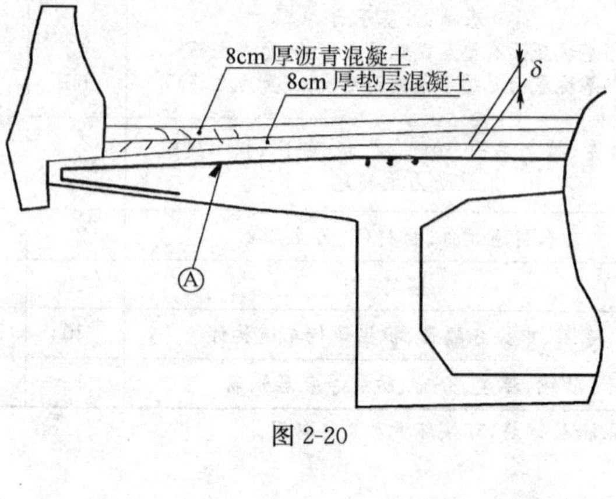

图 2-20

(1)Ⓐ钢筋按纵向为分布筋，按横向悬臂为主筋，其保护层厚度 δ 应为多少?

(2)若有 8cm 厚垫层混凝土，其 δ 又可取多少?

回答 2

(1)箱梁悬臂板内的主筋和分布筋的最小保护层厚度按规范第9.1.1条及表 9.1.1 序号 2 和序号 6 两者规定中的较大者。

(2)钢筋最小保护层厚度是指钢筋外缘至构件边缘的距离，所以桥面铺装层并不影响钢筋保护层厚度的取值。

此外，目前有些设计人员对规范第 6.3.1 条关于全预应力混凝土受弯构件正截面的抗裂规定有意见，认为要求过于严格。现将有关资料(附件 3)顺便传去，以供参考。

附件 3

全预应力混凝土受弯构件抗裂验算问题

标准规范研究室

《公路钢筋混凝土及预应力混凝土桥涵设计规范》(JTG D26—2004)第 6.3.1 条关于全预应力混凝土受弯构件的抗裂验算，有如下规定：

在作用(或荷载)短期效应组合下：

预制构件

$$\sigma_{st}-0.85\sigma_{pc}\leqslant 0 \tag{1}$$

分段浇筑或砂浆接缝的纵向分块构件

$$\sigma_{st}-0.80\sigma_{pc}\leqslant 0 \tag{2}$$

式中：σ_{st}——作用(或荷载)短期效应组合下受弯构件抗裂验算边缘混凝土的法向拉应力；

σ_{pc}——扣除全部预应力损失后预加力在受弯构件抗裂验算边缘产

生的预压应力。

这项规定的初衷是:①《公路钢筋混凝土及预应力混凝土桥涵设计规范》(JTG D62—2004)采用作用(或荷载)短期效应组合进行构件的抗裂验算,该组合中可变作用(或荷载)取用其频遇值,汽车荷载不计入冲击系数,它的计算效应比原规范(JTJ 023—85)按作用(或荷载)标准值组合计算效应要小,这样,势必导致构件的预应力度比原规范有所降低,需要在设计上采取措施尽量加以避免;②近年来不少已建桥梁尤其大跨径桥梁较普遍地出现不该出现的裂缝,已引起有关部门领导的关注,尽管原因是多方面的,但从设计角度考虑也应适当加大构件的抗裂度。

由于现行规范对构件的抗裂要求比原规范有适度提高,从而也引起一些设计人员的意见,他们认为这项规定过于严格,甚至到了难以接受的程度。其实,一些设计人员都知道,在20世纪80年代以前公路预应力混凝土桥梁长期应用的抗裂验算公式就有一定的安全储备,与现行规范的上述规定比较,更要严格一些。现行铁路规范(TB10002、3—2005)仍保留采用该公式。现将这个公式抄录如下(改用公路现行规范的符号):

$$k_f\sigma_{kt}\leqslant\sigma_{pc}+\gamma f_{tk} \tag{3}$$

式中:k_f——抗裂安全系数,$k_f=1.2$;

σ_{kt}——由作用(或荷载)标准值效应组合产生的受弯构件抗裂验算边缘混凝土的法向拉应力;

γ——受拉区混凝土塑性影响系数;

f_{tk}——混凝土轴心抗拉强度标准值。

这个公式是以往设计人员所熟悉的。为了便于比较,略去上式中构件自身抗裂、其值相对很小的“$\gamma f_{tk}/k_f$”一项,这是偏于安全方面的。上式可改写为:

$$\sigma_{kt}-\sigma_{pc}/k_f=\sigma_{kt}-0.83\sigma_{pc}\leqslant0 \tag{4}$$

按上式的抗裂要求已与现行规范很接近。但该式中σ_{kt}是由作用(或荷载)标准值效应组合产生的拉应力,与现行规范的σ_{st}有些差异。这个差异随作用于桥梁的恒载效应与活载效应的不同比例而变化。经对预应力混凝土公路桥梁的统计,中等跨径及以下的桥梁,恒载效应与活载效应之比大致在0.45/0.55～0.7/0.3之间,相应地$\sigma_{kt}=(1.2\sim1.1)\sigma_{st}$;中等跨径以上的大桥和特大桥,恒载效应与活载效应之比大致在0.7/0.3～0.85/0.15之间,相应地$\sigma_{kt}=(1.1\sim1.05)\sigma_{st}$。将$\sigma_{kt}$值代入式(4),则得:

中等跨径及以下桥梁:

$$\sigma_{st}-(0.70\sim0.75)\sigma_{pc}\leqslant0$$

大桥和特大桥梁:

$$\sigma_{st}-(0.75\sim0.80)\sigma_{pc}\leqslant0 \tag{5}$$

以上情况表明,若按早期预应力混凝土构件抗裂验算进行,其对构件的抗裂要求要更严格一些。换句话说,就这点而言,现行规范规定的公式(6.3.1-1)、公式(6.3.1-2)就不是不可接受了。

现将1974年设计的预应力混凝土受弯构件有关计算数据摘录如下(表2-3),以示其抗裂验算情况。

标准跨径50.8m的箱形截面T构悬臂梁　　表2-3

截面号	σ_{kt}(t/m²)	σ_{pc}(t/m²)	$\sigma_{kt}-X\sigma_{pc}=0$
0号	968	1 268	$\sigma_{kt}-0.76\sigma_{pc}=0$
1号	863	1 200	$\sigma_{kt}-0.72\sigma_{pc}=0$
2号	778	1 094	$\sigma_{kt}-0.71\sigma_{pc}=0$
3号	696	990	$\sigma_{kt}-0.70\sigma_{pc}=0$
4号	621	884	$\sigma_{kt}-0.70\sigma_{pc}=0$
5号	522	738	$\sigma_{kt}-0.71\sigma_{pc}=0$
6号	422	556	$\sigma_{kt}-0.76\sigma_{pc}=0$
7号	220	291	$\sigma_{kt}-0.76\sigma_{pc}=0$

如将 σ_{kt} 换为 σ_{st}，X 值还要低些，它们都不可能超过现行规范的 0.8。

问题 3

问题来源：内蒙古自治区

按规范第 9.1.1 条混凝土最小保护层厚度规定，II 类区涵洞受力主筋保护层 40mm，混凝土管涵螺旋筋及管壁厚度是否需要调整？

回答 3

新规范对混凝土保护层厚度的规定，比原规范有所增加，这是从桥涵的耐久性考虑的，目的在于增大桥涵结构的设计使用年限。钢筋保护层厚度增加，相应的管壁厚度也增加了，随之管节自重引起的垂直压力增加了，配筋是否调整由计算确定。

问题 4

问题来源：天津市

表 9.1.1 普通钢筋和预应力直线形钢筋最小混凝土保护层厚度(mm)中(P90)序号 6 所列的构件类别为防裂的表层钢筋网，保护层厚度为 15(环境 I)、20(环境 II)、25(环境 III)，条文说明中第9.6.8条由于主钢筋的混凝土保护层很厚，故应在桩身顶设钢筋网。我想问的是，承台底部的防裂钢筋网，是按照表 9.1.1 的保护层厚度设置，还是按条文说明中第 9.6.8条设置在桩顶？

回答 4

规范表 9.1.1 序号 6 所列的收缩、温度、分布、防裂钢筋是钢筋混凝土结构中常遇的表层构造钢筋，这些钢筋不成网，不是来函中所说的钢筋网。而规范第 9.6.8 条第 4 款规定的是“在桩身顶端的承台平面内应设一层钢筋网”，在它上面还有按计算需要的承台主钢筋，由于主钢筋与承台底面相距较大,所以在桩顶需设置钢筋网。这个钢筋网对于桩顶直接伸入承台连接的结构(这种措施目前实际工程中较少采用,大多采用破桩头即将桩的主筋深入承台连接)还能缓解桩对承台的局部压力。

9.1.3

规范条文

组成束筋的单根钢筋直径不应大于36mm。组成束筋的单根钢筋根数,当其直径不大于28mm时不应多于三根,当其直径大于28mm时应为两根。束筋成束后的等代直径为 $d_e=\sqrt{n}d$,其中 n 为组成束筋的钢筋根数,d 为单根钢筋直径。

当单根钢筋直径或束筋的等代直径大于36mm时,受拉区应设表层钢筋网,在顺束筋长度方向,钢筋直径不应小于10mm,其间距不应大于100mm,在垂直于束筋长度方向,钢筋直径不应小于6mm,其间距不应大于100mm。上述钢筋网的布置范围,应超出束筋的设置范围,每边不小于5倍钢筋直径或束筋等代直径。

规范条文　本规范第9.3.12条

钢筋混凝土梁采用多层焊接钢筋时,可用侧面焊缝使之形成骨架(图9.3.12)。侧面焊缝设在弯起钢筋的弯折点处,并在中间直线部分适当设置短焊缝。

焊接钢筋骨架的弯起钢筋,除用纵向钢筋弯起外,亦可用专设的弯起钢筋焊接。

斜钢筋与纵向钢筋之间的焊接,宜用双面焊缝,其长度应为5倍钢筋直径,纵向钢筋之间的短焊缝应为2.5倍钢筋直径;当必须采用单面焊缝

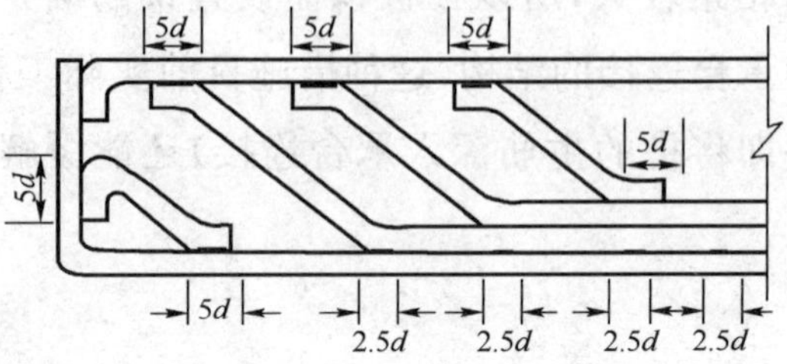

图 9.3.12　焊接骨架图

时，其长度应加倍。

焊接骨架的钢筋层数不应多于六层，单根钢筋直径不应大于 32mm。

规范条文　本规范第 6.4.3 条

（见 P232）

问题 1

问题来源：四川省

在计算 16m 跨钢筋混凝土 T 梁时遇到了一个问题：

规范第 9.1.3 条比旧规范（JTJ 023—85）增加了束筋及等代直径的概念，请问我们以往普通钢筋混凝土 T 梁腹板的多层焊接钢筋是否属于"束筋"的范畴？规范中的"束筋"的简单概念是什么？

回答 1

规范第 9.1.3 条所指"束筋"是由多根直径相同的钢筋组成，用作受力主筋布置在构件内，这是在不得已的情况下采取的措施。但束筋不能包含过多根单筋，这在第 9.1.3 条有明确规定。钢筋混凝土梁采用多层钢筋焊接的钢筋骨架，规范第 9.3.12 条有专门规定，骨架层数不应多于六层。这种梁在计算裂缝宽度时，计算公式中的纵向受拉钢筋直径 d 要乘以 1.3 系数，具体规定见规范第 6.4.3 条。

问题 2

问题来源:广东省

规范第 9.1.3 条所提到的束筋成束后的等代直径 $d_e=\sqrt{n}d$,是指钢筋强度等代还是构造要求方面的等代?

回答 2

束筋等代直径 $d_e=\sqrt{n}d$,不但直径是等代的,而且按直径计算的钢筋截面面积也是等代的。例如,由三根直径为 28mm 的钢筋组成束筋,其等代直径 $d_e=\sqrt{3}\times28=48.497$(mm),以该直径计算截面面积为 $A_e=\frac{\pi}{4}d_e^2=\frac{\pi}{4}\times48.5^2=1847.3$($mm^2$)。另以三根钢筋计算截面面积为 $A=3\times\frac{\pi}{4}d^2=3\times\frac{\pi}{4}\times28^2=1847.3$($mm^2$),$A_e=A$。

所以,束筋的等代直径可用于构造,也可用于计算。但用于计算时,要考虑由于束筋与混凝土的黏结力降低引起的不利情况,正如规范第 6.4.3 条计算构件裂缝宽度,当公式(6.4.3-1)中的 d 以 d_e 代替时,d_e 应乘以 1.3 的系数。

问题 3

问题来源:广西壮族自治区

(1)规范第 9.1.3 条中“当单根钢筋直径或束筋的等代直径大于 36mm 时,受拉区应设表层钢筋网。”请问这个是基于什么考虑?条文解释里也只是说基于德国规范而已。我们现在设计了一个钢筋混凝土连续箱梁(图 2-21),在箱梁底板配筋如此多的情况下还需不需要在受拉束筋外侧配这些钢筋网呢?

(2)规范第 6.4.3 条中“对于钢筋混凝土构件中的焊接钢筋骨架,公

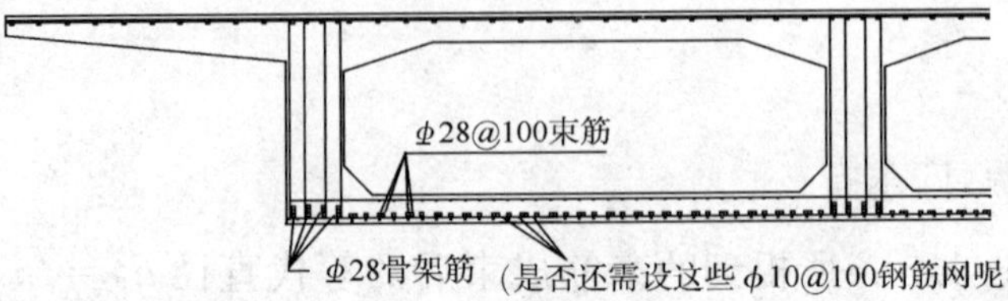

图 2-21

式(6.4.3-1)中的 d 或 d_e 应乘以 1.3 系数”。请问对于箱梁截面，底板中的束筋算不算“焊接钢筋骨架”？因为与 T 梁或 I 梁不同，箱梁的抗弯能力中，腹板中的焊接骨架钢筋由于数量较少，故承担的比例较小，主要是由顶、底板中的束筋承担大部分的弯矩的，不清楚计算其裂缝时该不该乘这个 1.3？

回答 3

(1)受拉区钢筋直径很大，它们将承受很大的拉力，这也促使该区域混凝土承受很大拉应力。但混凝土抗拉强度是很低的，且其离散性较大，这就可能出现很大宽度的裂缝。受拉钢筋外面设置钢筋网，目的在于分布裂缝，将裂缝分散，使裂缝宽度减小。设计钢筋混凝土梁时，有个不成文的规则，这就是在梁的受拉区，不宜采用直径很大的钢筋或抗拉强度很高的钢筋，否则，要么出现很大裂缝，要么不能充分利用钢筋强度，造成材料浪费。

(2)箱梁底板内设置由两根钢筋组成的束筋，可不作焊接骨架考虑。腹板范围内布置有三根钢筋叠焊的骨架，但其分配的拉力较小，且底面置有钢筋网，也可不作焊接骨架考虑。

9.1.5

规范条文

受拉钢筋端部弯钩应符合表 9.1.5 规定。

受拉钢筋端部弯构 表 9.1.5

弯曲部位	弯曲角度	形 状	钢筋	弯曲直径(D)	平直段长度
末端弯钩	180°	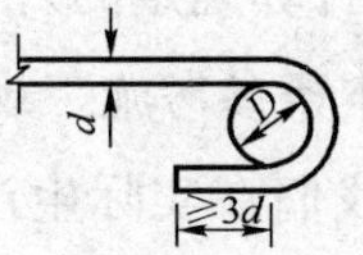	R235	≥2.5d	≥3d
	135°	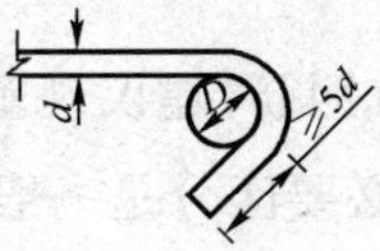	HRB335	≥4d	≥5d
			HRB400 KL400	≥5d	
	90°	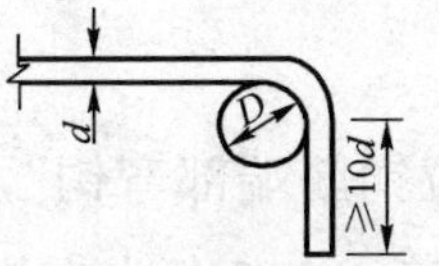	HRB335	≥4d	≥10d
			HRB400 KL400	≥5d	
中间弯折	≤90°		各种钢筋	≥20d	—

注:采用环氧树脂涂层钢筋时,除应满足表内规定外,当钢筋直径 $d \leqslant 20$mm 时,弯钩内直径 D 不应小于 $4d$;当 $d > 20$mm 时,弯钩内直径 D 不应小于 $6d$;直线段长度不应小于 $5d$。

9.1.6

规范条文

箍筋的末端应做成弯钩。弯钩角度可取135°。弯钩的弯曲直径应大于被箍的受力主钢筋的直径,且R235钢筋不应小于箍筋直径的2.5倍,HRB335钢筋不应小于箍筋直径的4倍。弯钩平直段长度,一般结构不应小于箍筋直径的5倍,抗震结构不应小于箍筋直径的10倍。

问题

问题来源:上海市

规范第 9.1.5 条:受拉钢筋端部弯钩应符合表 9.1.5 条规定。想请教的问题是:钢筋是指所有承受拉应力的钢筋(例如分布钢筋、上筋、箍筋)还是仅仅为主要受力(拉)钢筋(计算确定的)?

疑问的来源是规范条文解释,本条参考施工规范,而在施工规范中钢筋弯钩仅仅限定为受力主筋,因此我们在实际生产中对于 HRB335 的分布钢筋弯钩怎么取有所争论。

如果规范的本意是指主要受拉钢筋,建议规范第 9.1.5 条应该适用于所有需要设置弯钩的钢筋,没有必要区分是一般钢筋和主要钢筋。

回答

规范第 9.1.5 条规定的“受拉钢筋端部弯钩”,是指构件中受拉主筋的弯钩。箍筋末端的弯钩在规范第 9.1.6 条中有规定。分布钢筋设置于板件内,垂直于板内主钢筋等间距布置,它能很好地将板上荷载分布到受力钢筋上,抵抗因混凝土收缩及温度变化在垂直于板跨方向产生的应力,同时在浇筑混凝土时能保持受力钢筋的间距不变。分布钢筋一般是不设弯钩的。

9.1.12

规范条文

钢筋混凝土构件中纵向受力钢筋的最小配筋百分率应符合下列要求:

1. 轴心受压构件、偏心受压构件全部纵向钢筋的配筋百分率不应小于 0.5,当混凝土强度等级为 C50 及以上时不应小于 0.6;同时,一侧钢筋的配筋百分率不应小于 0.2。当大偏心受拉构件的受压区配置按计算需要的受压钢筋时,其配筋百分率不应小于 0.2。

2. 受弯构件、偏心受拉构件及轴心受拉构件的一侧受拉钢筋的配筋百分率不应小于 $45f_{td}/f_{sd}$，同时不应小于 0.2。

轴心受压构件、偏心受压构件全部纵向钢筋的配筋百分率和一侧纵向钢筋(包括大偏心受拉构件受压钢筋)的配筋百分率应按构件的毛截面面积计算。轴心受拉构件及小偏心受拉构件一侧受拉钢筋的配筋百分率应按构件毛截面面积计算。受弯构件、大偏心受拉构件的一侧受拉钢筋的配筋百分率为 $100A_s/bh_0$，其中 A_s 为受拉钢筋截面面积，b 为腹板宽度(箱形截面梁为各腹板宽度之和)，h_0 为有效高度。当钢筋沿构件截面周边布置时，"一侧的受压钢筋"或"一侧的受拉钢筋"系指受力方向两个对边中的一边布置的纵向钢筋。

预应力混凝土受弯构件最小配筋率应满足下列条件：

$$\frac{M_{ud}}{M_{cr}} \geqslant 1.0 \qquad (9.1.12)$$

式中：M_{ud}——受弯构件正截面抗弯承载力设计值，按本规范第 5.2.2 条、第5.2.3 条和第 5.2.5 条有关公式的等号右边式子计算；

M_{cr}——受弯构件正截面开裂弯矩值，按本规范公式(6.5.2-6)计算。

部分预应力混凝土受弯构件中普通受拉钢筋的截面面积，不应小于 $0.003\,bh_0$。

规范条文　本规范第 9.4.2 条

部分预应力混凝土梁应采用混合配筋。位于受拉区边缘的普通钢筋宜采用直径较小的带肋钢筋，以较密的间距布置。

规范条文　本规范第 6.5.2 条

(见 P246)

？问题 1

问题来源：四川省

规范第 94 页关于预应力混凝土受弯构件最小配筋率的问题。

预应力混凝土受弯构件最小配筋率应满足下列条件：

$$\frac{M_u}{M_{cr}} \geqslant 1.0$$

部分预应力混凝土受弯构件中普通受拉钢筋的截面面积，不应小于 $0.003bh_0$。

问题：部分预应力混凝土受弯构件中普通受拉钢筋的截面面积大于 $0.003bh_0$ 时，是否满足公式 9.1.12，即公式 9.1.12 是否仅针对全预应力混凝土受弯构件，而不针对部分预应力混凝土受弯构件？

回答 1

公式 $\frac{M_{ud}}{M_{cr}} \geqslant 1.0$ 是对预应力混凝土受弯构件纵向受拉钢筋（预应力钢筋和普通钢筋）配筋率的要求，适用于各类预应力混凝土受弯构件。

对于部分预应力混凝土受弯构件，按《公路钢筋混凝土及预应力混凝土桥涵设计规范》(JTG D62—2004)第 9.4.2 条规定，应进行混合配筋。但上述公式计算时有可能不配或少配普通受拉钢筋也能满足要求，所以必须对普通受拉钢筋作出最小配筋率的规定，即其截面面积不应小于 $0.003bh_0$。

问题 2

问题来源：江苏省

规范第 9.1.12 条，预应力混凝土受弯构件最小配筋率应满足……

据说后来的解释说这里的“预应力混凝土受弯构件”特指 B 类构件，理由是全预应力和 A 类不开裂。对这个说法，有不同看法：

(1)按规范本身行文结构理解，是包括各种类型的。

(2)按鲍卫刚的算例，也是包括的。

(3)按美国桥规 5.7.3.3.2 也是包括的。

(4)全预应力的开裂弯矩概念,不是本身是否能开裂(条文说明也说了),就像B类构件的名义应力,实际开裂截面边缘处有应力。

回答2

规范第9.1.12条规定的$\frac{M_{ud}}{M_{cr}} \geqslant 1.0$是对各类预应力混凝土受弯构件纵向受拉钢筋(预应力钢筋和普通钢筋)配筋率的要求。从未解释为只适用于"B类预应力混凝土受弯构件",因为它也有处于开裂和不开裂两部分。

问题3

问题来源:北京市

规范第9.1.12条中最小配筋百分率的规定是否适用于构件全长范围?如:按最小配筋百分率算出需配17根直径28的HRB335钢筋,是否无论跨中还是支点均要最小配置17根?

回答3

规范第9.1.12条规定的受弯构件受拉钢筋的最小配筋率是指控制截面而言的。如果是等高度梁,非控制截面只要按承载能力极限状态计算满足规范要求,且受拉钢筋的弯起和截断都符合规范的规定,就无需考虑该截面最小配筋率的要求。

问题4

问题来源:北京市

规范第9.1.12条第2款受弯构件等的一侧受拉钢筋需满足最小配筋率$45f_{td}/f_{sd}$,是指构件任何截面处的受拉钢筋还是最大受拉截面处的钢筋?

回答4

规范第9.1.12条规定的受弯构件受拉钢筋的最小配筋是指控制截

面而言的。如果是等高度梁，非控制截面只要按承载能力极限状态计算满足规范要求，且受拉钢筋的弯起和截断都符合规范的规定，就无需考虑该截面最小配筋率的要求。

问题 5

问题来源：江苏省

对于规范第 9.1.12 条关于部分预应力混凝土受弯构件中普通受拉钢筋的面积不应小于 $0.003bh_0$ 的理解不透彻，对于 T 形梁、空心板梁公式中 b 是指腹板厚（板洞厚）还是顶缘宽度（图 2-22）？

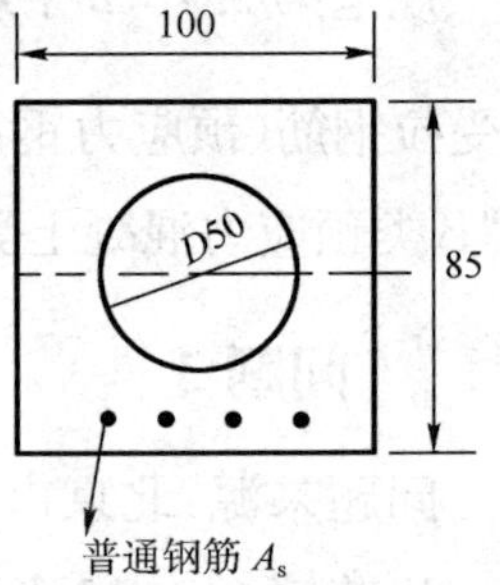

图 2-22（尺寸单位：cm）

具体空心板如图 2-22。公式中 b 取 100cm，还是应取板孔腹板厚度？两者取值不同，对普通钢筋量影响较大。

回答 5

部分预应力混凝土受弯构件应配置普通受拉钢筋，其截面面积不应小于 $0.003\,bh_0$，其中 b 为构件截面的腹板厚度。对于 T 形、I 形梁，b 所指非常清楚，无需解释；但对挖有圆孔的空心板，b 如何取值？建议将圆孔面积折算成矩形孔面积。折算的条件是：①等效矩形孔的形心与圆孔圆心重合；②等效矩形孔面积与圆形孔面积相等；③等效矩形孔的惯性矩与圆形孔惯性矩相等。

设 b_1、h_1 为等效矩形孔的宽度和高度，d 为圆形孔直径，按上述条件：

两者面积相等 $$b_1h_1=\frac{\pi}{4}d^2$$

两者惯性矩相等 $$\frac{1}{12}b_1h_1^3=\frac{\pi}{64}d^4$$

联立解两式，得 $$b_1=\frac{\pi}{2\sqrt{3}}d,\ h_1=\frac{\sqrt{3}}{2}d$$

空心板的腹板厚度　　　　　　　$b=100-b_1$

问题 6

问题来源:上海市

规范第 9.1.12 条规定,预应力混凝土受弯构件最小配筋率应满足 $M_{ud}/M_{cr}\geqslant1.0$,部分预应力构件中普通受拉钢筋满足 0.3%$bh_0$。其中 M_{ud} 为受弯构件正截面抗弯承载力设计值;M_{cr} 为受弯构件正截面开裂弯矩值,按规范公式(6.5.2-6)计算。按我们的理解,M_{cr} 适用于允许开裂的 B 类预应力构件或钢筋混凝土构件,全预应力构件或 A 类预应力构件不适用。

在实际的设计中,我们一般采用全预应力构件或 A 类预应力构件。以我们最近设计的 4×31m 等高度(h=2.0m)梁为例,在边支点至边跨 1/4 跨左右,不满足 $M_{ud}/M_{cr}\geqslant1.0$,审图单位认为我们不符合规范要求。由于该区段弯矩较小,预应力钢筋配置较少,要满足上述规定,必然要配置很多的非预应力钢筋来满足 $M_{ud}\geqslant M_{cr}$,这就造成了钢筋指标的不经济性。

该如何解决这个问题,请指教。

回答 6

预应力混凝土受弯构件(包括全预应力和部分预应力)的最小配筋率(包括预应力钢筋和非预应力钢筋)按下列的原则确定:受弯构件的危险截面,其配筋率低于某一限值时,在外荷载作用下受拉区混凝土一旦出现裂缝,构件便丧失承载能力。这一配筋界限值就是受弯构件的最小配筋率。上述危险截面是指有可能引起正截面破坏的截面,对于等高度连续梁就是正、负弯矩区起控制作用的截面。

问题 7

问题来源:浙江省

规范第 9.1.12 条强制性条文,规定一侧钢筋的配筋率百分比不应小于 0.2。现有以下疑问：

(1)对于多柱式桥墩或对于横桥向宽度较大的矩形实体桥墩，由于主要偏心方向为顺桥向，控制设计的配筋侧面为垂直于道路中心线的两个侧面。一侧指矩形的四条边均要满足 0.2，还是指受力不利的两个侧面(一侧可能受压力较大，另一侧可能会出现受拉)？

(2)对于轴心受压构件来说不存在主要受力侧，是否考虑 4 条边每一侧均满足 0.2？

(3)对于圆形截面的“一侧”怎么考虑？

回答 7

(1)对于受压构件(包括轴心受压和偏心受压)，当为矩形截面时，其最小配筋百分率以“一侧纵向钢筋”和“全部纵向钢筋”两个条件进行控制。“一侧纵向钢筋”是指弯矩作用平面(受力方向)两个对边中的一边，其纵向钢筋最小百分率规定为 0.2；“全部纵向钢筋”其最小配筋百分率规定为 0.5 或 0.6。这意味着受力方向另一个对边(不论是受压或受拉)的纵向钢筋最小百分率也要求为 0.2。因为偏心受压构件其受力方向大多是可逆的。按照上述两个控制条件，剩余的 0.1(即 0.5－0.4)或 0.2(即 0.6－0.4)最小百分率可布置在垂直于受力方向的另外两个侧面上(对于轴心受压构件，实际操作时也可适当增加钢筋达每边 0.2)；偏心受压构件，剩余的 0.1 或0.2 也可再布置在受力方向的两个对边上。

(2)对于圆形截面的受压构件不存在“一侧”的问题，其纵向钢筋最小百分率按“全部纵向钢筋”的 0.5 或 0.6 计算，即其最小配筋率为构件截面毛面积乘以 0.005 或 0.006 所得钢筋沿圆截面周边均匀布置。

问题 8

问题来源：福建省

我院在连续 T 梁设计中，中支点附近处按部分预应力 A 类构件进行设计，应满足规范第9.1.12条“部分预应力混凝土受弯构件普通受拉钢筋的截面面积，不应小于 0.003bh_0”。在配置普通受拉钢筋时，对 b 的取值存在疑问，是取中支点附近计算断面处的肋宽？还是取跨中正常段的肋宽？

回答 8

按照规范的规定，部分预应力混凝土 A 类构件其控制截面受拉边缘出现拉应力，其他非控制截面不一定出现拉应力。拉应力值是按控制截面计算出来的，所以构造上配置的受拉钢筋最小截面面积也应以控制截面计算。连续梁中间支点处 T 梁的腹板可能加厚，这样可以增加普通钢筋的数量，这对防止受拉区可能出现裂缝是有好处的。按规范第 9.4.2 条规定，如果截面尺寸允许的话，这样的钢筋宜采用直径较小的带肋钢筋，以较密的间距布置。

9.2 板

9.2.9

规范条文

装配式板当采用铰接时，铰的上口宽度应满足施工时使用插入式振捣器的需要，铰槽的深度宜为预制板高的 2/3。预制板内应预埋钢筋伸入铰内。铰接板顶面应铺设现浇混凝土层，其厚度不宜小于 80mm。

问题

问题来源：陕西省

在使用《公路钢筋混凝土及预应力混凝土桥涵设计规范》(JTG D62—2004)的过程中，对 9.2.9 条的规定不太理解，特请教专家。

规范第 9.2.9 条规定:“装配式板当采用铰接时,……铰槽的深度宜为预制板高的 2/3……。”

请问对于 9.2.9 条的规定,是否同时也适用于后张法空心板?对于后张法预应力混凝土空心板构件,以前的标准图中,20m 跨后张法预应力空心板高 0.9m,铰槽的深度 0.43m,现在为了适应新规范的要求,对于 20m 跨后张法板,是否铰槽的深度必须调整为 0.6m(0.9m×2/3)?如果要加大铰槽的深度,则该板的挖空必须减少,否则后张法预应力束的保护层将得不到满足。

回答

规范第 9.2.9 条规定的铰槽深度是对先、后张预制板而言的,目的是希望铰槽做得深些,避免桥面沿铰槽出现纵向裂缝。调查表明,以往采用小铰铰接时(铰槽较浅),使得预制板桥发生很多铰槽处的纵向裂缝。本条规定在用词上采用“宜”,允许应用规定时有所选择。所以,你们在选择空心板截面时,挖空的形状与铰槽结合起来考虑,槽深由你们确定,但尽可能让槽深些。

9.3 梁

9.3.3

规范条文

预制 T 形截面梁或箱形截面梁翼缘悬臂端的厚度不应小于 100mm;当预制 T 形截面梁之间采用横向整体现浇连接时或箱形截面梁设有桥面横向预应力钢筋时,其悬臂端厚度不应小于 140mm。T 形和 I 形截面梁，在与腹板相连处的翼缘厚度，不应小于梁高的 1/10，当该处设有承托时，翼缘厚度可计入承托加厚部分厚度；当承托底坡 $\tan\alpha$ 大于 1/3 时，取 1/3。

箱形截面梁顶板与腹板相连处应设置承托；底板与腹板相连处应设倒角，必要时也可设置承托。箱形截面梁顶、底板的中部厚度，不应小于板净跨径的 1/30，且不应小于 200mm。当箱形截面梁承受扭矩时，尚应符合本规范第 5.5.1 条注的要求。

T 形、I 形截面梁或箱形截面梁的腹板宽度不应小于 140mm；其上下承托之间的腹板高度，当腹板内设有竖向预应力钢筋时，不应大于腹板宽度的 20 倍，当腹板内不设竖向预应力钢筋时，不应大于腹板宽度的 15 倍。当腹板宽度有变化时，其过渡段长度不宜小于 12 倍腹板宽度差。当 T 形、I 形截面梁或箱形截面梁承受扭矩时，其腹板平均宽度尚应符合本规范第 5.5.5 条注和第 5.5.1 条注的要求。

9.3.3　条文说明

T 形和 I 形截面梁，在与腹板相连处的翼缘宽度，原规范为不小于梁高的 1/12，其值与现行设计图纸较为偏小，现参考《铁路桥涵技术规范》(TBJ 2—85)(以下简称《TBJ 2—85 规范》)第 5.3.15 条，改为不小于梁高的 1/10，当设有承托时，可计入承托加厚部分厚度。

箱形截面梁的桥面板和底板，在板的跨中部分厚度不应小于板净跨的 1/30 且不应小于 200mm，经与国内 17 座矩形截面箱形梁尺寸对照，多数较为接近。《美国规范 AASHTO 14 版》9.9.1、9.9.2 也有类似的规定。

T 形、I 形截面梁和箱形截面梁的腹板厚度不应小于 140mm，系沿用原规范第 6.2.25 条规定。当腹板厚度有变化时，其过渡段长度不小于 12 倍腹板厚度差，系参照《美国规范 AASHTO 14 版》8.11.3 及 9.9.3 规定。

规范条文　本规范第 5.5.1 条

（见 P182）

问题 1

问题来源:北京市

我们在应用新规范时,有一个问题向专家请教。

按新规范第 9.3.3 条,“箱形截面梁顶、底板的中部厚度,不应小于板净跨径的 1/30,且不应小于 200mm。”对于现浇的混凝土连续箱梁,执行这个标准没有问题,但对于预制的小箱梁要执行箱形截面梁的标准,就有一些问题。主要是增加了预制箱梁的吊装质量。对于 30m 的预制小箱梁,梁高 160cm,箱室顶、底板的厚度 18cm,其吊装质量大概在 900kN。如果箱室顶、底板的厚度改为 20cm,需增加吊装质量 70kN 左右。我们的问题是:对于这种预制小箱梁(先简支后连续)是否可以不执行 200mm 的标准(图 2-23)?

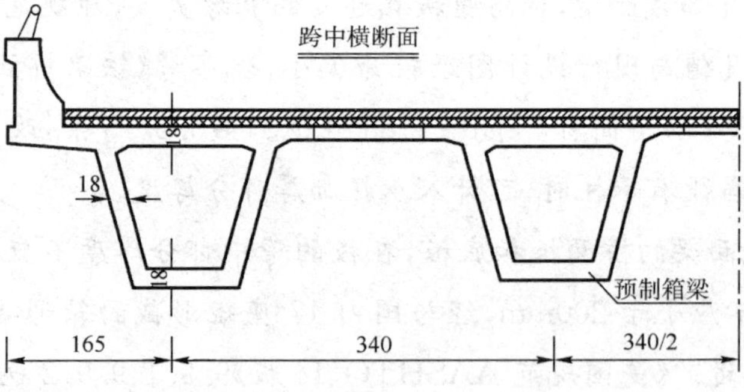

图 2-23　预制箱梁断面图(尺寸单位:cm)

回答 1

规范第 9.3.3 条规定的箱形截面顶、底板中部厚度,是指一般大跨径桥梁常用的箱形截面,并非指预制的小箱梁,这从规范该条对有关箱形截面的其他构造规定中可以理解得到。你们设计的预制小箱梁无需按照本条规定。

问题 2

问题来源:重庆市

规范第 9.3.3 条中规定尚应符合第 5.5.1 条的规定,对箱形梁截面构造要求是否偏高?我们查阅之前的一些工程实例,满足这个要求尤其是$t_2 \geqslant 0.1b$ 的似乎微乎其微。

以上问题,请教专家。

回答 2

对于承受扭矩的箱形截面梁,当其壁厚与相应壁宽到达一定比值后,箱形截面梁可按矩形截面梁(受扭基本单元)计算抗扭承载力。这个比值取自国外规范。美国钢筋混凝土房屋建筑规范(ACI 318M—89,1992 年修订版)规定,箱形截面受扭构件,当壁厚 $t \geqslant 0.25b$ 时,可按实心截面受扭构件计算,但当 $0.1b < t < 0.25b$ 时,其混凝土项的受扭承载力应乘以 $4t/b$ 予以降低。这表明最小比值为 $t/b = 0.1$。

这个问题已有多人提出,但我们认为应考虑目前我国公路大跨径桥梁(连续梁、连续刚构)普遍出现不该出现的各种裂缝的现实,而这些裂缝在较大程度上与箱壁较薄有关。有关该内容的规范,均属非强制性条文,如认为壁厚规定得过厚,设计者可自行改变,但不应以已建桥梁为样本。

问题 3

问题来源:北京市

规范中第 9.3.3 条中第三段:“T 形、I 形截面梁……。当腹板宽度有变化时,其过渡段长度不宜小于 12 倍腹板宽度差……”

查规范 9.3.3 条文说明，该条规定"系参照《美国规范 AASHTO 14 版》8.11.3 及 9.9.3 规定"。

因未见该版本的美国规范，但据 1994 年版的美国规范该项规定为 1.2 倍腹板宽度差。不知是否译错？

腹板宽度过渡段长度如何取，机理为何？请指教！

回答 3

规范第 9.3.3 条关于"当腹板宽度有变化时设置过渡段长度"的规定，无误。这项规定参照美国规范 AASHTO 14 版。接函后，我们又查阅了 AASHTO 12 版，它的规定也为 12 倍腹板宽度差（见曾威等译《公路桥梁标准规范》人民交通出版社 1980 年出版，第 128 页）。

9.3.5

规范条文

T 形截面梁或箱形梁的顶板内承受局部荷载的受拉钢筋，应符合本规范第 9.2.3 条规定。垂直于受拉钢筋应设分布钢筋，可按本规范第 9.2.5 条规定设置。

箱形截面梁顶板承受局部荷载的受拉钢筋，其部分可在近腹板处弯起，通过腹板直伸至悬臂端，并做成弯钩。不弯起钢筋根数不应少于每米三根，并应伸至翼缘悬臂端；当翼缘悬臂长度按本规范第 4.1.5 条规定的 c 值大于 2.5m 时，上述不弯起钢筋的截面面积尚应不少于悬臂根部负弯矩钢筋截面面积的 60%。

问题

问题来源：上海市

工程背景是新疆某一座桥(见图 2-24 横断面图),请问箱梁顶层横向钢筋保护层如何取值?

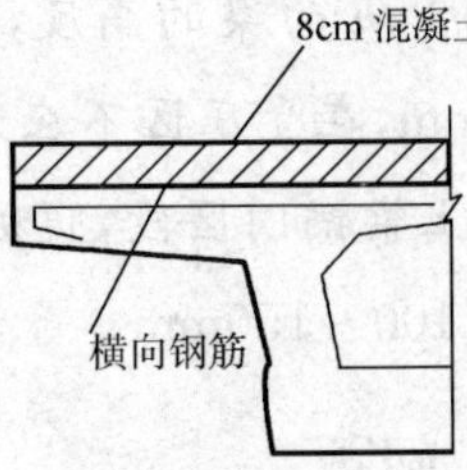

图 2-24

保护层厚度有如下不同考虑:

(1)横向钢筋作为主筋,混凝土铺装层不算其对钢筋防护的有利作用,则钢筋保护层厚度为 40mm(新疆为Ⅱ类环境)。

(2)考虑混凝土铺装对横向钢筋的有利作用,则横向钢筋按箍筋、分布钢筋考虑,钢筋保护层厚度取为 25mm。

以上考虑哪种正确,请百忙之中解答。

回答

箱梁顶层的横向钢筋应作主筋考虑。即使在挖空上面的顶板并承受局部荷载时,此横向钢筋也处于受压区内。所以其保护层厚度取为 40mm 是合理的。对于混凝土铺装层,它的使用年限比桥梁本身短得多,使用中难保不出现裂缝,且裂缝宽度无法控制,不宜考虑其有利作用。所以,把横向钢筋作为箍筋、分布筋取其保护层厚度 25mm 是无根据的。

此外,有关箱梁顶板承受局部荷载时的钢筋布局,请参阅规范第 9.3.5 条规定。

9.3.8

规范条文

T 形、I 形截面梁或箱形截面梁的腹板两侧,应设置直径为 6～8mm 的纵向钢筋,每腹板内钢筋截面面积宜为(0.001～0.002)bh,其中,b 为腹板宽度，h 为梁的高度，其间距在受拉区不应大于腹板宽度，且不应大于 200mm，在受压区不应大于 300mm。在支点附近剪力较大区段和预应力混凝土梁锚固区段，腹板两侧纵向钢筋截面面积应予增加，纵向钢筋间距宜为 100～150mm。

问题

问题来源：江苏省

规范第 9.3.8 条，“……腹板两侧应设置 6～8mm 的纵向钢筋……”，但我们常见的都是 12～16mm。

回答

规范第 9.3.8 条规定的防裂钢筋，应该布置一些直径较小的钢筋。在钢筋截面相同的条件下，较小直径钢筋的防裂效果比较大直径的钢筋更佳，它们设置在梁腹筋的外面。常见的此类直径为 12～16mm 的钢筋嫌大，尤其是 16mm 的钢筋。

9.3.13

规范条文

钢筋混凝土梁中应设置直径不小于 8mm 且不小于 1/4 主钢筋直径的箍筋，其配筋率 ρ_{sv}（见本规范第 5.2.7 条），R235 钢筋不应小于 0.18%，HRB335 钢筋不应小于 0.12%。当梁中配有按受力计算需要的纵向受压钢筋或在连续梁、悬臂梁近中间支点位于负弯矩区的梁段，应采用闭合式箍筋，同时，同排内任一纵向受压钢筋，离箍筋折角处的纵向钢筋的间距不应大于 150mm 或 15 倍箍筋直径两者中较大者，否则，应设复合箍筋（参阅本规范图 9.6.1）。相邻箍筋的弯钩接头，沿纵向其位置应交替布置。

箍筋间距不应大于梁高的1/2且不大于400mm；当所箍钢筋为按受力需要的纵向受压钢筋时，不应大于所箍钢筋直径的15倍，且不应大于400mm。在钢筋绑扎搭接接头范围内的箍筋间距，当绑扎搭接钢筋受拉时不应大于主钢筋直径的5倍，且不大于100mm；当搭接钢筋受压时不应大于主钢筋直径的10倍，且不大于200mm。在支座中心向跨径方向长度相当于不小于一倍梁高范围内，箍筋间距不宜大于100mm。

近梁端第一根箍筋应设置在距端面一个混凝土保护层距离处。梁与梁或梁与柱的交接范围内可不设箍筋；靠近交接面的一根箍筋，其与交接面的距离不宜大于50mm。

规范条文 本规范第9.6.1条

配有普通箍筋(或螺旋筋)的轴心受压构件(钻/挖孔桩除外)，其钢筋设置应符合下列规定(图9.6.1)：

1. 纵向受力钢筋的直径不应小于12mm，净距不应小于50mm且不应大于350mm；水平浇筑的预制件的纵向钢筋的最小净距可按本规范第9.3.4条规定执行。构件的最小配筋百分率应符合本规范第9.1.12条的规定。构件的全部纵向钢筋配筋率不宜超过5%。

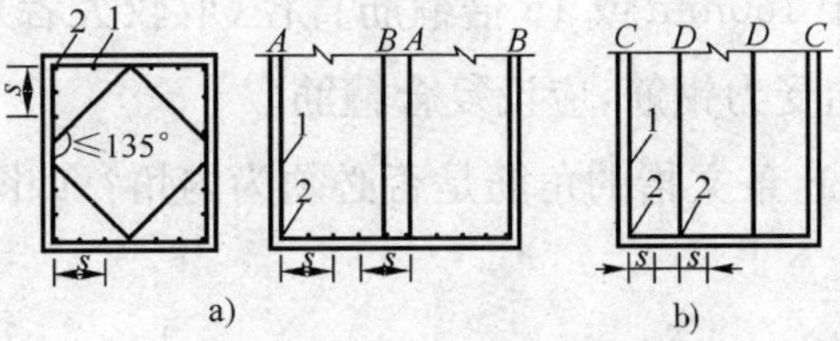

图9.6.1 柱内复合箍筋布置

1-箍筋；2-角筋；A、B、C、D-箍筋编号

a) s内设三根纵向受力钢筋；b) s内设二根纵向受力钢筋

(图a)、b)内，箍筋A、B与C、D两组设置方式可根据实际情况选用)

2. 纵向受力钢筋应伸入基础和盖梁，伸入长度不应小于本规范表9.1.4规定的锚固长度。

3. 箍筋应做成闭合式，其直径不应小于纵向钢筋的直径的 1/4，且不小于 8mm。

4. 箍筋间距不应大于纵向受力钢筋直径的 15 倍、不大于构件短边尺寸(圆形截面采用 0.8 倍直径)并不大于 400mm。纵向受力钢筋搭接范围内的箍筋间距，应符合本规范第 9.3.13 条的规定。

纵向钢筋截面面积大于混凝土截面面积 3%时，箍筋间距不应大于纵向钢筋直径的 10 倍，且不大于 200mm。

5. 构件内纵向受力钢筋应设置于离角筋中心距离 s(图 9.6.1)不大于 150mm 或 15 倍箍筋直径(取较大者)范围内，如超出此范围设置纵向受力钢筋，应设复合箍筋。相邻箍筋的弯钩接头，在纵向应错开布置。

规范条文　本规范第 9.1.12 条

(见 P320)

问题

问题来源：广东省

规范第 9.3.13 条和第 9.6.1 条要求纵向受压钢筋应设置于离角筋中心距离 S 不大于 150mm 或 15 倍箍筋直径(取较大者)的范围内，如超出此范围设置纵向受力钢筋，应设复合箍筋。

(1)按图 9.6.1，条文指的角筋是否必须为内角？如图 2-25 所示的情况是否满足规范？

(2)若必须为内角，则工程实践中会造成内箍较多。施工单位反映一般桥墩施工都是由施工人员站在墩中间绑扎箍筋，内箍净空不到 600mm 会影响施工操作。如何兼顾施工要求？

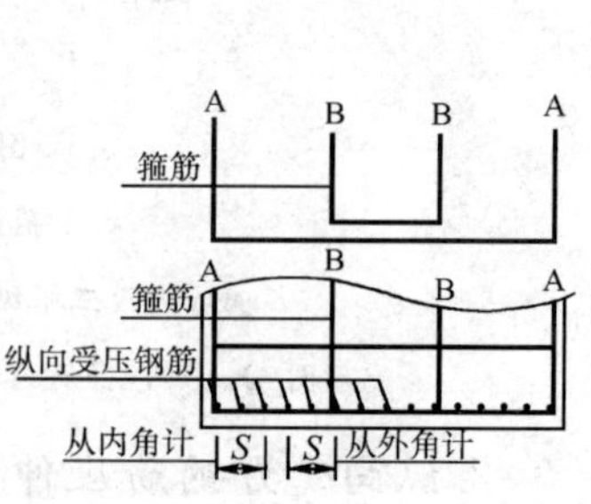

图 2-25

(3)若为圆柱，角筋以何处为准？

回答

(1)构件中纵向受压钢筋只有在箍筋内角放置才能受到约束，以防止钢筋受压后纵向弯曲而向外凸出。位于箍筋转角以外的纵向钢筋受不到约束。

(2)在受压构件或受弯构件受压区配置过多受压钢筋是不经济的，也增加施工难度，当然也要符合最小配筋率的要求。所以，对上述构件的设计不应是过小的截面尺寸或过低的梁高，而过多地利用钢筋受压。来函提出内箍空间不足影响施工操作问题，不能单怪“内角”。可以在设计中适当加大混凝土受压截面、加粗单根钢筋截面、减少钢筋根数以及改变复合箍筋的组合形式(如采用规范图 9.6.1 中间的复合箍筋)来解决。原规范就有同一箍筋所箍纵向受压钢筋根数，在构件的角边上不多于 3 根的规定，实施多年从未听到有关意见。

(3)对于圆柱，没有“角”，也无角筋可言。纵向钢筋沿周边均匀布置，用一般箍筋或螺旋筋箍牢。构造的其他要求，按规范第 9.6.1 条规定办理。纵向钢筋全部钢筋的最小配筋率按规范第 9.1.12 条规定办理。

9.3.17

规范条文

组合梁中，在与预制梁结合处的现浇混凝土层的厚度不宜小于 150mm。预制梁顶面应做成凹凸不小于 6mm 的粗糙面。

规范条文　《公路圬工桥涵设计规范》第 5.2.6 条

当拱桥由预制构件或预制与现浇构件组成时，应保证其组合截面的横向和纵向整体性，并应注意下列事项：

1. 在构造上应采取措施，使预制与现浇、预制与预制构件之间结合良好。

2. 拱肋与拱板必须紧密结合，可在拱肋顶部设置锚筋、键块或齿槽。

3. 对预制组合成型的组合构件及预制构件与现浇构件间的连接，必须将预制构件的钢筋伸出混凝土外，以便组合时与对应钢筋连接；组合接头处混凝土应采取措施以加强组合构件的整体性。

4. 分段吊装构件的接头，应构造简单，结合牢固，在安装时，能承受拱圈自重作用下的局部压力。

5. 组合截面各部分的混凝土强度等级宜一致。接缝采用砂浆填筑时，砂浆强度等级不宜低于 M10；接缝如采用小石子混凝土填筑时，小石子混凝土强度等级不应低于被连接构件的强度等级。

规范条文 《公路圬工桥涵设计规范》第 5.2.7 条

（见 P392）

问题

问题来源：陕西省

《公路钢筋混凝土及预应力混凝土桥涵设计规范》(JTG D62—2004)第 9.3.17 条规定，组合梁中，在与预制梁结合处的现浇混凝土层的厚度不宜小于 150mm，……。

《公路圬工桥涵设计规范》(JTG D61—2005)第 5.2.7 条规定，……腹板的现浇混凝土厚度（相邻板壁间净距）及顶板的现浇混凝土厚度不应小于 100mm……。

请问对于以上两种规范的规定，哪种规范的规定更加适用于装配式钢筋混凝土箱形拱桥的拱箱构造，即预制拱箱顶面的现浇混凝土层厚度最小值可取用 100mm 还是 150mm？

回答

规范第 9.3.17 条规定，组合梁在预制梁与现浇混凝土层结合处，现浇混凝土层的厚度不宜小于 150mm。注意这里讲的是结合处，非结合处并无此规定。因为预制梁与现浇混凝土层形成组合截面共同承受外荷载后，两者的结合处要产生水平剪力，并在该处设置抗剪钢筋(一般由预制梁箍筋伸出进入混凝土层)，所以，此处的混凝土厚度不宜过薄。

《公路圬工桥涵设计规范》(JTG D61—2005)第 5.2.7 条规定的是箱形拱的顶板厚度不应小于 100mm，它与腹板、底板组成箱形截面，当腹板预制时，必须伸出钢筋使与顶板连接成整体，有关规定载于《公路圬工桥涵设计规范》(JTG D61—2005)第 5.2.6 条。

9.4　预应力混凝土上部结构

9.4.1

规范条文

预应力混凝土梁当设置竖向预应力钢筋时，其纵向间距宜为 500～1 000mm。

预应力混凝土 T 形、I 形截面梁和箱形截面梁腹板内应分别设置直径不小于 10mm 和 12mm 的箍筋，且应采用带肋钢筋，间距不应大于 250mm；自支座中心起长度不小于一倍梁高范围内，应采用闭合式箍筋，间距不应大于 100mm。

在T形、I形截面梁下部的马蹄内，应另设直径不小于8mm的闭合式箍筋，间距不应大于200mm。此外，马蹄内尚应设直径不小于12mm的定位钢筋。

问题

问题来源：北京市

规范第9.4.1条中“马蹄尚应设直径不小于12mm的定位钢筋”。其原意是否指预应力波纹管的定位钢筋，还是指马蹄箍筋的定位钢筋？如果是前者，则是沿波纹管纵向的还是在其底部横向架立的？

回答

规范第9.4.1条关于马蹄内的定位钢筋是固定管道位置的，该钢筋沿管道纵向设置。

9.4.8

规范条文

对外形呈曲线形且布置有曲线预应力钢筋的构件，其曲线平面内、外管道的最小混凝土保护层厚度，应按下列公式计算：

1. 曲线平面内

$$C_{in} \geqslant \frac{P_d}{0.266r\sqrt{f'_{cu}}} - \frac{d_s}{2} \quad (9.4.8\text{-}1)$$

式中：C_{in}——曲线平面内最小混凝土保护层厚度；

P_d——预应力钢筋的张拉力设计值(N)，可取扣除锚圈口摩擦、钢筋回缩及计算截面处管道摩擦损失后的张拉力乘以1.2；

r——管道曲线半径(mm)，可按本规范公式(9.3.15-2)计算；

f'_{cu}——预应力钢筋张拉时，边长为150mm立方体混凝土抗压强度(MPa)；

d_s——管道外缘直径。

当按公式(9.4.8-1)计算的保护层厚度较大时，也可按直线管道设置最小保护层厚度，但应在管道曲线段弯曲平面内设置箍筋。箍筋单肢的截面面积可按下列公式计算：

$$A_{svl} \geqslant \frac{P_d S_v}{2rf_{sv}} \tag{9.4.8-2}$$

式中：A_{svl}——箍筋单肢截面面积(mm^2)；

S_v——箍筋间距(mm)；

f_{sv}——箍筋抗拉强度设计值(MPa)，按本规范表3.2.3-1采用。

2. 曲线平面外

$$C_{out} \geqslant \frac{P_d}{0.266\pi r\sqrt{f'_{cu}}} - \frac{d_s}{2} \tag{9.4.8-3}$$

式中：C_{out}——曲线平面外最小混凝土保护层厚度。

3. 当按上述公式计算的保护层厚度小于本规范表9.1.1内各类环境的直线管道的保护层厚度时，应取相应环境条件的直线管道保护层厚度。

9.4.8　条文说明

对于曲线形管道，如直梁竖曲线钢筋、弯梁钢筋和加厚齿板钢筋等的管道，其曲线平面内侧受曲线预应力钢筋的挤压，混凝土保护层在曲线平面内和平面外均受剪，所以梁底面保护层和侧面保护层均需加厚或设拉筋。参照《美国规范AASHTO-LRFD》5.10.4.3.1和5.10.4.3.2，曲线平面内剪力F_{in}、平面外剪力F_{out}和抗剪力V_c(单位均为N/mm)为：

$$F_{in} = P/r \leqslant V_c \tag{9-2}$$

$$F_{out} = P/\pi r \leqslant V_c \tag{9-3}$$

$$V_c = 0.33\phi d_c\sqrt{f'_{ci}} \tag{9-4}$$

式中：ϕ——材料抗剪系数，$\phi=0.9$；

P——预应力钢筋张拉力(N)；

f'_{ci}——预应力钢筋传力锚固时的混凝土圆柱体(ϕ150mm×300mm)抗压强度(MPa)；

d_c——管道中心至曲线平面内或平面外混凝土保护层的距离。

同一混凝土制成的边长为150mm的立方体强度与圆柱体强度比值为1/0.8。如传力锚固时的混凝土立方体强度为f'_{cu}，则应以$0.8f'_{cu}=f'_{ci}$代入(9-4)，抗剪值便为$V_c=0.33\times0.9d_c\sqrt{0.8f'_{cu}}=0.266d_c\sqrt{f'_{cu}}$。$d_c$为混凝土保护层厚度$C_{in}$或$C_{out}$加管道外缘半径$d_s/2$，将其代入公式(9-4)并引入公式(9-2)、公式(9-3)，便得本条文内公式(9.4.8-1)、公式(9.4.8-3)。

预应力钢筋张拉力为P，则曲线单位弧长上的径向压力$u=P/r$，弧长S_v(箍筋间距)的径向压力为$F_c=uS_v=(p/r)S_v$。如箍筋单肢截面面积为A_{svl}，双肢箍筋的抗拉力为$F_r=2f_{sd}A_{svl}$，令$F_c=F_r$，便得规范公式(9.4.8-2)。

9.4.9

规范条文

后张法预应力混凝土构件，其预应力钢筋管道的设置应符合下列规定：

1. 直线管道的净距不应小于40mm，且不宜小于管道直径的0.6倍；对于预埋的金属或塑料波纹管和铁皮管，在竖直方向可将两管道叠置。

2. 曲线形预应力钢筋管道在曲线平面内相邻管道间的最小净距应按本规范第9.4.8条第1款计算，其中P_d和r分别为相邻两管道曲线半径较大的一根预应力钢筋的张拉力设计值和曲线半径，C_{in}为相邻两曲线管道外缘在曲线平面内净距。当上述计算结果小于其相应直线管道外缘间净距时,应取用直线管道最小外缘间净距。

曲线形预应力钢筋管道在曲线平面外相邻外缘间的最小净距,应按本规范第 9.4.8 条第 2 款计算,其中 C_{out} 为相邻两曲线管道外缘在曲线平面外净距。

3. 管道内径的截面面积不应小于两倍预应力钢筋截面面积。

4. 按计算需要设置预拱度时,预留管道也应同时起拱。

问题 1

问题来源:江苏省

为保证苏通大桥辅桥连续刚构上部结构的施工质量,根据 2005 年 10 月 14 日"苏通大桥辅桥连续刚构上部结构设计变更审查会"专家意见,请贵处根据《公路钢筋混凝土及预应力混凝土桥涵设计规范》(JTG D62—2004)第 9.4.9 条,提供该规范第 9.4.9 条来源和制定的背景。

回答 1

现就《公路钢筋混凝土及预应力混凝土桥涵设计规范》(JTG D62—2004)第 9.4.9 条规定的含义进一步说明如下:

该规范第 9.4.9 条内容是在原规范第6.2.26条的基础上并参考了美国规范修订而成的。直线预应力钢筋管道净距仍按原规范的规定,但考虑近年来预应力钢绞线束越来越粗,增加了管道净距不宜小于 0.6 倍管道直径的内容。直线筋(或直线段)管道仍允许竖向两根叠置。对于设置多层曲线预应力钢筋,由于竖曲线平面内,曲线预应力钢筋凹面内混凝土被挤压而承受剪切,因此,要求竖曲线预应力钢筋管道上下之间的净距按相应的竖曲线平面内最小混凝土保护层厚度采用(竖曲线平面内最小混凝土保护层按新规范公式(9.4.8-1)计算)。对于竖曲线预应力钢筋管道横向之间的净距,出于上述受剪切的相同原因,也要按新规范第 9.4.8 条公式(9.4.8-3)计算的曲线平面外最小混凝土保护层厚度采用。以上按公式计算的结果如小于新规范规定的直线筋管道之间的净距,曲线筋管道间净距就采用直线管道的净距。至于规范公式(9.4.8-1)、公式(9.4.8-3)的来源请看规范第9.4.8条文说明。

问题2

问题来源:江苏省

规范第9.4.9条第1款,竖直方向可以将两个管子叠置,那么两个以上是否可以?

回答2

规范第9.4.9条规定:对于预埋的金属或塑料波纹管和铁皮管,在竖直方向可将两管道叠置。没有规定两个以上直线管道叠置。因为这样将过多地阻碍混凝土振捣时自由地流动,减少管道的混凝土包裹面积。

9.5 拱　桥

9.5.2

规范条文

空腹式拱桥的拱上建筑应能适应拱圈的变形,其构造应符合下列要求:

1.拱上建筑的板或梁宜采用简支结构,其支座可采用具有弹性约束的橡胶支座。桥跨两端应设滑动支座和伸缩缝。

2. 拱上建筑的立柱，需要时可设置横系梁，其截面高度和宽度分别可取立柱长边边长的0.8～1.0倍和0.6～0.8倍。横系梁四角应配置直径不小于16mm的纵向钢筋，并设直径不小于8mm的箍筋，其间距不应大于横系梁的短边尺寸或400mm。

3. 立柱钢筋按结构受力要求配置，其向上应延伸至盖梁中线以上，向下伸入拱轴线以下，并应具有足够的锚固长度。

4. 板拱上的立柱底部应设横向通长的垫梁，其高度不宜小于立柱间净距的1/5。箱式板拱在拱上建筑的立柱或墙式墩下方应设箱内横隔板。

9.5.2 条文说明

空腹式拱桥的拱上建筑，一般采用墙式墩或排架式墩和简支板或简支梁结构，以适应主拱的变形。支座可采用橡胶支座。如果采用连续桥面，在主拱的墩台立柱顶面应设滑动支座和伸缩缝；在拱顶附近，因拱上建筑墙式墩或排架式墩较矮，抗推刚度较大，也宜设置滑动支座和伸缩缝。

问题

问题来源：陕西省

规范第9.5.2条规定，"……桥跨两端应设滑动支座和伸缩缝。"

"条文说明"的第9.5.2条："……如果采用连续桥面，在主拱的墩台立柱顶面应设滑动支座和伸缩缝；……"

对于如图2-26所示的空腹式拱桥，边墩是主拱跨的墩台立柱，为了满足规范要求，是否必须在边墩顶处设置滑动支座和伸缩缝？如果必须设，则该桥共需设4道伸缩缝，分别位于桥台顶和边墩顶处。对否？

回答

来函并非寻求规范解释，而是设计咨询。此类问题应由你们研究或通过计算解决。此次我们提供以下意见，仅供参考。

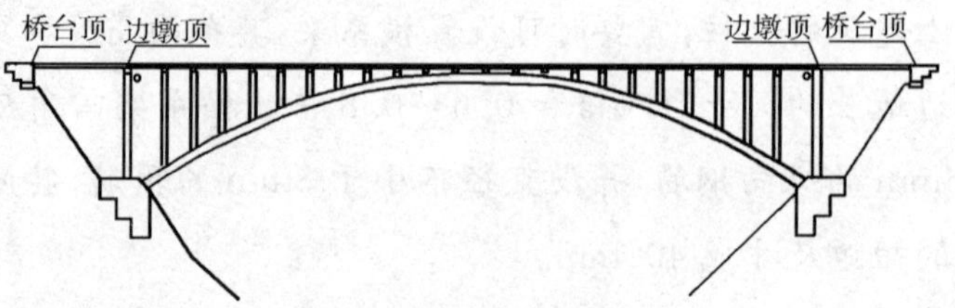

图 2-26

注：该桥主跨净跨径 168m，腹跨为 7.5m 钢筋混凝土空心板，板高 0.4m；边跨 25m 后张法空心板，板高1.1m。

从来图可知，两边墩之间属拱上建筑，它的构造应适应拱圈变形，但在来函中未说明拱上建筑的空心板是何构造，是简支板？是连续板或是连续桥面简支板？如是后两者之一，则至少在两边墩顶靠板跨一侧设置活动支座和相应伸缩缝。本桥拱跨 168m，如拱上建筑受约束过度，立柱受力较大，对它不利；如果在两边墩之间在与拱顶对称的某两立柱上的连续板切断，在切断的两板端再设活动支座(也即每立柱上设顺桥向的两个活动支座)，将全主跨的拱上建筑分为三联，这样，拱上建筑的约束就可适当释放，立柱受力情况可以改善，受力钢筋也可减少，且较为安全。希参考《公路圬工桥涵设计规范应用算例》(人民交通出版社，2005 年 11 月)第 121 页“拱上建筑立墙计算”进行计算。

边墩以外两边孔后张法空心板，可各设板式橡胶支座和桥端伸缩缝。

9.6 柱、墩台和桩基承台

9.6.8

规范条文

桩基承台的构造要求除应符合《公路桥涵地基与基础设计规范》(JTJ 024)有关规定外，尚应符合下列要求：

1. 桩基承台的高度宜为桩直径的 1.0～2.0 倍，且不小于 1.5m。

2. 当桩中距不大于 3 倍桩直径时，承台受力钢筋应均匀布置于全宽度内；当桩中距大于 3 倍桩直径时，受力钢筋应均匀布置于距桩中心 1.5 倍桩直径范围内，在此范围以外应布置配筋率不小于 0.1% 的构造钢筋。钢筋横向净距和层距应符合本规范第 9.3.4 条规定，最小混凝土保护层厚度应符合第 9.1.1 条的规定。

3. 如承台仅有一个方向的受力钢筋时，在垂直于该各层受力钢筋方向，应设直径不小于 12mm，间距不大于 250mm 的构造钢筋。

4. 承台的顶面和侧面应设置表层钢筋网，每个面在两个方向的截面面积，均不宜小于每米 $400mm^2$，钢筋间距不应大于 400mm。在桩身顶端的承台平面内应设一层钢筋网，平面内每一方向的每米宽度钢筋用量 1 200～1 500mm^2，钢筋直径采用 12～16mm，当基桩桩顶主筋伸入承台连接时，上述钢筋不得截断。

5. 承台竖向联系钢筋，其直径不应小于 16mm。

6. 承台的桩中距等于或大于桩直径的三倍时，宜在两桩之间，距桩中心各一倍桩直径的中间区段内设置吊筋(图 9.6.8)，其直径不应小于 12mm，间距不应大于 200mm。

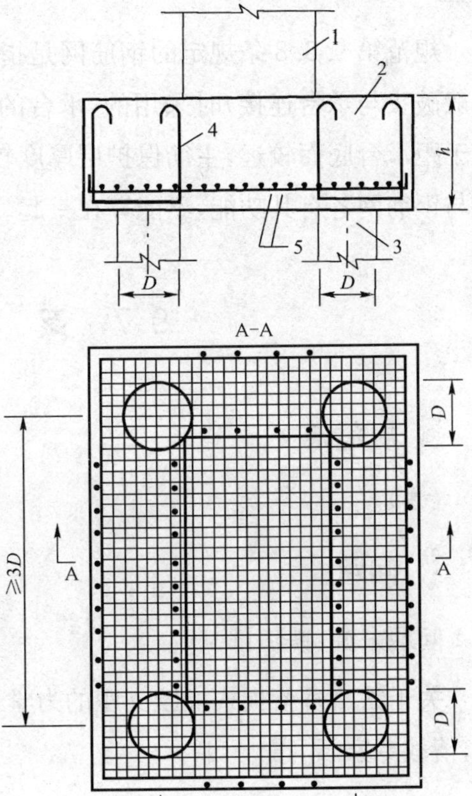

图 9.6.8　承台吊筋布置

1-墩台身；2-承台；3-桩；4-吊筋；5-主筋；D-桩直径

问题

问题来源：贵州省

规范第9.6.8条规定："在桩身顶端的承台平面内应设一层钢筋网，平面内每一方向的每米宽度钢筋用量1 200～1 500mm²。"请问：当承台底面已按受力和构造要求配置了纵、横两个方向的钢筋，是否还需配置上述规定的钢筋网？

回答

规范第9.6.8条规定的钢筋网是指桩顶主筋伸入承台连接（灌注桩一般破头与承台连接）时采用的，承台的受力钢筋要设置在钢筋网上面，由于距承台底面较远，主筋保护层厚度较厚，所以才需设钢筋网。承台主筋与钢筋网各有其功能，不能算在一起。

9.7 支　座

规范条文

（略）

问题

问题来源：铁道部某院

关于铁路桥梁板式橡胶支座的力学性能要求（表2-4），其指标不知妥否，请教专家。

表2-4

项　目	指　标
极限抗压强度 R_U(MPa)	≥60
抗压弹性模量 E_1(MPa)	$E \pm E \times 20\%$

续上表

项　目	指　标
抗剪弹性模量 G_1(MPa)	$G \pm G \times 15\%$
疲劳试验后的抗压弹性模量 E_2(MPa)	$\leqslant (E_1 + E_1 \times 2\%)$
老化后抗剪弹性模量 G_2(MPa)	$\leqslant (G_1 + G_1 \times 15\%)$
抗剪黏结性能(τ=2MPa 时)	无橡胶开裂和脱胶的现象

回答

现就表 2-4 第六格中关于老化后抗剪弹性模量 G_2 表示公式进行商榷，表中表示为 $G_2 \leqslant (G_1 + G_1 \times 15\%)$ 是否应表示为 $G_2 \leqslant (G_1 + 0.15)$ 更为合适，因表示为 $G_2 \leqslant (G_1 + G_1 \times 15\%)$，则对实测 G_1 正负公差老化后要求就不相同了，即 $G_1 = 1 \pm 0.15 = \frac{1.15}{0.85}$，$G_2 = \frac{1.15+1.15\times15\%=1.15+0.1725}{0.85+0.85\times15\%=0.85+0.1275}$，但实际上对老化后剪切模量变化值，不管实测剪切模量是正公差或是负公差都应是相同的，均为 15%才合理，即 $G_2 = \frac{1.15+0.15}{0.85+0.15}$，欧标也是这样要求的。仅供参考。

9.8　涵洞、吊环和铰

9.8.2

规范条文

预制构件的吊环必须采用 R235 钢筋制作，严禁使用冷加工钢筋。

每个吊环按两肢截面计算，在构件自重标准值作用下，吊环的拉应力不应大于 50MPa。当一个构件设有四个吊环时，设计时仅考虑三个吊环同时发挥作用。吊环埋入混凝土的深度不应小于 35 倍吊环直径，端部应做成 180°弯钩，且应与构件内钢筋焊接或绑扎。吊环内直径不应小于三倍钢筋直径，且不应小于 60mm。

问题 1

问题来源：中铁某局

关于规范第 9.8.2 条中对预制构件中的吊环设计提到“当一个构件设有四个吊环，只能考虑三个吊环同时受力”这样一句话，但如果构件设置 8 个吊环时，如图 2-27 所示，该如何考虑呢？

吊装中设置一个等腰三角块（图 2-28），以保证相邻两个吊环受力均衡，是否也只能考虑三个吊环呢？吊装吨位超过多少吨不需设置吊环？有很明确规定吗？

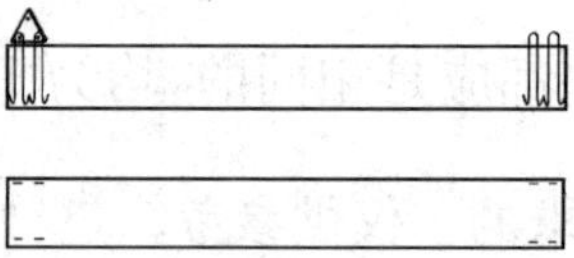

图 2-27

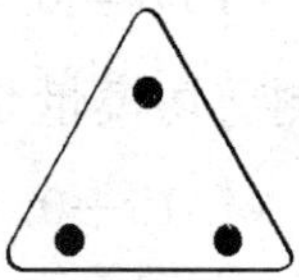

图 2-28

回答 1

吊环必须采用 R235 钢筋或性质（力学性能和化学成分）与其相近的圆钢制作，且吊环每肢的拉应力不超过 50MPa。计算时构件重力标准值应乘以动力系数 1.2（起吊时）或 0.85（下卸时）。吊环与构件的连接按规范第 9.8.2 条的规定办理，这样，吊装的吨位不受吊环所控制，而由吊装设备控制。规范考虑到四个吊环不能保证均匀受力，所以按三个吊环抗力来设计。上述同样适用于四个吊点（8 个吊环）按 3 个吊点设计。

问题 2

问题来源:云南省

现咨询《公路钢筋混凝土及预应力混凝土桥涵设计规范》(JTG D62—2004)第 9.8.2 条有关预制构件吊环的计算规定。按该条款规定计算后,钢筋直径比原来生产中采用的大得较多,主要原因是吊环拉应力容许值差异造成。问:

(1)“……吊环拉应力不应大于 50MPa”,仅用到钢筋(R235)抗拉强度标准值的(50/235)×100%=21.3%,主要考虑哪些因素?

(2)对于桥梁用的板来讲,一般采用 4 个吊点;对于梁来讲,一般采用 2 个吊点;吊环拉力都比较大,应该如何理解执行该条款?工民建的预制构件质量相对于桥梁来讲,一般要轻得多,也许容易做到。

(3)该条款为黑体加粗字体,是否必须执行?

(4)钢筋公称直径大于 ϕ50mm(R235)后,最大钢筋公称直径,可用到多少?

下面为设计实践中遇到的计算例题:

1 块 20m 跨径预制空心板其混凝土数量为 15m^3,质量 $G=15\times26=390$(kN);设有 4 个吊环,设计时仅考虑 3 个吊环同时发挥作用,则 1 肢吊环钢筋承受的拉力 T 为:

$$T=\frac{390\times1000}{3\times2}=65000(\text{N})$$

所需吊环钢筋 1 肢截面面积为:

$$A=\frac{T}{[\sigma_g]}=\frac{65000}{50}=1300(\text{mm}^2)$$

只有选择钢筋公称直径 ϕ50mm(R235),截面面积 $A_s=1\,964\text{mm}^2$,才能满足要求;如果跨径再增大,钢筋直径还会增大。

回答 2

(1)据悉,规范第 9.8.2 条内容来自国家标准工民建规范。所以仅用于 R235 钢筋,是因为其他带肋钢筋相对较脆,而 R235 钢筋延性较好,不易断裂。钢筋抗拉的安全储备较大,是因为吊环万一出现问题,将涉及人生安全,且钢筋抗拉强度标准值是个数理统计数值,实际产品有大约 5% 低于该值。

(2)对于预制梁必要时可以设置 4 个吊点,甚至还可以通过等腰三角形的装置将吊点钢筋数量增加(图 2-29)。只要使钢筋受力均匀的措施都可采用。

(3)规范条文以黑体字表示,系强制性条文,必须执行。

(4)R235 钢筋最大公称直径 $d=20$mm。但可以采用其力学性能和化学性能与 R235 相近的圆钢代替。

图 2-29

附录 C 沿周边均匀配筋的圆形截面钢筋混凝土偏心受压构件正截面抗压承载力计算

C.0.1

规范条文

本规范第5.3.9条公式(5.3.9-1)、公式(5.3.9-2)中的计算系数A、B、C、D应按下列公式计算(图C.0.1),以供编制用迭代法计算的电算程序,进行构件正截面承载力的复核验算或截面配筋设计。

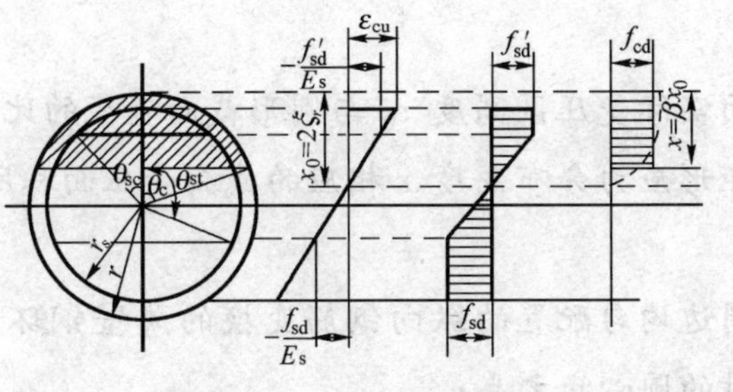

图C.0.1 沿周边均匀配筋的圆形截面偏心受压构件计算

$$A=\frac{1}{2}(2\theta_c-\sin2\theta_c) \tag{C.0.1-1}$$

$$B=\frac{2}{3}\sin^3\theta_c \tag{C.0.1-2}$$

$$C=\theta_{sc}-\pi+\theta_{st}+\frac{1}{g\cos\theta_{sc}-(1-2\xi)}\times$$

$$[g(\sin\theta_{st}-\sin\theta_{sc})-(1-2\xi)(\theta_{st}-\theta_{sc})] \tag{C.0.1-3}$$

$$D=\sin\theta_{sc}+\sin\theta_{st}+\frac{1}{g\cos\theta_{sc}-(1-2\xi)}\times$$

$$\left[g\left(\frac{\theta_{st}-\theta_{sc}}{2}+\frac{\sin2\theta_{st}-\sin2\theta_{sc}}{4}\right)-\right.$$

$$\left.(1-2\xi)(\sin\theta_{st}-\sin\theta_{sc})\right] \tag{C.0.1-4}$$

$$\theta_{c}=\cos^{-1}(1-2\beta\xi)\leqslant\pi \tag{C.0.1-5}$$

$$\theta_{sc}=\cos^{-1}\left(\frac{2\xi}{g\varepsilon_{cu}}\cdot\frac{f'_{sd}}{E_s}+\frac{1-2\xi}{g}\right)\leqslant\pi \tag{C.0.1-6}$$

$$\theta_{st}=\cos^{-1}\left(-\frac{2\xi}{g\varepsilon_{cu}}\cdot\frac{f_{sd}}{E_s}+\frac{1-2\xi}{g}\right)\leqslant\pi \tag{C.0.1-7}$$

式中：ξ——截面实际受压区高度 x_0 与圆形截面直径的比值，$\xi=x_0/2r$；

θ_c——与矩形应力分布高度 x 相应的截面受压面积所对的圆心角之半；

θ_{sc}——由周边均匀配置的纵向钢筋变换的薄壁钢环，在压塑区起点所对的圆心角之半；

θ_{st}——薄壁钢环拉塑区起点所对的圆心角之半；

β——截面受压区矩形应力分布高度 x 与实际受压区高度的比值，$\beta=x/x_0$，当 $\xi=1.0$ 时，取 $\beta=0.8$；当 $1.0<\xi\leqslant1.5$ 时，取 $\beta=1.067-0.267\xi$；

ε_{cu}——混凝土极限压应变，取 $\varepsilon_{cu}=0.0033$。

C.0.2

规范条文

沿周边均匀配筋的圆形截面钢筋混凝土偏心受压构件，其正截面抗压承载力可用查表法(表C.0.2)并按下列规定计算求得：

1. 当对构件承载力进行复核验算时

1)由本规范公式(5.3.9-1)和公式(5.3.9-2)解得轴向力的偏心距：

$$e_0=\frac{Bf_{cd}+D\rho gf'_{sd}}{Af_{cd}+C\rho f'_{sd}}r \tag{C.0.2-1}$$

2)已知 f_{cd}、f'_{sd}、ρ、r，设定 ξ 值，查表C.0.2，将查得的系数 A、B、C、D 值代入公式(C.0.2-1)计算 e_0 值。若此 e_0 值与实际计算偏心距 $\eta M_d/N_d$ 相符(允许偏差在2%以内)，则设定的 ξ 值为所求者；若不相等，重新设定 ξ 值，重复上述计算，直到相符为止。

3)将最后确定的 ξ 相应的 A、B、C、D 值代入规范公式(5.3.9-1)或公式(5.3.9-2)进行构件正截面承载力的复核验算。

2. 当对构件进行配筋设计时

1)由公式(C.0.2-1)变换得截面配筋率：

$$\rho=\frac{f_{cd}}{f'_{sd}}\cdot\frac{Br-Ae_0}{Ce_0-Dgr} \tag{C.0.2-2}$$

2)已知 f_{cd}、f'_{sd}、e_0、r，设定 ξ 值，查表C.0.2，将得到的 A、B、C、D 值代入公式(C.0.2-2)求得 ρ 值，计算时式中的 e_0 应乘以偏心距增大系数 η；再把 ρ 和 A、C 值代入规范公式(5.3.9-1)算得轴向力值。若此轴向力值与实际作用的轴向力设计值相符(允许偏差在2%以内)，则该 ξ 值及依此计算的 ρ 值为所求者；若不相符，重新设定 ξ 值，重复上述计算，直至相符为止。

3)以最后确定的 ρ 值代入下列公式计算纵向钢筋截面面积：

圆形截面钢筋混凝土偏压构件正截面
抗压承载力计算系数

表C.0.2

ξ	A	B	C	D
0.20	0.324 4	0.262 8	−1.529 6	1.421 6
0.21	0.348 1	0.278 7	−1.467 6	1.462 3
0.22	0.372 3	0.294 5	−1.407 4	1.500 4
0.23	0.396 9	0.310 3	−1.348 6	1.536 1
0.24	0.421 9	0.325 9	−1.291 1	1.569 7
0.25	0.447 3	0.341 3	−1.234 8	1.601 2
0.26	0.473 1	0.356 6	−1.179 6	1.630 7
0.27	0.499 2	0.371 7	−1.125 4	1.658 4
0.28	0.525 8	0.386 5	−1.072 0	1.684 3
0.29	0.552 6	0.401 1	−1.019 4	1.708 6
0.30	0.579 8	0.415 5	−0.967 5	1.731 3
0.31	0.607 3	0.429 5	−0.916 3	1.752 4
0.32	0.635 1	0.443 3	−0.865 6	1.772 1
0.33	0.663 1	0.456 8	−0.815 4	1.790 3
0.34	0.691 5	0.469 9	−0.765 7	1.807 1
0.35	0.720 1	0.482 8	−0.716 5	1.822 5
0.36	0.748 9	0.495 2	−0.667 6	1.836 6
0.37	0.778 0	0.507 3	−0.619 0	1.849 4
0.38	0.807 4	0.519 1	−0.570 7	1.860 9
0.39	0.836 9	0.530 4	−0.522 7	1.871 1
0.40	0.866 7	0.541 4	−0.474 9	1.880 1
0.41	0.896 6	0.551 9	−0.427 3	1.887 8
0.42	0.926 8	0.562 0	−0.379 8	1.894 3
0.43	0.957 1	0.571 7	−0.332 3	1.899 6
0.44	0.987 6	0.581 0	−0.285 0	1.903 6
0.45	1.018 2	0.589 8	−0.237 7	1.906 5
0.46	1.049 0	0.598 2	−0.190 3	1.908 1
0.47	1.079 9	0.606 1	−0.142 9	1.908 4
0.48	1.111 0	0.613 6	−0.095 4	1.907 5
0.49	1.142 2	0.620 6	−0.047 8	1.905 3
0.50	1.173 5	0.627 1	0.000 0	1.901 8
0.51	1.204 9	0.633 1	0.048 0	1.897 1
0.52	1.236 4	0.638 6	0.096 3	1.890 9
0.53	1.268 0	0.643 7	0.145 0	1.883 4
0.54	1.299 6	0.648 3	0.194 1	1.874 4
0.55	1.331 4	0.652 3	0.243 6	1.863 9
0.56	1.363 2	0.655 9	0.293 7	1.851 9

续上表

ξ	A	B	C	D
0.57	1.395 0	0.658 9	0.344 4	1.838 1
0.58	1.426 9	0.661 5	0.396 0	1.822 6
0.59	1.458 9	0.663 5	0.448 5	1.805 2
0.60	1.490 8	0.665 1	0.502 1	1.785 6
0.61	1.522 8	0.666 1	0.557 1	1.763 6
0.62	1.554 8	0.666 6	0.613 9	1.738 7
0.63	1.586 8	0.666 6	0.673 4	1.710 3
0.64	1.618 8	0.666 1	0.737 3	1.676 3
0.65	1.650 8	0.665 1	0.808 0	1.634 3
0.66	1.682 7	0.663 5	0.876 6	1.593 3
0.67	1.714 7	0.661 5	0.943 0	1.553 4
0.68	1.746 6	0.658 9	1.007 1	1.514 6
0.69	1.778 4	0.655 9	1.069 2	1.476 9
0.70	1.810 2	0.652 3	1.129 4	1.440 2
0.71	1.842 0	0.648 3	1.187 6	1.404 5
0.72	1.873 6	0.643 7	1.244 0	1.369 7
0.73	1.905 2	0.638 6	1.298 7	1.335 8
0.74	1.936 7	0.633 1	1.351 7	1.302 8
0.75	1.968 1	0.627 1	1.403 0	1.270 6
0.76	1.999 4	0.620 6	1.452 9	1.239 2
0.77	2.030 6	0.613 6	1.501 3	1.208 6
0.78	2.061 7	0.606 1	1.548 2	1.178 7
0.79	2.092 6	0.598 2	1.593 8	1.149 6
0.80	2.123 4	0.589 8	1.638 1	1.121 2
0.81	2.154 0	0.581 0	1.681 1	1.093 4
0.82	2.184 5	0.571 7	1.722 8	1.066 3
0.83	2.214 8	0.562 0	1.763 5	1.039 8
0.84	2.245 0	0.551 9	1.802 9	1.013 9
0.85	2.274 9	0.541 4	1.841 3	0.988 6
0.86	2.304 7	0.530 4	1.878 6	0.963 9
0.87	2.334 2	0.519 1	1.914 9	0.939 7
0.88	2.363 6	0.507 3	1.950 3	0.916 1
0.89	2.392 7	0.495 2	1.984 6	0.893 0
0.90	2.421 5	0.482 8	2.018 1	0.870 4
0.91	2.450 1	0.469 9	2.050 7	0.848 3
0.92	2.478 5	0.456 8	2.082 4	0.826 6
0.93	2.506 5	0.443 3	2.113 2	0.805 5

续上表

ξ	A	B	C	D
0.94	2.534 3	0.429 5	2.143 3	0.784 7
0.95	2.561 8	0.415 5	2.172 6	0.764 5
0.96	2.589 0	0.401 1	2.201 2	0.744 6
0.97	2.615 8	0.386 5	2.229 0	0.725 1
0.98	2.642 4	0.371 7	2.256 1	0.706 1
0.99	2.668 5	0.356 6	2.282 5	0.687 4
1.00	2.694 3	0.341 3	2.308 2	0.669 2
1.01	2.711 2	0.331 1	2.333 3	0.651 3
1.02	2.727 7	0.320 9	2.357 8	0.633 7
1.03	2.744 0	0.310 8	2.381 7	0.616 5
1.04	2.759 8	0.300 6	2.404 9	0.599 7
1.05	2.775 4	0.290 6	2.427 6	0.583 2
1.06	2.790 6	0.280 6	2.449 7	0.567 0
1.07	2.805 4	0.270 7	2.471 3	0.551 2
1.08	2.820 0	0.260 9	2.492 4	0.535 6
1.09	2.834 1	0.251 1	2.512 9	0.520 4
1.10	2.848 0	0.241 5	2.533 0	0.505 5
1.11	2.861 5	0.231 9	2.552 5	0.490 8
1.12	2.874 7	0.222 5	2.571 6	0.476 5
1.13	2.887 6	0.213 2	2.590 2	0.462 4
1.14	2.900 1	0.204 0	2.608 4	0.448 6
1.15	2.912 3	0.194 9	2.626 1	0.435 1
1.16	2.924 2	0.186 0	2.643 4	0.421 9
1.17	2.935 7	0.177 2	2.660 3	0.408 9
1.18	2.946 9	0.168 5	2.676 7	0.396 1
1.19	2.957 8	0.160 0	2.692 8	0.383 6
1.20	2.968 4	0.151 7	2.708 5	0.371 4
1.21	2.978 7	0.143 5	2.723 8	0.359 4
1.22	2.988 6	0.135 5	2.738 7	0.347 6
1.23	2.998 2	0.127 7	2.753 2	0.336 1
1.24	3.007 5	0.120 1	2.767 5	0.324 8
1.25	3.016 5	0.112 6	2.781 3	0.313 7
1.26	3.025 2	0.105 3	2.794 8	0.302 8
1.27	3.033 6	0.098 2	2.808 0	0.292 2
1.28	3.041 7	0.091 4	2.820 9	0.281 8
1.29	3.049 5	0.084 7	2.833 5	0.271 5
1.30	3.056 9	0.078 2	2.845 7	0.261 5

续上表

ξ	A	B	C	D
1.31	3.0641	0.0719	2.8576	0.2517
1.32	3.0709	0.0659	2.8693	0.2421
1.33	3.0775	0.0600	2.8806	0.2327
1.34	3.0837	0.0544	2.8917	0.2235
1.35	3.0897	0.0490	2.9024	0.2145
1.36	3.0954	0.0439	2.9129	0.2057
1.37	3.1007	0.0389	2.9232	0.1970
1.38	3.1058	0.0343	2.9331	0.1886
1.39	3.1106	0.0298	2.9428	0.1803
1.40	3.1150	0.0256	2.9523	0.1722
1.41	3.1192	0.0217	2.9615	0.1643
1.42	3.1231	0.0180	2.9704	0.1566
1.43	3.1266	0.0146	2.9791	0.1491
1.44	3.1299	0.0115	2.9876	0.1417
1.45	3.1328	0.0086	2.9958	0.1345
1.46	3.1354	0.0061	3.0038	0.1275
1.47	3.1376	0.0039	3.0115	0.1206
1.48	3.1395	0.0021	3.0191	0.1140
1.49	3.1408	0.0007	3.0264	0.1075
1.50	3.1416	0.0000	3.0334	0.1011
1.51	3.1416	0.0000	3.0403	0.0950

$$A_s = \rho\pi r^2 \tag{C.0.2-3}$$

所得钢筋配筋率应符合最小配筋率的要求。

规范条文 本规范第5.3.5条

(见P175)

问题1

问题来源:天津市

附录C沿周边均匀配筋的圆形截面钢筋混凝土偏心受压构件正截面抗压承载力计算中,第C.0.1节关于β的计算,规范中写道:当$\xi=1$时,取0.8,当$1<\xi\leqslant1.5$时,取$\beta=1.067-0.267\xi$。我的问题是:当$\xi<1$

时，β值如何取？

回答 1

规范附录 C 公式(C. 0. 1-5)中含有 $\beta\left(\beta=\frac{x}{x_0}\right)$，这个公式中的 θ_c 用于计算截面受压区混凝土承载力时确定计算系数 A 和 B，也即此 θ_c 是控制受压区高度的。但当构件属于小偏心受压构件时，根据平截面假定，x_0 有可能超过圆截面直径 $2r$，从而 x 也可能超出 $2r$，这是不允许的(见规范第 5. 3. 5 条注)，为此，需要对 β 加以设定，使其在任何情况下的最大值为 $\beta=0.8$，然后通过试验、计算分析，得出 $\beta=1.067-0.267\xi$。这里的 ξ 应为 $\xi\leqslant1.0$ 时，$\beta=0.8$。规范写为 $\xi=1.0$，$\beta=0.8$，有笔误。

问题 2

问题来源：广东省

规范附录 C 圆截面配筋中，按 C. 0. 1 计算 C、D 值与表 C. 0. 2 中数值有较大出入，公式中 g 取值是否为 r_s/r？f_{sd}、E_s 是否统一取 280MPa、2. 0E_s？按该取值计算或把 g 取为0. 88、0. 9均不能与表 C. 0. 2 吻合，偏离较大。附该公式计算结果，如表 2-25。

表 2-25

柱半径 r(m)		0. 6	0. 6
r_s(m)		0. 53	0. 53
令 ξ		0. 3	0. 4
f'_{sd}(MPa)		280	280
g		0. 9	0. 9
参数	β	0. 80	0. 80
	θ_c	1. 02	1. 20
	θ_{sc}	0. 74	0. 91
	θ_{st}	1. 41	1. 73
	A	0. 580	0. 867
	B	0. 415 5	0. 541 4
	C	−0. 958 8	−0. 469 8
	D	1. 742 6	1. 893 1

回答 2

规范表 C.0.2 中的数值是不会有误的，请放心使用。如果发现其中有个别不规律的数值，那也是印刷上的错误。因为这些数值是用电算计算的，所以请您不要花时间去核查它们。该表是按 $g=0.88$ 和钢筋平均屈服应变计算出来的，这两个参数的稍许差异对 A、B、C、D 的影响都不是很大。按你们的计算，当 $\xi=0.3$，$g=0.9$ 时，A 和 B 值与规范表 C.0.2 列值相等，C 和 D 值与表列值相差不超过 1%，微乎其微。

《公路钢筋混凝土及预应力混凝土桥涵设计规范》(JTG D62—2004)勘误表

序号	位　　置	原表达结果	正确表达结果
1	前言第14行	棍种受力构件	各种受力构件
2	第7页第13行	F_{lk}、F_{ld}—— 集中反力或局部压力标准值、设计值	F_{ld}—— 集中反力或局部压力设计值
3	第8页第2行	特征裂缝宽度	最大裂缝宽度
4	第11页第3.2.1条注(2)、(3)	(GB 13788—1992)、(GB/T 5223—1995)	(GB 13788—2000)、(GB/T 5223—2002)
5	第17页第5、6、7行	第5、6、7行注的内容应为图4.2.3-2的注	
6	第17页第6行	当 b_i/l_i 时	当 $b_i/l_i \geqslant 0.7$ 时
7	第25页图5.2.2	左图左端的“$\gamma_0 M_d$”删除	
8	第31页图5.2.11b)	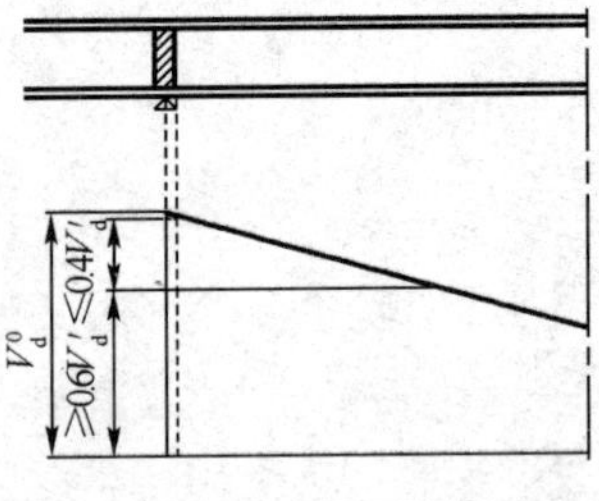	
9	第32页式(5.2.12-2)	$\gamma_0 V_d = \sum f_{sd} A_{sd} \sin\theta_s + \cdots$	$\gamma_0 V_d = \sum f_{sd} A_{sb} \sin\theta_s + \cdots$
10	第33页式(5.3.2-1)	应为：$\gamma_0 N_d \leqslant 0.9(f_{cd} A_{cor} + f'_{sd} A'_s + k f_{sd} A_{so})$	
11	第34页	“5.3.4　小偏心受压构中”的“小”字删除	
12	第38页图5.3.9	$-f_{sd}$	f_{sd}
13	第38页式(5.3.8-5)	应为：$\gamma_0 N_d e' \leqslant f_{sd} A_s (h_0 - a'_s) + M'_{sw}$	

续上表

序号	位　置	原表达结果	正确表达结果
14	第 40 页图 5.4.2 b)大偏心受拉构件	$f_{sd}A'_s$	$f'_{sd}A'_s$
15	第 47 页第 16 行	立方体抗压强度 f'_{cd}	立方体抗压强度 f'_{cu}
16	第 60 页式(6.4.3-1)	W_{tk}	W_{fk}
17	第 62 页式(6.4.4-8)	$\eta_s=1+\frac{l}{4000e_0/h_0}\left(\frac{l_0}{h}\right)^2$	$\eta_s=1+\frac{1}{4000e_0/h_0}\left(\frac{l_0}{h}\right)^2$
18	第 62 页 7 行	合力点的距离；	合力点的距离，且不大于 $0.87h_0$；
19	第 63 页式(6.5.2-1)	$B=\frac{B_0}{\left(\frac{M_{cr}}{M_s}\right)^2+\left[\left(1-\frac{M_{cr}}{M_s}\right)^2\right]\frac{B_0}{B_{cr}}}$	$B=\frac{B_0}{\left(\frac{M_{cr}}{M_s}\right)^2+\left[1-\left(\frac{M_{cr}}{M_s}\right)^2\right]\frac{B_0}{B_{cr}}}$
20	第 66 页第 10 行	主拉应力 σ_{cp}	主拉应力 σ_{tp}
21	第 68 页式(7.1.5-2)	$\geqslant 0.65f_{pk}$	$\leqslant 0.65f_{pk}$
22	第 71 页倒数第 3、2 行	抗压强度、抗拉强度	轴心抗压强度、轴心抗拉强度
23	第 86 页图 8.5.5	砌	切
24	第 103 页第 7、16 行	d_s——管道外缘直径。 C_{out}——曲线平面外最小混凝土保护层厚度。	d_s——管道外缘直径(mm)。 C_{out}——曲线平面外最小混凝土保护层厚度(mm)。
25	第 112 页图 C.0.1	$-\frac{f'_{sd}}{E_s}$、$-\frac{f_{sd}}{E_s}$、$-f_{sd}$	$\frac{f'_{sd}}{E_s}$、$\frac{f'_{sd}}{E_s}$、f_{sd}
26	第 117 页公式	$\sigma_{l4}=\frac{m-1}{2}\alpha_E\Delta\sigma_{pc}$	$\sigma_{l4}=\frac{m-1}{2}\alpha_{EP}\Delta\sigma_{pc}$
27	第 118 页倒数第 9 行	40%≤RH<90%	40%≤RH<99%
28	第 118 页倒数第 4 行	$h=100$mm	$h_0=100$mm
29	第 122 页式(G-5)	$D=\cdots 6\alpha_{ES}(A_ph_pg_p+A'_pa'_pg'_p)$ $-\cdots$	$D=\cdots 6\alpha_{EP}(A_ph_pg_p+A'_pa'_pg'_p)$ $-\cdots$
30	第 122 页第 12 行	应为：e_N——N_{p0} 作用点至截面受压区边缘的距离；	

续上表

序号	位　置	原表达结果	正确表达结果
31	第131页第4行	设计吮要	设计时要
32	第131页第7行	这字状况	这种状况
33	第132页第2行	防止钢筋贡蚀	防止钢筋腐蚀
34	第135页式(3-2)	$\mu f_{c,s}$	$\mu_{fc,s}$
35	第137页第1、5行	(GB/T 5224—1995)、 (GB/T 5223—1995)	(GB/T 5224—2003)、 (GB/T 5223—2002)
36	第148页式 (4-12)、(4-14)	$e-\phi(t,\tau)$	$e^{-\phi_{(t,\tau)}}$
37	第150页第4、5、6行	ΔL_a	L_a
38	第154页倒数第3行	$\varepsilon_{cu}0.0033$	$\varepsilon_{cu}=0.0033$
39	第154页倒数第13行	……特大桥，大、中、小桥	……特大桥，大、中、小桥?
40	第155页式(5-2)	$M_{p1}=M_p e_{pn}$	$M_{p1}=N_p e_{pn}$
41	第162页第11行	"5.3.4　本条公式(5.3.4-1)、(5.3.4-3)用于计算小偏压构件……"中的"小"字删除	
42	第163页第2行	钢筋截面面积取最小配筋或按小偏压构件计算	钢筋截面面积按小偏压构件计算
43	第164页第12行	$\sum N=N_d e+N_{sw}$	$\sum M=N_d e+M_{sw}$
44	第165页式(5-16)	$\eta=1+\frac{l}{e_0}\left(\frac{l_0^2}{\beta_{r_c}}\right)$	$\eta=1+\frac{1}{e_0}\left(\frac{l_0^2}{\beta_{r_c}}\right)$
45	第166页图5-3(一)	右上角"HRB235钢筋"改为"R235钢筋，$f_{sd}=195$MPa"。从左起第1条斜线"=0.05"改为"$\eta e_0/r=0.05$"	
46	第181页倒数3行	第9.4.2条	第9.4.1条
47	第187页倒数 14、13、10行	ξ	ζ
48	第191页第7行	第9.4.2条	第9.4.1条
49	第191页10行	第9.4.8条	第9.4.7条
50	第192页第6行	但公式中	但公式中的E_s改用E_p，
51	第198页第9行	斜截面抗弯	斜截面抗剪
52	第199页第7行	$\alpha_{ES}\alpha_{cc}^t\leqslant f'_{sd}$	$\alpha_{ES}\sigma_{cc}^t\leqslant f'_{sd}$

续上表

序号	位　　置	原表达结果	正确表达结果
53	第199页第9行	$\alpha_{ES}(h_0-x_0)^2$	$\alpha_{ES}A_s(h_0-x_0)^2$
54	第209页7行	公式(8-20)	公式(8-19)
55	第210页	式(8-21)和表8-2中的“b”改为“b_s”。 表8-2中的“$P=0.9$”改为“$P=0.90$”	
56	第224页条文说明编号	9.7.1、9.7.2、9.7.3、9.7.4	9.7.2、9.7.3、9.7.4、9.7.5
57	第227页式(附B-3)～(附B-5)	ψ_y	ψy
58	第228页第1行式中	ψ_y	ψy
59	第229页第4行式中	ψ_y	ψy
60	第230页第5行	$\sum\Delta\sigma$	$\sum\Delta l$
61		应为： $\frac{\sigma_{cc}x}{2}\cdot b'_f\left(e_{0N}-C+\frac{x}{3}\right)-\frac{1}{2}\left(\frac{x-h'_f}{x}\right)\sigma_{cc}(x-h'_f)(b'_f-b)$	
62	第231页式(附G-1)	$\left(e_{0N}-C+h'_f+\frac{x-h'_f}{3}\right)+A'_p\sigma'_p(e_{0N}-C+a'_p)+$ $A'_s\sigma'_s(e_{0N}-C+a'_s)-A_p\sigma_p(e_{0N}-C+h_p)-A_s\sigma_s(e_{0N}-C+h_s)=0$	

第三篇

公路圬工桥涵设计规范

(JTG D61—2005)

3 材　　料

3.1 材料强度等级

3.1.1

规范条文

石材、混凝土和砂浆的强度等级，应按下列规定采用：

1. 石材强度等级：MU120、MU100、MU80、MU60、MU50、MU40、MU30。

2. 混凝土强度等级：C40、C35、C30、C25、C20、C15。

3. 砂浆强度等级：M20、M15、M10、M7.5、M5。

注：①石材强度等级采用边长70mm的含水饱和的立方体试件的抗压强度(MPa)表示。抗压强度取三块试件平均值。

②混凝土强度等级的定义见《公路钢筋混凝土及预应力混凝土桥涵设计规范》(JTG D62—2004)。

③砂浆的强度等级采用边长70.7mm的标准立方体试件28d抗压强度(MPa)表示。抗压强度取三块试件平均值。

3.1.1 条文说明

原规范规定石材的抗压极限强度为棱柱体的极限强度，其值取为200mm立方体强度的0.7倍。本规范采用的试件尺寸为70mm立方体，应乘以0.7的石材强度等级换算系数。同时考虑沿用原规范的材料安全系数1.85，则本次修订的石材抗压强度设计值为：石材强度等级×0.7×0.7×1/1.85=0.265×石材强度等级。

原规范石材弯曲抗拉极限强度为标号的0.06倍，现石材等级为原石材标号的0.7倍，再考虑沿用原规范的材料安全系数2.31，则本次修订的石材弯曲抗拉设计值为：石材强度等级×0.06×0.7×1/2.31=0.0182×石材强度等级。

规范条文　本规范附录A

石材试件强度的换算系数及石砌体分类

A.0.1　石材的强度等级，应用边长为70mm的立方体试块的抗压强度表示，当采用其他尺寸时，应乘以表A.0.1规定的换算系数进行换算。

石材试件强度的换算系数　　表A.0.1

立方体试件边长(mm)	200	150	100	70	50
换算系数	1.43	1.28	1.14	1.00	0.86

A.0.2　石砌体分类如下：

1.细料石材体。砌块厚度200～300mm的石材，宽度为厚度的1.0～1.5倍，长度为厚度的2.5～4.0倍，表面凹陷深度不大于10mm，外形方正的六面体，错缝砌筑。砌筑缝宽不应大于10mm。

2.半细料石砌体。砌块表面凹陷深度不大于15mm，缝宽不大于15mm，其他要求同细料石砌体。

3.粗料石材体。砌块表面凹陷深度不大于20mm，缝宽不大于20mm，其他要求同细料石砌体。

4.块石砌体。砌块厚度200～300mm的石材，形状大致方正，宽度约为厚度的1.0～1.5倍，长度约为厚度的1.5～3.0倍，每层石材高度大致一律，并错缝砌筑。

5. 片石砌体。砌块厚度不小于150mm的石材，砌筑时敲去其尖锐凸出部分，平稳放置，可用小石块填塞空隙。

A. 0. 3　混凝土预制块砌体各项规格、尺寸同细料石砌体。

问题1

问题来源：宁夏回族自治区

(1)请问石材强度等级MU120、MU100、MU80等是怎么划分出来的？

(2)请问岩石单轴抗压强度与岩石轴心抗压强度的区别是什么？

回答1

(1)石材强度等级系按照国家标准《砌体结构设计规范》(GB 50003—2001)规定的。石材强度等级应为边长70mm的立方体试块(含水饱和)的抗压强度。请阅本规范第3.1.1条注①，附录A.0.1条和第3.1.1条条文说明。划分这些等级是根据建筑常用的石材分级，也参考1985年原规范的石料的标号分类。但是，请注意原规范试块为20cm的立方体，现改为70mm的立方体，其换算系数见本规范附录A，例如同一石材，现在级别MU100，相当于原规范标号(100/1.43)=70。

(2)岩石单轴抗压强度系指岩石地基ϕ50mm×100mm的钻孔试样抗压强度。岩石轴心抗压强度概念不知出在何处？圬工规范不出现此概念。

以上意见供参考。

问题2

问题来源：四川省

我公司准备施工的一座大跨径石拱桥，主跨3×70m，设计荷载等级为公路二级。发现该工程的图纸仍在使用已经废止了的旧规范《公路砖石及混凝土桥涵设计规范》(JTJ 022—85)，主拱圈采用 M12.5 砂浆砌 MU50 粗条石。为桥梁安全考虑，我们准备按《公路圬工桥涵设计规范》(JTG D61—2005)(下称新规范)进行施工复核验算。在验算中对新规范的理解，有下列有关问题请予协助说明：

(1)新规范的石材等级与《公路砖石及混凝土桥涵设计规范》(JTJ 022—85)(下称 85 规范)的同等级石料是否相当？85 规范的 50 号石料与新规范哪一级石材相当？

(2)新规范未给出各等级石材的极限抗压强度，不便于对原材料进场检验。请问 85 规范表 2.0.5-1 的数据是否可以引用，其试件的尺寸是多少？

(3)新规范的石材等级(MU××)是采用多大尺寸的试件做抗压强度试验得到的？

回答 2

经我院编制规范的专家研究，就应用《公路圬工桥涵设计规范》(JTG D61—2005)中有关问题解释如下：

《公路圬工桥涵设计规范》(JTG D61—2005)与原规范《公路砖石及混凝土桥涵设计规范》(JTJ 022—85)，两者石材强度等级与石材强度标号、砂浆强度等级与砂浆强度标号都有差别，等级和标号不能等同考虑。此外，两规范相应的荷载标准、两规范内的截面验算方法，均有对应的标准和方法，不能简单地对比确定。

我们的意见可按新的标准，即 2004 年的荷载标准和 2005 年的圬工规范对本桥重新验算。

以上意见仅供参考。

3.2　材料基本要求

3.2.1

规范条文

公路圬工桥涵结构物所使用的材料的最低强度等级应符合表3.2.1的规定。

圬工材料的最低强度等级　　表3.2.1

结构物种类	材料最低强度等级	砌筑砂浆最低强度等级
拱圈	MU50 石材 C25 混凝土(现浇) C30 混凝土(预制块)	M10(大、中桥) M7.5(小桥涵)
大、中桥墩台及基础,轻型桥台	MU40 石材 C25 混凝土(现浇) C30 混凝土(预制块)	M7.5
小桥涵墩台、基础	MU30 石材 C20 混凝土(现浇) C25 混凝土(预制块)	M5

3.2.2

规范条文

片石混凝土为混凝土中掺入不多于其体积20%的片石,片石强度等级不应低于混凝土强度等级和本规范第3.2.1条规定的石材最低强度等级。片石混凝土各项强度、弹性模量和剪变模量可按同强度等级的混凝土采用。

问题 1

问题来源:福建省

由贵院负责编制的《公路圬工桥涵设计规范》(JTG D61—2005)已于 2005 年 11 月 1 日起实施,其中“3.2 材料基本要求”的第 3.2.1 条对公路圬工桥涵结构物所使用的材料的最低强度等级作出了规定,而第 3.2.2 条片石混凝土仅规定了片石强度等级不应低于混凝土强度等级和第 3.2.1条规定的石料最低强度等级,对片石混凝土的强度是否仍执行表 3.2.1的规定?

回答 1

经我院编制规范组的研究,就《公路圬工桥涵设计规范》第 3.2.1 条中有关问题解释如下:

片石混凝土本身没有等级可言。片石混凝土中的混凝土强度等级应符合规范表 3.2.1 的规定;片石强度等级不应低于上述混凝土的强度等级,也不应低于规范表 3.2.1 的规定。

问题 2

问题来源:贵州省

我们在运用《公路圬工桥涵设计规范》(JTG D61—2005)的过程中遇到一个问题,非常希望您能帮助我们解答一下。

规范第 3.2.1 条对材料最低强度等级要求如表 3-1 所示。

圬工材料最低强度等级　　表 3-1

大、中桥墩台及基础,轻型桥台	MU40 石材	M7.5 砂浆
	C25 混凝土(现浇)	
	C30 混凝土(预制)	

我们遇到的问题如下：某特大桥引桥(4×45m 先简支后结构连续 T 梁)桥台台身置于锚碇基础之上，圬工数量较大，约 5 100m^3。设计中我们拟用 C20 片石混凝土，经验算能满足结构受力要求，但对照规范第3.2.1条不能满足材料强度等级要求。问题是：C20 片石混凝土的各项力学性能指标均优于 MU40(砂浆强度 M7.5)块石砂浆砌体，请问规范第3.2.1条应该如何运用？用现浇 C20 片石混凝土可否认为也符合规范要求？

回答 2

你们的桥台身仍应按本规范第 3.2.1 条(强制性条文)办理，即不低于 C25 混凝土(现浇，可按第 3.2.2 条规定掺入不多于其体积 20%的片石)或 M7.5 浆砌 MU40 石材。C25 混凝土强度高于石砌体，但石砌体的耐久性、外观、受损后修补等均优于混凝土。所以，不宜单纯从强度来比较。

4　构件设计与计算

4.0.5

规范条文

砌体(包括砌体与混凝土组合)受压构件,在本规范表 4.0.9 规定的受压偏心距限值范围内的承载力应按下列公式计算:

$$\gamma_0 N_d < \varphi A f_{cd} \tag{4.0.5}$$

式中:N_d——轴向力设计值;

A——构件截面面积,对于组合截面按强度比换算,即 $A = A_0 + \eta_1 A_1 + \eta_2 A_2 + \cdots$,$A_0$ 为标准层截面面积,A_1、A_2、…为其他层截面面积,$\eta_1 = f_{c1d}/f_{c0d}$、$\eta_2 = f_{c2d}/f_{c0d}$、…,f_{c0d} 为标准层轴心抗压强度设计值,f_{c1d}、f_{c2d}、…为其他层的轴心抗压强度设计值;

f_{cd}——砌体或混凝土轴心抗压强度设计值,应按本规范第 3.3.2 条、第3.3.3 条及第 3.3.4 条的规定采用;对组合截面应采用标准层轴心抗压强度设计值;

φ——构件轴向力的偏心距 e 和长细比 β 对受压构件承载力的影响系数,按本规范第 4.0.6 条和第 4.0.7 条计算。

4.0.8

规范条文

混凝土偏心受压构件，在本规范表4.0.9规定的受压偏心距限值范围内，当按受压承载力计算时，假定受压区的法向应力图形为矩形，其应力取混凝土抗压强度设计值，此时，取轴向力作用点与受压区法向应力的合力作用点相重合的原则(图4.0.8)确定受压区面积A_c。受压承载力应按下列公式计算：

$$\gamma_0 N_d \leqslant \varphi f_{cd} A_c \tag{4.0.8-1}$$

1.单向偏心受压

受压区高度h_c应按下列条件确定(图4.0.8a))：

$$e_c = e \tag{4.0.8-2}$$

矩形截面的受压承载力可按下列公式计算：

$$\gamma_0 N_d \leqslant \varphi f_{cd} b(h-2e) \tag{4.0.8-3}$$

式中：N_d——轴向力设计值；

φ——弯曲平面内轴心受压构件弯曲系数，按表4.0.8采用；

f_{cd}——混凝土轴心抗压强度设计值，按本规范表3.3.2的规定采用；

A_c——混凝土受压区面积；

e_c——受压区混凝土法向应力合力作用点至截面重心的距离；

e——轴向力的偏心距；

b——矩形截面宽度；

h——矩形截面高度。

混凝土轴心受压构件弯曲系数　　表 4.0.8

l_0/b	l_0/i	φ	l_0/b	l_0/i	φ
<4	<14	1.00	18	63	0.68
4	14	0.98	20	70	0.63
6	21	0.96	22	76	0.59
8	28	0.91	24	83	0.55
10	35	0.86	26	90	0.51
12	42	0.82	28	97	0.47
14	49	0.77	30	104	0.44
16	56	0.72			

注：①l_0 为计算长度，按本规范表 4.0.7-2 的规定采用。

②在计算 l_0/b 或 l_0/i 时，b 或 i 的取值：对于单向偏心受压构件，取弯曲平面内截面高度或回转半径；对于轴心受压构件及双向偏心受压构件，取截面短边尺寸或截面最小回转半径。

当构件弯曲平面外长细比大于弯曲平面内长细比时，尚应按轴心受压构件验算其承载力。

2. 双向偏心受压

受压区高度和宽度，应按下列条件确定(图 4.0.8b))：

$$e_{cy} = e_y \tag{4.0.8-4}$$

$$e_{cx} = e_x \tag{4.0.8-5}$$

矩形截面的偏心受压承载力可按下列公式计算：

$$\gamma_0 N_d \leqslant \varphi f_{cd}[(h-2e_y)(b-2e_x)] \tag{4.0.8-6}$$

式中：φ——轴心受压构件弯曲系数，见本规范表 4.0.8；

e_{cy}——受压区混凝土法向应力合力作用点在 y 轴方向至截面重心距离；

e_{cx}——受压区混凝土法向应力合力作用点在 x 轴方向至截面重心距离；

e_y——轴向力 y 轴方向的偏心距；

e_x——轴向力 x 轴方向的偏心距。

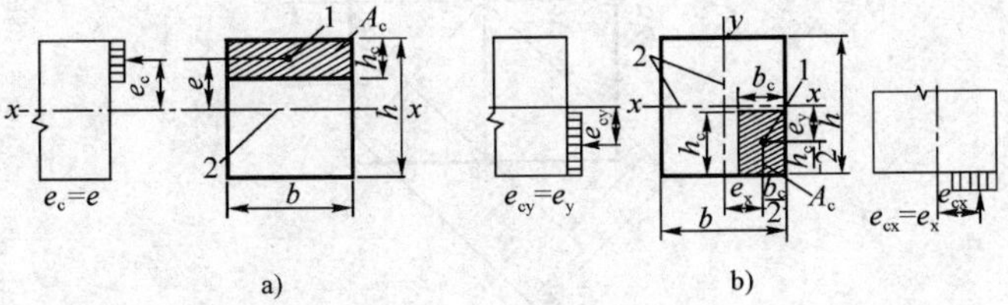

图 4.0.8　混凝土构件偏心受压

a)单向偏心受压；b)双向偏心受压

1-受压区重心(法向压应力合力作用点)；2-截面重心轴；e-单向偏心受压偏心距；e_c-单向偏心受压法向应力合力作用点距重心轴距离；e_x、e_y-双向偏心受压在 x 方向、y 方向的偏心距；e_{cx}、e_{cy}-双向偏心受压法向应力合力作用点，在 x、y 方向的偏心距；A_c-受压区面积；h_c、b_c-矩形截面受压区高度、宽度

4.0.9

规范条文

砌体和混凝土的单向和双向偏心受压构件，除符合本规范第 4.0.10 条的规定外，其受压偏心距 e 的限值应符合表 4.0.9 的规定。

受压构件偏心距限值　　表 4.0.9

作用组合	偏心距限值 e
基本组合	$\leqslant 0.6s$
偶然组合	$\leqslant 0.7s$

注：①混凝土结构单向偏心的受拉一边或双向偏心的各受拉一边，当设有不小于截面面积 0.05%的纵向钢筋时，表内规定值可增加 0.1s。

②表中 s 值为截面或换算截面重心轴至偏心方向截面边缘的距离(图 4.0.9)。

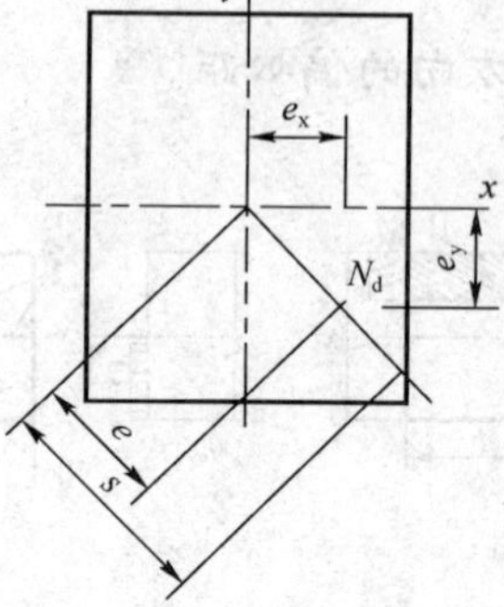

图 4.0.9 受压构件偏心距

N_d-轴向力;e-偏心距;s-截面重心至偏心方向截面边缘的距离

4.0.10

规范条文

当轴向力的偏心距 e 超过本规范表 4.0.9 偏心距限值时,构件承载力应按下列公式计算:

单向偏心

$$\gamma_0 N_d \leqslant \varphi \frac{A f_{tmd}}{\frac{Ae}{W}-1} \tag{4.0.10-1}$$

双向偏心

$$\gamma_0 N_d \leqslant \varphi \frac{A f_{tmd}}{\left(\frac{Ae_x}{W_y}+\frac{Ae_y}{W_x}-1\right)} \tag{4.0.10-2}$$

式中:N_d——轴向力设计值;

A——构件截面面积,对于组合截面应按弹性模量比换算为换算截面面积;

W——单向偏心时,构件受拉边缘的弹性抵抗矩,对于组合截面应按弹性模量比换算为换算截面弹性抵抗矩;

W_y、W_x——双向偏心时,构件 x 方向受拉边缘绕 y 轴的截面弹性抵

抗矩和构件 y 方向受拉边缘绕 x 轴的截面弹性抵抗矩，对于组合截面应按弹性模量比换算为换算截面弹性抵抗矩；

f_{tmd}——构件受拉边层的弯曲抗拉强度设计值，按本规范表 3.3.2、表 3.3.3-4 和表 3.3.4-3 采用；

e——单向偏心时，轴向力偏心距；

e_x、e_y——双向偏心时，轴向力在 x 方向和 y 方向的偏心距；

φ——砌体偏心受压构件承载力影响系数或混凝土轴心受压构件弯曲系数，分别见本规范第 4.0.6 条和第 4.0.8 条。

按弹性模量比换算截面面积、弹性抵抗矩(或惯性矩)，可参见本规范第 4.0.6 条的规定。

规范条文　本规范第 7.0.6 条

涵洞结构可按下列假定进行计算：

1. 计算盖板式涵洞的涵台内力时，台身按上端与盖板不可移动的铰接、下端与基础固接计算。盖板按两端简支的板计算，可不考虑涵台传来的水平力。

2. 拱涵的拱圈按无铰拱计算，其矢跨比不宜小于 1/4。拱涵可不考虑温度作用效应和混凝土收缩效应。拱涵按本规范第 5.1.4 条计算时，可仅作拱的截面强度验算。

3. 整体式涵洞基础底面的地基土的承压应力，可将涵长根据不同的填土高度分段计算。

问题 1

问题来源：江苏省

(1)规范中根据第 4.0.9 条，关于受压偏心距是否超过限值，采用两种截然不同的计算方法。当受压偏心距在限值(比如限值是 50cm)附近时，即刚刚满足限值（偏心距＝49cm）和刚刚不满足限值（偏心距＝51cm）时，根据两个计算方法，算出来的偏压承载力相差太大（可以达到相差10倍），这样合理吗？

（2）本规范对于砌体圬工和混凝土圬工构件，偏压承载力计算公式是不一样的，特别是φ值，但《公路路基设计规范》（JTG 030—2004）中的挡墙部分对两种材料采用的公式是单一的。另外，《公路路基设计规范》（JTG 030—2004）没有给出偏心距超过限值时偏压承载力的计算公式，还有材料性质也略不同于圬工规范。我想这可能是因为路基规范早于圬工规范颁布吧。《公路路基设计规范》（JTG 030—2004）中的圬工挡墙结构的计算应该是以《公路圬工桥涵设计规范》（JTG D61—2005）为准吗？

回答1

（1）规范第4.0.9条对圬工结构偏心受压构件偏心距的限值，涉及对构件的承载力、稳定、裂缝开展的考虑。当构件实际偏心距在表4.0.9规定限值之内，构件截面一般不出现裂缝，即使在特殊情况下可能出现了裂缝，但其宽度很小，此时，构件只需按受压构件计算其抗压承载力并保证其稳定，如规范第4.0.5条和第4.0.8条；当偏心距超过了限值，则构件出现裂缝的可能性加大，就要从受拉区边缘材料的弯曲抗拉强度设计值来控制使构件不出现裂缝，如规范第4.0.10条。所以，该条计算也可以说是构件抗裂验算。显然，以第4.0.9条偏心距限值为准，不超过它，构件按抗压验算；超过它，构件按抗拉验算，两者验算的对象不同，计算结果自然也不一样，按第4.0.10条计算有可能要加大截面尺寸。

（2）挡土墙的设计，应按《公路路基设计规范》（JTG D30—2004）办理。

问题 2

问题来源:新疆维吾尔自治区

现就涵洞台身结构计算的有关事宜,咨询一下你们的意见。目前,新的桥涵设计规范相继出台,但相应的桥涵通用图还未见到。根据规范要求,涵洞一律采用净跨径,各地相应进行了调整,按规范编制相应的通用图。但在涵台台身厚度的计算上,存在两种理念,造成涵台台身厚度(尤其是圬工混凝土、浆砌片石结构)有较大差异。

(1)按以往公路桥涵设计手册《墩台和基础》、《涵洞》中给出的计算示例,对于轻型墩台的台身均以偏心距 e 控制计算,而未考虑材料的抗拉强度,这样就使得涵台台身厚度偏厚。

(2)目前,由人民交通出版社发行、杨锡武著《山区公路高填方涵洞土压力计算方法与结构设计》一书中,P100 算例中提出"如计算弯曲拉应力超过允许值,则需进行偏心距计算",言外之意如果计算弯拉应力不超过所用材料的抗拉允许值,那么台身厚度就不受偏心控制。这样一来,涵洞台身厚度尺寸可有效减小。

(3)针对涵洞的结构计算方法,规范第 7.0.6 条给出台身计算模式,第 4.0.9 条给出偏心受压构件偏心距的限值。如采用偏心距控制计算,涵洞台身厚度偏大。我想咨询一下贵院在涵洞计算上是如何考虑的?

回答 2

来函第(1)项,涵洞设计手册以偏心距 e 控制计算,而未考虑材料抗拉强度,这样做是允许的。来函第(2)项,《山区公路高填方涵洞土压力计算方法与结构设计》一书中,弯拉应力不超过允许值,台身厚度就不受偏心控制,这样做也是允许的。总之,①只要偏心距不超过规范表

4.0.9的规定，就认为截面是安全的，不必考虑受拉边弯拉应力，允许受拉边开裂，但是，受压承载力应满足规范公式(4.0.8-3)或公式(4.0.8-6)的规定；②如果偏心距大于规范表4.0.9规定的限值，则应按规范第4.0.10条公式(4.0.10-2)验算弯曲抗拉强度，如满足上述公式，也属可行；③上述两种情况，只要有一个满足即可。

规范第4.0.9条，“除符合本规范第4.0.10条的规范外”一句可删，以免误解。

5 拱　　桥

5.1 拱桥计算

5.1.1

规范条文

拱上建筑为梁(板)式结构的拱桥的计算,不应考虑拱上建筑与主拱圈的联合作用;拱上建筑为拱式结构的拱桥的计算,可考虑拱上建筑与主拱圈的联合作用。当采用公路—I级、公路—II级车道荷载计算拱的正弯矩时,自拱顶至拱跨1/4各截面应乘以0.7折减系数;拱脚截面乘以0.9折减系数;拱跨1/4至拱脚各截面,其折减系数按直线插入法确定。

问题

问题来源:贵州省

按裸拱计算立柱排架式拱桥时,公路—I级荷载和公路—II级荷载的集中荷载标准值 P_K 是按拱圈计算跨径计算还是按单块车道板跨径计算?

回答

公路—I级荷载、公路—II级荷载,指横桥向一个车道的荷载;均布、集中荷载均如此。主拱按主拱跨径计算,腹拱(桥面板)按腹拱(桥面板)

跨径计算。拱桥计算请注意按第 5.1.1 条折减。

5.1.3

规范条文

拱桥应考虑活载的横向不均匀分布，但实腹式拱桥和拱上建筑为拱式结构的空腹式拱桥或拱上建筑采用墙式墩且活载横桥向布置不超过拱圈以外的拱桥，可考虑活载均匀分布于拱圈全宽。

规范条文　本规范附录 A

（见 P370）

问题

问题来源：广西壮族自治区

在使用《公路圬工桥涵设计规范》（JTG D61—2005）（以下简称《JTG D61—2005 规范》）及《公路砖石及混凝土桥涵设计规范》（JTJ 022—85）（以下简称《JTJ 022—85 规范》）计算圬工拱桥过程中碰到几点疑问，恳请答复！

基本资料：1979 年修建的浆砌片石板拱，矢跨比为 4m/16m=1/4，原材料（《JTJ 022—85 规范》）为 M7.5 砂浆砌 MU40 片石。

(1)《JTJ 022—85 规范》圬工拱桥正截面强度：

$$N_j \leqslant \alpha A R_a^j / \gamma_m \qquad (3.0.2\text{-}1)$$

其中，右边 $A=0.6\text{m}^2$，$\gamma_m=2.31$，$\alpha=\dfrac{1-\left(\dfrac{e_0}{y}\right)^8}{1+\left(\dfrac{e_0}{r_w}\right)^2}=0.702$

R_a^j 按《JTJ 022—85 规范》表 2.0.5-3 查得，M7.5 浆砌 MU40 片石极限强度为3.5MPa，相应弹模为 $800R_a^j=2800\text{MPa}$，荷载试验挠度校验

系数 $\eta=0.6\sim0.8$。求得右边$=0.6\times3.5\times1000^2\alpha/2.31=638.19(kN)>$630.98kN(其中恒载 542.42kN)。

(2)《JTG D61—2005 规范》圬工拱桥正截面强度：

$$\gamma_0 N_{\mathrm{d}} < \varphi A f_{\mathrm{cd}} \tag{4.0.5}$$

其中，右边 $A=0.6\mathrm{m}^2$，$\varphi=\dfrac{1}{\dfrac{1}{\varphi_{\mathrm{x}}}+\dfrac{1}{\varphi_{\mathrm{y}}}-1}=\varphi_{\mathrm{y}}=\dfrac{1-\left(\dfrac{e_0}{y}\right)^8}{1+\left(\dfrac{e_0}{r_{\mathrm{w}}}\right)^2}=0.702$

f_{cd}按《JTG D61—2005 规范》表 3.3.3-3 经内插求得 M7.5 浆砌相应《JTJ 022—85 规范》MU40 片石的设计强度为0.833MPa，相应弹性模量为 5 650MPa，荷载试验挠度校验系数 $\eta>1.2$。

右边$=0.6\times0.833\times1000^2\varphi=350.86(kN)<$630.98kN(其中恒载 542.42kN)。

(3)由上面的计算可知，《JTG D61—2005 规范》与《JTJ 022—85 规范》右边相差 1.8 倍！

(4)《JTJ 022—85 规范》M7.5 砂浆强度与《JTG D61—2005 规范》一致，将 MU40 石材强度换算成《JTG D61—2005 规范》的设计强度 f_{cd}：

《JTG D61—2005 规范》强度等级	(换算成)《JTJ 022—85 规范》极限强度值	《JTG D61—2005 规范》设计强度值
MU60	32.46MPa	0.88MPa
MU50	27.05MPa	0.81MPa
由内插计算得《JTJ 022—85 规范》中强度等级为 MU40 时	28.8MPa	0.833MPa

(5)《JTJ 022—85 规范》设计值为$\dfrac{3.5}{2.31}=1.515$，《JTG D61—2005 规范》设计值为 0.862($\simeq$0.833)，两者对比：$\dfrac{0.862}{1.515}=0.55$，和我们以前对比平均值 0.56 差不多。

回答

《JTG D61—2005 规范》片石砌体抗压设计值较《JTJ 022—85 规范》为低，其原因说明如下：

(1)1985 年《公路砖石及混凝土桥涵设计规范》(JTJ 022—85)(以下简称《JTJ 022—85 规范》)片石砌体抗压极限强度系采用国家标准《砖石结构设计规范》(GB J3—73)(以下简称《GB J3—73 规范》)附录五砌体强度计算公式计算。片石砌体相当于《GB J3—73 规范》的乱毛石砌体。

(2)2005 年《公路圬工桥涵设计规范》(JTG D61—2005)(以下简称《JTG D61—2005 规范》)片石砌体轴心抗压强设计值 f_{cd} 系采用国家标准《砌体结构设计规范》(GB 50003—2001)(以下简称《GB 50003—2001 规范》)附录 B 砌体强度平均值的计算公式和强度标准值计算，再除以砌体分项系数 γ_f 后为设计值。

(3)《GB 50003—2001 规范》(其前还有《GB J3—88 规范》)较之《GB J3—73 规范》，对于片石砌体抗压强度，有较大降低(《GB 50003—2001 规范》较《GB J3—88 规范》略有降低)。

(4)根据我们的比较，《JTG D61—2005 规范》公路片石砌体抗压强度设计值，与《JTJ 022—85 规范》公路片石砌体抗压强度设计值(极限强度/2.31)，两者之比平均为0.56(考虑了《JTJ 022—85 规范》立方体试块 200mm×200mm×200mm 与《JTG D61—2005 规范》立方体试块 70mm×70mm×70mm 两者的换算)。根据上述比较，另外还有荷载标准的改变，活载横向分布因素的考虑(《JTG D61—2005 规范》第 5.1.3 条)，目前设计的片石砌体拱圈厚度将有所增加，或者说验算以前修建的片石砌体拱圈的强度将难以通过。

(5)片石砌体根据《JTG D61—2005 规范》附录 A 描述，砌块厚度不小于 150mm 的石材(一般都是炸取的)，砌筑时敲去其尖锐凸出部分，平稳放置，可用小石块填塞空隙。这种砌体的砂浆用量一般为体积的 30%

左右，个别达到40%～50%。因此，片石砌体不宜用于砌筑拱圈。片石砌体工艺可能较好，填塞石块紧密，砂浆用量小于30%，石块相当于《JTJ 022—85规范》规定的大面片石砌体的石块；这种砌体强度为片石砌体的1.5倍。

片石砌体的质量差异较大，其强度离散度也较大。砌筑工艺、小块石填塞、砂浆用量，对于强度影响都很大；而对片石砌体的工艺要求，较之料石、块石砌体则宽松得多，石材尺寸要求也富有弹性，所以其强度也只能从质量的下限来考虑。因此，关于片石砌体强度，《JTG D61—2005规范》较《JTJ 022—85规范》为低。

(6)1975年《公路桥涵设计规范》、1985年《JTJ 022—85规范》和2005年《JTG D61—2005规范》，片石砌体均参用国家标准数据。公路部门在20世纪50年代末期至20世纪60年代初期，如原交通部公路科研所在成都，江西交通厅在南昌、德安，也做过一些试验，其强度均较高，这是由于其试件、工艺均较高于一般片石砌体，例如公路科研所试件在400mm×400mm的面积内放四块石料，空隙填以碎石；江西乱石(片石)砌体的石块尺寸大于150mm，且砂浆用量低于30%，这些试体显然强度较高，其强度为1995年《苏联砖石设计规范》(Нuту 120—55)毛石砌体的2倍，相当于前苏联精选平毛石砌体。所以，对于现存片石拱圈的验算，需视当年施工时的石料规格、砂浆用量、工艺水平等因素来进行。片石砌体质量离散度较大，不能凭现规范数据一概而论。

(7)片石用砂浆砌筑，可以与小石子混凝土砌筑比较选用，后者强度较高，且质量较易掌握。无论浆砌片石或小石子混凝土砌片石，因结合料用料很多，后期养护极为重要，应与混凝土构件同样对待。

(8)你们来函中新旧抗压强度设计值对比$\frac{0.833}{3.5/2.31}=0.55$与前述(4)内0.56接近。其他砌体，新旧抗压强度设计值对比为：混凝土预制块1.13，块石砌体1.07。

5.1.8

规范条文

计算拱圈的温度变化和混凝土收缩影响时，作用效应可乘以下列系数：

温度作用效应：0.7；

混凝土收缩作用效应：0.45。

规范条文 《公路桥涵设计通用规范》第4.1.6条

（见P34）

问题1

问题来源：陕西省

规范第5.1.8条规定：计算拱圈的温度变化和混凝土收缩影响时，作用效应可乘以下列系数：温度效应0.7，混凝土收缩效应0.45。而《公路桥涵设计通用规范》(JTG D60—2004)第4.1.6条的基本组合中，对于混凝土收缩（永久作用）、温度作用（可变作用）分别有其组合分项系数。请问在计算拱圈的基本组合时，混凝土收缩作用和温度作用是否先乘其效应系数（收缩为0.45，温度为0.7），然后再按照基本组合的要求乘分项系数？

回答1

规范第5.1.8条规定仅用于拱圈计算。这项规定是计算圬工拱圈温度变化和混凝土收缩影响时考虑徐变影响的简化方法。计算以后如参与作用（或荷载）的基本组合，尚应按通用规范规定乘以相应的分项系数。

问题 2

问题来源:贵州省

规范第 5.1.8 条仅对温度作用效应乘以折减系数 0.7;混凝土收缩作用效应乘以 0.45。对于跨径不大于 25m,矢跨比≥1/5 的石拱桥是否应考虑温度变化影响力未作规定。这种情况下,按计入均匀温度计算,无法满足规范对拱的截面强度验算的要求。原《公路砖石及混凝土桥涵设计规范》(JTJ 022—85)则有相应规定,较为合理。请问:跨径不大于 25m,矢跨比≥1/5 的石拱桥是否必须计入温度的影响?

回答 2

取消原规范关于跨径不大于 25m,矢跨比≥1/5 的石拱桥不计算温度变化影响力的规定,是因为编制组认为这样的规定不合理。

问题 3

问题来源:贵州省

规范中的规定是否实用于按钢筋混凝土构件计算的拱桥,如第5.1.8条中关于温度和收缩作用的折减?

回答 3

规范第 5.1.8 条中关于温度和收缩作用的折减,不适用于钢筋混凝土结构。

5.1.11

规范条文

拱桥应按《公路桥涵设计通用规范》(JTG D60—2004)规定的作用短

期效应组合，在一个桥跨范围内的正负挠度的绝对值之和的最大值不应大于计算跨径的 1/1 000。

问题

问题来源：贵州省

规范中第 5.1.11 中挠度计算采用的"作用短期效应组合"是否仅考虑汽车效应，还是按《公路桥涵设计通用规范》(JTG D60—2004)的规定进行组合？因为条文说明中关于本条的叙述是自 1975 年《公路桥涵规范设计》一直沿用的，1975 年和 1985 年规范中拱桥挠度计算是否仅考虑不计冲击力的汽车荷载？

回答

规范第 5.1.11 条关于挠度计算，可仅考虑重力、静活载(包括人群荷载，汽车不计冲击力)。条文内将"作用"改为"荷载"就更明确些。

5.2 拱桥构造

5.2.7

规范条文

箱形拱的主拱圈截面形式可采用单室箱或多室箱，箱形截面的挖空率可取 50%～70%。

拱箱由底板、腹板及顶板组成，其中腹板和顶板可由预制构件和现浇混凝土层组合构成。底板厚度、预制腹板厚度及预制顶板厚度均不应小于 100mm。腹板的现浇混凝土厚度(相邻板壁间净距)及顶板的现浇混凝土厚度不应小于100mm。预制边箱外壁宜适当加厚。

箱形拱的拱箱内宜每隔2.5～5.0m设置一道横隔板，横隔板厚度可为100～150mm，在腹孔墩下面以及分段吊装接头附近均应设置横隔板，在3/8拱跨长度至拱顶段的横隔板应取较大厚度，并适当加密。箱形板拱的拱上建筑采用柱式墩时，立柱下面应设横向通长的垫梁，其高度不宜小于立柱间净距的1/5。

箱形拱采用预制吊装成拱时，除按现浇混凝土要求处理接合面外，尚应设置必要的连接钢筋。

箱形拱应在底板上设排水孔，大跨径拱桥应在腹板顶部设通气孔。当箱形拱可能被洪水淹没时，在设计水位以下，拱箱内应设进、排水孔。

? 问题

问题来源：浙江省

规范第5.2.7条对拱箱组成部分中，要求底板厚度、预制腹板及预制顶板厚度均不应小于100mm。本条规范是否适用于由多个单箱组成的箱式板拱，按照原交通部箱拱通用图中的回答，一般预制腹板厚度采用了50mm。因此，我们想问一下，能否按50mm设计？（通用图为100m上承式箱拱。）

回答

本规范对多个单箱组成的箱式板拱，同样适用。但是指素混凝土（可适当加些构造钢筋或抗裂钢筋）结构，不是指钢筋混凝土结构。对于素混凝土，预制件过薄，非但不易浇筑预制，而且在施工中易开裂。规范条文不是强制性条文，如果执行中需加修正，是可以的。

你们电传中所谈100m上承式箱梁通用图，不知是哪个单位编制。你们可以问问他们的施工经验，腹板厚50mm，施工有无困难，使用有无问题。据我们了解。四川省20世纪编制的标准图，某些已不再使用，某些已作废。以上意见仅供参考。

6 墩 台

6.1 一般规定

6.1.3

6.1.3 条文说明

原规范第 5.1.3 条规定相邻墩台均匀沉降差值(不包括施工中的沉降)不应大于 $1.0\sqrt{L}$cm(L 为相邻墩台以米计的最大跨径长度),现参考前苏联 1984 年桥涵规范,以不应使桥面形成 2‰纵坡为度。关于墩台顶水平位移,尽管原规范第 5.1.3 条规定有限值,但是该条注内对桩基墩台又可不受限制,实际上放宽甚至可不考虑。经查美国规范和前苏联 1984 年规范,都没有关于水平位移限值的规定(前苏联 1962 年规范有规定,1984 年规范已删除)。墩台水平位移对于行车影响并不显著,但是对伸缩装置有一定影响,这将由伸缩装置设计中的伸缩量增大系数 $\beta=1.2\sim1.4$(见《公路钢筋混凝土及预应力混凝土桥涵设计规范》(JTG D62—2004))来调节。根据上述理由,本条内不作墩台顶水平位移限值规定。

规范条文　《公路钢筋混凝土及预应力混凝土桥涵设计规范》第8.2.6条

(见P278)

问题

问题来源:广东省

我们在设计过程中发现现行规范对墩顶水平位移没有作出规定,只有规范的条文说明中提到了有关内容。即第6.1.3条的条文说明:"墩台水平位移对于行车影响并不显著,但是对伸缩装置有一定影响,这将由收缩装置设计中的伸缩量增大系数β=1.2～1.4来调节。"

请问这句话怎么理解?是不是说,计算需要的伸缩量如果需要7cm,那采用伸缩缝的时候就需要考虑7×1.4=9.8(cm)以上的伸缩缝?反过来讲,如果采用了160伸缩缝,墩顶水平位移是不是就允许9cm呢?

实际设计过程中,对于墩高较高的桥梁,例如4×30m连续箱梁,采用160伸缩缝,墩顶水平位移控制在多少合适?

回答

(1)桥梁墩顶水平位移的限值,现行规范未作要求。但桥墩作为受压构件应进行强度、稳定、裂缝等各项验算并满足规范要求。

(2)桥梁伸缩装置应根据《公路钢筋混凝土及预应力混凝土桥涵设计规范》(JTG D62—2004)第8.2.6条有关规定计算,并应考虑到各种因素误差的影响应适当增加富裕量来选择伸缩装置的型号。也就是说,伸缩装置的伸缩量不能仅以墩顶的水平位移来确定,但考虑墩顶水平位移的因素,计在伸缩装置伸缩量增大1.2～1.4的范围内。

6.2 梁、板式桥墩台

6.2.2

规范条文

支座边缘至墩、台身顶部边缘的距离(图 6.2.2)应视墩、台构造形式及安装上部构造的施工方法而定,其最小距离可按表 6.2.2 的规定采用。

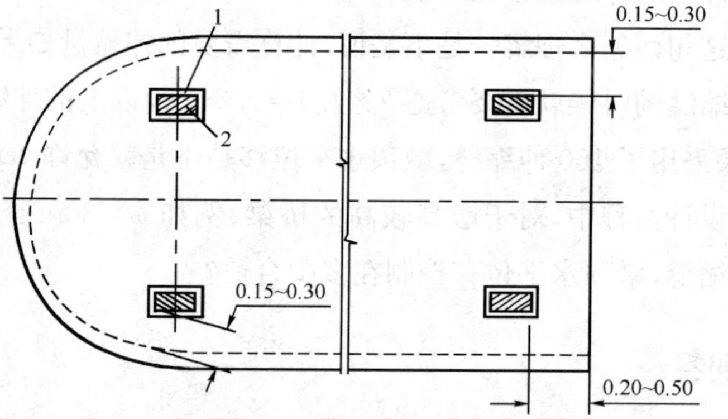

图 6.2.2 支座边缘至墩、台边缘最小距离示意图(尺寸单位:m)

1-支座垫石;2-支座

支座边缘至墩、台身边缘的最小距离(m) 表 6.2.2

桥向 跨径 l(m)	顺桥向	横桥向	
		圆弧形端头(自支座边角量起)	矩形端头
$l \geqslant 150$	0.30	0.30	0.50
$50 \leqslant l < 150$	0.25	0.25	0.40
$20 \leqslant l < 50$	0.20	0.20	0.30
$5 \leqslant l < 20$	0.15	0.15	0.20

注:当采用钢筋混凝土或预应力混凝土悬臂墩帽时,可不受本表限制,应以便于施工、养护和更换支座而定。

问题

问题来源:陕西省

(1)规范第 6.2.2 条中规定了支座边缘到墩、台身边缘的最小距离,那么此规定是否主要考虑防落梁而设置?在设计现浇箱梁时,中间墩处是否可以不考虑这条规定,分隔墩处以及简支变连续预制小箱梁是否要严格遵循此规定?

(2)在桥梁上部的梁体设计中:反温差组合下支点上缘应力降低迅速往往控制设计,如按该组合设计,则需要钢束用量显著加大。

(3)沥青桥面通常由沥青混凝土和水泥混凝土两层铺装,防水层设置在两层中间,那么混凝土桥面通常只设置一层水泥混凝土铺装,防水层应该怎样设置?

回答

(1)规范第 6.2.2 条关于支座边缘到墩台身边缘最小距离,主要考虑支座压力以 40°传入墩台身使墩台帽悬出部分免于受力,且有一定安全距离。这个安全距离当然也考虑上部结构安装偏差。

(2)来函说"梁体设计中反温差组合下支点上缘应力降低迅速往往控制设计",此句不清,难以理解。反温差计算值仅为正温差的一半,且改变符号,其值不会很大,希望加以仔细复核。"需要钢束用量显著加大"也希望检查一下。

(3)混凝土桥面,防水层应设在混凝土铺装层下面,但当梁顶先铺一层整平层,则防水层应设在整平层之上。

6.2.6

规范条文

跨径不大于 13m、桥长不大于 20m 的梁(板)式上部结构,其下部构造可采用轻型桥台，但桥孔不宜多于三孔，桥台的台墙厚度不宜小于0.6m。

轻型桥台上端与梁（板）铰接，下端在相邻桥台（墩）之间应设支撑梁（图6.2.6）。梁（板）端铰接钢销直径不应小于20mm。支撑梁应设于铺砌层或冲刷线以下，中距宜为2～3m，采用钢筋混凝土构件，其截面尺寸不宜小于0.2m（横）×0.3m（竖），四角应设置直径不小于12mm的钢筋；如采用混凝土或块石砌筑，其截面尺寸不宜小于0.4m×0.4m。

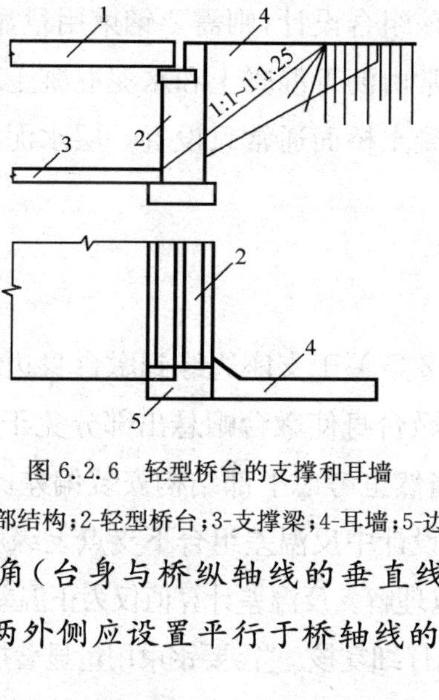

图6.2.6　轻型桥台的支撑和耳墙

1-上部结构；2-轻型桥台；3-支撑梁；4-耳墙；5-边柱

轻型桥台的斜交角（台身与桥纵轴线的垂直线的交角），不应大于15°。轻型桥台下端，两外侧应设置平行于桥轴线的支撑梁，中间应设垂直于桥台的支撑梁。

问题

问题来源：湖北省

规范第6.2.6条中第三段“轻型桥台的斜交角……，不应大于15°……”。

常规的构造物斜度一般不大于45°，此处按15°规定，不知什么原因，是否印刷错误，请教专家。

回答

经我院编制规范的专家研究，就《公路圬工桥涵设计规范》(JTG D61—2005)第 6.2.6 条中有关问题解释如下：

规范第 6.2.6 条中关于“轻型桥台的斜交角(台身与桥纵轴线的垂直线的交角)，不应大于 15°”(即台身与桥轴线斜交角不应小于 75°)，原规范没有此项规定，在本次修订讨论时，专家提出斜置的轻型桥台也应允许采用的建议，但同时考虑到斜交角太大不好做，并从安全等因素考虑，暂定为不大于 15°，没有过多理由。由于本条不是强制性条文，可根据你们的实践经验作适当调整，并为下次修订积累可靠数据。

7 涵 洞

7.0.3

规范条文

涵洞的洞身和进出口，应视具体情况按如下要求作出处理：

1. 涵洞进出口处，应设端墙。端墙与洞身应设缝隔开，缝内填以不透水材料。

2. 设置于非岩石地基上的涵洞，洞内外应进行铺砌，洞外铺砌长度应视河沟纵坡、地基土、冲刷等条件而定，涵洞上游至少应在端墙(或锥坡)范围内铺砌，下游应铺出端墙以外 3～5m(压力式涵洞应更长些)。对于无明显沟槽的河沟，出口铺砌的扩散平面宜采用等腰梯形，其铺砌扩散角可取为 20°。涵洞锥坡、受水流淹没的路基坡面也应铺砌。

3. 在纵坡陡、流速大的河沟，必要时还需设置急流槽、跌水及相应的消能措施，并应在端墙外端底部设置隔水墙。在沟床铺砌的端部，也应设置隔水墙。

4. 在冰冻地区，端墙与端管节应采用整体的刚性基础。

问题

问题来源：新疆维吾尔自治区

对于规范第 7.0.3 条涵洞出口铺砌的范围，针对此条，我们与原规范进行了对比,基本一致。对于涵洞下游铺砌应铺出端墙以外 3～5m,对此有些争议。一种意见,仅是在出口锥坡、八字墙范围内设铺砌;另一种意见,在锥坡、八字墙范围内进行铺砌的同时,另外仍需在出口隔水墙以外设 3m 铺砌,哪一种方式更合理?

回答

规范第 7.0.3 条关于涵洞外铺砌长度的规定,对于上游至少应在端墙(或锥坡)范围内铺砌,对于下游除按上述范围铺砌外,还要延伸铺砌 3～5m,但应视河沟情况加以考虑。

附录 A　石材试件强度的换算系数及石砌体分类

A.0.1

规范条文

（见 P370）

问题

问题来源：四川省

我公司在一工地石拱桥施工中，发现该工程的图纸仍在使用已经废止了的旧规范《公路砖石及混凝土桥涵设计规范》(JTJ 022—85)，主拱圈采用 12.5 号砂浆砌 50 号粗条石。为安全稳妥起见，我公司准备用新的规范《公路圬工桥涵设计规范》(JTG D61—2005)（以下称新规范）取用 M10 级砂浆砌 MU50 粗料石进行施工设计复核。

请问：

(1)可否直接按 M10 级砂浆砌 MU50 粗料石在新规范(JTG D61—2005)中取用相关参数进行复核？

(2)是否还要对新规范的 MU50 粗条石的强度等级进行调整修正？

(3)如要调整修正粗条石的强度等级，请问在该工程施工中是使用老规范的 50 号粗条石强度等级还是使用新规范调整修正后的条石强度等级？

回答

(1)M10级砂浆砌MU50级粗料石不能代替12.5号砂浆砌50号粗料石。

(2)新规范(2005年)MU50粗料石为70mm标准立方体28d抗压强度，原规范(1985年)50号粗料石为200mm标准立方体28d抗压强度，两者换算系数见新规范第31页表A.0.1。

以上意见仅供参考。

附录 B　拱桥预拱度的计算与设置

规范条文(摘录)

B.0.1　施工预拱度的计算

预拱度的大小应按无支架和有支架两种情况,并分别考虑下列因素进行估算。

1.无支架施工的拱桥

1)主拱圈及拱上建筑自重产生的拱顶弹性下沉 δ_{u1}

$$\delta_{u1}=\frac{\left(\frac{l}{2}\right)^2+f^2}{f}\cdot\frac{\sigma}{E} \tag{B.0.1-1}$$

$$\sigma=\frac{H_g}{A\cos\varphi_m} \tag{B.0.1-2}$$

式中:l——主拱圈计算跨径;

f——主拱圈计算矢高;

E——主拱圈材料受压弹性模量;

H_g——主拱圈及拱上建筑重力产生的水平推力;

σ——主拱圈及拱上建筑重力产生的平均压应力;

φ_m——拱顶与拱脚连线与跨径的夹角;

A——主拱圈截面面积(变截面拱可取平均截面面积)。

2)主拱圈温度变化产生的拱顶弹性变形 δ_{u2}

$$\delta_{u2}=\frac{\left(\frac{l}{2}\right)^2+f^2}{f}\cdot\alpha(t_1-t_2) \tag{B.0.1-3}$$

式中：α——主拱圈材料线膨胀系数；

t_1——年平均温度；

t_2——封拱时的温度。

当$(t_1-t_2)>0$时，拱顶上挠，反之，拱顶下沉。

3)混凝土主拱圈由混凝土收缩和徐变产生的拱顶下沉 δ_{u3}

整体施工的主拱圈，可按温度降低15℃所产生的下沉值计算，分段施工的主拱圈，可按温度降低5～15℃所产生的下沉值计算，即在本条第(B.0.1-3)公式内，整体施工的主拱圈取$(t_1-t_2)=-15$℃，分段施工的主拱圈取$(t_1-t_2)=-5\sim-15$℃。

4)墩、台水平位移产生的拱顶下沉 δ_{u4}

$$\delta_{u4}=\frac{l}{4f}\cdot\Delta l \qquad \text{(B.0.1-4)}$$

式中：Δl——主拱圈拱脚相对分离水平位移值。

5)施工过程中裸拱变形(如接合点压密等)，拱顶下沉可按 $l/1\,000$ 估算。

6)对于无支架施工的拱桥，本款内1)～4)项可估算为$\frac{l^2}{4000f}\sim\frac{l^2}{6000f}$，当墩台可能有位移时取较大值，当无水平位移时取较小值。

B.0.2　预拱度的设置

预拱度应根据上述各项因素产生的挠度曲线反向设置；可根据以往的实践经验按下述方法之一设置：

1.按抛物线设置

$$\delta_x=\delta\left(1-\frac{4x^2}{l^2}\right) \qquad \text{(B.0.2)}$$

式中：δ_x——与拱顶距离为 x 处的预加高度；

δ——主拱圈拱顶预拱度；

l——主拱圈计算跨径。

2. 按推力影响线的比例设置。

3. 对于不对称拱桥或坡拱桥，按拱的弹性挠度反向比例设置。

规范条文 《公路钢筋混凝土及预应力混凝土桥涵设计规范》第 6.5.5 条

受弯构件的预拱度可按下列规定设置：

1. 钢筋混凝土受弯构件

1）当由荷载短期效应组合并考虑荷载长期效应影响产生的长期挠度不超过计算跨径的1/1 600 时，可不设预拱度；

2）当不符合上述规定时应设预拱度，且其值应按结构自重和 1/2 可变荷载频遇值计算的长期挠度值之和采用。

2. 预应力混凝土受弯构件

1）当预加应力产生的长期反拱值大于按荷载短期效应组合计算的长期挠度时，可不设预拱度；

2）当预加应力的长期反拱值小于按荷载短期效应组合计算的长期挠度时应设预拱度，其值应按该项荷载的挠度值与预加应力长期反拱值之差采用。

对重力相对于活载较小的预应力混凝土受弯构件，应考虑预加应力反拱值过大可能造成的不利影响，必要时采取反预拱或设计和施工上的其他措施，避免桥面隆起直至开裂破坏。

注：①汽车荷载频遇值为汽车荷载标准值的 0.7 倍，人群荷载频遇值等于其标准值；

②预拱的设置应按最大的预拱值沿顺桥向做成平顺的曲线。

问题 1

问题来源：湖南省

（1）预拱度的估算是否总和为第 B.0.1 条第 1）款～第 5）款相加得到

的数值(附录 B)？即预拱度可估算为：$\frac{L^2}{400f}\sim\frac{L^2}{6000f}+\frac{L}{1000}$。

(2)新老规范中在预拱度的设置里面发现新规范的设置方法和老规范有点不一样，新规范中三种设置方法，第 1、2 两种方法和老规范一样，但第 3 种不一样，是不是老规范中的悬链线拱那种反“M”法的设置有问题(图 3-1)？

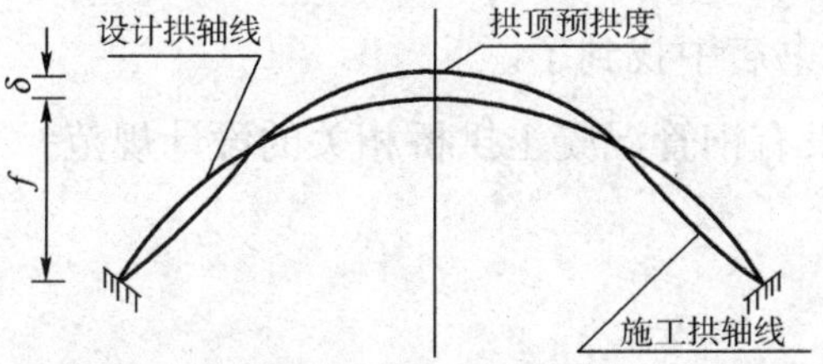

图 3-1　按反“M”法设置

(3)我们认为混凝土的收缩徐变计算偏小。

(4)常规的现阶段施工预拱度的设置方法中对于悬链线拱，在考虑预拱度后的拱轴线放样坐标可按下式计算(老规范)：

$$y'=\frac{f+\Delta f}{m'-1}\times(\mathrm{ch}k'\zeta-1)$$

式中：Δf——拱顶截面的预留拱度；

f——矢高；

m'——比设计拱轴系数小一级的拱轴系数；

ζ——拱轴线上各点横坐标与$\frac{L}{2}$的比值；

$$k'=\ln(m'+\sqrt{m'^2-1})$$

我觉得这样反“M”法的设置有个问题，就是拱脚到 $L/8$ 处为负值，也就是说这部分的制作线形要低于设计成桥线形，但好像计算的结果不是这样的，通过有关有限元软件计算出来的那部分在施工工程中的线形是总体向下的，也就是不会出现反拱，实际施工中测出来的数据也是这样的，我们认为新规范中的方法2设置比较合理，但如果预拱度那样设的话肯定没有按反“M”法设置方便。

(5)新规范附录B中提出的后面两本参考书籍是不是有点久远，《公路设计手册》已经换了好几个版本了，那么是不是说现在的版本还没有以前(1978年出版)的好呢？原交通部交通科学研究所1983年出版的《少箱薄壁多段施工的大跨径钢筋混凝土拱桥设计中的几个问题》一书基本上现在也很难在书店中找到了。

(6)请问有没有钢管混凝土拱桥相关的设计规范？

回答1

(1)预拱度的估算就是按你们所理解的那样进行处理。

(2)新老规范对预拱度设置方法有些差异，但基本一致，而对于反“M”法，老规范存在一定问题。现将部公路所道桥室对此提出的意见摘抄如下，并经研究将老规范相应附录取消。

“三种方法应示出其用在何处。”按我们理解：

①按抛物线设置，比较适宜于满堂支架的施工。

②按拱脚推力影响线比例设置，适用范围很大，例如拱架施工，一般无支架施工。

③一级拱轴函数设置。除非在特殊情况下，一般不宜采用。我们曾经在《“大跨径钢筋混凝土拱圈多段吊装施工工艺”阶段研究报告》中，论述了对预拱度设置的研究情况，附图示出了各种预拱度的分配：

a. 抛物线分布，$L/4$ 处为 $0.75\delta_{max}$，偏大，一般无支架施工时，不宜采用。

b. 推力影响线分布，$L/4$ 处为 $0.5\delta_{max}$ 左右，比较合适。

c. 降一级拱轴系数设置，拱脚段(由6.5至12截面)均出现负预拱度，而且最大的负预拱度为10截面的 $0.487\delta_{max}$，显然这是非常不合适的。此图是按 1/8 的矢跨比，$\delta_{max}=L/550$ 而制的，按其他矢跨比时，其值会有些变化，但性质是相同的，因而非特殊需要，不宜采用。

(3)关于混凝土收缩徐变计算与老规范基本相同。本次规范的温度取值范围是根据湖南设计院的经验研究调整确定的，一般情况是可行的。但可根据各具体工程情况作适当调整，以总结经验为下一轮修订提供依据。

(4)此问题可参考上述第(2)点部公路所的意见。

(5)作为条文说明提供一些依据是可以的。有些交代了出版年限可以查找，至于一些专题研究报告，可能不是每个人手头都有，只好请见谅。

(6)专门的钢管混凝土拱桥设计规范我们也没有见到，而由中国工程建设标准化协会组织编制的《钢管混凝土结构设计与施工规程》(中国计划出版社，1992 年 10 月)可以参考。到目前为止国内有关钢管拱设计实例应该可以找到。

问题 2

问题来源：湖南省

(1)规范中第 B. 0. 1 条第 2)款主拱圈温度变化产生的拱顶弹性变形，这个取值和合龙温度有关，设计时是无法预测和估计实际施工中合龙温度的，可否理解为设计院当初设计时就给了一个大概的合龙温度，如 15～20℃等，还是设计院遵循“宁高勿低”的原则，设置预拱度时把计算合龙温度取高点，这是出于对预拱度的设置偏安全考虑。

(2)第 B. 0. 1 条第 5)款对于施工过程中裸拱变形(如接合点压密等)，拱顶下沉可按 $L/1\,000$ 估算。钢管混凝土拱桥的变形应该没有这么大，估计不能适用于钢管混凝土拱桥中。

回答 2

(1)关于合龙温度问题，设计时应预测施工合龙温度，施工时如与预测合龙温度不符合，应进行调整，不宜“宁高勿低”。

(2)本规范不适用钢管混凝土拱。

问题3

问题来源：湖南省

《公路钢筋混凝土及预应力混凝土桥涵设计规范》(JTG D62—2004)对于受弯构件预拱度设置规定：按结构重力和1/2可变荷载频遇值计算的长期挠度值之和采用。汽车荷载频遇值为汽车荷载标准值的0.7倍，人群荷载频遇值等于其标准值；预拱的设置应按最大的预拱值沿顺桥向做成平顺的曲线。但《公路圬工桥涵设计规范》(JTG D61—2005)预拱度设置和取值时没有考虑活载的影响。那么在拱桥的预拱度设置中需要考虑活载吗？通过活载计算发现位移包络图中最大位移发生在$L/4$处，如果说要考虑活载的话，是不是可以把$L/4$处的1/2最大位移作为预拱度设置时活载引起的拱顶挠度，其他点按拱脚水平推力影响线推算？还是这种理解本身就有错误或者计算就是错误的？

回答3

圬工规范附录B关于预拱度设置，没有考虑活载。因为在活载作用下，一个桥跨的挠度有正有负，预拱度不好设置，且拱桥挠度较之梁桥为小，所以拱的预拱度设置不考虑活载。

问题4

问题来源：湖南省

对于悬链线钢管混凝土拱桥，我们理解的预拱度计算和设置是：先按照规范计算出拱顶挠度值，然后将其作为拱顶预拱度，其他各点预拱度按拱脚水平推力影响线分配，然后再通过适当降低m悬链线拟合新的线形。请问我的理解是否有误？还有就是拱脚水平推力影响线我是查《拱桥》附录的，也就是说只要 m、f/l 一定，拱脚水平推力影响线都是一样的呢？

回答 4

钢管拱桥预拱度设置，圬工规范不适用，但可作参考。可先算出拱顶需设的预拱值，再按推力影响线的比例设置。

《公路圬工桥涵设计规范》(JTG D61—2005)勘误表

序　号	位　置	原表达结果	正确表达结果
1	第 12 页倒数第 9 行	M_{yd}、M_{xd}分别为绕 x 轴、y 轴的弯矩	M_{yd}、M_{xd}分别为绕 y 轴、x 轴的弯矩
2	第 44 页倒数第 8 行式(3-1)	$f_1^{\bar{a}}$	$(f_1)^{\bar{a}}$
3	第 59 页倒数第 11 行	进行料研究	进行了研究

公路工程现行标准、规范、规程、指南一览表

（2015 年 1 月版）

序号	类别		编号	书名（书号）	定价（元）
1	基础		JTG A02—2013	公路工程行业标准制修订管理导则（10544）	15.00
2			JTG A04—2013	公路工程标准编写导则（10538）	20.00
3			JTJ 002—87	公路工程名词术语（0346）	22.00
4			JTJ 003—86	公路自然区划标准（0348）	16.00
5			JTG B01—2014	公路工程技术标准（活页夹版，11814）	98.00
6			JTG B01—2014	公路工程技术标准（平装版，11829）	68.00
7			JTG B02—2013	公路工程抗震规范（11120）	45.00
8			JTG/T B02-01—2008	公路桥梁抗震设计细则（1228）	35.00
9			JTG B03—2006	公路建设项目环境影响评价规范（0927）	26.00
10			JTG B04—2010	公路环境保护设计规范（08473）	28.00
11			JTG/T B05—2004	公路项目安全性评价指南（0784）	18.00
12			JTG B05-01—2013	公路护栏安全性能评价标准（10992）	30.00
13			JTG B06—2007	公路工程基本建设项目概算预算编制办法（06903）	26.00
14			JTG/T B06-01—2007	★公路工程概算定额（06901）	110.00
15			JTG/T B06-02—2007	★公路工程预算定额（06902）	138.00
16			JTG/T B06-03—2007	★公路工程机械台班费用定额（06900）	24.00
17			交通部定额站 2009 版	公路工程施工定额（07864）	78.00
18			JTG/T B07-01—2006	公路工程混凝土结构防腐蚀技术规范（0973）	16.00
19			交通部 2007 年第 30 号	国家高速公路网相关标志更换工作实施技术指南（1124）	58.00
20			交通部 2007 年第 35 号	收费公路联网收费技术要求（1126）	62.00
21			JTG B10-01—2014	公路电子不停车收费联网运营和服务规范（11566）	30.00
22			交通运输部 2011 年	公路工程项目建设用地指标（09402）	36.00
23	勘测		JTG C10—2007	★公路勘测规范（06570）	28.00
24			JTG/T C10—2007	★公路勘测细则（06572）	42.00
25			JTG C20—2011	公路工程地质勘察规范（09507）	65.00
26			JTG/T C21-01—2005	公路工程地质遥感勘察规范（0839）	17.00
27			JTG/T C21-02—2014	公路工程卫星图像测绘技术规程（11540）	25.00
28			JTG/T C22—2009	公路工程物探规程（1311）	28.00
29			JTG C30—2002	公路工程水文勘测设计规范（0604）	22.00
30	设计	公路	JTG D20—2006	★公路路线设计规范（0996）	38.00
31			JTG/T D21—2014	公路立体交叉设计细则（11761）	60.00
32			JTG D30—2004	公路路基设计规范（05326）	48.00
33			JTG/T D31—2008	沙漠地区公路设计与施工指南（1206）	32.00
34			JTG/T D31-02—2013	公路软土地基路堤设计与施工技术细则（10449）	40.00
35			JTG/T D31-03—2011	★采空区公路设计与施工技术细则（09181）	40.00
36			JTG/T D31-04—2012	多年冻土地区公路设计与施工技术细则（10260）	40.00
37			JTG/T D32—2012	公路土工合成材料应用技术规范（09908）	42.00
38			JTG D40—2011	★公路水泥混凝土路面设计规范（09463）	40.00
39			JTG D50—2006	★公路沥青路面设计规范（06248）	36.00
40			JTG/T D33—2012	公路排水设计规范（10337）	40.00
41		桥隧	JTG D60—2004	公路桥涵设计通用规范（05068）	24.00
42			JTG/T D60-01—2004	公路桥梁抗风设计规范（0814）	28.00
43			JTG D61—2005	公路圬工桥涵设计规范（0887）	19.00
44			JTG D62—2004	公路钢筋混凝土及预应力混凝土桥涵设计规范（05052）	48.00
45			JTG D63—2007	公路桥涵地基与基础设计规范（06892）	48.00
46			JTJ 025—86	公路桥涵钢结构及木结构设计规范（0176）	20.00
47			JTG/T D65-01—2007	公路斜拉桥设计细则（1125）	28.00
48			JTG/T D65-04—2007	公路涵洞设计细则（06628）	26.00
49			JTG D70—2004	公路隧道设计规范（05180）	50.00
50			JTG/T D70—2010	★公路隧道设计细则（08478）	66.00
51			JTG D70/2—2014	公路隧道设计规范 第二册 交通工程与附属设施（11543）	50.00
52			JTG/T D70/2-01—2014	公路隧道照明设计细则（11541）	35.00
53			JTG/T D70/2-02—2014	公路隧道通风设计细则（11546）	70.00
54		交通工程	JTG D80—2006	高速公路交通工程及沿线设施设计通用规范（0998）	25.00
55			JTG D81—2006	★公路交通安全设施设计规范（0977）	25.00
56			JTG/T D81—2006	★公路交通安全设施设计细则（0997）	35.00
57			JTG D82—2009	公路交通标志和标线设置规范（07947）	116.00
58		综合	交公路发〔2007〕358 号	公路工程基本建设项目设计文件编制办法（06746）	26.00
59			交公路发〔2007〕358 号	公路工程基本建设项目设计文件图表示例（06770）	600.00

续上表

序号	类别		编　　号	书名(书号)	定价(元)
60	检测		JTG E20—2011	公路工程沥青及沥青混合料试验规程(09468)	106.00
61			JTG E30—2005	公路工程水泥及水泥混凝土试验规程(0830)	32.00
62			JTG E40—2007	★公路土工试验规程(06794)	79.00
63			JTG E41—2005	公路工程岩石试验规程(0828)	18.00
64			JTG E42—2005	公路工程集料试验规程(0829)	30.00
65			JTG E50—2006	★公路工程土工合成材料试验规程(0982)	28.00
66			JTG E51—2009	公路工程无机结合料稳定材料试验规程(08046)	48.00
67			JTG E60—2008	公路路基路面现场测试规程(07296)	38.00
68			JTG/T E61—2014	公路路面技术状况自动化检测规程(11830)	25.00
69	施工	公路	JTG F10—2006	公路路基施工技术规范(06221)	40.00
70			JTJ 034—2000	公路路面基层施工技术规范(0431)	20.00
71			JTG/T F30—2014	公路水泥混凝土路面施工技术细则(11244)	60.00
72			JTG/T F31—2014	公路水泥混凝土路面再生利用技术细则(11360)	30.00
73			JTG F40—2004	公路沥青路面施工技术规范(05328)	38.00
74			JTG F41—2008	公路沥青路面再生技术规范(07105)	25.00
75		桥隧	JTG/T F50—2011	★公路桥涵施工技术规范(09224)	110.00
76			JTG/T F81-01—2004	公路工程基桩动测技术规程(0783)	20.00
77			JTG F60—2009	公路隧道施工技术规范(07992)	42.00
78			JTG/T F60—2009	公路隧道施工技术细则(07991)	58.00
79		交通	JTG F71—2006	★公路交通安全设施施工技术规范(0976)	20.00
80			JTG/T F72—2011	公路隧道交通工程与附属设施施工技术规范(09509)	35.00
81	质检安全		JTG F80/1—2004	公路工程质量检验评定标准　第一册　土建工程(05327)	46.00
82			JTG F80/2—2004	公路工程质量检验评定标准　第二册　机电工程(05325)	26.00
83			JTG G10—2006	公路工程施工监理规范(06267)	20.00
84			JTJ 076—95	公路工程施工安全技术规程(0049)	12.00
85	养护管理		JTG H10—2009	公路养护技术规范(08071)	49.00
86			JTJ 073.1—2001	公路水泥混凝土路面养护技术规范(0520)	12.00
87			JTJ 073.2—2001	公路沥青路面养护技术规范(0551)	13.00
88			JTG H11—2004	公路桥涵养护规范(05025)	30.00
89			JTG H12—2003	公路隧道养护技术规范(0695)	26.00
90			JTG H20—2007	公路技术状况评定标准(1140)	15.00
91			JTG/T H21—2011	★公路桥梁技术状况评定标准(09324)	46.00
92			JTG H30—2004	公路养护安全作业规程(05154)	36.00
93			JTG H40—2002	公路养护工程预算编制导则(0641)	9.00
94	加固设计与施工		JTG/T J21—2011	公路桥梁承载能力检测评定规程(09480)	20.00
95			JTG/T J22—2008	公路桥梁加固设计规范(07380)	52.00
96			JTG/T J23—2008	公路桥梁加固施工技术规范(07378)	30.00
97	改扩建		JTG/T L11—2014	高速公路改扩建设计细则(11998)	45.00
98			JTG/T L80—2014	高速公路改扩建交通工程及沿线设施设计细则(11999)	30.00
99	造价		JTG M20—2011	公路工程基本建设项目投资估算编制办法(09557)	30.00
100			JTG/T M21—2011	公路工程估算指标(09531)	110.00
1	技术指南		交公便字〔2006〕02 号	公路工程水泥混凝土外加剂与掺合料应用技术指南(0925)	50.00
2			交公便字〔2006〕02 号	公路工程抗冻设计与施工技术指南(0926)	26.00
3			厅公路字〔2006〕418 号	公路安全保障工程实施技术指南(1034)	40.00
4			交公便字〔2009〕145 号	公路交通标志和标线设置手册(07990)	165.00

注:JTG——公路工程行业标准体系;JTG/T——公路工程行业推荐性标准体系;JTJ——仍在执行的公路工程原行业标准体系。批发业务电话:010-59757973;零售业务电话:010-85285659(北京);网上书店电话:010-59757908;业务咨询电话:010-85285922。带"★"的表示有勘误,详见 www. yuetong. cn/bzfw/中国交通运输标准服务平台。